(戦前・戦中)=代数・氏名・出身県・政党・就任年月日、右(戦後)=代数・氏名・政党・就任年月日

				(明18)12.22-	43	東久邇宮稔彦王	皇族	1945. 8.17
				(21) 4.30-	44	幣原喜重郎	文官	1945.10. 9
				9(22)12.24-	45	吉田 茂①	自由	1946. 5.22
4	松方 正義①	鹿児島	文官	1891(24) 5. 6-	46	片山 哲	社会	1947. 5.24
5	伊藤 博文②	山口	文官	1892(25) 8. 8-	47	芦田 均	民主	1948. 3.10
6	松方 正義②	鹿児島	文官	1896(29) 9.18-	48	吉田 茂②	民自	1948.10.15
7	伊藤 博文③	山口	文官	1898(31) 1.12-	49	吉田 茂③	自由	1949. 2.16
8	大隈 重信①	佐賀	憲政党	1898(31) 6.30-	50	吉田 茂④	自由	1952.10.30
9	山県 有朋②	山口	陸軍	1898(31)11. 8-	51	吉田 茂⑤	自由	1953. 5.21
10	伊藤 博文④	山口	政友会	1900(33)10.19-	52	鳩山 一郎①	民主	1954.12.10
11	桂 太郎①	山口	陸軍	1901(34) 6. 2-	53	鳩山 一郎②	民主	1955. 3.19
12	西園寺公望①	京都	政友会	1906(39) 1. 7-	54	鳩山 一郎③	自民	1955.11.22
13	桂 太郎②	山口	陸軍	1908(41) 7.14-	55	石橋 湛山	自民	1956.12.23
14	西園寺公望②	京都	政友会	1911(44) 8.30-	56	岸 信介①	自民	1957. 2.25
15	桂 太郎③	山口	陸軍	1912(大 1)12.21-	57	岸 信介②	自民	1958. 6.12
16	山本権兵衛①	鹿児島	海軍	1913(2) 2.20-	58	池田 勇人①	自民	1960. 7.19
17	大隈 重信②	佐賀	文官	1914(3) 4.16-	59	池田 勇人②	自民	1960.12. 8
18	寺内 正毅	山口	陸軍	1916(5)10. 9-	60	池田 勇人③	自民	1963.12. 9
19	原 敬	岩手	政友会	1918(7) 9.29-	61	佐藤 栄作①	自民	1964.11. 9
20	高橋 是清	宮城	文官	1921(10)11.13-	62	佐藤 栄作②	自民	1967. 2.17
21	加藤友三郎	広島	海軍	1922(11) 6.12-	63	佐藤 栄作③	自民	1970. 1.14
22	山本権兵衛②	鹿児島	海軍	1923(12) 9. 2-	64	田中 角栄①	自民	1972. 7. 7
23	清浦 奎吾	熊本	憲政会・政友会・革新倶楽部	1924(13) 1. 7-	65	田中 角栄②	自民	1972.12.22
24	加藤 高明①②	愛知		1924(13) 6.11-	66	三木 武夫	自民	1974.12. 9
25	若槻礼次郎①	島根	憲政会	1925(14) 8. 2-	67	福田 赳夫	自民	1976.12.24
26	田中 義一	山口	陸・政友	1927(昭 2) 4.20-	68	大平 正芳①	自民	1978.12. 7
27	浜口 雄幸	高知	民政党	1929(4) 7. 2-	69	大平 正芳②	自民	1979.11. 9
28	若槻礼次郎②	島根	民政党	1931(6) 4.14-	70	鈴木 善幸	自民	1980. 7.17
29	犬養 毅	岡山	政友会	1931(6)12.13-	71	中曽根康弘①	自民	1982.11.27
30	斎藤 実	岩手	海軍	1932(7) 5.26-	72	中曽根康弘②	自民	1983.12.27
31	岡田 啓介	福井	海軍	1934(9) 7. 8-	73	中曽根康弘③	自民	1986. 7.22
32	広田 弘毅	福岡	文官	1936(11) 3. 9-	74	竹下 登	自民	1987.11. 6
33	林 銑十郎	石川	陸軍	1937(12) 2. 2-	75	宇野 宗佑	自民	1989. 6. 3
34	近衛 文麿①	東京	文官	1937(12) 6. 4-	76	海部 俊樹①	自民	1989. 8.10
35	平沼騏一郎	岡山	文官	1939(14) 1. 5-	77	海部 俊樹②	自民	1990. 2.28
36	阿部 信行	石川	陸軍	1939(14) 8.30-	78	宮沢 喜一	自民	1991.11. 5
37	米内 光政	岩手	海軍	1940(15) 1.16-	79	細川 護熙	日本新	1993. 8. 9
38	近衛 文麿②	東京	文官	1940(15) 7.22-	80	羽田 孜	新生	1994. 4.28
39	近衛 文麿③	東京	文官	1941(16) 7.18-	81	村山 富市	社会	1994. 6.30
40	東条 英機	東京	陸軍	1941(16)10.18-	82	橋本龍太郎	自民	1996. 1.11
41	小磯 国昭	山形	陸軍	1944(19) 7.22-	83	小渕 恵三	自民	1998. 7.30
42	鈴木貫太郎	千葉	海軍	1945(20) 4. 7-	84	森 喜朗①	自民	2000. 4. 5

金融

加藤隆
秋谷紀男
編著

日本史小百科　近代

まえがき

本シリーズの一冊として、さきに『貨幣』（瀧澤武雄・西脇康編）が刊行されている。このたび、同書と係わりのある『金融』を編集するにあたり、まずわれわれの視点を明らかにしておこう。

金融においても、当然通貨（鋳貨・紙幣・要求払預金など）を問題とするが、通貨そのものではない。金融というのは、通貨の融通であり、厳密にいえば、通貨のもっているいろいろな働きを融通することである。すなわち、通貨は企業にたいし資本としての働きをもつ。また消費者の家計にたいし所得としての働きをもち、さらに国家や地方公共団体の財政にたいし租税としての働きをもつ。そしてそれぞれ不足のある場合に融通することが金融なのである。この融通取引を円滑に取り運ぶものが、銀行やその他の金融機関に他ならない。

このような金融や金融機関が、後発国日本においていかに展開してきたか。ここではその歩みの中から、「小百科」の意に添って一〇〇項目を選び、限られた字数で解説を試みたものである。対象とした時期は、あらかじめ出版社側の企画意図によって「近代」と設定されているため、本書の大半をこの時期の項目にあてた。とはいえ、江戸時代からも幾つかの関連項目を取り上げてある。後発国日本の場合、近代的な金融と金融機関は、明治維新以降、西洋の制度を導入することによって成立しているが、それを急速に受容できた基盤を理解しておく必要がある、と考えたからである。

また、今日ほど金融問題が深刻化し、取りざたされていることはない。そのよって立つところは何か。太平洋戦争後の日本経済は、復興を強力に推進した金融上の諸施策をふまえて、急速に高度成長を実現した。しかし、その間に生じた〝歪み〟こそが、今日の長引く平成不況を招いていると思う。そこで、われわれはその点を明らかにするため、現代にまで時期を広げ関連項目を解説することにした。

その結果、本書は江戸時代から現代までの長期間を対象とした日本金融・財政史事典ということになった。もし、本書に特質があるとすればこの点であろう。その反面、限られた紙幅の中で長期間を対象としたため、主要な項目を落したり、また解説不足であったりしている項目も多々あるのではないかと思う。御叱正を賜わりたい。

本書の執筆にあたり、多くの方々の著書を参照させていただいた。いちいちお断りすべきであったが、煩瑣をさけるため本文中では最小限に留め、巻末に主要参考文献として挙げさせていただいた。

実は、本書の執筆を依頼されてから数年が経過している。当初編著者二名で執筆を進めていたが、前述のように対象とする期間を広げたため、執筆者を増やすこととなり、その連絡やら調整に手間取ってしまったからである。その間気長に待って下さった東京堂出版編集部の堀川隆氏に心から感謝申し上げる次第である。

二〇〇〇年六月

編著者　加藤　隆
秋谷紀男

目　次

第二章　近代金融のはじまり

第三章　大正期の金融

第四章　昭和恐慌から戦時金融体制へ

第五章　戦後金融制度の整備

第六章　高度経済成長・バブル経済

付録

第一章　江戸時代の金融

1 金銀銭三貨《さんか》の通用

「金遣《きんづか》い」経済の浸透

金銀貨の制定

全国通貨として流通するような貨幣が発行され、金融の役割が活発となってくるのは、江戸時代に入ってからのことである。というのは、江戸時代の経済は基本的には「米遣《こめづか》い」経済であったが、幕府・諸藩の米納年貢制そのものが商業・金融組織の発達なしには成立しえなかったし、また、農民側にしても米以外の諸負担は代金納化が進み、「金遣い」経済の浸透を免れなかったからである。

幕府幣制の成立過程を追ってみよう。慶長五年(一六〇〇)、徳川家康は関ヶ原の合戦で大勝し、事実上天下の覇権を握った。政治機構の整備にさき立って重要鉱山を直轄領とし、貨幣の鋳造権を独占、早くも翌年五月に金銀貨を鋳造する。これにともない、先に戦国諸侯が独自に鋳造していた金銀貨は通用停止の措置がとられ、順次統一されていった。

まず慶長金貨には大判・小判・一分金がある。後藤庄三郎光次《みつじ》(御金銀改役)が請負い、江戸・京都・駿府・佐渡で鋳造した。元禄十一年(一六九八)以降は、江戸一ヵ所で鋳造されるようになり、ここが金座(現在の日本銀行の位置)と呼ばれた。大判(一〇両)は贈答・恩賞などに用いられ、実際に流通したのは小判・一分金である。計数貨幣(currency by tell)であり、小判の量目《りょうめ》(目方)は四・七六匁(一七・九g)、品位(純度)は八四・二九と規定され、一分金は一・一九匁、品位は小判と同一であった。一両＝四分、一分＝四朱の割合(四進法)で通用したが、まとまった取引きには一定量を施封した包金を用いた。包金の場合、包み紙に上書きした金座・銀座・両替商名を信用して内容を改めることはなかったという。

小判一〇〇〇両入りが、いわゆる千両箱である。重量は約二〇kg、一箱であっても取扱いは容易ではなかったであろう。

次に慶長銀貨には丁銀《ちょうぎん》・豆板銀《まめいたぎん》（小粒・小玉銀）がある。これよりさき天正期（一五七三～一五九二年）ころより、銀貨は秤量貨幣（currency by weight）として切遣《きりづか》いされていたが、慶長銀貨の鋳造によって間もなく姿を消す。丁銀・豆板銀は堺の銀吹師湯浅作兵衛常是《じょうぜ》（大黒常是）が請負い、伏見（のちに京都）・駿河（のちに江戸）・大坂・長崎に銀座を設けて鋳造した。慶長十七年（一六一二）以降は京都・江戸の両銀座で鋳造し、常是の長男作左衛門が京都、次男長左衛門が江戸を担当している。慶長銀貨も秤量貨幣であったところから、丁銀の量目は四三匁（一六一・三g）内外、豆板銀は五匁（一八・八g）前後と不定量であるが、品位はともに八〇と規定されていた。一匁＝一〇分、一〇〇〇匁＝一貫（貫目《かんめ》・貫匁《かんめ》）の割合（十進法）で通用しており、包銀の場合も多かったが、内容を改めることはなかった。

金貨

1 両《りょう》＝ 4 分《ぶ》

1 分＝ 4 朱《しゅ》

銀貨（秤量貨幣）

1 貫目《かんめ》＝1000 匁《もんめ》

1 匁＝10分《ふん》

1 分＝10厘《りん》

1 厘＝10毛《もう》

銭貨

1 貫文《かんもん》＝1000文《もん》

・**三貨換算率（定位貨幣）**

慶長14年

金 1 両＝銀50匁＝銭4000文

天保13年

金 1 両＝銀60匁＝銭6500文

銭貨対策と鋳造開始

金銀貨にたいし銭貨（銅銭）は一般の人びとが使用する貨幣であったにもかかわらず、幕府成立後も渡来銭・私鋳銭が入り乱れて流通していた。そこで幕府は、慶長金銀貨制定の三年目にあたる慶長九年（一六〇四）、「永楽《えいらく》銭一を以て鐚銭《びたせん》四に当てる」と布達した。永楽銭とは明（中国）からの渡来銭で、室町時代

（一三九二～一五七三年）から多く輸入された精銭（良質の銭貨）である。他方、鐚銭とは品質の劣る銭貨であり、主として私鋳銭を指す。つまりこの布達は、これまでの撰銭禁制を踏襲し、当時精銭の中心であった永楽銭と、かなり多く使用されていた鐚銭との間に一定の交換比率を設け、混乱している銭貨通用の安定を意図したものであった。

次いで幕府は、銭貨統一のため慶長十一年（一六〇六）に慶長通宝、また元和三年（一六一七）に元和通宝を鋳造したが、どの程度鋳造されたか明らかではない。銭貨の公鋳が決定したのは、慶長金銀貨の制定より三六年後の寛永十三年（一六三六）であり、ようやく寛永通宝（銅一文銭）の鋳造が始まった。

その間、慶長十三年（一六〇八）には永楽銭の通用上の優位性を停止して鐚銭並みの通用とし、「金子壱両に鐚銭四貫文取引べき事」とした。その翌年には「金子一両に銀五十目たるべき事」と定めたことにより、金・銀・銭貨の交換比率は金一両＝銀五〇匁＝銭四貫文と決まった。これらの三貨は、いずれも本位貨幣としての性格をもつものであったため、相互比価が変動すれば通用に不便であるばかりでなく、商業・金融組織の発展にも影響した。

ところで、寛永通宝の鋳造は、当初江戸および近江坂本において座人が請負ったが、間もなく増鋳の必要から水戸・仙台・吉田・松本・高田・長門・備前・豊後・駿河でも鋳造技術をもつ者が請負った。しかし、このように各所での鋳銭は不統一をもたらすところとなり、幕府は寛永十七年（一六四〇）に鋳銭を停止した。間もなく銭貨不足が起こり、明暦二年（一六五六）には江戸（浅草）・駿河（沓谷）で銭座を再開する。寛文八年（一六六八）にはようやく寛永通宝の大量供給が可能となり、同十年にこれまでの渡来銭・私鋳銭との併用を禁止し、銭貨の統一をみるにいたる。それは、慶長金銀貨の制定より、実に七〇年後のことであった。

寛永通宝は、一〇〇〇文＝一貫文（三・七kg）の割合（十進法）で通用した計数貨幣である。通用にあたり便利なように一〇〇文を紐に通したものが銭指《ぜにさし》（緡《びん》銭《せん》）であるが、実際には九六文であった。四文は手数料であったといわれている。

【参考文献】日本銀行調査局編『図録日本の貨幣』

貨幣経済の浸透

慶長六年（一六〇一）に金銀貨が発行され、それより七〇年後の寛文十年（一六七〇）にいたり、銭貨が統一されたことは前述したところである。これによって三貨が出揃ったが、これらのうち金銀貨は主として大口取引に使用され、銭貨は庶民貨幣として流通した。しかし銭貨は、発行が遅れたため広く流通するのは元禄期（一六八八～一七〇四）ころまで待たなければならなかったようである。

例えば、荻生徂徠は『政談』（享保十二年〈一七二七〉ころに成立）において、「昔ハ在々ニ殊ノ外銭払底ニテ、一切ノ物ヲ銭ニテハ不買、皆米麦ニテ買タルコト、某田舎ニテ覚エタル事也。近年ノ様子ヲ聞合スルニ、元禄ノ頃ヨリ田舎ヘモ銭行渡テ、銭ニテ物ヲ買コトニ成タリ」という。これによって、銭が農村内部にまで流通したのは、元禄期ころであったことが知れよう。

彼はまた、「都モ田舎モ武家皆旅宿ニテ、金ニテ物ヲ買調テ用ヲ弁ゼントスル故、アキ人ノ勢盛ニ成テ、日本国中ノ商人通ジテ一枚トナリ、物ノ直段モ遠国ト御城下ト釣合セテ居ル故、数万人ノ商人一枚ニ成タル勢ニハ勝レヌ事ニテ、何程御城下ニテ御下知有テモ物ノ直段下ラヌ筋モアリ」ともいう。すなわち、商品貨幣経済の浸透の結果、問屋商人による全国市場の支配が進んできたため、物価騰貴は免がれえないとしている。

ともあれ、元禄・享保期（一六八八～一七三六年）には商品貨幣経済が浸透するにともない、商業・金融組織の発展もみられるにいたった。（加藤）

2 私札《しさつ》・藩札の流通

「札遣《ふだづか》い」の拡大

商人による私札の発行

幕府の三貨制度が成立する以前より、伊勢・近畿地方など商業が発達した地域では、すでに商人の「札（紙幣）遣い」が行われていた。

最も古い事例としては、少なくとも慶長年間（一五九六～一六一五年）に、伊勢神領特別地域の商人が釣り銭の代わりに発行した信用証券（小額銀貨の預り手形）が、紙幣として通用している。これは山田羽書《はがき》と呼ばれているが、羽書というのは、軽くて持ち運びが容易であり、しかも小額面であったため崩す手間もなく、速やかに通用できて利便であったことを、羽根に振って名付けたものであるという。

それはそれとして、当時金融制度において最も進んでいたイギリスで、鋳貨に代わる支払い手段として使用された金匠手形（goldsmith note）が発行されたのは、一六四〇年代のことであった。とすれば、山田羽書の発行はそれに先行するものであり、伊勢・近畿地方の先進地域における金融がいかに活発であったかを知りえよう。

さて、これらの地方で発行された紙幣は、山田羽書を初めとして数多くみられたが（例えば射和《いさわ》羽書・松坂羽書・大和下市銀札・大和今井町銀札・大坂江戸堀川銀札・平野御札など）、すべて性格上は私札である。とはいえ、不足していた鋳貨流通量を補い、また商取引き上の利便性から自生的に発行されたり、あるいは河川開削・新田開発の人足費調達のために発行されたものであったところから、幕府もこれを鋳貨の私鋳と同一視することなく容認している。もちろん、私札発行者である札元は、資力を有する商人かその同業組合的組織であったため、私札の信用度は高く、正貨との引換えも容易であった。

私札の種類は、例えば山田羽書の場合が最も多く、一匁・七分・六分・五分・三分・二分などの銀札であり、正貨引換えにあたって五%の打歩をつけることに定められている。のちに打歩が一五〜一六%に変動したため、寛文八年(一六六八)十一月に「羽書六四匁を以って金一両と引替える」ことを表示し、羽書の価値の安定化を図った。後述するように、当時は金一両=銀六〇匁の交換比率であったから、羽書の正貨引換えの打歩は七%となったことになる。

ところで、前述のような目的から発行された初期の私札は、幕府発行の三貨の流通が完成した寛文期(一六六一〜一六七三年)ころには、山田羽書のように信用力があり、周辺各地にまで通用がおよんでいたものを除いて、ひとまず減少してきた。とはいえ、これらの私札は「札遣い」経済発展の先駆をなすものであり、金融経済の展開の端緒を示すものとして注目すべきであろう。


これ以降の後期の私札については、幕府・藩の支配が強まり、許可を要することになった。また札元にも商人・同業組合的組織の他に、宮家・門跡寺院・公卿など地位・門閥を有する特殊階層が見られるにいたる。

次表は、江戸時代(明治四年〈一八七一〉の新紙幣発行公布まで)における私札の札元・札種数を地方別に一覧したものである。これによれば、一応全国的な広がりを示していることが知れよう。もちろん、商業の発展していた地域に私札の札元・札種が集中しているのはいうまでもない。幕府の直轄領・重要地域において少ないのは、三貨の出回りが豊富であったためであろう。また大名領国の場合には、後述する藩札の流通と関連しているように思われる。

藩札の流通

私札による「札遣い」の慣行は、いよいよ藩札の発行によって一般化してきた。藩札は国札・御手形・

札札元および札種数

地方	旧国名	札元数	札種数
関西地方	丹波	42	135
	丹後	14	28
	大和	84	229
	摂津	105	232
	和泉	18	59
	河内	14	39
	但馬	82	331
	播磨	202	987
	淡路	1	1
	紀伊	5	75
小計		615 (49.9)	2,407 (47.7)
中国地方	因幡	5	29
	伯耆	2	7
	出雲	29	94
	石見	4	4
	隠岐	2	2
	周防	3	9
	長門	1	3
	美作	30	102
	備前	7	17
	備中	82	231
中国地方	備後	22	55
	安芸	1	1
小計		188 (15.3)	554 (10.9)
四国地方	讃岐	3	5
	伊予	36	162
	阿波	—	—
	土佐	33	115
小計		72 (5.8)	282 (5.6)
九州地方	筑前	3	13
	筑後	2	3
	豊前	22	61
	肥前	7	64
	壱岐	—	—
	対馬	—	—
	肥後	2	2
	豊後	12	32
	日向	—	—
	大隈	—	—
	薩摩	—	—
小計		48 (3.9)	175 (3.5)
合計		1,231 (100.0)	5,041 (100.0)

（注）①明治3年（1870）までの集計。③空欄は不明。
②カッコ内は百分比。

御手札あるいは単に札などと呼ばれ、各藩の領地内限りで通用する紙幣である。藩札の最初は、寛文元年（一六六一）に越前・福井藩が幕府の許可をえて発行した寛文札（札には福居、銀十匁と墨書き）とされている。その後、藩札の発行はとくに近畿以西の諸藩に広がり、札種は銀札が多く、通用に利便なように小額面であった。

諸藩では、藩札の発行に当たり札会所（札座）を開設し、領内の豪商一名ないし数名を札元として発行・正貨兌換《だかん》の業務を取扱わせた。発行の目的は、主として藩の財政難を救うところにあったため、金銀貨の領内通用の禁止・藩札の専一通用となっている場合が多い。

江戸時代における私

地方	旧国名	札元数	札種数
北海道・東北地方	蝦夷	2	3
	陸奥	1	3
	陸中	8	99
	陸前	3	7
	羽後	6	20
	羽前		
	磐城	—	—
	岩代	8	11
小計		28 (2.3)	143 (2.8)
関東地方	常陸	1	3
	下野	6	11
	上野	7	18
	武蔵	7	10
	下総	2	2
	上総	—	—
	安房	1	1
	相模	3	5
小計		27 (2.2)	50 (1.0)
北陸地方	越後	22	40
	佐渡	—	—
	越中	30	717
北陸地方	能登	1	3
	加賀	7	46
	越前		
	若狭	1	3
小計		61 (4.9)	809 (16.0)
東山地方	甲斐	4	13
	信濃	19	57
	飛騨	4	8
	美濃	31	63
小計		58 (4.7)	141 (2.8)
東海地方	伊豆	1	1
	駿河	10	25
	遠江	10	29
	尾張	52	132
	三河	27	184
	伊勢	29	95
	志摩	5	14
	伊賀	—	—
小計		134 (10.9)	480 (19.5)
関西地方	近江	12	38
	山城	36	253

(出典) 阿部謙二『日本通貨経済史の研究』紀伊国屋書店、1972年、77頁(原典は荒木三郎兵衛『私札』附録1〜222頁)より作成。

当然、こうした藩ほど藩札発行高は多額であった。発行高について一例を挙げれば、忠臣蔵の舞台となった赤穂藩の場合、事件当時(元禄十四年)、銀八〇〇貫目(金に換算して約一万三〇〇〇両)の藩札を発行している。事件後、迅速に藩札処理を実施したことはよく知られているが、藩札一貫目に付き銀六〇〇目(六分替え)であったという。

ところで、幕府による藩札対策は、正貨の流通関係を反映しており、例えば宝永四年(一七〇七)の禁止令は、元禄期(一六八八〜一七〇四年)の改鋳によって品位の低下した正貨の通用を狙ったものであった。また、享保十五年(一七三〇)

の解禁令(藩札発行の前例をもつ藩に限り、二〇万石以上は二五年、二〇万石以下は一五年に限って発行を許可)は、正徳・享保期（一七一一〜一七三六年）の改鋳による正貨の減少(良品位の正貨鋳造)、つまり通貨の収縮状態の緩和のために実施したものである。

　その後、藩札の発行は増加傾向にあり、しかも藩札を発行した各藩では藩札の専一通用策をとったため、それだけ正貨の藩領内への浸透が制限されることになった。そこで幕府は、宝暦九年（一七五九）、安永三年（一七七四）、寛政十年（一七九八）、天保七年（一八三六）などに布達を出し、金札・銭札の禁止、新規銀札の発行禁止、米札その他物品札の発行禁止を命じた。

　しかし、こうした禁止令にもかかわらず、主として藩財政の窮迫を救済するために藩札を発行する藩は増え、幕末には二〇〇余藩（全体の七〇％以上）におよんだといわれている。因みに、明治二年(一八六九)に大蔵省が新貨に換算した調査によれば、二〇八藩が藩札を発行しており、流通高は二四四四万九〇四五円余(他に八旗本札が一万九一九五円余、三県札が一七万八九三三円余)である。当時、新政府発行の太政官札の発行額が三二五〇万両、これを円と置きかえてさきの藩札流通量と対比すれば、金融面において藩札の果たした役割がいかに大きかったかを知りえよう。

（加藤）

福井藩札（寛文６年）
（日本銀行貨幣博物館蔵）

3 貨幣経済の発展

西高東低型の経済

関東の金建て・関西の銀建て

幕府発行の三貨の流通状態をみれば、江戸時代初期から「関東筋ハ金ト銭トヲ以テ交易シ、銀ヲ用ユルコト少シ、京都ヨリ西国筋ハ銀ヲ貴ビ、都《すべ》テ交易ハ銀ヲ以テスル」（草間直方『三貨図彙《ずい》』）こととなっていた。すなわち、関東では金貨が広く流通し、金何両何分何朱と金建て（金遣い・金目）であり、他方、関西では専ら銀貨が流通し、銀何貫何匁何分と銀建て（銀遣い・銀目）であった。これとは異なり、銭は貫・文を単位として全国的に使用されている。

では、なぜ関東の金建て・関西の銀建てとなったのか。その理由としては、

①東国には、産出高の豊富な相川金山（佐渡）を初めとして、比較的に金山が多い。また西国には早くから石見銀山（石見）・生野銀山（但馬）・多田銀山（摂津）などの大銀山の開発が進んでいる。したがって関東の金遣い・関西の銀遣いは、産出する地金によって決まった

②西国では、前述のように銀山の開発が進んでいたため、すでに足利時代（一三三六～一五七三年）から銀地金が秤量貨幣として切遣《きりづか》いされていた。こうした伝統的な銀建ての慣行を幕府も認めざるをえなかった

などが、挙げられている。

それはそれとして、関東の金建て・関西の銀建てとはいわれているが、その地域は単純に東西に二分されているわけではない。前者は、江戸を中心として太平洋側に広がる関東・中部に東北太平洋岸を加えた地域であり、また後者は、京都・大坂などを核とする畿内に、中国・四国・九州と裏日本全域を加

えた地域である（大石慎三郎『江戸時代』）。すでに明らかなように、金建て地域に比して銀建て地域の方がはるかに広かったのである。

このようにして関東の金建て、関西の銀建てとなっていたが、もちろん関東でも銀貨を用いており、実際には全国で三貨がそれぞれ本位貨幣として通用していた。幕府は、慶長十四年（一六〇九）に金一両＝銀五〇匁＝銭四貫文（四〇〇〇文）を公定相場として定め、三貨通用の円滑化を図った。しかし、後述するように複雑な両替相場が出現し、両替商が活躍するところとなる。

ところで、当時は「物は水上を、人は陸を」といわれており、物資の輸送はもっぱら海運であった。海運が発展してくるのは、菱垣廻船・樽廻船が就航していた江戸・上方（大坂）間航路についで、寛文十一年（一六七一）の日本海沿岸から津軽海峡を経て太平洋に出で、江戸に至る東廻り航路の開発、その翌年の、同じく日本海沿岸から下関海峡を経て瀬戸内海を通過し、大坂に至る西廻り航路の開発による。『寛文雑記』によれば、一〇〇石の米を越後から大坂へ陸運した場合と海運した場合の経費を対比して、後者の方がやや日数はかかるものの一六・八％安くなり、海運が有利であることを指摘している。ともあれ、東廻り・西廻り航路の開発こそ、まさに「寛文の流通革命」であった。

海運の発展にともない、物資の集散する江戸・大坂は、とりわけ広い銀建て地域の中心であった大坂は「天下の台所」といわれ、中央市場としての地位を確立するにいたる。この大坂に比して、内陸都市であった京都の市場性は弱体化を免れなかった。

貨幣改鋳と相場の変動

さきに取決められていた幕府三貨の公定相場（金一両＝銀五〇匁＝銭四貫文）が大きく変動するのは、元禄八年（一六九五）のことであった。同年八月、幕府は当時破綻をきたしていた財政の立て直しを図るため、まず慶長金銀貨に替えて品位の低い元禄金銀貨を鋳造し、この改鋳益金（出目《でめ》）によって財政の不足を補ったのである。すなわち、金貨の品位を三〇％以上、また銀貨の品位も二〇％程度引き下げた。ここで金貨を例にとってみれば、慶長小判二枚を改鋳して元禄小判三枚にしたとする。金の含有量から計算すれば、慶長小判一枚にたいして元禄小判一枚半の率で交換されなければならないところを一対一で交換し、出目をえたことになる。

ともあれ、この改鋳によって金貨の数量は一・五倍となり、銀貨は一・二五倍となった。これにともなって金銀貨の価値が下落し、物価が騰貴したことはいうまでもない。同時に、改鋳内容において金銀貨不均衡であったため、純度の高い銀貨の相場が急騰した。例えば、元禄七年に金一両＝銀六一・三三匁であったものが、同十二年には四九・六〇匁～五五・〇〇匁となっている。

このままでは、金建ての江戸の消費物価が値上りし、庶民生活を脅かすことになりかねない。幕府としては、できるだけ「金高銀安」の金融政策をとり、大坂から江戸への物資の流入を図ることが必要である。そこで幕府は、元禄十三年（一七〇〇）十一月にいたり、公定相場を金一両＝銀六〇匁＝銭四貫文に改めた。とはいえ、実際には両替相場は日々変動していた。しかも、当時の社会的生産力は銀建ての関西の方が有力であり、いわゆる西高東低型であったから、大坂の商人たちがこの改正を容易に受け入れるはずもなく、成果は挙がらなかった。

他方、銭貨の相場もまた日々変動しているが、公定相場より安くなる傾向にあり、これにともなって物価が騰貴し、庶民生活を圧迫していた。そこで幕府は、金銀貨の改鋳についで、元禄十年（一六九七）から宝永四年（一七〇七）にかけて、品質粗悪な銭貨を増鋳し、金一両＝銭四貫文の公定相場に近づけようと図っている。

幕府は、その後も宝永・正徳・享保期（一七〇四～一七三六年）に改鋳を繰り返し、その間、相場は金一両＝銀五〇匁～八〇匁＝銭四貫文～七貫文と変動した。

もっとも、改鋳ではあっても新井白石の意見にもとづき、正徳四年（一七一四）に始まった改鋳の場合は、これまでの貨幣制度の紊乱と物価騰貴の是正のため、慶長金銀貨に匹敵する品質優良な正徳金銀貨や、銭貨も良質の寛永通宝新銭（耳白銭《みみじろ》）を鋳造している。しかし、幕府はこの良質の貨幣を流通させるにあたり、旧貨との通用割合を定め、さらに旧貨の通用停止を実施したため、通貨量が収縮し、商業・金融面に深刻な影響をもたらした。

ようやく通貨が公定相場に近づいてくるのは、元文元年（一七三六）に始まった改鋳によって、正徳金銀貨を上廻る金銀貨が鋳造され、また銭貨として銅銭に加えて鉄銭が流通するようになってからのことである。（加藤）

【参考文献】山口和雄『貨幣の語る日本の歴史』

4 公定相場と市中相場

両替商の登場

両替商の成立

全国的に貨幣経済が進展するにつれて、混合通用していた三貨の鑑定および交換を業務とする両替商が成立してきた。両替商は、幕府が慶長十四年（一六〇九）に定めた金一両＝銀五〇匁＝銭四貫文に基いて両替する。しかし、実際にはこの公定相場ではなく、日々変動する市中相場を使っていた。相場の高低から生ずる歩合が、両替商の収益となったことはいうまでもない。もっとも、江戸時代初期にはほぼこの公定相場に準じていたようである。

さて、両替商は貨幣経済の進展につれて、営業の性質・範囲などに差異はあったが、各地で存立をみた。中でも三都（江戸・京都・大坂）における両替商の活動は著しかったが、それぞれの都市の政治・経済上の地位・性格によって必ずしも同様ではなかった。

まず江戸の両替商であるが、当時江戸は世界最大の消費都市（武士五〇万、庶民五〇万の人口一〇〇万都市）であったといわれており、大量の消費物資が主として京都・大坂の問屋から運び込まれていた。したがって、その代金を送金する為替の取組みが最大の業務であった。江戸の取引は、武士・庶民を相手とした掛取引・現金取引が多く、後述する大坂のように信用取引は少なかったため、商業金融機関としての両替商の地位は、大坂に比して低かった。しかし、幕府の出先機関や諸藩の江戸向け送金為替の取扱い、幕府への上納金の検査や金銀の相場立合いなどを行っているところに特質がある。

江戸の両替商の中では、幕府公金の取扱業務を営んだ本両替（時代によって軒数は異なり、幕末には越後屋〈三井〉・和泉屋〈住友〉・播磨屋〈中井〉・竹原の四軒）が最有力である。ついで脇両替として、銭両替であったが金銀も取扱った三組両替、銭の両替のみの番組両替・上野領両替・済松寺領両替などがあり、その軒数は享保三年（一七一八）に六〇〇軒と定められていたが、漸次増加傾向にあった。このように銭両替の発達をみたのは、消費者の一翼を担う武士が、支給された金を銭に両替して日常の用途に宛てたからであろう。

つぎに京都の両替商には、朝廷の金銀出納、所司代・町奉行所の御用金融を務めた御掛屋両替（幕末には一三軒）・本両替（二〇軒）をはじめとして、小両替・銭屋（約二五〇軒）などがある。有力な両替商は、早くから活発に大名の消費金融を取扱っていたが、大坂のようにその担保となる商品の廻着がなかったため、元禄期前後五、六〇年のうちに相次いで衰退し（三井高房『町人考見録』）、中期以降は大坂両替商にこれらの営業を奪われるにいたった。

では、その大坂の両替商であるが、大坂が「天下の台所」となるにおよんで、商業金融上に果す役割は大きくなった。始祖は天王寺屋五兵衛といわれ、また手形の振出しも彼にかかわるというのが通説である。大坂の両替商には、まず幕府公金の出納取扱、諸大名にたいする資金の融通・金相場の動きにたいする介入などを果していた十人両替がいる。その数は必ずしも一〇名でなく、また地位も世襲ではなかったとしても、最有力の両替商の中から指定されるのが常であった。天王寺屋五兵衛・平野屋五兵衛・鴻池善右衛門らは、代々十人両替を務めている。

この十人両替の監督下には本仲間両替（本両替）があり、新規に開業する場合には株銀約一〇〇〇貫目を納め、許可をうることになっていた。本両替の中には、諸藩蔵屋敷の蔵元・掛屋として大名の財政をあずかったものが少なからずあった。幕末にはその数一七九軒におよんでいる。この他、脇両替といわれ、十人両替の管轄外にあった三郷銭屋仲間両替（銭両替、幕末には六一七軒）や、それよりも資力があったといわれている南仲間両替（南両替、五四四軒）があり、ともに銭と金銀との両替を主要業務としていた。

【参考文献】松好貞夫『日本両替金融史論』

三貨の鑑定・交換

次いで両替商の業務である三貨の鑑定・交換に触れてみよう。

鑑定・交換の際、両替商が受取る手数料のことを切替賃と呼んでいるが、それには切賃・打銭があった。まず切賃とは、多数の小額金銀貨を小判に替える場合、その逆に小判を小額金銀貨に替える場合の手数料をいう。例えば、元禄期（一六八八～一七〇四年）における小判一両の切賃は八文～一二文であり、元文期（一七三六～一七四一年）には三〇文～四〇文となっている。また、延享期（一七四四～一七四八年）においては、小額の銀貨多数を小判に替える場合、金一〇〇両についておよそ銀二〇匁の切賃を要した。

つぎに打銭とは、金銀貨を銭貨に替える場合の手数料をいう。当時は、金銀貨で銭貨を買うといっているが、それは銭が補助的貨幣であるとみなされていたからであろう。例えば、天保期（一八三〇～一八四四年）においては、天保銭（当百銭《とうびゃく》）・真鍮銭（当百銭）は金一両につき打銭四〇文～四八文、小銭は六〇文～六四文であった。この打銭は、庶民と両替商、両替仲間間の取引き、とりわけ山手両替商と下町両替商との間においてそれぞれ異なっている（『御触書集覧』）

さて、幕府では、前述のように元禄十三年十一月にそれまでの金銀相場を改めて、金一両＝銀六〇匁とした。しかし、実際には日々の金銀相場がその需要と供給関係によって変動していたため、両替商はこの相場の高低によって生ずる打歩(歩合)を収得した。打歩の割合についてみれば、例えば『守貞漫稿』には、安政期（一八五四～一八六〇年）に「金ト銭ニ日價ノ高下アリ。金一両、大畧銀六十三四匁ナリ。亀、ネヒラキト称シ、乃直開也。譬バ六十三匁弐分ヨリ、六十三匁七分。如此ニ称ス。是ハ、両替屋、会所ニ集リ、屬金銀ヲ売買スル。当日六十三匁二分ヨリ六十三匁七分ノ間ノ売買アル也。因テ、両替ヨリ諸人ニ分ヲ売ルニハ、六十三匁六分秤、諸人ヨリ両替ヘ金ヲ買フニハ、六十三匁三分バカリ也」とある。

つまり、両替商たちは日々会所に集まり、金銀を売買するのであるが、当日、金一両は銀六三匁二分で買われ始め、六三匁七分を最高として買止められた。そこで両替商たちはその中間をとり、六三匁六分で諸人に売る（両替する）。また、彼らが諸人から金を買うときは、当日の相場は銀六三匁三分であるといって、その値で買うというのである。

相場の高下の幅はそれほど大きくはなかったようであるが、両替商としてはたえず収益があり、これに手数料収入が加わるから、収益は大きなものとなった。それをさらに大きくしたのは、前述した貨幣改鋳によって相場が変動した場合である。（加藤）

5 預金受入れと貸付先の拡大

両替商の金融活動（一）

預金の受入れ

両替商は、前項で述べたような三貨の鋳造・交換にとどまらず、預金・貸付・手形発行・為替取組なども営んでいる。銀行と同じような業務であるが、例えば預金にたいする態度などは、銀行と大きく異っていた。両替商では、積極的に預金吸収をすることもなく、また一般的に無利子であったといわれているからである。

すなわち、当時の江戸・大坂などの商人は、危険をさけるためでもあったであろうが、現金を余り手元に置かず、両替商に預け入れている。それは一種の当座預金として預け入れたものであり、したがって原則として利子は付かなかった。それにもかかわらず、とくに大坂商人たちはできる限り多く預金をしている。その理由は、両替商の信用を高め、当座貸借の契約を結び、金融を受けるためであった。

したがって、両替商は商人の預金にたいして利子を付けるどころか、商人によっては預金を断ったりしている。また、盆暮には預金者である商人の方から、両替商に付届けをする場合もあった。両替商で預金口座を開設する場合には、預金者である商人はまず証人（両替受け）を立て、証文を提出し、ようやく通帳を交付されたという。

ただし、『町人考見録』（三井高房）によれば、京都の両替商は、商人の資金ばかりではなく、「寺方の祠堂、後家の寺詣金、婆々の針箱の貯金、年々蟻の塔を積様に溜置しへそくり銀」などまで利子を付けて受け入れ、これを主として大名に貸し付けていた、とある。京都の両替商にとっては、その貸付額が大口であったため、営業資金として広く庶民層の零細資金まで利子を付けて受け入れ、利用する必要があったのであろう。

しかし、京都の両替商による「大名借の商売は、博奕《ばくち》のごとくにて始少《はじめすこし》の間に損を見切らずば、それが種と成」る、といわれていた。貸付は信用貸であったため、大名の財政難にともなってつぎつぎと踏み倒され、江戸中期までにその営業を大坂の両替商に譲ったことは、さきに述べたところでもある。

商人貸

両替商は、自己資本と預金を資金として、商人や大名に貸し付けている。

商人貸には、無担保の信用貸(素銀《すがね》)と、商品担保付き貸付(並合《なみあい》)の二種類あったが、前者による場合が多かった。それは、両替商による商人貸が、日頃より取引きがあり、信用ある商家に限られていたからである。

貸付利子については、「両替屋などより日息を以て貸すには大概元銀一貫目に息五分、即ち月息の一分半に当る也、日息俗に日分を云ひ、びぶと訓ず、或は日廻しと云ふ」(『守貞漫稿』)とある。つまり、両替商の貸付利子は月一・五%、年一八%であった。

貸付の形態はさまざまであり、

①借り手の商人から、借用証書をとって貸し付ける証書貸し

②預金口座を開設している商人が、両替商宛に振り出した振出手形(今日の小切手にあたる)による当座貸越

③とくに江戸―大坂の商人間で利用された為替手形などによっても貸付が行われた。

大名貸

次に大名貸を行っていたのは、大坂の両替商が多く、中でも十人両替クラスの大両替商の間で盛んであった。

大坂の両替商による大名貸は、前述した京都の両

替商の二の舞を踏まないために、諸大名が大坂(中之島や堂島近辺)に設けていた蔵屋敷へ送られてくる領国(藩)内からの年貢米を引き当てにして貸し付けている。諸大名の大坂蔵屋敷は、延宝期(一六七三～一六八一年)前後より設立が進み、そこへ領国内の蔵物(年貢米やその他の国産品)を送り込んで販売し、その売却代銀で藩財政を支えるとともに、蔵屋敷を通して領国内で調達できない物品を購入していた。各蔵屋敷から販売される蔵物の中では、年貢米(蔵米)が最大の商品であり、大坂の両替商は、これを引き当てにして大名貸を行っていたのである。

大坂における蔵屋敷の数は、年を追って増加しており、延宝期(一六七三～一六八一)に九〇程度であったものが、延享期(一七四四～一七四八年)には一〇〇を越えた。さらに天保期(一八三〇～一八四四)になると一二〇を越えており、全国大名の半数近くが、大坂に蔵屋敷を設けたことになる。これにともない、大名貸をめぐる大坂両替商の動きが活発となってきたことはいうまでもない。

ところで、各蔵屋敷には領国から送られてくる蔵物の保管・搬出や、入札制によってそれの販売を担当する蔵元(最初は藩から派遣された蔵役人が勤め、寛文期〈一六六一～一六七三年〉より町人〈蔵屋敷の敷地の所有者「名代」を兼ねる場合もある〉を登用)がいる。また、蔵元が兼ねる場合が多かったが、蔵米を落札購入した仲買から代銀を受け取って保管する掛屋(ほとんど本両替)がいる。大名は掛屋にこの代銀を無利息で預けておく。掛屋が大名や江戸屋敷に送金する場合、そこから必要資金を支弁する。余剰銀があればこれを翌年に繰り越し、不足となれば帳簿上で貸し越しにしておいて、次年の売却代銀で補う。しかし、凶作とか蔵米輸送中の事故、あるいは米価の下落などによって大名の債務がかさんできた場合に、証書貸しの形に切り替えられた。

大名貸の利息は、商人貸のそれに比較して低い。例えば薩摩藩の場合、蔵元・掛屋は薩摩屋仁兵衛・

山崎屋与右衛門・吹田屋与一右衛門・油屋吉兵衛らであったが、平均月七朱（〇・七％）、年八分四厘（八・四％）であり、大体年一〇％前後であったといわれている。しかし、蔵元・掛屋となったものは貸付利息が低かったとはいえ、他に付加的収入として扶持米・合力米などが与えられていた。例えば、大坂十人両替の一人であった鴻池善右衛門は、三二藩と取り引きがあり、福岡・広島・岡山・徳島藩などの蔵元・掛屋となっていたが、諸大名からの扶持米一万石におよんだとされている。

享保期（一七一六〜一七三六年）あたりから、諸大名は肥大化する財政支出を補うため、大坂へ送る年貢米量を増してきた。これにともなって米価が下落してきたため、財政収入は伸び悩みの状態となった。大名貸は長期の証書貸しとなり、返済の遅延・利率の切り下げ・債務の減額要求がしばしば行われるようになった。太宰春台は『経済録』（享保十四年〈一七二九〉）において、「今の世の諸侯は大も小も皆首をたれて町人に無心をいゝ、江戸・京都・大坂其外処々の豪商を憑《たのん》で、其の続け計《ばかり》にて世を渡る」と記しているが、その間の事情をしめして余りあるものがある。

当然、大名貸を行っていた掛屋の間では、大名の借金踏み倒しのリスクを少なくするための方策がとられるにいたる。例えば、前述の鴻池善右衛門は、大名ごとに詳細な財政・金融状態についての調書記録である「掛合帳」を作成し、大名貸にあたっての参考資料としている。また、大名貸にあたり、他の複数の両替商と共同で貸し付ける「加入貸」、あるいは資金をいったん幕府や寺社へ御用金・献金の形で預けた形式をとり、それを「幕府公金貸付」「寺社名目金貸付」として大名に貸し付け、リスクの分散を図っている。

（加藤）

【参考文献】松好貞夫『近世の商業と両替商金融』、同『日本両替金融史論』、土肥鑑高『近世米穀金融史の研究』

6

両替商の金融活動（二）

手形発行・為替《かわせ》取組の普及

手形の発達

江戸時代の三貨は、前述のように金が四進法、銀・銭が十進法であり、しかも日々交換比率が変動していたため、商人は取引にあたって計算が面倒であった。とりわけ、大量の取引きがあり、金高も多く、加えて丁銀・豆板銀（秤量貨幣）を使用していた大坂の商人は、授受のたびに鑑定・秤量を必要としたので、不便も大きかった。

もっとも、幕府はこの点に関心を寄せ、明和・安永期（一七六四〜一七八一年）に、銀貨の計数貨幣化を図った。これを推進したのは、時の老中田沼意次である。まず明和二年（一七六五）に明和五匁銀（三枚で金一分、一二枚で金一両と交換）、次いで安永元年（一七七二）に南鐐《なんりょう》二朱銀（「以㆓南鐐八片㆒、換㆓小判一両㆒」）を鋳造したが、当時金の価値が騰貴していたため、規定通りに通用せず、依然銀貨は秤量貨幣として取り扱われている。

そこで、商人の間ではできるだけ現金銀の取り交しをさけ、現金銀を両替商に預け入れておき、預金口座を引き宛とした手形によって決済する慣習ができあがってきた。こうした手形による決済がもっとも進んだのは大坂であり、商品取引の九九％にまでおよんでいた。京都では五〇％程度、江戸はそれ以下であったという。

ところで、当時とくに大坂を中心として用いられた手形としては、為替手形・預かり手形・振り手形・大手形・振差紙・約束手形・蔵預かり手形（蔵預かり切手）などがある。為替手形は、主として江戸―大坂間の為替取引に利用されており、後述するように、幕府による大坂御金蔵から江戸への公金輸送とか、諸大名の大坂蔵屋敷から江戸の諸大名屋敷への送金などは、この手形によるところが大であった。また預かり手形は、両替商がその預金者にたいし、求めに応じて大小何枚にも分けて振り出した手形(預金証書)である。預金者はこれを第三者への支払いに使用し、また第三者はこれを両替商へ持参して、手形面記載の金額の支払いを受けることができた。

さらに、振り手形は預金者が両替商あてに振り出した手形であり、大坂でもっとも多く用いられたため大坂手形ともいわれた。今日の小切手にあたり、大坂市中をはじめ近国の商人・上層農民たちは大坂両替商と取引きをもち、振り手形で支払っている。大手形は振り手形の一種であり、商人相互間の節季勘定の決済(節季の翌月三日まで)に用いられた。振《ふり》差紙《さしがみ》は両替商間の貸借を決済するために用いたが、その日限り通用(夜九ツ半〈午前零時〉までに差引決算する)とされていた。約束手形には、両替商を仲介とした商人間の取引支払いに用いられたもの、主として両替商間の取引に用いられたものがみられる。これらとはやや性格を異にするが、蔵預かり手形は、諸大名が大坂を中心に開設していた蔵屋敷において発行した「預かり証」である。例えば蔵米の預かり証である「米預かり切手(蔵米切手)」は、大坂米市場において信用が厚く、流通証券として米仲買商間で盛んに通用した。

為替取引

為替取引は、すでに中世初期から始まっていたが、両替商を通して大いに普及するようになったのは、江戸時代に入ってからである。とりわけ、京都・大坂・江戸間において盛んであった。大坂では、大坂と京都の間の為替取引を京為替と呼ぶ。相互の商人が主として取引き上の支払いのために使用し、京都から大坂へ、あるいは大坂から京都へ送金するときも、大坂商人がすべての為替料を支弁している。しかし両地とも銀貨本位であったため、次の江戸為替にみられるような特殊な関係はなかった。

江戸為替についてみるならば、まず幕府は「畿内筋」にもかなり幕領地（例えば、文化初年〈一八〇〇年代初め〉に六八・七万石〈一五・八％〉）を有している。そこからあがる年貢は、換金してひとまず大坂城の幕府御金蔵に収納する。当初はそれを陸路（東海道）にて江戸の幕府御金蔵に配送することになっていた。この配送には多大の出費と危険がともなった。

他方、当時江戸は人口一〇〇万を越す世界で最大の都市となっていたが、周辺はいわゆる関東ローム層に覆われた低生産力地帯であったため、消費物資の大半を大坂をはじめ各地に依存していた。享保十一年（一七二六）の場合を例示すれば、大坂から江戸へ送られた醬油は一〇万一四五七樽（江戸入津醬油の七六・四％）、油六万九一七二樽（七六・二％）、木綿一万二一七一箇（三三・七％）などとなっている。したがって江戸問屋商人は、たえず大坂問屋商人にたいし、かなりの商品代価を送金しなければならなかった。

このような幕府から大坂への送金と、商人間における江戸から大坂への送金を為替で相殺する目的から案出されたものが公金為替（御金蔵為替）である。元禄四年（一六九一）二月にいたり、江戸両替商中信用力のあった板倉屋三郎左衛門以下本両替商一〇人（御為替十人組）と、三井次郎右衛門と越後屋八郎兵衛の三井の二人（二人組）が、この事業への参加を許された。その仕組みは次図のとおりである。

注目すべき点は、公金為替であったにもかかわらず大坂・江戸間の金銀相場は、大坂の両替相場が適用されていたことである。やはり、金融市場においては大坂の方が有力であったことを知りうる。次いで公金為替には大坂御金蔵から「定式御為替」（毎月三度）、「臨時御為替」（不定期）の下げ渡しがあり、前者は九〇日限り、後者は一五〇日限りの延為替であった。そこで大坂御金蔵から銀子の下げ渡しを受けた両替商は、それでもって大坂問屋が、代金取立て

江戸為替の機構

① 公金（御金蔵）為替

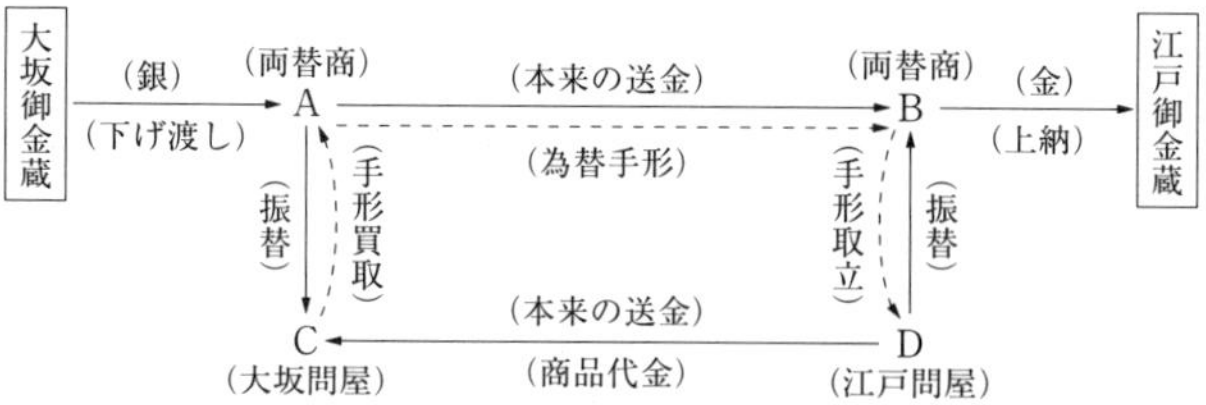

② 御屋敷為替

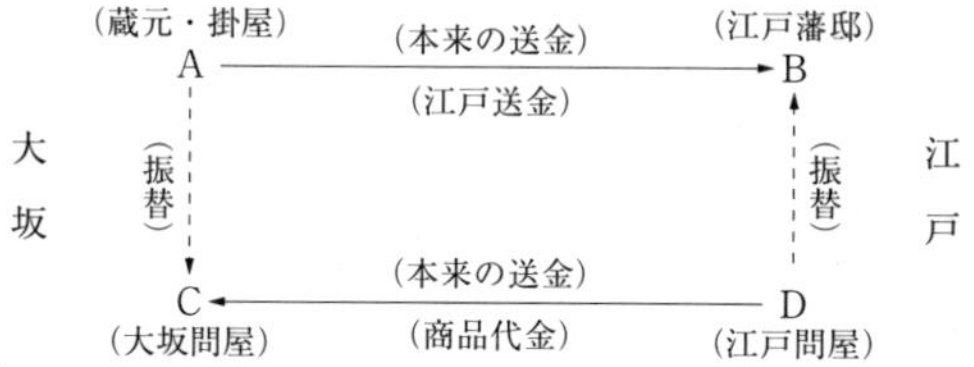

（出典）
安部惇『為替理論と内国為替の歴史』
柏書房、1990年、p.137，146参照。

のため江戸問屋を支払人として振り出した為替手形（下り手形）を買い入れて江戸へ送る。江戸問屋から代金を取立て、指定された期日までに金子でもって幕府に上納し、両者の送金が相殺された。

ところで、両替商はこの公金為替を取り扱うにあたり、家屋敷を抵当として差し出す。幕府はその金高に応じて金銀を下げ渡した。しかし両替商は、前述のように九〇日ないし一五〇日に渡って多額の資金を無利息で受け入れ、それを運用して利益をあげえた。また大坂で銀子を受け取り、江戸で金子を上納するところから、金銀相場のいかんによっては、そこからも利益をうるチャンスがあった。

この江戸為替が大いに取り組まれるようになったのは、諸大名による江戸送金に関連する。諸大名は、大坂に蔵屋敷を置き、そこでの販売代金を国元および江戸藩邸へ送金させた。江戸藩邸への送金にあたり、江戸為替が取り組まれるのであるが、前述の公金為替の場合、取り扱いが幕府指定の御為替組御用商人に限定されていたのにたいし、この場合には一般の両替商（主として本両替商）が取り扱いえた。諸大名の財政が窮乏化しはじめた享保期（一七一六〜一七三五年）以降、江戸為替が普及した事情に他ならない。

その仕組みは、公金為替と同様であるが（図②参照）、諸大名の大坂から江戸藩邸への送金と、江戸問屋から大坂問屋への商品代価の送金とが結びつけられ、それらの送金が為替取引きによって振り替え、相殺された。これが御屋敷為替であり、鴻池善右衛門はこれを取り扱った代表的な両替商である。

これにたいし、江戸両替商が顧客（主として武家）の依頼に応じて取り組んだ上方為替（上方への送金）、純然たる商人相互間の為替である京為替・地方為替などが普及し、全国的な商品経済の発展に寄与するところが大きかった。（加藤）

【参考文献】安倍惇『為替理論と内国為替の歴史』、松好貞夫『日本両替金融史論』

7 蔵屋敷による証券取扱い

米切手《こめきって》の通用

蔵屋敷と蔵元・掛屋

諸大名が領国の蔵物（年貢米・特産物）を販売するために設けた倉庫兼取引所が蔵屋敷である。大坂だけではなく江戸・京都・敦賀・大津・長崎・酒田などの商業上の要地に設置されていたが、その数が最も多かったのは、いうまでもなく商業・金融の中心地であった大坂（中之島・堂島・天満・土佐堀など）であった。大坂の蔵屋敷は、寛文期（一六六一〜一六七三年）あたりから設置が進んだ。

大坂の蔵屋敷は前述のように漸増しており、例えば延宝期（一六七三〜一六八一年）には九〇程度であったものが、天保期（一八三〇〜一八四四年）には一二〇以上を数える。大坂に蔵屋敷を開設したのは、西海道・山陽道・南海道などに所在する諸藩が多い。これらの諸藩では、大坂との海路交通が便であった上に、気候温暖であり諸物産に恵まれていたため、これを藩財政安定化のために積極的に廻送したのであろう。

　蔵物の中で最も多かったものは、いうまでもなく年貢米である。当時、諸藩の中で廻米量の多い事例を挙げれば、金沢・加賀藩（一〇二万石）が一〇万石（九・八％）、筑前・福岡藩（五二万石）が一〇万石（一九・二％）、肥後・熊本藩（五四万石）が九万石（一六・六％）などである。

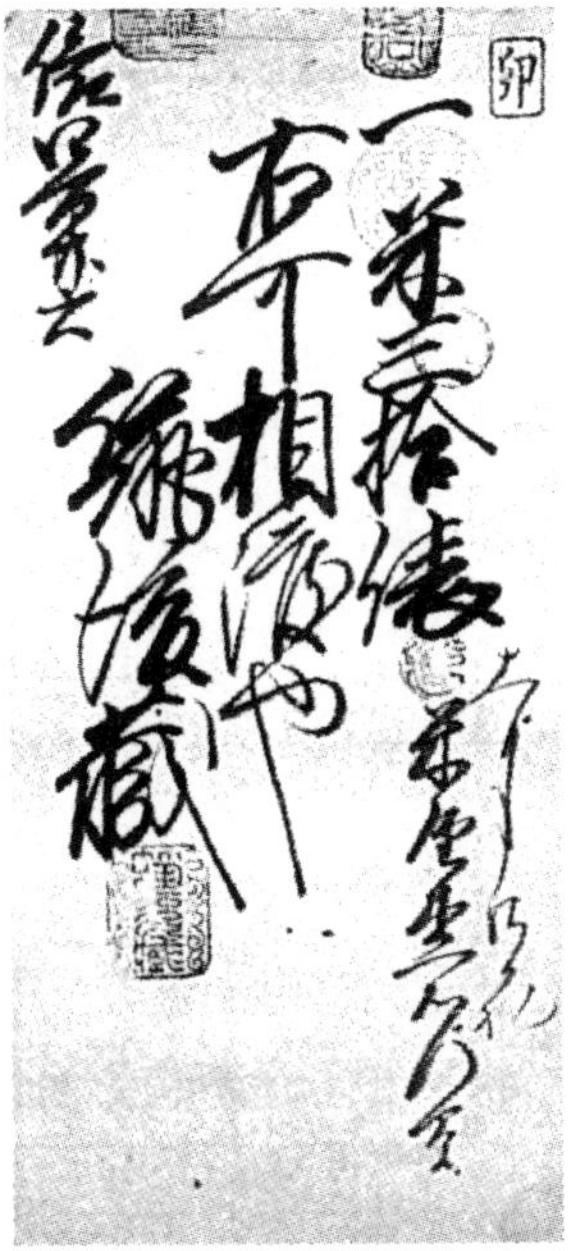
米切手（久留米藩）

　蔵屋敷には、本藩より派遣された留守居役の武士の外に、町人であって実務を担当した蔵元（蔵物の出納保管、掛屋を兼ねる場合が多い）・掛屋（蔵物代銀の出納その他金融事務を管掌）がいる。彼らは銀主と呼ばれ、大坂の豪商や藩出身の大商人が任命されていたが、収益のチャンスは大きかった。例えば周防・徳山藩（四万石）の蔵元・掛屋平野屋の場合、年貢米および半紙販売を委託され、その報酬として年貢米売上代金から米一石につき銀二分（米四〇〇〇石につき銀八〇〇匁）の口銭をえ、半紙の口銭として売上代銀につき藩と紙屋の両者からそれぞれ一歩（一％）、計二％をえている（小野武雄編『江戸物価事典』）。さらに掛屋として買主から取立てた代金を一定期間運用することも可能であった。彼らの権勢は大きく、したがって留守居役などは折々の表敬訪問を怠らなかったという。

米切手による取引

一七世紀後半、大坂には一〇〇からの蔵屋敷があったことは先に触れておいた。そこに毎年諸藩から一〇〇〜一五〇万石の年貢米が廻送されていた。

大坂の蔵屋敷では、廻送されてきた年貢米を販売したが、それは各蔵屋敷において入札競売の方法によった。入札に参加できるものは、「切手蔵屋敷より素人へ直売はならぬ法なり、何れにも正米仲買株の者共、入札を以て買取、夫より外々へ売出すなり」とあるように、正米仲買株を所有する場合に限られていた。入札時期は、各藩の年貢米が大坂に廻着する時期によって異なっている。

入札は、蔵屋敷において蔵役人・蔵元が立合い、九ツ時（正午）に始まり、八ツ時（二時）に「札抜」「開札」となる。落札者は掛屋あるいは蔵屋敷に敷銀（手付銀）を納入する。この納入にあたり、落札者は米一〇石（米切手一枚）につき銀二分を手数料（入目）として掛屋に納める。残りの代銀は、落札の当日から一〇日以内に掛屋に納入し、銀切手（代銀支払証書）を受け取る。

銀切手を受け取った買主（米仲買）は、それを蔵元へ持参して米を直接に受け取ることもできたが、通常はこれと引替えに蔵元から米切手（当初は米手形、正徳三年〈一七一三〉ころより米切手と呼ばれる）を受け取る。米切手は一枚につき米一〇石（蔵ごとで俵数は異っているが、米高はほぼ同様）を渡すという落札した米の預かり証書、いわば倉荷証券にあたる。

米仲買は、米切手を蔵屋敷に持参して米と引き替え、これを他の米仲買・米問屋に転売し、米卸売商人として収益をあげている。しかし米は重量があり、売買取引ごとに現物を授受するのは不便であるため、商人間では現物の代わりに倉荷証券である米切手が授受され、現物を必要とする者が蔵屋敷で米を受け取ることになった。

米切手による米の蔵出し期限は、寛文期(一六六一～一六七三年)ごろまでは三〇日以内であったが、米仲買間で米切手の売買が転々と重ねられていくにつれ、この期限を守らない商人が多くなってきた。そこで蔵屋敷では、享保期(一七一六～一七三六年)ごろから蔵出し期限を延ばし、米仲買の勝手次第でいつでもできるように改めた。このようになってくると、米切手は米の保管証券という性格から、一枚につき米一〇石という商品切手的なものに変わり、蔵屋敷でも藩からの米廻着を待つことなく、廻送中か年貢上納以前に米の先売りをするようになった。各藩から大坂への米の廻着がラッシュとなる時期には、値崩れの恐れがあったからである。(加藤)

【参考文献】松好貞夫『日本両替金融史論』、宮本又郎『近世日本の市場経済―大坂米市場分析―』

8 金融市場化する堂島米会所

先物《さきもの》取引の展開

先物取引の始まり

米切手(当初は米手形と呼んだ)を売買すること、米市をたてることは禁止されていた。例えば万治三年(一六六〇)の布告には、「大坂町中米売買に付て、市を立候義、并手形を以先々之致商売事、停止之旨度々申渡候」とある。この種の禁令がしばしば布達されたということは、とりもなおさず米市と米切手の売買の普及をしめすものに他ならない。その代表的なものが大坂堂島の米市である。

大坂堂島の米市は、もとは豪商淀屋辰五郎が、諸大名から大坂に決られてくる年貢米を一手に引き受けていた淀屋の米市(別名北浜米市)であった。大坂の米商人たちは、淀屋の店頭において市立てをしていたのである。もちろん、淀屋は諸大名にたいする年貢米を担保とした金融においても実権を一手に掌握し、「諸大名へ貸金一億万両」「諸士衆へ貸金二十万両余」と莫大な債権を有していた。宝永二年(一七〇五)五月、幕府は淀屋にたいし町人の分を越えた豪奢を理由に、家財没収・所払いの闕所処分を断行。これは、幕府の立場からすれば、淀屋一家のみの取潰しによって、諸大名の財政・藩士の窮乏を救済しうるという最も有効な方法であったのである。かくして淀屋は没落した。しかし米市はそのまま続けられたが、堂島米会所が成立するまでには、いましばらく待たねばならなかった。

その間、幕府は江戸町人が相次いで出願した堂島の米会所(米市)の設立を公認した。その理由として、①当時「米安諸色高」の傾向にあったため、米市の公認によって米取引の活性化を図ろうとした、②大坂の米仲買間にみられた未着米の先物取引きは、蔵屋敷を投機市場に巻き込むものであるから、いまだその商慣習に馴染んでいない江戸町人に会所を設立させることにより、米の流通と相場取引の切り離しを策した、ことなどが挙げられている。

享保十五年(一七三〇)五月にいたり、江戸町人冬木善太郎らの出願した米会所(冬木会所)が公認となった。これにたいし大坂米仲買六〇〇余名は、商権回復のために冬木会所の廃止、大坂米仲買による堂島米会所の設置、延売買の公認を求める運動を起した。

ところで、前述のように米切手の発行から蔵出しまでの期間が長くなってくると、米切手を買持ちしている商人は、米価変動のリスクを負うことになる。そこで商人たちはそれをできるだけ僅少にするため、「つなぎ商い」つまりヘッジ(hedge, hedging)の方法を案出した。これによれば、米切手を買持ちしている商人は、これと同量の先物米を売っておき、期日になって米価が下落しても、買持ちしている米切手では損失をこうむるけれども、先物米の売りを買い戻すことによって利益を受け、前者の損失を補塡できるわけである。

しかしこの先物取引は、しばらくの間幕府の公認するところとはならなかった。

堂島米会所の成立

享保十五年（一七三〇）五月、前述した大坂米仲買六〇〇余名の起した運動によって、幕府はその八月に先物取引を公認するところとなり、ここに堂島米会所が成立するにいたった。

幕府がようやく先物取引を公認したのは、当時米価が記録的に低落していたからに他ならない。いうまでもなく、米価の低落は幕府・大名財政を苦しめる。そこで幕府としては、この際先物取引を導入し、米市場の活性化によって米価引上げを図る必要があったのである。

堂島米会所は堂島浜通の寄場（市場）、船大工町の会所（事務所）・消合場（清算所）から成る。運営費は先物米となった蔵屋敷からの寄付金および米方両替によって支弁され、米仲買中から選任された五名の米方年行司を中心に運営されている。堂島米会所では正米《しょうまい》商い・帳合米《ちょうあいまい》商いが行われた。まず前者は、一年を三期（春―一月八日～四月二八日、夏―五月七日～一〇月九日、冬―一〇月一七日～一二月二四日）に分け、米切手を米仲買間で取引きする。正米取引に参加できるものは正米方（公認の米仲買株を有する者、一三〇〇名）に限られた。毎日四ツ時（一〇時）から九ツ時（正午）まで開かれ、売買は米切手一枚（一〇石）を単位としたが、代銀・米切手の授受期限が四日以内と短かく、資金や米切手を持たないものが投機目的で取引に参加することは難しかった。そこでこのような者に米切手を担保とし、現銀を融通する信用機関として入替両替（利率は銀一貫目につき日歩一分二厘～二分五厘）が生まれた。

次に帳合米商いは、一年を三期（春―一月八日～四月二七日、夏—五月七日〜一〇月八日、冬—一〇月一七日〜一二月二三日）に分け、各期に建物米を定めて売買する。帳合米取引に参加できるものは、公認の米仲買のみであったが、売買にあたっては遣来《やりくり》両替（取引き帳簿の管理・清算業務に従事する者）に敷銀（保証金）・歩銀（手数料）を納めている。売買の単位は一〇〇石と大きく、毎期の開始日は前述の正米と同様であったが、一日前に終了した。

帳合米商いは、個々の取引ごとに米切手・現米・代銀を授受することなく、売方・買方が期限までに最初の売買と反対の売買を行って売買高を相殺し、期日に売値段と買値段との差金の決済だけを行うことを原則とする取引である。したがって、この商いには多額の現銀・米切手を持たない者でも大量取引きに参加できたところから、投機的取引やヘッジ取引には適していた。（加藤）

【参考文献】宮本又郎『近世日本の市場経済—大坂米市場分析—』

9 幕府の金融政策

御用金の徴収と運用

御用金貸付

幕府は、江戸時代中ごろより金融政策の一環として主に江戸・大坂の商人から、半ば強制的に多額の御用金を徴募した。これは上金や献金と異なり、利子付きで返済するもので、いわば国債にあたるようなものである。

御用金は、宝暦十一年（一七六一）十二月から翌年一月にかけて大坂商人二〇五名にたいし、一七〇万三〇〇〇両を命じたのが最初である。その目的は、三分の二を大坂三郷一一〇ヵ町に貸付け（年利一二%）、流通・在庫米への需要を創り出し、米価を引き立てることにあった。後の三分一を町々の「慥《たしかなる》成借用人」に「相対次第を以貸付」ける資金（年利一八%）としたが、大部分は大名にたいする貸付になった、といわれている。この御用金によって、例えば宝暦十一年十二月に筑前米一石五四匁であったものが、翌年一月には六八匁にまで高騰しており、米価引き立ての効果はあったようである。

これ以降の御用金を一瞥《べつ》するならば、

天明五年（一七八五）十二月―大坂商人にたいし御用金を課し、そのまま応募者に貸し付ける。他方、応募者はこれを相対でもって諸大名に利貸しをする。つまりこの御用金の目的は、大名金融の逼迫を打開するところにあり、大坂商人からすれば、公金貸付という形式をとることによって、貸付金の返済が保証された

天明六年（一七八六）六月―大坂に御貸付会所を設立し、大名に年利七%で貸付けるため、諸国の寺社・山伏、御料・私領の百姓・町人（百姓にたいしては持高一〇〇石につき銀二五匁、町人に対しては間口一間につき銀三匁）に御用金を命じている（ただし、執政者であった老中田沼意次がその八月に失脚したため、九月に撤回）

文化七年（一八一〇）十二月―幕府は米の買上げ・米価の引き立て資金として、鴻池善右衛門ほか大両替商一四名に二〇万両の御用金（年三%の利付き）を課する

文化十年（一八一三）七月―大坂町人六〇〇余名に御用金（年三%の利付き）を命じたが、町人は手元不如意を理由に辞退を申し入れたため、三八〇余名から約七万二五〇〇両の徴募にとどまる

のとおりである。

すでに明らかなように、この当時の御用金は米価調整を目的とする場合が多かった。しかし天保期（一八三〇～一八四四年）以降になると、幕府は江戸商人にたいし、例えば嘉永六年（一八五三）十一月に海防費、翌七年五月に海防・禁裡造営用、万延元年（一八六〇）には江戸城本丸普請など、幕府財政の欠陥を補

うための財政政策的なものが多くなり、御用金から召し上げとなる上納・献金に変ってきた。

公金貸付

幕府は、さまざまな名目で諸方へ貸付けを行っている。財政援助を目的として大名・旗本・御家人などに貸付けたものが拝借金である。恩貸的貸付金であり、恩貸とも表現された。例えば大名にたいしては居城の焼失・転封・遠国役職への就任・御用勤務などが貸付の理由となっている。この貸付は江戸中期ごろ以降、幕府が財政支出抑制のため制限の措置をとっているが、幕末期まで続いた。

朝廷、寺社（幕府と関係の深いもの）、御三家・御三卿、代官などにたいし、財政援助を目的として貸付けたものが御取替金である。無利息の一時的立替え金であり、例えば代官就任時の貸付は享保十年（一七二五）に廃止となったが、それでも天保十四年（一八四三）には総額一六万五七九一両余に達した。

町人・農民にたいする貸付として御貸付金がある。町人の場合は救済・利息収入・金融統制などを目的としたもので、町奉行・勘定奉行・遠国奉行らが御用達商人・町村役人を通して貸付けた。農民の場合は救済・勧業（例えば夫食種貸・農具代・荒地開墾費など）を目的とし、無利息年賦償還となっているものが多く、御救貸とも総称されている。天保十三年（一八四二）には、三六八万両余におよんだ。

ところで、幕府は金融政策を遂行するための機関として、まず寛政二年（一七九〇）に猿屋町貸金会所を設置した。寛政の改革の一環として、棄捐令により札差から旗本・後家人への金融が停滞することをおそれ、札差への資金貸付機関として機能させた。その半面、札差仲間や業務にたいする監視・統制機関としての性格をもち、明治維新まで続いた。いま一つ、文化十四年（一八一七）に馬喰町貸付役所（馬喰町御用屋敷）を設置。幕府金融政策の中心的役所として機能し、二二代官取扱い貸付金・宿場助成貸付金、松前貸付金などを取り扱い、天保期（一八三〇～一八四四年）には貸付総額二〇〇万両余となる。

江戸市中には、寛政の改革の一環として寛政四年（一七九二）に江戸町会所（向柳原馬場・的場跡地）が設置された。社倉とその運営機関であり、市中からの七分積金と幕府差加金二万両をもって囲籾購入・窮民救済・低利貸付などにあてた。運営は勘定所御用達一〇名があたり、それを幕府勘定方、町方の与力・同心が町会所掛りとして監督した。（加藤）

【参考文献】宮本又郎・高嶋雅明『庶民の歩んだ金融史』

10

札差の金融活動

蔵米《くらまい》担保貸付の浸透

旗本・御家人と札差

江戸時代における幕府直参の旗本・御家人の給与には、知行取の場合と蔵米（切米）取の場合がある。

まず知行取は、一定の土地（知行所）を給与され、そこから徴収する年貢米などを俸禄とした主に中級以上の旗本である。旗本は一万石未満・御目見《おめみえ》以上の者をさす。享保七年（一七二二）の調査では、旗本は五二〇五名であり、そのうち約二二〇〇名、四三％近くが知行取である。知行高では五〇〇～三〇〇〇石の者が六〇％を占めている。彼らは札差との関係はなかった。

札差との係わり合いを持っていたのは蔵米取であ

り、現米で俸給を受け取っている者の場合である。この中には、前述の石取であっても知行所を給与されていない者も含まれる。蔵米取の主体は、もちろん御目見以下の御家人であり、同じく享保七年には一万七三九九名いたといわれている。彼らは幕府から毎年春（二月）、夏（五月）、冬（一〇月）の三季に分けて蔵米（三季御切米）が支給される。分量は春と夏がそれぞれ四分の一、冬が二分の一である。この蔵米を旗本・御家人から頼まれて代理で受取りをした者が札差である。札差は受取りを頼まれた旗本・御家人を札旦那と呼び、頼む側の旗本・御家人は札差を蔵宿と呼んだ。札差は慶安期（一六四八～一六五二）ころより起こり、元禄期（一六八八～一七〇四）に発展した。享保九年（一七二四）七月には幕府の公許となり、一〇九名で組合をつくっている。

したがって新規に札差を望むものは、「明き株」を入手する以外に方法がなかった。そこで明き株には異常な高価がついた。例えば文化期末（一八一〇年代末）には五〇〇～六〇〇両となっていたが、天保の改革によって札差の組合も一時廃止となった。しかし嘉永四年（一八五一）にいたり札差が再興されるや、明き株の値段は一気に一〇〇〇両に跳ね上り、巷間ではこれを千両株と呼んだという。

さて、幕府の御蔵は数ヵ所あったが、よく知られているのは浅草御蔵（元和六年〈一六二〇〉創設）である。ここでは年間およそ三七万石を札差が取り扱った。彼らは御蔵から米を受け取る際、一人で数一〇〇名分を担当しているので、円滑に処理するため米俵に受取り人の名前を書いた札をさした。札差という名称もここから起ったらしい。ともあれ、彼らが年間に取り扱った三七万石を、一石が金一両であったとすれば三七万両となる。当時幕府の年間経費は約金一五〇万両であったといわれているから、彼らはその二五％近くを取り扱っていたことになる。

札差による蔵米担保貸し

札差は代理受取手数料として米一〇〇俵につき金一分を受け取り、一〇〇俵以下にたいしては「月々扶持方あるものは、其札差料を見込、金一分までを限り相対にて定む」となっていた。また受け取りを頼んだ者が不要である分の米を、札差が売るような場合、売却手数料として一〇〇俵につき金二分を受け取っている。その場合には、旗本・御家人に有利に売るようにさせるため、時の相場で売らせなければならないと規定されていた。札差にとってこのような代理受取手数料や売却手数料による収益は僅かなものであった。

札差が大きな収益をあげていたのは旗本・御家人にたいする貸付においてである。札差は旗本・御家人が毎年三季に支給される蔵米を担保として金を貸す。その利子は享保九年(一七二四)七月の公許の際、「年一割半、すなわち二十両一分、金一両につき銀七分五厘」と定められていた。つまり年一五%の利子である。ところが早くも寛延二年(一七四九)には年一八%、「金一両につき銀九分」に上っている。その上、札差は旗本・御家人への貸付証文の書換えにあたり、新旧証文の月をダブらせて利息を多くしたり、「奥印金」と呼ばれる礼金を取り立てた。

いよいよ旗本・御家人の間には、札差からの借金に苦しむものが増えてきたため、幕府はその救済に乗り出し、寛政元年(一七八九)九月に棄捐令の公布をみるにいたる。それは、六ヵ年以前(天明四年〈一七八四〉)までの債権は無条件で破棄し、利子も改正して一両につき六分と定め、また五ヵ年以後の負債は一ヵ月五〇両で一分、高一〇〇俵につき一ヵ年三両の割合で返済すること、としたものである。その代りに幕府は札差にたいして利息付き一万両、無利息の一万両、計二万両を資本金として貸与した。

この棄捐令によって札差は総額一一八万両余を失なったといわれている。米一石金一両とすれば一一八万石余にあたり（幕府天領石高の約四分の一）、逆からいえば旗本・御家人の札差からの借金が、いかに大きいものであったかを知りえよう。（加藤）

【参考文献】宮本又郎・高嶋雅明『庶民の歩んだ金融史』、三田村鳶魚『札差』

11

庶民の金融

質屋と頼母子《たのもし》・無尽講《むじんこう》

質屋の成立

品物を担保とし、その占有権をえて金銭を貸すことを業としているものが質屋であることはいうまでもない。これに類するものは、すでに中世からあったが（土倉・借上）、小口金融業者として庶民の間で一般化したのは江戸時代である。当時の質屋は、将棋の駒の形をした看板を使っているが、それは「金（きん）に成る」という意味が込められていたという。

ところで、幕府は元禄五年（一六九二）十一月、江戸本石町で質屋惣代会所を開設。質屋を経営するものはすべてこの会所に出頭し、質屋についての定書き、看板を受け取ることとした。また享保八年（一七二三)四月には、質屋組合をつくらせている。当時江戸には二五〇組・二七三一戸の質屋が存在していた。幕府が質屋惣代会所・組合を設けた意図は、質屋を通して紛失物の調査や盗犯の防止を行うためであった。

明和七年（一七七〇）十月、江戸質屋株が二〇〇〇軒に定められた。質屋間の営業上の競争は緩和されたが、その代わりに質屋一軒につき、毎月銀二匁五分の冥加金を上納することになる。年間では三〇匁となり、江戸質屋二〇〇〇軒の冥加金は、一両＝六〇匁で試算すれば一〇〇〇両となる。その後、老中水野忠邦が主導した天保の改革により質屋組合は停止（天保十三年〈一八四二〉三月）となったが、嘉永四年（一八五一）三月には再興、翌年には江戸質屋数は二〇七五軒を数えたという。他方、大坂では寛永期（一六二四～一六四四年）に質屋仲間が結成され、その後延宝元年（一六七三）には質屋三四五軒を数え、天明元年（一七八一）ころには約六〇〇軒となり、嘉永五年（一八五二）には一三二八軒におよんでいる。また京都では、元禄十二年（一六九九）に質屋株仲間が成立、そのころの京都質屋は六二八軒であった。

質取り・質無し貸し

質屋の営業に関して幕府が定めた規定によれば、質物の種類は通常衣服・刀・脇差・諸道具などであり、期限は大抵三ヵ月。いわゆる質流れの期限は八ヵ月であったが、刀・脇差などは一二ヵ月限りとなっていた。また質物が水火盗難などによって消滅したり、紛失したときは、質屋は貸し金を損失し、質入れ主はその物品を損失する代わりに、債務も消滅するものとされていた。しかし鼠虫害・黴《かび》などにより質物が変質した場合には、質屋は責任を負わない。さらに、質屋が盗品を質に取った場合、調査の上、盗物であることを知らなかったことが判明すれば、質入れ主に元金を償わさせ、その質物を盗まれた人に返させることになっていた。質屋では質を預かる場合、質入れ主の住所・姓名・判を取っておき、通常は通帳を作って使わせた。あるいは品柄・質入れ金高・年月・期限などを記入した置証文（質小札）を入れさせる場合もあった。

質屋は通常質物を取って貸金をするが、質物を取らずに融通する仕組みもあった。例えば、

日なし銭――毎日一定額ずつ返済、期限までに完済する。利息は貸付け時の元本から天引きされる。高利ではあるが無担保であったので、零細な庶民層や急に資金を必要とするような場合には便利であった。月なし銭の場合も同様である

座頭金――江戸時代には盲人の六官位（都《はん》・市名《いちな》・紫分・座頭・勾頭《こうとう》・検校）があり、昇進は容易でなかった。しかし実際には一定金額を納入すれば昇進できたところから、盲人は利殖につとめた。幕府も盲人の貸付については保護を与え、例えば相対済金から除外されていたため、座頭金は安全な貸付として知られ、町人の中には盲人に資金を提供して座頭金として運用することを依頼するものも現われた

烏金《からすがね》――一夜を期限とするもので、日なし銭より厳しい。これに類するものとして、朝一〇〇文借りて夕方一〇一文を返済する百一文がある。短期の貸付ではあるが、日々の仕入れ資金の調達にせまられているような零細商人にとっては便利な貸付であった

などである。

質屋の利息は、例えば享保期（一七一六～一七三六年）には月々一両につき銀一匁六分、一分につき銭五二文、一〇〇文につき四文の定めであった。天保十三年（一八四二）にいたり、幕府は天保の改革の一環として質屋利息の引き下げを命じ、金一分以下銭一〇〇文につき二文、二両以下金一分につき二〇文、一〇両以下金一分につき一六文、一〇〇両以下金一分につき八分に減じた。質屋では減収になるとして、貸付に消極的となり、庶民の金融に支障がでてきた

ため、間もなく利率を改革前に戻し営業を続けるように布告している。

講による相互金融

質屋のような営利的金貸しにたいして、庶民が講組織によって相互扶助的に融通し合う金融もあった。頼母子講・無尽講がそれである。

講というのは、もともと仏教の経典を講説する法会の儀式であった。しかし、それが次第に社寺信仰行事と、それを担う集団を指すものとなり、さらにその成員の経済的共済を目的とする組織をも意味するようになったという。

まず頼母子講は、中世に始まる金融方式であり、零細な庶民が金穀をもちよって互いに無利子・無担保で融通し合う組織である。これにたいし、無尽もまた講組織による相互金融ではあるが、起源が無尽銭にあるとするならば、もともと営利的性格をおびていた可能性がある。しかし中世後半に入り、頼母子講では落札して金銭を給付されたあと、懸金を納めないものが出てきたため、漸次担保・利子付きとなり、無尽との差異がなくなってきた。江戸時代には、主として関西では頼母子講、関東では無尽という語を使うことが多いのであるが、明確に地域的区分はできない。

頼母子・無尽講では講親（発起人）が講中（仲間）を募集して一つの講を結成する。講中は規約に従って定期的に会合を開き、毎回の会合で懸銭を出し合う。この席上、籤《くじ》引きまたは入札によって落札者を決定する。落札によって受ける金銭を取足、一度落札したものは取過衆と呼ばれ、再び入札・籤引きに参加する権利を失うが、懸金を納める義務があった。これは講にたいする債務の弁済にあたるところから、取過衆に質物の差入れ、また取足にたいする利子支払いなどを求めている。

一般的にいって、関東では籤引き、関西では入札が採用されることが多かった。籤引きによる場合は、落札者は偶然的に決まり、資金を欲していても当たる確率は低い。また入札の場合は資金を欲するものが低い入札価格をつければ落札者になりえたが、余り低い入札価格では結果的に高利資金となってしまう。いずれにしろ、この方法では庶民が必要とする金銭を合理的に手に入れることは困難であった。講は講中全員に取足がいき渡ったところで一応終了となる。（加藤）

【参考文献】宮本又郎・高嶋雅明『庶民の歩んだ金融史』

12

開港と金融混乱

銀貨の同重量交換

海外貿易開始と金銀比価

嘉永六年（一八五三）六月、アメリカ東インド艦隊司令長官ペリーが浦賀に来航。目的はアジア地域における経済的権益（中国貿易、アジア海域捕鯨業など）の保護・拡張のための基地を築くところにあった。また同年七月には、ロシア使節極東艦隊司令長官プチャーチンが長崎に来航。これがロシア南下政策の一環であったことはいうまでもない。

翌年一月にはペリーが再来航、幕府との間で交渉を開始し、三月に日米和親条約（神奈川条約）が締結された。その後イギリス、ロシア、オランダとも和親条約に調印した。次いで安政五年（一八五八）九月までにアメリカ、オランダ、ロシア、イギリス、フランスと順次修好通商条約を結び、いよいよ箱館・横浜・長崎の三港において海外貿易が始まった。

さて、海外貿易の開始に先立ち、問題となるのは国内外の金銀比価である。当時日本では金一に対し銀五の割合であった。しかしヨーロッパではメキシコで銀山が発見され、大量にメキシコ・ドル銀貨(Mexican Dollar 洋銀)の鋳造が進んでいたため、

図1 ヨーロッパ金銀比価を基準とした場合

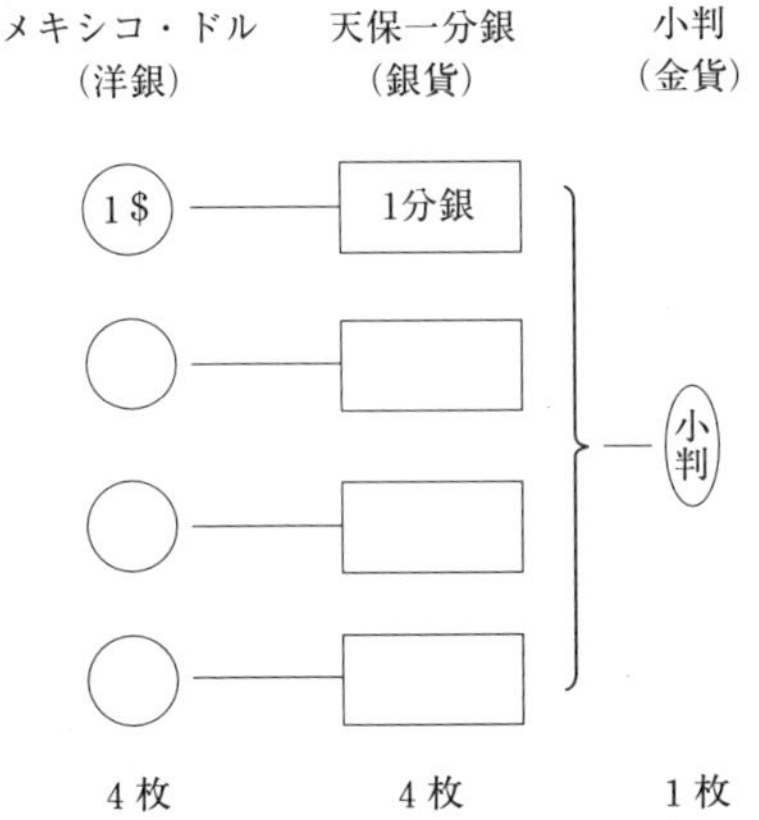

(出典)日本銀行金融研究所『貨幣博物館』参照。

金一に対し銀一五であり、日本に比して銀の価値は三分の一も低かったのである。したがって、為替レート(exchange rate)の規定にあたり、ヨーロッパの金銀比価を基準とした場合には、図1のようになる。

ところが、安政三年(一八五六)七月に着任したアメリカ初代駐日総領事タウンゼント・ハリス(Townsent Harris のちに公使)は、このレートではアメリカ側が不利であるとして幕府に交渉を迫り、翌年五月、日本側が大幅に譲歩して日米条約(下田条約)を締結した。その第三条に「亜米利加人持来る所の貨幣を計算するには、日本金一分或は銀一分を、日本の分銅の正きを以て金は金、銀は銀と秤し、亜米利加貨幣の量目を定め、然して後吹替入費の為六分丈の余分を日本人に渡すべし」とある。すなわち同種同量の交換とし(図2参照)、改鋳費六%を日本側に支払うことになっていたが、日本側はこの六%すら放棄している。

当時の日本側を代表して交渉の任にあったのは、外国掛老中堀田正睦（下総・佐倉藩主一一万石）である。堀田がハリスも驚くほどの譲歩を行った理由は、必ずしも明らかではないが、要求されていた①京都開市の件、②外国人の内地自由旅行の件、を拒否するための交換条件としての意味合いがあったものと考えられる。いうなれば、国内において攘夷論が激化していることを配慮し、経済的利益を犠牲にしたような感が大きい。

【参考文献】岡田俊平『幕末維新期の貨幣政策』

図２　銀貨の同重量で交換した場合

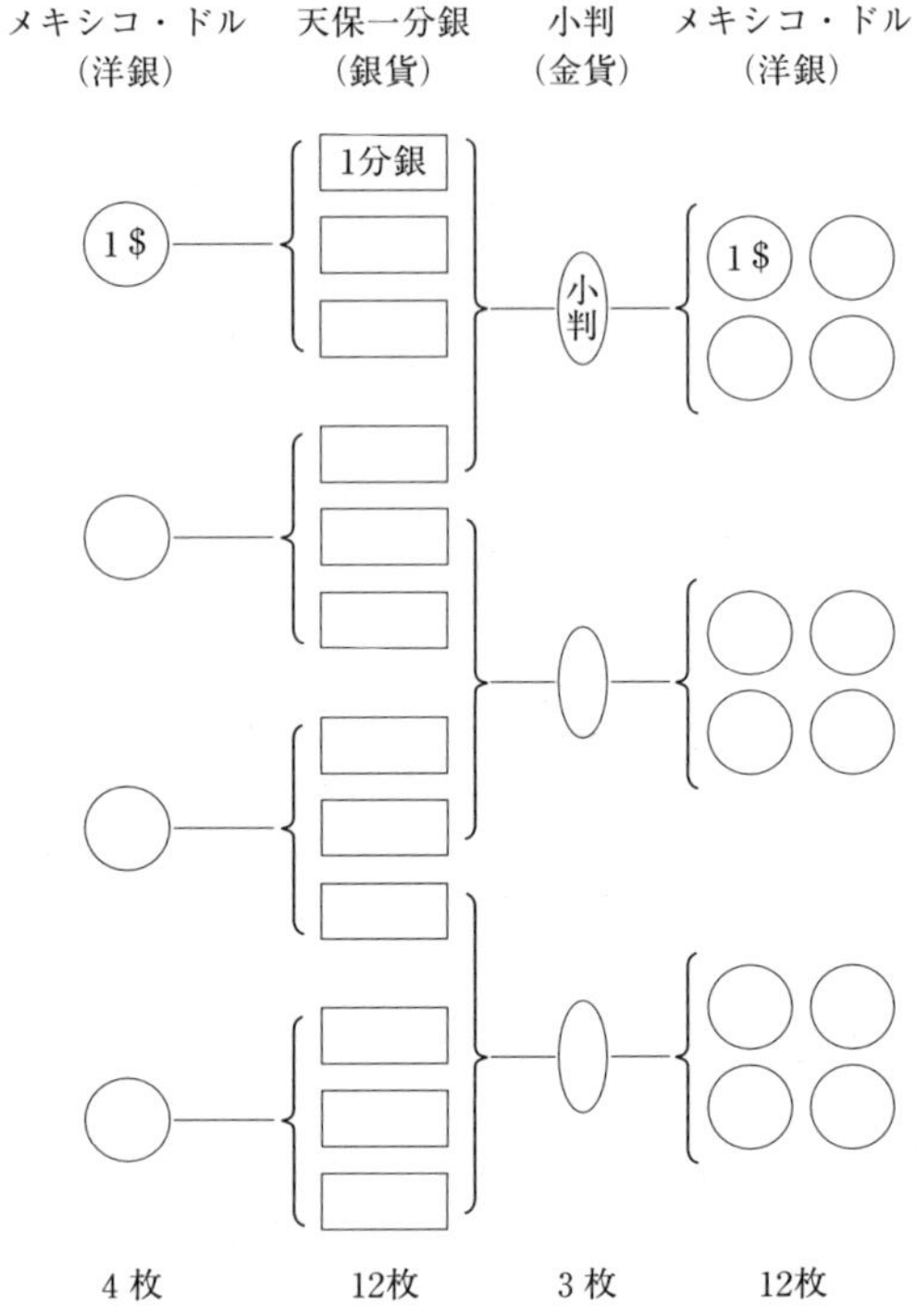

物価騰貴と貨幣改鋳

幕末の海外貿易は、日本側にとって不利な銀貨の同重量交換という条件で始まったため、外国人は割安の洋銀を持ち込み、金貨（小判）に換えて海外に持ち出した。こうして約五〇万両（一〇〇万両内外から一〇万両台とする諸説がある）の金貨が海外へ流出したと推計されている。また余った洋銀で生糸・茶・海産物などを買付けたため、国内の物資が希薄と

	寸法		重量	純金量	品位
	長径	短径			
慶長小判	7.1cm	3.7cm	17.9g	15g	0.837
万延小判	3.6	2.1	3.3	1.5	0.454

（出典）日本銀行金融研究所編『貨幣博物館』参照。

なり、物価の高騰をもたらしたことはいうまでもない。物価騰貴といっても、もちろん商品によって異なるが、例えば江戸の米価でみるならば、ペリー来航の嘉永六年（一八五三）には一両につき七斗一升（約一〇六kg）購入できたものが、一四年後の慶応三年（一八六七）には一両で八升三合（約一二kg）であったから、約九倍となっている。

こうした激しい幕末インフレの原因となった金貨（小判）の流出を防止するため、幕府はハリスやラザフォード・オールコック（Rutherford Alcock イギリス初代駐日公使）らの勧告を容れて金銀比価を改訂し、万延元年（一八六〇）二月に小判の価格を引上げ、三月には新たに小判の鋳造を布告した。これが万延小判である。これを最良の慶長小判と対比してみれば、上表のとおりである。重量において約五分の一、純金量では実に一〇分の一、江戸期を通して最小小判（俗称「雛小判」「姫小判」）であった。万延小判は、国内外とも金銀比価が金一対銀一五となるように鋳造されており、したがってこの鋳造によりようやく金貨の国外流出が阻止できた。

とはいえ、貨幣改鋳の実施は貨幣価値を下落させ、物価騰貴をもたらすことはいうまでもない。とりわけ、万延元年の金貨改鋳は金相場を一挙に三倍も高騰させたため、金遣いの江戸では、新金通用の当日以降、庶民が両替商に殺到し大騒動となった。

幕府紙幣の発行

幕末も押し迫った慶応三年（一八六七）にいたり、いよいよ幕府が紙幣発行に踏み切った。

すでに幕府紙幣の発行計画は、享保四年（一七一九）、天保二年（一八三一）、安政元年（一八五四）、同四年（一八五七）、万延元年（一八六〇）などにみられる。むろん、幕府として紙幣を発行する場合には、権威上からしても、ある特定地域に限って通用させるのではなく、全国を通用範囲とすることを意図していたに違いない。しかし、恐らく藩札との間に起る競合の調整をいかに図るべきか、などの問題によっていずれも実行にまでいたらなかった。

慶応三年当時、横浜においては、メキシコ・ドルに代って洋銀札が用いられており、幕府ではこうした事態に対処するため、まず江戸横浜通用金札を発行した。その仕組みは、対外的問題の発生を恐れ、幕府が発行するという形態をとらず、幕府は一〇万両を三井組御用所に交付し、御用所にこの金札で幕府が支払うべき貿易関係支出金の支払いにあてさせるというものである。もちろん、三井組は兌換準備金を備え、正貨兌換の申出に応ずることになっていた。

この金札には、例えば十両の表示と並んでフランス語で10 liŭoとある。明らかにフランス人の指導をうけたものと思われる。それは、当時幕府がフランス駐日公使レオン・ロッシュ（Léon Roches）の後援をえていたことと関連があろう。

次いで江戸及関八州通用金札の発行をみた。これは関東一円の地域住民の租税納付にも使用を認めたものであり、幕府が江戸の本両替商仲間に一店につき正金二〇〇〇両あてを御用所に上納させ、これに相応する本券三〇〇〇両ずつを三井組御用所を通じて交付した。金札は二百両・百両・五十両・二十五両・一両の五種類あり、通用期限は三カ年。その間は正貨兌換を認めず、期限満期時に三井組において正貨に引換えるというものである。

さらに、幕府紙幣の最後のものとなった大坂商社金札（兵庫商社札）がある。これは、当時の勘定奉行であった小栗上野介忠順《ただまさ》の献策を実行したものであり、兵庫開港にともない、居留地の建設資金約八〇〜九〇万両を調達するために発行した。大坂の有力商人二〇名を組織して「コンペニー」（商社）を設立させ、一〇〇万両の紙幣発行権を与え、裏面に「与実貨同」と印刷した金札を発行し、引換えを商社に託した。引換所は大坂嶋町に設けられている。

これらの幕府紙幣は、藩札に比して流通範囲も広く、発行組織も江戸・大坂の有力商人を結集して強固であった。しかし、間もなく明治維新を迎えたため、その目的を果たさないまま短命に終った。

ともあれ、正貨の増鋳にこの幕府紙幣が加わったため、幕末のインフレは大いに進むところとなった。

（加藤）

【参考文献】作道洋太郎『近世日本貨幣史』、山口和雄『貨幣の語る日本の歴史』、阿部謙二『日本通貨経済史の研究』

アラカルト

銭貨インフレーション

元禄八年（一六九五）八月、時の勘定奉行荻原重秀は、幕府にたいして貨幣改鋳を建議し、実行に移された。改鋳による出目《でめ》（益金）によって、財政難の建て直しを図ったものである。この折の出目は、およそ五〇〇万両（元禄八年～同一六年までの合計額）であったといわれている。年平均五五万両であり、幕府の財政収入を年間約四〇〇万両であったとすれば、その一四％程度にあたる。幕府財政にとって、出目のウェイトが大きかったことを知りえよう。幕府による改鋳は、これを最初として、その後第一〇次にもおよんだ。

さて、元禄改鋳は、本文で触れたように慶長小判をつぶして一・五倍にあたる元禄小判（したがって金位は六七〇・九から五二一・一に低減）をつくった。改鋳は小判ばかりでなく大判（金位六七〇・九→五二一・一）・一分判（金位八五五・七↓五六四・一）、また丁銀・豆板銀（銀位七九一・九↓六四六・〇）にも行われた。ただし、銀貨の方は一・二五倍であったため、改鋳後の金銀貨流通上に混乱が生じたことについては、すでに述べたところである。ともあれ、増鋳により金銀貨の価値は低下し、物価高騰（インフレーション）をもたらした。

ところが、荻生徂徠によれば、当時の物価騰貴は金銀貨の増鋳によるものではない。それは「元禄ニ金銀ニ歩ヲ入レテ金ノ性悪ケレドモ、銭ノ直段左沽替ラネバ…、是又元禄ト全ク位替ラヌ也。…今銭ヲ夥ク吹出シテ、一両ニ七八貫文ニシタラバ、金銀ノ員数半分ニ減ジタレドモ、位一倍ヨクナル故、元禄ノ金銀ヲヤハリ吹直サズニ置テ、金銀ノ員数如元ナルト全ク同意ナルベシ」（『政談』）という。つまり、銭を増鋳して三貨相場のバランスをとれば、物価騰貴は解消するとしている。

間もなく（元文四年〈一七三九〉）、幕府は寛永通宝（一文銭）を増鋳した。それは銅銭ではなく鉄銭（鉄小銭）であり、慶応三年（一八六七）までに六三億余枚にもおよんだ。年間四九〇九万枚にあたる。この鉄銭はズク銭あるいはババ銭ともいわれ、良質の鉄ではなかったため、緡《さし》にした場合錆が出てくっついたり、砕けたりしたため油樽に入れてあった。ともあれ、こうした悪質の鉄銭が大量に出廻り、銭相場が下って銭インフレーションが起こっている。その間、真鍮銭（四文通用）・精鉄銭（鉄四文銭）などの発行をみたが、悪貨は良貨を駆逐する。やはり銭インフレは続いたものと思われる。　（加藤）

【参考文献】阿部謙三『日本通貨経済史の研究』、三田村鳶魚『札差』、作道洋太郎『近世日本貨幣史』

アラカルト

幕末・外銀支店の進出

わが国に外国銀行が最初に進出してきたのは、文久三年（一八六三）一月である。それは安政六年（一八五九）六月に神奈川（横浜）・長崎・箱館の三港が開港され、露仏英蘭米五カ国と自由貿易が始まってより四年後のこと

1860年代における外国銀行横浜支店の主要業務

	当座預金	定期預金			貯蓄預金	貸付・割引	外国為替	他業務	取扱時間	
		3ヵ月	6ヵ月	12ヵ月					平日	土曜
セントラル・バンク	無利子	4％	6％	7％			取組可		10～16	10～13
マーカンタイル・バンク		有利子にて受入れ					取組可	銀行業務全般	10～16	10～13
コマーシャル・バンク	取扱可	(4ヵ月)3％	5％	7％		担保付で貸付	取組可			
オリエンタル・バンク	取扱可			4％			取組可		10～15	10～13
バンク・オブ・ヒンダスタン	取扱可	有利子にて受入れ					取組可		10～15	10～13
香港上海銀行	2％	3％	5％	6％	3.5％	取扱可	取組可	銀行業務全般	10～15	10～13
コントワール・デスコント	取扱可	有利子にて受入れ					取組可		10～15	10～13

（出典） 立脇和夫『在日外国銀行史』日本経済評論社、1987、P.126～7

であった。それより明治と改元（一八六八年九月）されるまでの間に、七行の進出をみた。因みに、今日（一九九八年三月）では九三行に達している。

さて、開港とほぼ同時に、横浜居留地には英商ジャーディン・マセソン商会（Jardine, Matheson & Co.＝英一番館）が進出してきた。また長崎には、和蘭商社（Nederlandsche Handel-Maatschappij〈Netherlands Trading Society〉）、グラバー商会（Glover & Co.）などが設立された。このように外国商会の進出は進んだが、前述のように銀行の進出はこれよりもやや遅れていた。したがって、進出してきた商会では、貿易代金の決済にあたり、すべてメキシコ銀貨などの洋銀で行わざるをえなかった。文久三年（一八六三）一月にいたり、まずセントラル・バンク（Central Bank of Western India, 一八六一年ボンベイに設立）が横浜に支店を開設、二月にマーカンタイル・バンク（Mercantile Bank of India, London and China, 一八五三年ボンベイに設立、のちに勅許状をえて商号冒頭に Chartered を付し、本店をロンドンへ移転）横浜支店、八月にはコマーシャル・バンク（Commercial Bank of India, 一八四五年ボンベイに設立、のちに勅許状をえて Commercial Bank Corporation of India and the East と改称、本店をロンドンへ移転）横浜支店が開設され、ようやく商会とこれら銀行との間で為替手形の売買が始まった。

翌元治元年（一八六四）六月にオリエンタル・バンク（Bank of Western India, 一八四二年ボンベイに設立、一八四五年に本店をロンドンへ移転、商号 Oriental Bank に変更、さらに一八五一年に勅許状をえて Oriental Bank Corporation と改称）横浜支店、ついで同二年（一八六五）一月にバンク・オブ・ヒンダスタン（Bank of Hindustan, China and Japan, Ltd., 一八六二年設立、本店ロンドン）が横浜に支店を開設した。こうして一八六五年末までに横浜にはイギリス系銀行の五支店が開設されたが、その間に横浜の外国商社数も増加し、四〇社を越えている。

慶応二年（一八六六）四月にいたり、さらにイギリス系の香港上海銀行（Hongkong and Shanghai Banking Company, Limited. 一八六五年設立、本店香港）の横浜支店が加わった。その翌年八月にはフランス系銀行コントワール・デスコント（Comptoir d'Escompte de Paris, 一八四八年設立、本店パリ）が横浜支店を開設した。欧州大陸系としては同行が第一号である。当時、日本生糸の輸出先は世界的な絹織物産地であるフランス・リオンであった。そのため横浜在留のフランス商人間でフランス系銀行の進出が望まれ、それが実現したものである。

これら七横浜支店の業務は、前表のとおりである。とくに香港・上海・ヨーロッパ各地向けの為替手形の売却・買取りを主要業務としていたことが知れよう。前述のように外国銀行の進出前には、外国商社は自ら外国為替を扱っていた。また対外決済のために金銀地金・貨幣の現送も行っている。幕府や新政府においても、対外送金を要する場合には外国商社の手を経るか、あるいは自ら現送していた。外国銀行の進出によって、こうした不便が減少してきたことはいうまでもない。

なお、幕末期における外銀支店は横浜に集中しており、兵庫（神戸）・大坂・長崎・箱館へ支店・代理店が開設されるのは、すべて維新後のことである。（加藤）

第二章　近代金融のはじまり

13

幣制整備の始まり

銀目《ぎんめ》の廃止

幣制整備の必要性

慶応三年（一八六七）十月十五日、大政奉還が朝廷より認可され、江戸幕府はここに二六〇年余の歴史を閉じた。これにかわった明治新政府は、政権を得たとはいえ、内においては今だに民情が騒然とし、各地には反政府勢力が残存していた。また外においては、イギリスをはじめとする西欧列強が日本を植民地化しようとねらっており、まさに新政権の置かれた立場は内患外憂の状況であった。

特に西欧列強の脅威は、「外圧」として認識されていた。「外圧」には、圧倒的軍事力を背景とした軍事的・政治的脅威（砲艦外交）とともに、これら脅威を媒介とした経済的侵略をあげることができる。新政権としては、「外圧」といかに対峙し、植民地化の危機を回避していくかが急務の課題であった。

このために政府が掲げたスローガンが、産業を勃興し、貿易を隆盛にし、その利益をもって軍事力を強化するという「富国強兵」政策であった。この政策を推進するためには、旧来からの経済制度、なかでも貨幣制度を改訂する必要があった。とりわけ西の銀遣い、東の金遣いという同一国内において二つの本位制が対立するという貨幣制度は、国内の流通を阻害するばかりではなく、対外貿易の決済に諸々の障害を発生させるものであった。このため政府は、幣制整備の第一段として銀目の廃止を断行した。

銀目の廃止

慶応四年（一八六八）五月九日、新政府は銀目廃止に関する布令を発した。その内容を要約するならば、以下の四点に要約できよう。

①丁銀・豆板銀などの秤量貨幣の廃止。
②計算単位としての銀目（匁）の廃止。
③従来の銀目による貸借を、その取引が成立した年月日の相場により、両か銭の値に書き改めること。
④通用停止の丁銀・豆板銀の新貨幣との交換。

①④に関しては、大きな問題とはならなかった。まず①の丁銀・豆板銀の廃止に関しては、形式的な問題であった。なぜならば秤量貨幣としての丁銀・豆板銀は、江戸時代後期より幕府の政策およびその不便性により流通は限定的なものとなっていたからである。また④に関しては、将来に関する問題であり、廃止令発布時には問題とならなかった。大問題となったのは、②と③であった。

銀目は、金貨幣・銭の交換価値を評価する機能を持つものであった。しかも旧来からの慣行と商務における利便性から、手形取引においてはほとんど銀目が使用されていた。このため膨大な銀目手形が市場に流通していた。したがって銀目の廃止は、金融市場に大きな混乱を引き起こすことになった。

銀目廃止の影響

幕府が設定した金銀の公定相場は、通常金一両＝銀六〇匁であった。しかし幕末期には「金高銀安」が進行し、廃止令当日の仕舞相場は二二〇匁まで銀が下落した。このため大坂の両替商などに膨大な債務をかかえていた諸藩は歓喜した。なぜならば六〇匁時代の借財が、今や三分の一以下の金額だけ返済すればよくなったからである。

また銀目手形の所有者のなかには、廃止令を銀目手形の無効と誤解したり、手形の支払い停止を恐れて両替商に正金との交換を求める者が多数発生した。このため多くの両替商が支払い不能となり、休業するものが続出し、閉店した両替商は十人両替を含めて約四〇軒にのぼったという。これにより西日本全体が金融恐慌状態に陥ることになった。（柳沢）

【参考文献】　松好貞夫『明治絶対主義の経済と金融』

14

明治新政権の通貨措置

太政官札《だじょうかんさつ》・民部省札《みんぶしょうさつ》

太政官札・民部省札の発行

明治新政権は、設立当初より著しい財政難の状況にあった。このため運用資金の調達を三岡八郎(後の由利公正)に依頼した。三岡は、当面の運用資金として会計基立金三〇〇万両の募集と太政官札(金札、天札とも呼ぶ)三〇〇〇万両の発行を建議した。会計基立金は、慶応四年(一八六八)一月から京阪で借り上げが開始されたが、その性格は基本的に御用金であった。しかし、返済年限および利付きなどの点から現在の国債に近いものであった。会計基立金は、のちに金札によって償却されることになる。

金札は、慶応四年二月より製造準備が開始され、閏四月十九日にはこれに関する布告が発せられた。その要旨は、各藩への金札貸与の方法および返還方法と、金札貸与の目的が殖産興業であることが述べられていた。これからわかるように金札は、当初から赤字財政を補塡する目的で発行されたものではなかった。しかし会計基立金の募集が順調に進行しなかったことから、新政権はその補塡に金札を援用することとした。このため金札は明治二年(一八六九)布告の発行制限額三二五〇万両を大きく上回る四八〇〇万両も発行されることとなった。金札には、一〇両、五両、一両、一分、一朱の五種類の札があった。

これに対して民部省札は、明治政府が金札に次いで発行した紙幣である。その目的は、金札を補完するものであった。金札は、その八七%までが一両以上の多額紙幣であった。このため、日常取引における不便が多く寄せられ、少額紙幣を要望する声が高まった。そこで政府は、明治二年九月より民部省札を発行した。その種類は、二分、一分、二朱、一朱の四種類である。発行総額は、七五〇万両に達し、そのほとんどが財政補塡に当てられている。

金札発行後の経過

金札発行の目的は殖産興業であったが、そのほとんどが政府・諸藩の財政補塡に使用されてしまった。また金札は不換紙幣であった。このため政府の信用不足などにより流通地域が限定されるとともに、著しい価格低下をまねき、明治二年六月には正金一〇〇両に対し一八五両まで下落した。さらには減価した金札をつかまされた外商から激しい抗議が起こり、金札問題は外交問題へと発展することになった。

このように金札発行は、様々な問題を引き起こし経済の混乱を助長した。そこで政府は、金札の全国的な等価流通をはかるため二年四月、五月の太政官布告により金札の建て直しの方針を明らかにした。同布告の趣旨は、金札を五年までに新たな正貨と引き替えるというものであった。また翌月からは金札正貨引換政策がとられた。このため金札価格は上昇し、三年五月には正貨一〇〇両に対して金札九九両にまで高騰した(この高騰には偽二分金問題が関与していた)。また流通範囲も拡大し、山間僻地においても使用されるようになった。その後、金札は五年二月の布告により新紙幣に交換されることとなり、その使命を終えることになる。

金札発行の意義

前述したように、金札発行は多大な混乱をもたらし、その発行は失敗であったといっても過言ではない。しかし、その発行に関しても幾つかの意義を見いだすことができる。その第一は、金表示を銀遣い圏に普及した点である。その第二は、中央政府として発行した統一紙幣(金札)の普及を通じて、きたるべき「円」への移行準備をおこなった点も指摘できよう。

(柳沢)

15

近代的幣制の出発

新貨《しんか》条例の発布

新貨条例布告までの経緯

近代的統一貨幣制度の樹立は、経済発展の大前提であるとともに、統一国家として対内・対外の信任を得るための条件でもあった。このため明治新政権は、慶応四年(一八六八)四月には純正画一な貨幣を製造する方針を決定した。翌明治二年(一八六九)三月には、新貨幣の形状は円形とし、十進法を採用し、価名を「円」とすることを大隈の建議により決定している。続いて三年十月には、東アジア一円の国際通貨であったメキシコドル銀貨(具体的には香港ドル銀貨)を模範とした一円銀貨を本位貨幣とする銀本位制の採用を内定して、法律条文の整備に取りかかった。しかし渡米中の大蔵少輔伊藤博文の強い主張により、銀本位制から欧米列強と同様の金本位制を採用することに方向転換し、四年五月十日、最初の貨幣法である「新貨条例」が発布された。

同条例の要旨は、①新貨幣の称号を円とし、一円の百分の一を一銭、一銭の十分の一を一厘とする。②五種類の金貨をもって本位貨幣とし、一円=純金四分(一・五g)とする。③銀貨・銅貨は補助貨とする。④在来貨幣との交換価格は、一両=一円とする。⑤貿易用として一円銀貨を鋳造し、開港場に限り無制限通用とする。また、国内の私的取引においてのみ自由相場(時価)通用を認める。⑥貿易銀一〇〇円=本位金貨一〇一円とするなどであった。

新貨条例では、形式上は金本位制を採用していた。しかし⑤・⑥から理解できるように貿易銀の一般通用を許可したので、事実上は金銀複本位制であった。なお新貨条例は八年六月二十五日より「貨幣条例」となり、その後たびたび改正され、三十年三月「貨幣法」の制定により廃止となった。

新貨条例発布後の状況

新貨条例の発布により、近代的幣制の枠組みはほぼ完成した。しかし新貨幣の鋳造は進まず、財政も大幅な赤字であった。そこで政府は、三井組の信用と組織力を利用して四年十月大蔵省正金兌換証券を発行させた(なお、五年一月に開拓使正金兌換証券も発行させている)。同紙幣は、初の円で表示された紙幣であり、形式上は初の兌換紙幣でもあった。政府はその後、四年十二月には円表示の新紙幣を発行し、金札・旧藩札と新紙幣との交換を布告した。しかしこの新紙幣は、新貨幣との交換を認めない不兌換紙幣であった。したがってこの布達は、五年末までに金札を新貨幣と兌換交換するとした政府の公約の不履行を意味していた。だが、金札と新紙幣との交換はスムーズに進行するところとなった。これは国民一般が金札使用に慣れ、熟知したためであった。

さて、新貨条例において金本位制が採用されことは前述したとおりであるがその第一の意義は、幕末期における万延二分金を中心とした準金本位制とも呼ぶべき状況から、旧幣制との連続性を維持し新幣制へ移行させた点が指摘できよう。その第二は、両から円への移行をスムーズに進行させたことをあげることができる。この点は偶然にも、新貨条例における本位金円がアメリカ金ドルをモデルとしたことに由来する。すなわち、一米金ドル＝二分金二枚となったことにより、一両＝一円との交換式が成立することになった。これは一円＝四分の三両となる銀本位制と比較して、両から円への移行をかなり容易にしたことが理解できよう。しかしこの第一次金本位制は、世界市場における金高銀安と、輸入超過による正貨の流出により、七年から変化するところとなる。すなわち対外的には銀を基本とし、対内的には紙幣が流通するという一種の管理通貨体制が、その限界を露呈したからであった。

(柳沢)

16

太政官札の流通促進

為替《かわせ》会社の設立

為替会社の設置とその組織

明治政府は、商業（産業）を起こし、あわせて税収を増加させる目的で商法司を設置したが、明治二年（一八六九）三月にこれを廃止した。これにかわって同年二月設置されたものが通商司であった。通商司の業務は、外国貿易の管理、内外の商業・金融に関する政務を担当することにあったが、そのもとに通商会社と為替会社が設置された。通商会社（後に開商会社となる）は、「大元会社」として地方商社を統括し、重要商品の定期売買を目的とするものであった。為替会社は、通商会社に資金を提供し、あわせて民間の融通を便利にすることを目的としていた。両会社とも二年五月から八月にかけて東京、大阪、西京（現京都）、横浜、神戸、新潟、大津、敦賀の八カ所に設置された。為替会社の設置者は、三井・小野・島田など旧幕時代において御用為替方をつとめた特権的商人であった。

為替会社の形態は、厳密には株式会社ではないが、不特定多数から資本を集めるなど、株式会社の先駆けをなすものであった。その構成員は社中（後に株主と呼ばれる）と称され、分限に応じて身元金（差加金、元備金とも呼ばれた）を出資した。この身元金には月一分の利子が付くとともに、収益があがれば出資高に応じて利益配当を受ける権利があった。社中はその出資に対して差加預手形（元備金証書）の交付を受けたが、その譲渡は自由であり、社中への加入も制限がなかった。会社の代表者は総頭取と呼ばれ、多額の身元金を出資した者から政府が任命した。会社の運営で実権を掌握した者が取締であり、彼らのほとんどは総頭取の手代であった。

為替会社の業務と限界

為替会社は、銀行の性質をそなえた紙幣発行の特権を有する金融機関であり、貸出、預金、為替、両替などをおこなった。その名称はBankを翻訳したものであるが、厳密には近代的銀行と規定できず、銀行の先駆け的形態であったといえよう。為替会社の資金は、身元金、預金などから構成された。身元金は三年において一八九万五千両強であり、預金は僅少であった。政府貸下金は一六二万二千両であるが、太政官札（金札）によって貸与されている。これは為替会社の資金補助をおこなうとともに、金札の流通促進を目的としたためであった。

同社はこれだけの資金では需要に応じられなかったため、金・銀・銭券および洋銀券を発行した。金券は兌換券であり、発行高は六〇〇万両を越えた。銀・銭券は小額紙幣の不足により発行されたもので、発行額は二六〇万両余に達した。洋銀券も兌換券であり、横浜為替会社のみが発行した。その目的は、洋銀相場の変動防止と、国内商人の利便の促進にあり、総額では一五〇万ドル発行された。為替会社の業務は、殖産興業のための資金不足を補塡する貸付業務が主であった。そのため政府の厚い保護を受けるとともに、月利一分五厘と非常な低利で貸出をおこなった。しかしその貸出先は、旧藩主や士族が中心であり、これら貸出金はまた回漕問屋・米屋などを通じて高利貸に貸し付けられたと推測され、殖産興業向けのものは少なかったといえよう。為替会社は四年七月の通商司廃止とともに衰運に向かい、多額の負債をかかえ、五年には横浜為替会社を除いて解散することになった。この原因としては、政府の過度の干渉、規則の不備、経営者の経験・知識不足などが指摘できる。為替会社は失敗に終わったが、人々に金融機関の必要性を痛感させるとともに、株式会社の内容を理解させ、会社経営の標本を示した点ではその意義は大きかったといえよう。（柳沢）

17

不換紙幣整理・金兌換券発行

国立銀行制度の導入

国立銀行条例の制定

為替会社が失敗に終わり、明治政府は近代的銀行制度の本格的導入の必要に迫られた。また民間でも、明治四年（一八七一）末頃から私立銀行設立の願いが相次いだ。このような状況下、政府内では伊藤博文（当時大蔵少輔）と吉田清成（当時大蔵少輔・後に外交官に転ずる）との間で銀行論争が闘わされていた。伊藤案の趣旨は、アメリカのナショナル・バンク制度をモデルとした地方分立の分散的発券銀行制度、すなわち国立銀行を設立し、金融の疎通をはかるとともに不換紙幣の整理をおこなうというものであった。

これに対し吉田案は、イングランド銀行をモデルとした中央銀行制度を導入し、中央銀行による金兌換銀行紙幣の発行（ゴールド・バンク制度）を主張した。両者の対立ははげしかったが、同年十一月、井上馨の裁断により、兌換紙幣発行など一部の案を除いてほぼ伊藤案が採用された。これにより、渋沢栄一を中心に大蔵省において国立銀行条例の編成作業がおこなわれ、五年十一月十五日、「国立銀行条例」が発布された。

国立銀行条例は、二八条、一六一節から成っていた。同条例の要旨は、①国立銀行は有限責任の株式会社であるとし、五名以上の株主と、頭取を含む五名以上の取締役を選任すること。②その元金（資本金）は最低でも五万円以上とすること。③資本金の六割は政府紙幣（主に太政官札＝金札）をもって大蔵省に納付し、同額の六分利付金札引換公債証書の下付を受ける。そして、この公債を銀行券発行の抵当として政府に預け入れ、同額の銀行券を大蔵省より受け取り、これを発行・流通させる。④資本金の四割は、本位貨幣で銀行に積み立てておき、紙幣の交換準備にあてる。しかも、その準備金はいかなる場合でも紙幣発行高の三分の二を下まわってはならない、などであった。

これからわかるように国立銀行は、厳密な意味で日本初の株式会社であった。また政府紙幣の納付を義務付けていることから、国立銀行の設立目的が金兌換券の発行のみならず不換紙幣の整理にもあったことが理解できる(国立銀行券は公債引当で発行されているが希望者には金貨と引き換える旨が明記されていた)。なお金札整理のため、六年六月には金札引換公債条例が発布されていたことを指摘しておく。

初期の国立銀行

国立銀行条例に基づき、六年七月には三井・小野組により第一国立銀行が、ついで十二月には鹿児島と大分の武家や商人により第五国立銀行が開業した。また翌年三月には、第四国立銀行が新潟の地主層により開業し、八月には横浜為替会社が組織変更した第二国立銀行が開業した。なお第三国立銀行は、設立認可を受けたが、株主総会が紛議したため開業せずに解散した。

政府は、国立銀行の経営により一割程度の収益が銀行にもたらされると試算し、多数の銀行が設立されるものと予想していた。しかし正貨準備の条項がネックとなり、開業した銀行はわずか四行のみ、総資本額でも三四五万円に止まった。このため紙幣発行許可額も最高で二〇七万円に止まり、一五〇〇万円余の国立銀行券を準備した政府の目論みは崩れ、不換紙幣の整理は進行しなかった。このような状況下、六年においても政府は財政補塡のため七〇〇万円余りの不換紙幣を発行した。これにより翌年から紙幣は下落、また貿易赤字による正貨流失の影響も受け、九年三月には正貨一〇〇円に対し紙幣は五円弱の打分をつけた。このため発行された国立銀行券は、ただちに正貨との交換を要求されたため市場にはほとんど流通しなくなった（流通額は、六年末で八五万円、七年四月には一三六万円までに拡大したが九年六月には六万円にまで減少している）。国立銀行は、主に兌換券発行と官公預金を資金源として貸付をおこなっていたことから、銀行券の流通阻害は各行の経営を圧迫するところとなった。

さらに七年末には、大蔵省が預金引き揚げと担保の提出を求めたため、各行の預金はたちまち枯渇した。またこのことが契機となり、小野・島田組が破産、八年には金融市場はパニック状態となり、第一国立銀行の経営も大打撃を受けた。このため各行の経営は不振をきわめ、同年一二月および翌年三月には銀行券を担保とした政府紙幣の払い下げを受けることにより、ようやく経営を維持するありさまであった。

（柳沢）

【参考文献】加藤俊彦『本邦銀行史論』、加藤俊彦・大内力『国立銀行の研究』、土屋喬雄監修『地方銀行小史』

18 国立銀行資本への転化
金禄公債《きんろくこうさい》の発行

金禄公債の発行とその特徴

旧武士階層の処遇は、明治政権にとって重要な問題であった。特に財政基盤が脆弱な新政権にとって、旧武士階層に対する支出はかなりの重荷であった。その歳出に占める割合は、明治元年（一八六八）でこそ七％弱であったが、三年には三〇％を越え、七年には四四％強を占めるまでにいたった。このような状況下、六年一月に徴兵令が公布され、武士はその常職を解かれることになった。このため禄制存続の根拠がなくなり、大蔵卿大隈重信を中心に大蔵省内で家禄廃止論が強まった。家禄廃止の手始めとして、六年十二月に陸海軍費充実の名目で家禄税が新設され、同時に家禄奉還制（＝秩禄公債の交付）が実施された。これにより支給禄高は約二〇％減少したが、地租改正の遅れによる貢租収入の減少により歳出に占めるその割合は上昇した。そこで政府は抜本的改革をはかるため八年九月、石高で表示された家禄を貨幣表示の金禄に改め、次いで九年八月五日、金禄公債証書発行条例（＝秩禄処分）を公布した。

同条例は、華士族へ金禄公債を交付し、以後の家禄支給を廃止したものである。金禄公債は、五分〜一割の利子付きで、家禄の五〜一〇年分に相当する金額を交付するものであり、下級武士ほど利子率は高く、かつ長い年限分の家禄が交付された。同条例の対象者は三一万人余、このうち金禄高一〇〇円以下の下士層は八四％を占めた。しかし、その取得額は全発行額のうちの六二％にすぎなかった。このため下士層の多くが公債を手放し、プロレタリア化した。これに対し、対象者の〇・二％にすぎない金禄高一〇〇〇円以上の者は、全発行額の一八％をも取得し、巨大金利生活者へ転身していった。

金禄公債の資本への転化

金禄公債（禄券）の発行額は、一億七四三八万円余と当時の国家歳入の三倍を越えるものであった。このように巨額な公債が一時に発行されるなら、その価値は下落し、武士層の動揺は避けられぬ情勢であった。そこで政府は、不振の国立銀行建て直しとともに禄券の価格維持のため、九年八月一日国立銀行条例を改正し、禄券を国立銀行の資本とする道を開いた。このため国立銀行設立ブームが起き、十一年度には一〇九もの国立銀行が設立された。そのため国立銀行は「禄券銀行」とも称されたが、以下では禄券が銀行資本に転化した状況をみてみよう。

九年から十一年にかけて新設された国立銀行数は一四八行であった。その資本総額は三六九五万円であり、このうち禄券での払い込みは総資本額のうちの七九％に相当する二九一二万円にのぼった。また十三年における国立銀行券発行の抵当公債に占める割合も九〇％に達している。しかも同年における全国立銀行の株主の持ち株数を見るならば、華族が四三％、士族が三一％を占めている。このことより、金録公債が国立銀行の資本に転化していった状況が理解できよう。さらにこの過程における特徴は、華族・上級士族によって大銀行が設立された点にあった。国立銀行のうち上位四行は突出した資本規模を持ったが、そのうち三行までが華士族銀行であった。第一位は十五銀行、第三位は四十四銀行、そして第四位が百十銀行であった。十五銀行は、資本額一七八二万円と全資本額の四七％を占める華族が設立した巨大銀行であり、日本鉄道会社などに融資をおこなった。四十四銀行と百十銀行は士族銀行で、その資本額は七〇万円と六〇万円であった。これら三行の資本は大部分が金録公債による払い込みであり、その存在はまさに金録公債が国立銀行の資本に転化した象徴であったといえよう。

（柳沢）

19 国立銀行条例の改正

正貨兌換の中止・勧業資金へ活用増大

条例改正の背景とその要点

初期の国立銀行は、銀行券の正貨兌換制度がネックとなり経営不振にあえいでいた。このような時期、華士族の秩禄処分のため一億七四三八万円にものぼる金禄公債が発行されることになった。このように巨額な公債が一度に発行されるならば、その価値は下落し、四〇万人に達する士族の動揺は避けられない情勢であった。このため政府は、正貨兌換制度を廃して銀行経営が発展しうる条件を整えるとともに、金禄公債を資本に転化して銀行を設立させるならば、公債の活用とその価値維持が可能であり、さらに民間の資金融通も良好になると考えた。そこで政府は、アラン・シャンドなどの反対を押し切って、明治九年（一八七六）八月一日国立銀行条例を改正した。

その要旨は、①銀行紙幣の正貨兌換停止、②資本金の八割を四分利付以上の公債証書（改正前は六分利付金札引換公債証書のみであった）をもって供託し、同額の銀行紙幣を発行する、③資本金の二割を政府紙幣でもって引換準備とする、などであった。条例改正により国立銀行の設立は容易になり、その経営も魅力的なものとなった。このため十年度までに三九行の新設をみたが、翌十一年度にはその設立がブームとなった。その原因は、それまで禁止されていた金禄公債の書入・質入・売買が同年九月に認可されたためであった。十一年度における新設数は一〇九行にまで達したが、実に九六行までが金禄公債による出資であった。このため国立銀行は「禄券銀行」とまで称されたが、これは金禄公債が銀行資本に転化した証といえよう。政府は十二年六月末、国立銀行の資本総額が四〇〇〇万円、銀行紙幣総額が三四四二万円に達したため設立認可を打ち切った。その最後は、京都に設立された百五十三銀行であった。

改正後における国立銀行の実情

条例改正により一五三行の設立をみた国立銀行であるが、その資本力は大小さまざまであった。十五年六月の状況を見るならば、行数一四八、払込資本総額四三九九万円を記録し、資本額二〇万以下が一〇九行、五〇万円以下が三五行、一〇〇万円以下が二行、一〇〇万円以上が二行となっている。このうち最大のものは、岩倉具視が主導し華族資本を集結した第十五銀行で、その資本額は一七八二万円余と全国立銀行資本額の約四割を占めるという巨大なものであった（第二は資本金一五〇万円の第一銀行）。これに対し、ほとんどの銀行が二〇万円以下の弱小銀行であり（一〇万円以下も、四割強を占める）、経営基盤が脆弱で貸金会社的性格なものが多かった。

株主に関しては、当初、出資者数で八六％、出資額でも七七％と華士族が圧倒的であったが、漸次商人たちのウエイトが高くなる。しかも、設立者・役員ともに銀行類似会社などの経営者が多かった。

業務状況は、この時期一般に好調であった。預金は官公預金の比重が大きい点に特徴があった。貸出は商品流通の業状を示す手形割引は少なく、ほとんどが貸付であった。融資の中心は、米・生糸や醸造業など農業関連が中心であり、したがって担保物件としては耕地・地券が大多数であった。また内国為替網を形成するものも現れ、産業の発展に寄与した。しかし預金と貸出を比較すると、貸出が圧倒的に多く、著しいオーバー・ローンの状況にあった（十五年下期における預金総額は一九七一万円余、貸出総額は七〇三六万円余である）。この預金と貸出の差を埋めたのが不兌換銀行券であった。この巨額な不兌換銀行券の発行は西南戦争からのインフレを促進し、六年以来続いた大隈財政に終止符をうつとともに後の松方デフレ政策を招くことになる。

（柳沢）

20

高利貸的な資金融通

私立銀行の出現

私立銀行の設立と発展

私立銀行とは、国立銀行と異なり紙幣発行権を持たない民間資本銀行のことである。私立銀行には、商取引などに貸付・割引などの資金供与をおこなう商業銀行も多かったが、貸金会社的で経営が不健全なものも多かった。

さて、為替会社が衰運に向かった明治四年（一八七一）末頃より、銀行設立の出願が続出した。これに対し政府は、法的準備の遅れと国立銀行設立の意図によりこれを認可しなかった。しかし、単独の銀行設立を企画していた三井組は、八年三月三井バンクと改称し、同年七月、翌年二月に三井銀行設立の出願

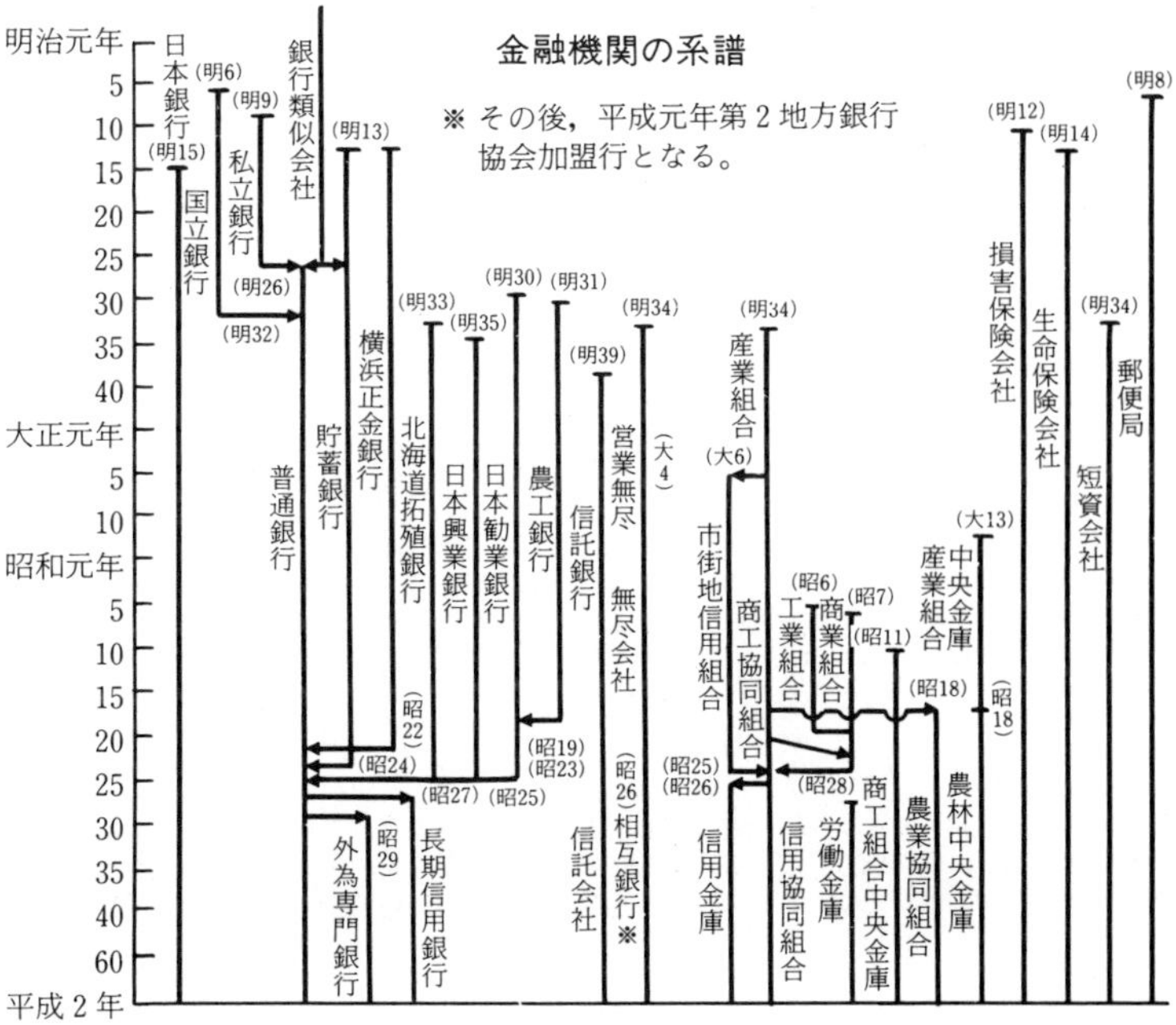

銀行数の推移

	国立銀行	普通銀行	貯蓄銀行	特殊銀行	農工銀行	計
明10	18	1				19
20	136	218	14	1		369
30	58	1,305	227	3	6	1,559
40		1,663	486	6	46	2,201
大元		1,621	479	6	46	2,152
10		1,331	636	6	42	2,015
昭元		1,420	124	6	27	1,577
10		466	79	6	17	568
20		61	4	5	0	70

	普通銀行	信託銀行	長期信用銀行	特殊銀行	計
昭30	78	6	2	3	89
40	76	7	3	3	89
平2/3	(注)155	(注)16	3	3	177

(注)　普通銀行には第 2 地方銀行協会加盟行68行を含む。
　　　信託銀行には外資系信託銀行 9 行を含む。

(出典)　全国銀行連合調査部『わが国の銀行』(改訂版) 財経新報社、昭和63年

67　私立銀行の設立

を提出した。大蔵省は当初これを許可しなかったが、国立銀行条例改正により国立銀行以外にも銀行の称号の使用を許可する予定であったこと、また三井の信用性を考慮してその設立を認可した。ここに三井バンクは私盟会社三井銀行と改称し、日本初の私立銀行が誕生した。同行は九年七月一日開業、その資本金は二〇〇万円に達する大銀行であった。

三井銀行の設立後、国立銀行の設立ブームが起こり私立銀行設立は一時途絶えた観があった。しかし国立銀行設立が認可されなくなった十二年以後は設立が続出した。その総数は、十二年には一〇行であったが、十三年三九行、十四年九〇行、十五年には一七六行に急増し、翌年には二〇七行を数えた。そして銀行条例が実施される前年の二五年には二七〇行にまで達し、私立銀行は濫立状態となった。

私立銀行の特徴

私立銀行の設立者は、三井・安田などの旧幕時代の豪商や、各藩の物産方・為替方のような豪商、さらには地方の商人や地主などさまざまであった。

資本金は、三井は別格として、大きいものは五〇万円から二〇万円程度の規模であった。これら大銀行には早期に設立されたものが多く、安田(資本金二〇万円)・川崎(資本金三〇万円)をはじめ、大阪の川上、埼玉の川花、徳島の久次米(以上資本金五〇万円)や鹿児島の都城、静岡の掛川(各々資本金四〇万円、三〇万円)などは十三年に設立されている。これに対し、ほとんどは一〇万円以下の国立銀行資本制限額に達しない銀行であり、小さいものは一万円程度のものまであった。平均資本額は、十三年には一八万四千円(三井を除くと一三万五千円)であったが十九年には八万一千円(三井を除くと七万三千円)にまで低下しており、弱小銀行が乱立されていった状況が理解できるとともに、私立銀行の資本規模は銀行類似会社の数倍程度であったことがわかる。

設立地には、東京・大阪や貿易地の横浜・神戸の他に、養蚕・茶などの特産地である長野・静岡・福島、米作地帯の新潟・宮城などの農業県に多い。

業務内容は種々雑多である。大銀行の業務は、当初、公金取扱・租税納入資金取扱に関連するものが中心で、農業金融的色彩が強かった。この他には商工業への融資・預金吸収などもおこなったが、余業程度であり、融資も商業が中心であった。また横浜・神戸などの貿易商の銀行も、貿易金融も取り扱ったが、その中心は不動産金融であった。これに対し資本金一〇万円以下の大多数の銀行は、手形割引・小切手振出などの銀行業務をほとんどおこなわず、自己資本・借入金・預金の全てを貸出に向けたり、増資をしては貸出を増加させるなど、その性格は貸金会社的な色彩が強かった。このため各行とも常に貸出が預金を上回るオーバーローンの状態にあった。このような不健全な経営状況は大銀行にも当てはまり、三井など一部の銀行を除いて明治期には全ての銀行がオーバーローンの状態にあった。　（柳沢）

21 明治期銀行家の経営活動

支店数増大の安田と「預金借金論」の中上川

銀行設立・再建と支店の拡大――安田善次郎

安田善次郎は、天保九年（一八三八）越中・富山に士籍を持つ半農半商の家に生まれた。安政五年（一八五八）江戸に出て両替商に奉公し、後に玩具などの小売商となる。文久二年（一八六二）わずかな資金をもとに両替商店を開き、翌年には日本橋に「安田屋」を開業。さらに慶応二年（一八六六）小舟町に店舗を移し「安田商店」と改称、翌年には両替・貸金業等により利得が一三二四両にまで達したといわれる。維新以後は太政官札の取扱を積極的におこない巨利を得た。その後は秩禄公債をはじめ下落した公債を大量に買付て成功し、江戸屈指の金融業者となった。

明治九年（一八七六）善次郎は川崎八右衛門らとともに資本金二〇万円で第三国立銀行を設立、自ら頭取に就任してその経営権を握った。次いで十三年、実質的な銀行業を営んでいた安田商店を安田銀行に改組した（資本金二〇万円、二十年一〇〇万円に増資、四十五年株式会社に改組）。善次郎は両行を「正」と「奇」とに使い分け銀行家として成功したといわれるが、両行の関係は密接で補完的であり金融事業拡大の両輪であった。すなわち第三銀行は十五年に四十四国立銀行を、三十年には八十二国立銀行を救済・合併し、二十九年には資本金二〇〇万円で株式会社に改組、次いで三十一年には北海道・関西・山陰地方に支店網を拡張した。これに対し安田銀行は明治二十年代から三十年代にかけて東北地方に支店網を拡大し、その資金を利用して企業勃興期には株式投資により巨利を得るとともに浅野総一郎や雨宮敬二郎らの企業に大口投資を行った。また善次郎は十年代より地方銀行の設立・運営に援助を与えるとともに、二十八年日本商業、翌年明治商業、三十三年には群馬商業の各行を地元資本とともに設立し、三十四年恐慌以後は百三十、京都、肥後などの銀行を救済し傘下に置き、全国的な支店網を形成していった。さらに二十六年東京火災保険の経営権を取得、次いで帝国海上火災保険を設立し、翌年には共済五〇〇名社を共済生命保険に改組して保険業にも進出した。また鉱山開発や倉庫業・紡績業なども手掛けたが多くは失敗した。善次郎は日銀設立に関与するなど有能な銀行家であったが、「陰徳」の思想のためか世評はかんばしくなく、大正十年（一九二一）朝日平吾により刺殺された。享年八四歳であった。

投資・商業銀行への転換――中上川彦次郎

中上川《なかみがわ》彦《ひこ》次郎《じろう》は安政元年（一八五四）豊前国（大分県）中津に生まれた。明治二年（一八六九）母方の叔父にあたる福沢諭吉が営む慶應義塾に学び、五年には同校で教鞭をとった。七年より十年まで英国に留学し、このとき井上馨と知り合いになる。帰国後、井上の推薦により工部省に入り、後に外務省に転じたが「明治十四年の政変」により辞職。十五年には福沢が創刊した時事新報の社長となったが、五年後には山陽鉄道会社に移り、翌年社長に就任した。

三井銀行は草創期より官金出納を担当する特権を持ち、その膨大な資金を利用して業務を拡大してきた。明治十六年、日銀に公金取扱業務が集中することになり、これを契機に同行は官金偏重経営からの脱却をはかろうとした。しかし充分な成果を得ることができなかった。また官金取扱の関係から発生した官辺に関する貸出も多く、その多くは不良債権化し経営は悪化していた。この窮状を訴えられた首相の山県有朋は三井家と関係が深い井上に相談した。井上は渋沢栄一・益田孝らとともに三井銀行の改革案を作成し、その実施のため中上川を起用することにした。二十四年八月、中上川は三井銀行理事に就任、翌年二月には副長となり経営の実権をにぎった。

三井銀行近代化のため中上川はまず官金取扱の辞退を積極的に推進した。これに対し三井家・銀行内に強い異論があったが、彼は「預金借金論」などを唱えてこれをおさえた。次いで官辺に関わる情実貸しなどによって発生した六〇〇万円にものぼる不良債権の徹底的な整理を断行した。この改革により三井銀行は政商的性格を脱して経営の健全化に成功し、投資および商業銀行の途を歩むことになる。中上川はまた武藤山治、池田成彬などの慶応出身者を登用して銀行業務の近代化を進めたが、後に彼らは重要な足跡を日本経営史上に残すことになる。さらに中上川は三井の産業資本化を推進した。すなわち鐘淵紡績・王子製紙・芝浦製作所に対する融資と育成、三井鉱山の設立、富岡製糸場などの製糸工場の設立や育成など三井銀行の資本を使用して大規模工業の育成をおこなった。しかし工業経営の不振、井上や三井内部との軋轢により孤立化し、三十四年、病を得て四八歳の若さで死去した。

（柳沢）

22

商人・地主の土地集積と資産運用

銀行類似会社の出現

銀行類似会社の発生と展開

明治元年（一八六八）、徳川慶喜は駿府に入った。これに付随して旗本たちも駿府に移ったが、彼らの生活は困窮を極め、静岡藩庁には旗本救済の請願が相次いだ。しかし財政難により充分な対応ができなかったため、藩当局は半官半民の金融物産会社「商法会所」を設立した。同社は、士族授産事業とともに融資をおこなったが、これが最初の銀行類似会社であった。その後、各地に類似会社が設立されたが、為替会社の影響により四年末頃にはその申請件数は一〇〇件前後にまで達した。政府は、法的準備がないことから、その設立を公益を害さない限り人民相互の結約に任せるとした。しかしこれら金融機関は、国立銀行条例により銀行の名称を使用することができなかったので、一般に銀行類似会社と呼ばれた。

銀行類似会社は、為替、預り金、貸付、両替等の金融業務をおこなうとともに、物品販売、生産事業、あるいは不動産業などを兼業するものも多かった。特に明治十二年以降に設立された類似会社には実態が不明で不健全なものが多く、また設立認可に関しても統一性がなかった。そこで政府は十五年五月に設立認可を大蔵省でおこなうこと、また同年九月には管理上の問題から「銀行業の全部または幾部かを専業とするもの」とその性格を明確にし、十七年には私立銀行とともに業務内容の調査をおこなった。

このように政府が監督を強化した背景には、類似会社の発展と影響力の大きさがあった。今、その設立数を見るならば、十三年には一二〇であったが、十五年に四三八、十七年には七四一に増加し、ピーク時の十九年には七四八にまで達しており、その急成長ぶりが理解できよう。しかし銀行類似会社は二十六年の銀行条例施行により、普通銀行への転化、他行への吸収、もしくは解散の道を歩むことになる。

銀行類似会社の特徴

銀行類似会社の大きな特徴は、設立時期により性格が大きく変わる点にある。明治十年以前、特に六・七年以前に設立されたものは、殖産興業や地場産業発展に貢献し、後に国立銀行・私立銀行に転化したものが多い。この例としては、静岡県伊豆において開墾や生産事業など政府にかわって殖産興業をおこなった韮山生産会社（六年設立、後の伊豆銀行）や山梨県において富士川改修工事に融資した興益社（七年設立、後の第十国立銀行）、さらには金融業の近代化に努めた長崎県の立誠社（五年設立、後の第十八国立銀行）などをあげることができる。これに対し十二年以降、特に十四年の松方デフレからそれが浸透する十七年頃までに設立されたものは、秋田改良会社のように生産事業に関与したものもあったが、大多数は金貸会社的性格が強く、土地兼併などをおこない設立者の私産増殖機関となっていた。

設立者の特徴を見るならば、明治十年以前のものは地方為替方、国産方などの豪商・大地主が中心であり、それ以降のものは地方の商人・地主が主であった。資本金の平均を見るならば、ほぼ二万円と私立銀行より相当に小さい。設立地に関しては、長野・山梨・静岡・新潟などの養蚕・茶・米などの農産物地帯に多く、神奈川などの貿易地にも存在した。また都市部ではなく、農村部に多数設立されている点にも特徴がある。貸付内容は生糸・茶・米などに関係する商工業資金などの他に、農家・商家などの消費金融や肥料代などの生産資金、さらには地租納入代金の貸付などもあった。銀行類似会社は二十六年に一時姿を消すが、それ以後も組織形態を変えて設立され、昭和三年（一九二八）の銀行法施行までその命脈を保つことになる。

（柳沢）

23 日本銀行の設立

紙幣整理と中央銀行体制の成立

紙幣整理の必要性と松方財政

西南戦争による政府紙幣の増発と国立銀行設立ブームによる国立銀行券の発行は、不換紙幣の流通量を急増させインフレを引き起こした。このため銀貨と紙幣との価格差が拡大するとともに、利子率は上昇し、明治十四年(一八八一)には十年比で四一%もの上昇を示した。これにより在来産業は伸張したが、高金利のため大資本を必要とする大工業は起業が難しい状況となった。ここにおいて近代的工業化と資本主義確立のためには、紙幣整理をおこないインフレを抑制し、近代的兌換制度に基づく安定した通貨・信用制度を確立することが急務となった。

このような状況下、松方正義は十四年九月に紙幣整理と中央銀行設立の必要性を建議した『財政議』を提出し、十月には大蔵卿に就任した。松方の紙幣整理政策は、政府紙幣の全額消去を目指した大隈らの政策とは異なり、銀貨と紙幣の差が無くなるまで紙幣を消去するとともに正貨を蓄積し、紙幣価値の回復したところで中央銀行による兌換銀行券を発行するというものであった。このため財政収入より剰余を捻出し、その一部をもって紙幣消去をおこない、残りを準備金に繰り入れた。また十五年より三年間の歳出据置をおこなうとともに、酒税・煙草税の増税と売薬印紙税・醬油税などの新設により歳入増をはかった。これら一連のデフレ政策により紙幣流通量は収縮し、十七年には一億一八五〇万円と十四年比で二三%もの紙幣が減少した。これにより銀貨と紙幣の価格差は微差となり、物価は下落、利子率も低下した。しかし松方デフレによる農村の疲弊は激しく、農民層の分解が進行することになった。

日本銀行の誕生

松方は紙幣整理に着手するとともに、中央銀行の設立を立案し、明治十五年三月『日本銀行創立ノ議』とベルギー中央銀行をモデルとした日本銀行条例・同定款の草案を建議した。同建議書は中央銀行設立の目的として、①金融を便易にする、②国立銀行、諸会社等の資力を拡張する、③金利を低くする、④大蔵省事務のうち中央銀行に託しても弊害のないものは代行させる、⑤外国手形割引のこと、などをあげている。①から③の要旨は、日銀の傘下に国立銀行を置いて全国的な金融網を形成し、相互の貨幣取引機構を整備するとともに、日銀と国立銀行間の手形再割引を盛んにして国立銀行の資本力を拡張し、さらに日銀の割引率を低下させることにより一般金利低下をはかることを意味していた。④に関しては、国庫出納・国債償去などの業務を中央銀行に代行させるとともに、剰余の官金を商業手形の割引などに使用し国庫の増収をはかることとし、⑤では外国手形の割引制度を設けて正貨の流出入の調整をおこなうとしている。さらに松方は、中央銀行である ので兌換紙幣発行の特権は与えるが、正貨が希少で金銀貨と紙幣との価格差が大きい現状では、当分の間は日銀に紙幣の発行を許可しないこととした。

太政官はこのような松方の建議をほぼ受け入れ、十五年六月、二五条からなる日本銀行条例が公布された。これを受け日本銀行創立事務所が設置され、創立事務委員には大蔵少輔吉原重俊(初代日銀総裁)と大蔵大書記官富田鉄之助(二代日銀総裁)らが、御用掛心得には安田善次郎(安田銀行創立者)、三野村利助(三井銀行副長)らが命じられ株主募集を開始し、八月には満株となった。日本銀行は十月九日特許状を下付され、翌日資本金一〇〇〇万円で開業した。資本金のうち半分を政府が、他の半分を三井や川崎など岩崎を除く政府に近い旧富商が引き受けた。

兌換銀行券の発行

設立当初の日銀は兌換銀行券の発行を禁止されていたが、その発行を日銀に集中する方針は決定されていた。そこで政府は明治十六年五月国立銀行条例を再度改正し、国立銀行の営業を設立以後二〇カ年として銀行券発行の特権を消失させるとともに、国立銀行券の消去法を定めた。その方法は、国立銀行は準備金と紙幣下付高の二分五厘にあたる金額を毎年日銀に預け入れ、日銀はそれをもって国立銀行紙幣を消去するという合同消去法が採用された。また十七年五月には、日銀券発行に関する法的根拠を定めた兌換銀行券条例が公布された。その骨子は、兌換券の発行を日銀に独占させるとともに、兌換券を銀貨兌換とし、兌換銀行券発行高に対し相当の銀貨を準備するというものであった。この条例に基づき日銀は発行準備を進め、十八年五月より兌換券を発行した。さらに六月には政府紙幣兌換が布告され、翌年一月より兌換が開始されるにおよんで銀貨と紙幣の価格差が無くなり、洋銀相場取引は消滅した。

このように紙幣整理が進行するなか松方は、幣制の基礎を確立する時機が到来したとして兌換銀行券条例の改正を建議し、二十一年八月改正条例が公布された。改正の要旨は、日銀は公債・商業手形だけを保証として七〇〇〇万円まで兌換券を発行できるとともに、それ以上のものは正貨準備と同額まで発行できるとし(保証準備発行)、さらに必要ある場合は政府の許可をえて保証準備発行以上のものを発行できるとするものであった(制限外発行)。このいわゆる保証準備屈伸制限制度が採用され、ここに日銀の発券制度の基礎がかたまった。これ以後、日銀の保証制限額は漸次拡大され、三十二年には一億二四〇〇万円にまで達した。これにより不換紙幣の消去は進行し、同年には全ての通貨が日銀の兌換券に統一され、ここに紙幣整理は完了した。

(柳沢)

24

私立・普通銀行の経営規制

銀行条例の制定

初期私立銀行設立に関する準則

明治九年（一八七六）の三井銀行設立より、私立銀行の設立は一時期を除いて順調に推移し、二十三年には行数で二一七行、払込資本金では一九〇〇万円弱にまで達した。しかしこの間、私立銀行の設立・営業に関しては準拠すべき法規がなかった。このため政府は七・八年頃より法的整備をはかったが、銀行政策が国立銀行中心であったためその成立は実現しなかった。その後、国立銀行の処理方針が決まり、私立銀行の重要性が増すにつれ、十五年五月には銀行・銀行類似会社の設立に関する権限が大蔵省に一任され、十七年にはその設立に関する一定の準則が同省内において定められた。その要旨は、株主の責任は原則として無限責任であり、資本金は一万円以上、株金の払込は一カ年以内とする、他業種の兼業の禁止などであった。この準則は内規であり、制限や拘束を加えるものではなかった。しかし私立銀行の重要性が一段と増したため、二十一年六月政府は半期ごとの営業報告を各行に義務付けた。

銀行条例の成立と銀行界の対応

日本経済は十九年より好況期に入り、企業設立ブームが起こった。しかし景気は二十三年に逆調に転じ、ここに日本初の資本主義恐慌が発生した。この恐慌により銀行界が大きく動揺したため、政府は金融機関監督の必要性を痛感し、銀行条例の制定を急いだ。二十三年四月商法が公布されると、大蔵大臣松方正義は翌月閣議に対し「銀行条例制定の議」を、ついで「普通私立銀行条例案」を相次いで提出した。この条例案は若干の修正ののち、元老院の議定を受けて「銀行条例」として同年八月公布された。同条例は二十四年四月施行の予定であったが、商法施行が延期されたため二十六年七月に施行された。

銀行条例は一一条からなり、第一条では銀行を定義して、公に開いた店舗において証券の割引、為替事業、預貯金、貸付を営むものは、その名称が何かを問わず銀行とするとしている。第二条においては設立認可を取り上げ、銀行業を営もうとする者は資本金を定め、地方長官を経て大蔵大臣の認可を受けるとしている。また第三・四・八条などでは、銀行は大蔵大臣に半期ごとに業務報告を送付し、財産目録、貸借対照表を公表するなどの義務を負うとして業務の監督を規定している。さらに第五条では、一人または一会社に対する貸付・割引に関しては払込資本金の一〇分の一を超過してはならないとして貸付制限を定めている。銀行条例において政府が目指した点は、私立・普通銀行を商業銀行として育成することにあり、第五条の貸付制限規定もこれら銀行の健全化をもたらそうとしたものであった。

銀行条例の内容は銀行経営にとって重荷となるものであった。そこで銀行業者の団体である東京銀行集会所は、①銀行の設立制限、②貸出制限の緩和を内容とする修正請願を二十四年に提出した。①に関しては、大銀行が小銀行の破綻の影響を恐れて提出したもので、集会所内の意見も統一されていなかった。また政府も営業の自由を妨げる恐れがあるとしてこれを認めず、集会所はこの方針を条例施行後に破棄した。②に関しては、大・小銀行の利害は一致していた。これは大多数の銀行が特定企業と密接な関係にある機関銀行となっており、貸出制限規定は経営上の障害となったからであった。このため集会所は活発に運動し、二十六年以降は第五条の廃止に向けた運動をくりひろげ、二十八年に同条項を廃止に追い込んだ。なお、銀行条例は二十八年以降六回にわたり改正され、昭和三年（一九二八）の銀行法施行まで普通銀行を規制することになる。

（柳沢）

25

企業勃興と融資活動

普通銀行の設立ブーム

日清戦争前後の企業設立ブームと普通銀行の増加

日本経済は明治二十三年(一八九〇)初の資本主義恐慌を経験した後、二十六年には景気が回復の兆しをみせた。翌年八月の日清戦争勃発により景気は一時停滞したが、戦況の好転により経済は好況に転じ、戦勝後の二十八年四月には紡績業・製糸業・織物業・造船業・電燈業などを中心に企業設立ブームが起こった。なかでも綿業・絹業などの軽工業は機械制大工場が主流となった。このため会社数は二十七年に二一〇四社であったものが三十四年には約四倍の八六〇二社に増加した。また払込資本金も一億四八三五万円から五倍強の八億二九四五万円まで増大した。

このような状況に対応して政府も貨幣金融制度の整備を進め、二十六年に銀行条例、二十九年に営業満期国立銀行処分法、三十年には金本位制の確立と日本勧業銀行などの特殊銀行の設立をおこなった。これを受け普通銀行数も増加した。二十三年に二一七行であった銀行数は翌年より増加に転じ、三十四年には二十三年比の九倍弱の一八六七行(日本史上の最高数)にまで達した。このように銀行設立ブームが起こった背景としては、①日清戦争後の企業設立ブームが銀行設立を促した、②国立銀行の多くが普通銀行に転化した、③政府が銀行設立に対して寛容な態度をとったことなどが指摘できる。しかし新設銀行の大多数は中小銀行であり、特に私立銀行は資本金五万円以下の脆弱なものがほとんどであった。

国立銀行の普通銀行への転換

明治十六年国立銀行条例の三回目の改正により、国立銀行は普通銀行に転換するか解散することになった。当初の計画では国立銀行は公債を購入し、その利子により国立銀行券消去のための元資を得る予定であった。しかし金利低下と公債価格上昇により計画に狂いが生じてきた。このため国立銀行側は、紙幣消去猶予と国立銀行解散の延期に関する請願をおこなったが失敗に終わった。そこで二十八年国立銀行側は営業満期後に普通銀行として営業が可能となるための法案提出を請願した。これに対し政府は翌年「営業満期国立銀行処分法案」を成立させた。

同法案の要旨は、①営業満期において未消去の銀行紙幣をもつ国立銀行は、これに相当する金額を政府に納入する。②政府はこの金額をもって紙幣消去の基金とし、以後銀行紙幣交換の義務を負う。③普通銀行として営業を継続しようとする国立銀行が、この納付金の借入を必要とするときは大蔵大臣は日銀に無利子貸付を命ずることができるというものであった。③条項は国立銀行の負担を軽減させるものであった。また日清戦争後の好況により銀行の利益率は増進を続けた。このため二十九年九月に第一国立銀行が普通銀行に転換したのを皮切として、国立銀行は続々と普通銀行に転換し、三十二年二月の第一三三国立銀行を最後にその姿を消すことになった。国立銀行一五三行のうち普通銀行に転換したものは一二二行、合併消滅したもの一六行、営業満期に解散したもの八行、これ以前に閉店したもの七行であった。なお国立銀行から普通銀行に転換した銀行には規模が大きいものが多く、転換以後は普通銀行の中核を形成していくことになる。

銀行類似会社の転換

銀行設立ブームによって新設された銀行のなかで、銀行類似会社から転換したものも少なからず存在した。たとえば静岡県では二十七〜三十四年までに新設された銀行は八九行あったが、このうち全く新たに設立されたもの七〇行、国立銀行が改組したもの二行、銀行類似会社からの転換したもの一七行となっており、類似会社からの転換組が全体の約二割を占めていた。類似会社から私立銀行への転換を促す契機となったのが二十六年施行の銀行条例であった。同条例を契機として私立銀行に転換したものとしては、二十七年秋田県の秋田改良会社・五業会社が平鹿銀行・五業銀行に転換したことなどを指摘できる。しかし地方の農村地帯では、銀行条例に対する知識不足から銀行への改組にさいして混乱を招くことになった。なお銀行類似会社から転換した銀行は、資本が五万円以下の弱小銀行が多かった。

新設の普通銀行

日清戦争前後に設立された普通銀行の多くは、国立銀行や銀行類似会社と無縁な新設銀行であった。これは企業設立ブームのもと、新たに銀行を設立し、その信用を利用して企業設立のための資金供給をおこなおうとしたためであった。このためこれら新設銀行は、一企業もしくは一産業と密接な関係にある機関銀行的性格のものが多かった。この例としては、後に五大銀行の一角となる三菱銀行と住友銀行の設立があげられる。三菱銀行の正式な設立は大正期であるが、その起源は二十八年七月の銀行部設立に求められる。同部は三菱合資会社が銀行業発展の趨勢を考慮して資本金五〇〇万円のうち一〇〇万円を割り当て設立したものである。その目的は証券割引・諸預り・貸付などをおこなうことにあった。住友銀行は、住友家がおこなっていた担保貸付業（並合業）を廃止して設立されたものである。その設立は二十八年一一月、資本金一〇〇万円の個人経営銀行であった。一産業と関係が深いものとしては、織物業地帯に二十八年新設された足利銀行や三十三年新設の群馬商業銀行、兵庫県西宮の酒醸造地帯に松方の勧めにより二十八年設立された灘商業銀行などの例が指摘できよう。なお新設の普通銀行には住友などの大銀行もあったが、そのほとんどは資本金五万円以下の弱小銀行であった。

（柳沢）

26

国際金融の円滑化

金本位制《きんほんいせい》の確立

銀価の下落と貨幣制度調査会

明治十七年（一八八四）の兌換銀行券条例と翌年の日銀による銀兌換銀行券の発行により、日本は名実ともに銀本位制に移行した。しかし銀本位制には、世界的な銀価の下落という不安定要因が内包されていた。その主因は、西欧列強の金本位制移行にともなう銀の売却と銀の増産であった。このため明治初期には、金一に対し一五であった銀価は、二十年に一対二一、二十七年には一対三三弱にまで下落した。銀価下落は日本の輸出を促進した面もあったが、他方で激しい外国為替の変動を招き、貿易の進展を阻害し、物価上昇の一因ともなった。さらに二十六年には世界最大の銀本位国の一つであったインドが金本位制に移行した。そこで政府は同年貨幣制度調査会を設置し、通貨本位の改正などに関する審議・答申をおこなわせた。

貨幣制度調査会の意見は二分されるところとなった。大蔵官僚である板谷芳郎・添田壽一らは、銀の下落は一時的に輸出振興をもたらすが、金本位国からの軍需品や生産手段の輸入価格を高騰させるとともに外資導入を妨げるとして金本位制の採用を主張した。これに対し園田孝吉・渋沢栄一・田口卯吉ら民間側の委員からは、銀の下落は輸出を促進し、金本位国からの輸入を防止する傾向があること、また当時主導的産業であった紡績業の輸出市場が銀本位制をとる清国であったことから銀本位制もしくは金銀複本位制を採用すべきであるとの意見がだされた。

このように調査会において意見が対立している間、二十七年七月日清戦争が勃発した。戦況は日本側に有利に進展し、翌年二月に清国は敗北した。

日清戦争の賠償金と貨幣法の施行

明治二十八年三月下関条約が調印され、日本は二億両＝約三億六千万円、実に同年の国民総生産の二六％に相当する賠償金を獲得した。日本側はこの受取地をロンドン、支払通貨をポンド・スターリング貨で要求した。これにともないイングランド銀行は横浜正金銀行ロンドン支店の口座開設を許可し、十月第一回目の賠償金支払がおこなわれた。ここに日本は金本位制の実施に必要な金準備問題を解決することができた。

このような状況下、日清戦争後の経済状況は金本位制採用に有力なものとなった。まず銀のさらなる下落が一因となり物価騰貴が発生した。第二に戦後の好況による産業資本の生産設備拡充ならびに、次の戦争にそなえた軍備拡充のための金本位国からの輸入が増大し大幅な貿易赤字となった。第三に紡績業界が原料棉花の輸入を清国から金本位国であるインド・アメリカに切り替えつつあった。これらの要因により銀本位制を維持する根拠が希薄なものとなってきた。さらに貨幣制度調査会は同年七月内閣に答申をおこない、金本位制の採用を提言した。

金本位制採用が有利な状況となるなか、松方正義は二十九年九月首相に任命された。金本位論者であった松方は、自ら蔵相を兼務して同制度の採用を推進した。松方は三十年一月、大蔵省に金本位制施行のための方法の調査を命じた。これに対し同月末、添田壽一は『金本位制施行方法』を提出した。松方は同文書に基づいた貨幣法と、その付属法案である兌換銀行券条例改止案を閣議に提出した。同法は帝国議会の審議をへて三十年三月公布され、同年十月一日施行となった。ここに明治四年の新貨条例以来、明治政府が希求してきた金本位制が成立した。

貨幣法においては金二分（純金七五〇ミリグラム）をもって一円とし、これを本位とした。このため新金貨は旧金貨の半分の金量となり平価切り下げとなった。これにより経済は重大な影響を受けると予想されたが、旧金貨の流通量がきわめて少なく銀貨が本位貨幣となっていたことなどにより金本位制は平穏に実施された。

金本位制の採用により、銀相場の変動による損失などの問題が少なくなり、日本経済において貿易および銀行業の発展が促進された。また外債発行など国際経済での活動が容易となった。しかし反面、国内経済の状況が為替相場に敏感に反映されることになり、通貨の安定を図ることが重要な課題となってきた。

（柳沢）

【参考文献】 朝倉孝吉『新編日本金融史』、加藤俊彦「日本における金本位制度の成立」、高橋誠「日清戦後の財政・金融問題」

27 大銀行への預金集中
明治三十四年恐慌

三十四年恐慌

日清戦争後の反動恐慌により低迷を続けていた日本経済は、一時回復傾向を示したが明治三十三年（一九〇〇）再度不況に突入した。その主因は、アメリカ経済の停滞による生糸輸出の不振と棉花高騰および北清事変の影響による紡績業の低迷にあった。主要輸出品の不振により正貨が流出したため、日銀は一般貸出を抑制するとともに貸出の回収をはかった。このため金利は著しい高騰を示し、以前より閉塞状況にあった金融は極限状態となった。このような状況下、年末に熊本第九銀行・熊本貯蓄銀行が支払停止となり、これを契機として金融恐慌が発生した。

この恐慌はまず九州を襲い、翌年一月久留米第六十一銀行・福岡第十七銀行が取付をうけた。続いて一月下旬、伊勢地方の桑名第百二十二銀行などが取付をうけ、支払を停止した。また二月、京浜地方にも動揺が生じ、第二銀行・第七十四銀行などが取付を受けた。

そして四月、それまで平静を保っていた大阪で十六日、第七十九・難波の両行が休業した。これにより二十日まで激しい取付が発生し、銀行の休業が相次いだ。このため日銀は六〇〇万円の貸出によりこれを鎮静化させた。しかし動揺は周辺各地に波及し、堺・奈良のほとんどの銀行が支払停止となった。また動揺は名古屋・伊勢・四国、さらには九州にも波及した。五月、一時鎮静化したと思われた金融恐慌は、京都で関西貿易合資会社が解散したことにより再燃した。京都各地の銀行が取付にあい、大阪でも再度取付が起こった。この動揺は同月末なんとか鎮静化に向かったが、金融界が落ち着きをとりもどしたのは七月になってからであった。

破綻の原因と預金の集中

三十四年恐慌により支払停止となった銀行は、四月十六日以後だけでも三四行に達した。そのうち資本金五万円以下のものが一九行、二〇万円以下のものが二八行となっており大多数が中小銀行であった。

このように中小銀行が破綻した原因の第一は、中小銀行の多くが特定事業・会社の機関として活動する機関銀行化していたことにあった。すなわち重役が銀行資金を使用して株式投機をおこなう、あるいは特定企業に巨額の滞り貸しをするなどの不健全な経営内容が暴露されたことにより取付をうけ、支払停止となった銀行が多かった。第二の原因は、銀行が政争の場となったことに由来する。当時中小銀行の経営者の多くが政治に関与しており、政治がらみの風評がしばしば流れた。この風評により預金者に動揺が起こり、取付が発生することになった。

このような中小銀行の破綻は、中小銀行に対する信用を薄くし、預金を三井・住友・第一などの大銀行に移行させる契機となった。明治三十三年と三十四年における大銀行と中小銀行との預金総額を比較すると、三十三年における大銀行の預金は一億四八四六万円であり、中小銀行のそれは六二六九万円であった。これが翌年になると大銀行の預金は一億五八三四万円と約一〇〇〇万円増加しているが、中小銀行の預金は四〇五九万円と二二〇〇万円も減少している。特に取付が激しかった大阪では、三十三年における大銀行の預金は三九四二万円、中小銀行の預金は二〇〇二万円であったが、翌年における大銀行のそれは四九八四万円であるのに対して中小銀行の預金は七五%減の二九八万円にまで減少しており、大阪での中小銀行の信用低下の大きさが理解できよう。預金の大銀行への集中はこれ以後も続き、なかでも三井・三菱・住友・安田・第一の五大銀行への預金集中は著しく、四十三年末には全国普通銀行預金総額の二一%強を占めるまでになった。（柳沢）

28 貯蓄銀行の成立

零細な庶民預金の吸収

貯蓄預金と貯蓄銀行の発生

政府は庶民の零細な資金を収集するため明治八年（一八七五）より駅逓（郵便）貯金を開始した。民間においても山梨県の興益社が九年より小額貯蓄を開始し、預金の申し込みが多数にのぼった。このため山梨第十国立銀行となっても「五銭以上預り金」と称してこの制度を継承し、十二年四月には大蔵省の許可をえて県内各地に預金取扱所を設けた。これが国立銀行とし貯蓄預金を開始した最初のものであった。これ以後、東京第三十三国立銀行をはじめ各地の国立銀行も貯蓄業務を開始し、十五年下期には七四の国立銀行が貯蓄業務を取り扱うようになった。

貯蓄業務を専業とする銀行は、十三年の東京貯蔵銀行が最初のものである。同行は米国の貯蓄銀行をモデルとし、第百国立銀行の頭取原六郎らにより資本金二万円で設立された。これ以後、貯蓄銀行は続々設立され、十六年には専業の貯蓄銀行だけで一九行に達した。これら貯蓄銀行の経営状況を見るならば、資本金はおおむね一〜二万円程度であり、資本金のないものもあった。預金金利は最高で二割であったが、その中心は一割内外であった。これに対し貸出金利は最高が三割弱にも達し、最低でも一割五分と著しく高かった。このように初期の貯蓄銀行は一般に高利貸的な傾向が強く、その経営も不健全なものが多かった。そこで政府は、しばらく貯蓄銀行の設立と貯蓄業務の兼業を認めない方針をとった。

貯蓄銀行条例の制定

明治二十三年八月、政府は一二条からなる貯蓄銀行条例を発布した。その目的は、貯蓄銀行が庶民の零細な貯蓄を扱うとの見地より、法的整備により強制的に貯蓄銀行の健全性をはかろうとするものであった。このため同条例では第一条において貯蓄銀行を定義した後（貯蓄銀行とは、複利方式で公衆のため一口五円未満の金額を定期・当座預りとして引き受けるもの）、預金者保護、資金運用法などを規定している。また第四条では、貯蓄払戻の保証として払込資本の半額以上の金額を利付国債証書をもって供託所に預入させるとして預金者保護の視点を打ち出している。ついで第六条では資金運用の安全性を確保するため、貸付は期限六ヵ月以内の国債証券を質とした場合のみを許可し、割引は支払能力が確実な二名以上の者の裏書のある為替手形・約束手形に限定するとした。さらに第五条では、他の資金運用方法として国債・地方債の買い入れだけを許可している。また取締役の責任は連帯の無限責任とし、退任後一ヵ年はその責任は継続するとした。貯蓄銀行条例は、このように厳しい内容であった。同条例は二十四年一月より実施予定であったが、商法の施行延期により銀行条例とともに二十六年七月より施行となった。

当時の貯蓄銀行の多くは、不動産を担保として高率の貸出をおこない、その利益により預金利子を支払うという資金運用をおこなっていた。また預金払戻保証のため資本金の半額以上を供託することは困難な状況にあった。このため貯蓄銀行業者は同条例が制定・実施されると活発な反対運動を展開した。これに対し紆余曲折はあったが政府が妥協し、明治二十八年三月に同条例は改正された。その骨子は、資金運用に関する制限を完全廃止とし、預金払戻保証の供託を預金の四分の一以上に縮小する、また取締役の責任を退任後二カ年に延長するとしたことにあった。これにより貯蓄銀行は、貯蓄預金を取り扱える普通銀行と同じものとなった。この改正により貯蓄銀行の設立は急増し、二十八年には八六行であったものが翌年には一四九行となり、三十八年には四八八行にまで達することになった。（柳沢）

29

外国貿易金融の取扱い

横浜正金銀行《よこはましょうきんぎんこう》

横浜正金銀行の設立と初期の経営状況

幕末開港より外国貿易と貿易金融は外国勢の独壇場にあった。そこで横浜貿易商より貿易金融のための銀行設立が企画された。この企画に福沢諭吉と彼の門下生で大蔵官吏の小泉信吉が論理的根拠を与えた。そして政治的窮状に追いこまれていた大蔵卿大隈重信は、起死回生策として横浜正金銀行設立案を太政大臣三条実美に上申、太政官がこれを承認して同行は明治十三年（一八八〇）二月に設立された。

正金は改正国立銀行条例に準拠するが、非発券銀行であり、その目的は正貨をもって貿易および国際金融をおこなうことにあった。政府もこのような銀行の設立を要望していたため、国立銀行設立を禁止した後であったが同行の設立を認可するとともに、資本金三〇〇万円のうち一〇〇万円を「御差加金」として銀貨で出資した（なお民間側からは銀貨四〇万円、紙幣一六〇万円が資本金として出資された）。また同年十月政府は直輸出奨励のための輸出前貸資金である「御用外国荷為替」三〇〇万円を貸下するなど手厚い保護を与えた。しかし十六年、インフレによる銀と紙幣の差の拡大により同行は一〇七万円余の損出を計上した。また一部株主の不満が噴出し、同行の日銀への業務譲渡もしくは閉店案まで出された。これに対し政府は一部の株を買収して行内統一をはかるとともに、翌年には外国公債元利払事務などを委託して一層の保護を加え正金の危機を救済した。

二十年七月、勅令をもって横浜正金銀行条例が公布され、正金は特殊銀行に格上げされた。同条例は、正金が政府御用の海外為替銀行であることを明示するとともに、同行が専門的に外国貿易関係業務をおこなう銀行であることを規定した。二十二年、御用外国荷為替の取扱が満期となり、日銀との間で外国為替手形再割引資金として一〇〇〇万円まで使用可能な契約を締結した。これにより為替リスクが政府負担であったものが同年以降は正金の自己負担となった。そのため正金は二年間に渡り損出を生じたが、以後の経営は順調に推移することになった。

貿易金融と国際金融の展開

横浜正金の初期貿易金融は、日本商人への融資や国内前貸金融が中心であった。しかし十六年の経営危機以後、その中心は外国為替金融となった。このため正金の貿易為替の取組比率は十三年には合計で一%に満たなかったが、二十年には輸出為替四〇%、輸入為替六%、合計で二五%を占め、金額では十三年の約四〇倍に相当する二三九一万円にまで達した。正金の貿易為替取組比率は以後も順調に推移し、四十四年には輸出入両為替とも四五%を占め、金額では四億三二五九万円を記録するまでにいたった。

国際金融に目を転ずるならば、正金は日清戦争の賠償金受け取りと送金において中核として活躍した。また三十年の金本位制確立によって同行の国際的地位が上昇したことをうけ、ロンドンの各銀行とコルレスを締結し国際金融の中心に信用網を形成し、三十二年には外国銀行三行とシンジケートを組み、日本外債一〇〇〇万ポンドの発行を成功させた。正金はこれ以後、日露戦争をはさみ四十年までに総額一億四〇〇〇万ポンドの外債発行を成功させている。正金はまた旧満州地方にも進出し、日露戦争を契機として店舗を拡大、三十五年には天津支店において初めて一覧払手形（＝銀行券）を発行している。

なお明治末期の横浜正金銀行は、払込資本金三〇〇〇万円、貸出額一億一六五九万円、預金額一億四一二二万円、ロンドン、ニューヨーク、リヨン支店など海外二五店舗を含む三〇店舗を有する世界有数の外国為替銀行に成長していた。

（柳沢）

30 工・農業の長期振興資金の供給
勧業銀行・農工銀行

日本勧業銀行

政府は、殖産興業推進のため日本勧業銀行の設立を明治十年代より企画していたが、諸種の事情でその設立は見送られていた。しかし二十八年蔵相松方正義の「財政意見書」を受け、翌年一月日本勧業銀行法案が議会に提出された。同法は四月公布となり、翌年株式募集が開始され、八月公称資本金一〇〇〇万円で日本勧業銀行が営業を開始した。勧銀の業務は農工業の改良発展をはかるため、不動産抵当による五〇カ年内年賦貸付、不動産抵当による五カ年内定期貸付、府県市町村や公共団体に対する無抵当貸付、農工銀行発行の農工債券の引受などをおこなった。

同行はその資金を得るため債券発行を認められたが、発行額は払込資本金の一〇倍まで許可されるとともに、割増金付債券発行の特権が与えられた。

開業当初の勧銀は、貸付に関して慎重であった。しかし明治三十一年恐慌による大阪地方の紡績業界の救済を契機として、貸付が漸増するとともに工業貸付の比重が高くなった。三十四年におけるその内訳は、工業四六％、農業三二％、公共団体二二％となっている。農業貸付の主な目的は開墾・植林・耕地整理であったが、融資先は担保の関係から大多数が地主であった。勧銀は三十四年より農工銀行を窓口とする代理貸付制度を開始、日露戦争後は大都市発展にともない市街地不動産金融に脱法であったが進出した。四十三年勧業大券発行により巨額の資金を得たことから勧銀は貸付業務の拡大をせまられることになった。このため翌年激しい反対にもかかわらず「農工業の改良発展のため」という勧業法第一条が削除され、貸付制限が廃止された。なお四十四年における同行の払込資本金は一二五〇万円、貸出一億三三五七万円、預金一九一万円となっている。

府県別農工銀行

明治二十三年より中産以下の小生産者に対する金融が問題となっていたが、これに対する政府の回答が農工銀行であった。同行は二十九年四月に公布された農工銀行法および農工銀行補助法に基づき設立された。その主な業務は農工業の改良発展のため、不動産抵当による三〇カ年内年賦貸付、不動産抵当による年賦貸付の五分の一に相当する金額の五カ年内定期貸付、市町村や公共団体に対する無抵当貸付、二〇人以上の農工業者の連帯責任による五カ年内無抵当定期貸付などであった。特に二〇人連帯に対する無抵当貸付は小作人に対する金融の道を開くものであったが、これは将来同行を産業組合の親銀行とする構想のあらわれでもあった。農工銀行はその資金を得るため農工債の発行を許可されたが、割増金債の発行は認可されなかった。ただ貯蓄奨励のため定期預金業務は許可された。同行の資本金は二〇万円以上であり、株主は営業区域内の者に限られた。このため勧銀が全国的機関であるのに対し、農工銀行は地方機関として位置付けられ、営業範囲も各府県内だけに限定された。また農工債引受の関係から勧銀と農工銀行は親子関係にあると規定された。

農工銀行は明治三十一年一月静岡農工銀行を最初として、三十三年八月阿波農工銀行が設立されるまで、北海道を除く四六府県に設立された。同行の初期営業状況は低調であったが、その主因は農工債の不調による資金不足にあった。農工債は農工銀行の原資となるものであったが、募集範囲の限定・割増金の不付加などのため不人気であり、三十三年までに五行のみが発行可能な状況にあった。このため農工銀行側は割増金債の発行を求めたが不許可となり、この代替として三十四年より同行が窓口となり勧銀貸付をおこなう代理貸付制度が設けられた。これにより資金難は解消されたが、勧銀への系列化は著しく進行した。四十四年農工銀行法が改正され、勧銀と同様に貸付制限が撤廃された。このため都市部の農工銀行は普通銀行化していった。同年における全農工銀行の払込資本金は三二三七万円、貸出七七六一万円、預金二三〇五万円となっている。

北海道拓殖銀行

農工銀行法の成立とともに北海道においても農工銀行が設立される予定であったが、住民数が少なく資力が乏しいとの事情によりその設立は見送られた。しかし日清戦争後、産業発展のための銀行設立の要望が強まり、明治三十二年二月貴族院議員小沢武雄は北海道拓殖銀行設立に関する建議案を提出した。政府も当初より北海道を軍事・経済的に重要視しており、特殊銀行の設立を考慮していた。このため政府は、同建議案提出後ただちに北海道拓殖銀行法案を提出した。同法は三月公布され、十月から株式募集が開始された。三十三年四月本店を札幌におき、公称資本金三〇〇万円で北海道拓殖銀行が開業した。拓銀の与信業務は不動産抵当による三〇カ年内年賦貸付、不動産抵当による五カ年内定期貸付、道内区長村・他公共団体に対する無抵当の年賦・定期貸付、不動産抵当貸付の総額の五分の一までの短期貸付など農工銀行と同様な業務を行なうとともに、株式・債券担保貸付、社債の公募・引受け、商品担保貸付、荷為替などをおこない広域に渡り北海道開発のための資金を供給した。拓銀の受信業務は、預金業務のほか、貸付資金を得るための拓銀債発行が認められていた。しかしその発行は大蔵省・宮内省の特別援助が与えられた三十八年まで待たなければならず、その間の資金源は払込資本金を使用していた。三十四年同行は小樽に支店を開設し、三十八年には日露戦争を契機に樺太に進出した。四十四年における拓銀の払込資本金は三九〇〇万円、貸出額一七五三万円、預金額七八〇万円となっている。

（柳沢）

31 特殊銀行の設立

日本興業銀行・朝鮮銀行・台湾銀行

日本興業銀行

政府は明治二十三年（一八九〇）の経済恐慌に際して、救済策の一環として動産抵当銀行の設立を打ち出し、調査に着手した。さらに、日清戦争後、企業勃興が顕著となると、工業資金が欠乏する状態となり、外資導入の必要性も増してきた。

そこで、政府は「日本動産銀行法案」を明治三十二年十二月の第十四回帝国議会に提出した。議会では動産銀行の名称は目的に相応しないということから、「日本興業銀行法」に修正した上で、明治三十三年三月に公布した。開業は明治三十五年四月十一日であり、当初の資本金は一〇〇〇万円であった。なお、初代総裁には添田壽一が任命された。

日本興業銀行の設立趣旨には、「我国工業に対する金融機関として斯業の助長に資すること」、「有価証券取引に関する機関」、「外資輸入の機関」、「信託業務」などが記載された。同行にはこのような役割が期待されたため、当初の営業科目は（一）国債地方債社債および株券を質とする貸付、（二）国債地方債の応募または引き受け、（三）預金および保護預り、（四）地方債券および株券に関する信託業務、（五）営業上余裕金を以ってする国債券地方債券および社債券の買い入れ等に限定され、割引手形は認められなかった。その後、明治三十八年三月の日本興業銀行法第一次改正により、有価証券担保の割引手形および財団を抵当とする貸付ができることになった。さらに、明治四十四年の第三次改正により、手形割引に対する制限が解除され、宅地建物抵当貸付が開始された。また、大正七年の第五次改正によって船舶金融の開始も認められ、同行の営業は拡大していった。

日本興業銀行の営業資金は株金と興業債券によって調達された。債券発行は払込資本金の五倍を限度としたが、明治三十八年に一〇倍までに引き上げられた。ただし、日本勧業銀行のように割増金をつけることは認められていなかった。

外資輸入機関としての役割は、日本興業銀行の特徴といえる。同行では明治三十五年下期に五〇〇〇万円の公債を海外で売却し、三十八年下期には関西鉄道および北海道炭鉱鉄道と信託契約を結び、両会社の社債を海外市場に募集して、その払込取扱を引き受けた。さらに、明治三十九年に資本金を一〇〇〇万円から一七五〇万円に増資した際、その増資額をロンドンのゴルドン商会に引き受けさせ、これによりイギリス・アメリカ・ドイツ・フランスの資本家が同行の株主となった。同行は社債信託引受機関として内外市場で活躍し、国際金融では横浜正金銀行につぐ有力銀行となった。

朝鮮銀行

明治四十二年(一九〇九)七月、大韓政府は日本政府との覚書によって、韓国銀行条例を公布した。これによると、韓国銀行は本店を京城(現ソウル)に置く資本金一〇〇〇万円の株式会社で、株主は大韓政府と朝鮮人・日本人に限るものとされた。同行は兌換券発行の権限を与えられ、従来第一銀行が取扱ってきた国庫金の取扱業務と貨幣整理事務、その他の中央銀行業務一切を継承した。また、第一銀行が大韓政府の承認のもとに発行してきた銀行券は、韓国銀行が発行したものとし、韓国銀行が償却することになった。四十二年十月、東京商業会議所において、創立総会が開かれ、その十一月から韓国銀行は発足した。

しかし、明治四十三年八月に韓国の合併が決定、明治四十四年三月には朝鮮銀行法が公布された。これにより韓国銀行は朝鮮銀行と改称した。なお、朝鮮銀行は旧韓国銀行設立の日において、朝鮮銀行法によって設立されたものと見なされた。

朝鮮銀行は一般銀行の業務の外に地金銀の売買、国庫事務の取扱、政府貸上金、公債の応募および買入、地方公共団体に対する貸出などの特殊業務を営むことを目的としていたが、同行の最も重要な業務は、朝鮮における中央銀行としての発券業務であった。発行高は設立当初の一三四三万九〇〇〇円から大正十三年には一億二九一一万八〇〇〇円に拡大した。昭和十六年には七億四一六〇万六〇〇〇円に達し、終戦直後の混乱期には七九億八七〇〇万円にまで増加した。

朝鮮銀行は特殊銀行として、創立以来、朝鮮における政府財政の整備、幣制の確立、朝鮮殖産銀行の創立や地方銀行の整理統合に参画して、その育成に努めたほか、産業貿易の発達に貢献をした。他方においては、時代によって変遷はあったが、満州、シベリア、あるいは中国本土、特に華北において金融活動を続け、日本対朝鮮・満州・中国の金融疎通をはかり、さらに満州の富源開発に寄与するところも極めて大きかった。さらに、ロンドン・ニューヨークにも出張所を設置し、対外為替の決済、資金の調節などの業務を扱った。

明治四十二年創立当時の公称資本金は一〇〇〇万円（一株一〇〇円、株式総数一〇万株）であり、四分の一払込の二五〇万円を以って営業を開始した。同行は業務の発展にしたがい、大正九年に資本金を八〇〇〇万円（払込資本金五〇〇〇万円）としたが、大正十四年に資本金を半減した結果、資本金は四〇〇〇万円（払込資本金二五〇〇万円）となった。なお日本終戦当時の資本金は八〇〇〇万円（払込資本金五〇〇〇万円）であった。

昭和十九年の株主総数は五二一五名であったが、株主の内訳は、朝鮮金融組合連合会四万九九五八株、朝鮮興業銀行四万四四株、朝鮮信託株式会社三万三五五六株、朝鮮商業銀行一万七八〇〇株、朝鮮総督府一万五〇〇〇株、日本勧業銀行一万二三〇〇株、などであった。

朝鮮銀行は、昭和二十年九月GHQの「外地ならびに外国銀行および戦時特別機関の閉鎖に関する覚書」によって即時閉鎖を命じられ、業務を停止した。その後、昭和三十二年に朝鮮銀行の継承会社として日本不動産銀行が設立され、昭和五十二年には日本債券信用銀行に名称変更した。

台湾銀行

日清戦争の結果、台湾は日本の新領土となったが、当時の台湾の社会状態は不安定であった。台湾の経済状況をみると、小規模かつ個人経営事業がほとんどであり、資金も外国商人が経営している洋行から供給された。また、売買取引は雑多な貨幣（各国の貨幣）によって行われていた。金融機関としては、資金微弱な日本中立銀行支店と貸出業務ができない日本銀行の出張所のみであった。したがって、台湾における有力な金融機関の設立が重要な課題となった。

明治三十年（一八九七）四月、台湾銀行法が公布された。台湾銀行は「台湾の金融機関として商工業並び公共事業に資金を融通し、台湾の富源を開発し、経済上の発達を計り、尚進みて営業の範囲を南清地方及び南洋諸島に拡張し、是等諸国の商業貿易の機関となり、金融を調和する」ことを目的としていた。また、台湾の経済的独立と幣制整理も達成しなければならなかった。

政府は、明治三十二年三月、台湾銀行補助法を公布し、資本金五〇〇万円のうち一〇〇万円を政府において引受けること、ならびに創立初期から五年間は、政府出資株式に対する配当金を欠損補填準備金に組入れることを定めた。また、政府は同行開業後、台湾銀行券発行準備として、一円銀貨、補助貨合計二〇〇万円の貸下を許可した。

かくして、台湾銀行は明治三十二年九月に営業を開始した。台湾銀行は、特殊な使命を負う植民地の中央銀行であり、一般金融機関の業務内容と異なっていた。台湾銀行法第八条によると日本銀行券を台湾で流通させない代わりに、台湾銀行券を発行する特権が付与されており、この台湾銀行券の発行により本来台湾島内に流通していた百数十種類の貨幣を整理して、単一通貨として流通させた。さらに、台湾では明治四十二年に銀券流通を停止し、金券一本建の制度を確立した。その後、台湾銀行券の平均発行高は明治四十二年一一六六万三〇〇〇円、大正十四年四七九七万四〇〇〇円、昭和十三年一億一〇八五万二〇〇〇円、昭和二十年三月末までに一〇億二一〇〇万八〇〇〇円と増加した。

なお、台湾銀行の営業内容は、独自の銀行券を発行する外は、預金・貸出・為替など一般銀行の業務と殆ど同じであった。台湾銀行は、植民地の中央銀行の地位にもあるため信託業務と国庫金の取扱業務も日本銀行の代理店として行った。一方、台湾銀行の活動範囲は、第一次世界大戦前後から台湾島内に止まらず、中国・東南アジアに支店を設置したほかインド・イギリス・アメリカまで支店を置いた。昭和二年の金融恐慌で台湾銀行の業務は一時的に衰退したが、減資策と日本政府の特別援助を受け徐々に軌道に乗り、昭和二十年まで、アジアを中心に本支店合計四一、出張所五五の大きな金融業ネットをつくりあげた。しかし、太平洋戦争の進展に伴い、台湾銀行は日本銀行の代理店として、さらに東南アジアに五〇余店舗を開設した。

昭和二十年一月、台湾銀行は閉鎖機関に指定された。二十一年五月には台湾にある台湾銀行の本店および各支店は中華民国政府に接収された。一方、日本国内の台湾銀行および各支店は、昭和三十二年四月に第二会社の日本貿易信用株式会社が設立され、この会社に引き継がれた。（江）

【参考資料】 葛雄一郎『日本興業銀行最近十年史』、日本興業銀行臨時資料室『日本興業銀行五十年史』、台湾銀行『台湾銀行四十年誌』、閉鎖機関整理委員会『閉鎖機関とその特殊清算』、株式会社日貿信『二十年の歩み』、朝鮮銀行研究会『朝鮮銀行史』、日本債券信用銀行『日本債券信用銀行三十年史』。

32 郵便貯金

庶民貯蓄の増大

郵便貯金の開始と明治前期の状況

英国の郵政事業を調査して帰国した前島密は、同国発祥の郵便貯金制度の導入をはかった。その目的は庶民の貯蓄奨励にあったが、郵貯資金により公債償還のための資金を捻出しようとした側面もあった。このため明治七年（一八七四）駅逓寮に貯金課を設立し、翌年四月には内務省達で貯金預り規則が公布された。同規則は五月二日より東京府・横浜で施行され、世界で四番目の郵便貯金制度が開始された。

預金預り規則の内容は、預金は何人でも可能であり、預入金額は一年につき最低一〇銭、最高は一〇〇円、総額で五〇〇円までとし、預入は五銭を単位とする。金利は年三分とし、一円以上の貯金に対して預入から半年ごとに付加するなどであった。しかし当時の庶民にとって一〇銭は零細な金額ではなく、また民間金利が一割以上であったため郵貯は不振であった。しかし十三年、一回の預入最低額が三銭に引き下げられると貯金者・貯金額とも前年比で倍増し、以後郵貯は着実に伸張していった。また同年一月それまで単に貯金と称されていた郵貯は駅逓貯金に改称され、二十年四月には郵便貯金に改称された。

明治十六年「郵便条例」が施行され、貯金関係の規定は「駅逓局貯金」となった。郵貯は同年より十九年まで飛躍的な伸びを示し、十九年の貯金残高は十五年比で実に一四倍強の一五四六万円、貯金者も約一一倍の四九万人と急増した。この要因としては、十八年に郵貯の取扱所が四三三八ヵ所に増加し、全国の郵便局で取り扱われることになったこと。第二に、松方デフレなどの影響により不健全な民間金融機関より預金が流失し、それが郵貯に流入したこと。第三に、一回の預入最低額の規定が十六年に撤廃されたことなどが関与していた。なお当時の郵貯の運用方法は、公債投資がほとんどであった。

明治後期の郵便貯金

明治二十三年に発生した凶作と初の恐慌により、郵貯は開始以来初の貯金減少を経験した。同年八月郵便条例より郵便貯金関連の規約が分離され、郵便貯金条例が制定され、翌年施行された。同条例は貯金者にとって有利となる変更は少なく、むしろ一回の最低預入額を一〇銭にもどすなど零細な庶民にとっては不都合な内容であった。このため郵貯は二十七〜三十三年不振となり、三十・三十一年には金額・人員とも減少した。なかでも貯金額は三十一年には二十九年比で二〇%もの減少を記録している。この原因は日清戦争後の反動恐慌と貯蓄銀行・生命保険会社の発展が主因であり、三十年には貯蓄銀行の預金額が郵貯の貯金を上回ることになった。

そこで逓信省は明治三十一年に利率を四・二％から四・八％に改正し、翌年には郵貯の出張所取扱を開始し、三十三年には切手貯金制度を設けて学童貯金を奨励した。また三十七年二月、日露戦争の勃発を受けて同月には軍事郵便貯金制度を、七月には集配人取集貯金を開始し、十一月には規約貯金特別取扱規則の改正により定額郵便貯金（据置貯金）を創設した。この一連の改正と貯蓄の奨励により同年より郵貯は好調に転じ、三十八・三十九年と対前年比三〇％以上の伸びを示し、四十一年には貯金総額が一億円を突破、四十二年には貯蓄銀行の預金を上回った。また貯金者数も伸び、三十八年には全人口のうち一〇人に一人が、四十三年には五人に一人が郵貯の貯金者となるまでに達した。このように郵貯が発展した背景には、三十九年の鉄道国有化、四十年からの反動恐慌、四十二年の桂内閣による国債償還などが関与していた。なお郵便貯金条例は郵貯の重要性を考慮して三十八年郵便貯金法となった。（柳沢）

33 産業（信用）組合の設立

中小生産者の経済活動の保護・育成

産業組合法の制定

信用組合の紹介は明治十年（一八七七）より開始されていた。しかしその導入・普及のための法的措置がとられたのは信用組合法案が第二回議会に提出された二十四年が最初であった。同法案は内務大臣品川弥二郎が法務局長平田東助に依頼して作成されたものであったが、議会の解散により審議未了となってしまった。その後、産業革命が進行すると様々な社会問題が発生した。その一つは高利貸など旧来からの庶民金融機関による中小生産者への吸着とそれにともなう彼らの没落問題であった。また労働運動の激化と社会・共産主義の拡大も大問題であった。

そこで政府は社会・共産主義の芽を事前に摘み取り、中小生産者層の没落を防ぐため自治・自助の精神に基づく近代的庶民金融機関＝信用組合設立の必要性にせまられた。そこで三十年、農商務省により産業組合法案が提出された。同法案は信用組合単独ではなく購買・販売などの兼営の必要性を強調した点に大きな特徴があった。しかしこの第一次産業組合法案も兼営問題により審議が未了となってしまった。

だが産業組合設立の機運は高まっていた。すなわち品川・平田らの助力により三十一年には一四四の信用組合をはじめ三四六の組合が設立されていた。また組合にとって上部機関である農工銀行が設立されていた。さらに各地の商業会議所や全国農事会等が盛んに陳情・請願をおこなった。これを受け農商務省は三十三年二月九日第二次産業組合法案を議会に提出、二十二日には産業組合法が成立した。同法では、組織形態として有限、無限、保証責任の三形態を認め、出資金一口以上で七名以上の組合数をもって組合を組織するとしている。また種類としては信用、購買、販売、生産とし、信用組合と他種組合の兼営を禁止している。さらに組合員の表決権は平等であり、組合は免税の特典があるが、郡長・知事・農商務大臣の監督を受けるなどの特徴があった。

産業組合法成立以後の状況

産業組合数は同法施行により三十六年には八七〇に達したが、飛躍的発展をみせたのは日露戦争以後のことであった。その要因としては組合法の改正、中央および系統組織の整備などが関与していた。組合法は三十九年第一次改正がおこなわれ信用組合の他事業兼営が認可された。これにより信用事業を兼ねた多くの組合が設立された。第二次改正は四十二年に実施されたが、その中心は産業組合中央会、産業組合連合会の法的認可あった。中央会は三十八年設立の大日本産業組合中央会が発展解消して設立されたもので、産業組合および連合会の普及発展と指導教育的役割を担当し、さらに政府資金・勧銀などの融資斡旋もおこなった。連合会は各府県と市郡に設立された組合の連合組織であり、その目的は産業組合の普及、組合相互の連携をはかり単独組合では不可能な事業に便宜を与えることにあった。なお、連合会の設立は四十四年には二四となっている。

四十四年における産業組合の状況を見るならば、組合数は八六六三を数え、全国の市町村のうちの約七割に組合が設立されていた計算になる。組合員数は九四四二六名に達し、このうち八割以上が農業者であった。全組合のうちの六五五六組合が信用事業を営み、その貯金は一四四四万円、貸付金は二二八七万円を記録している。貯金の伸び率は三十六年との比較で五〇倍、貸出のそれは一六倍にも達しているが、完全なるオーバー・ローンの状態であり健全経営とはいえなかった。貸出対象は当初は生糸・茶などの重要輸出品が中心であったが、後に生産資金全般に拡大されていった。

（柳沢）

34 質屋取締条例・質屋取締法

質屋の取締的行政から社会政策的行政へ

明治期の質屋と初期取締

質屋は金貸・無尽などとともに古来より存続する庶民金融組織であり、維新以後においても厳然たる勢力をもっていた。明治十九年（一八八六）における貸付状況は、貸出高二五四一万円、年末残高一六七五万円を記録し、国立銀行の人民貸付額と比較すると年末残高で五一%、貸出高においては七二%にも相当する金額を貸出ている。また店舗数も二四八一〇店にまで達しており、質屋は全国津々浦々に存在していたことがわかる。明治末年においてもその状況に大差はなく、福岡県では貸付高が二九三万円強と信用組合の貸付高の三倍弱に達し、福島県でも日本勧業銀行貸付高の二倍強となっており、庶民金融にとって質屋は必要欠くべからざる存在であった。

成立まもない維新政府は質屋に対し、徳川時代の旧慣を残しながらもきびしい規定を廃止する方向で対応し、六年頃より質屋立法の条文整備・拡充をはかった。その最初の規則が、六年七月東京府が布達した「古着古金類等渡世之者取締規則」であった。同規則の対象となっのは質屋・古着屋など八品商といわれる業者たちであり、その目的は盗品・遺失品の捜査の利便性のためであった（同規則は九年所轄が警察庁に移され、「八品商取締規則」となった）。

八年から十年までの政治・経済的危機は質屋取締法を規制強化へ変更させる契機となった。その第一段が内務省の指導による当該規則の各府県への普及であり、第二段が規則違反者に対する罰則規定の復活であった。この規制強化の背景には経済不況による中・下級武士、小農ら下層階級の窮乏化による犯罪に対処しようとする政府の施策が関与していた。

質屋取締条例と質屋取締法

明治十七年三月、松方デフレが深刻化するにつれ、政府は元老院に質屋取締条例案を提出した。同案は質屋のみに適応される単独法で、全国的に効力をもつ初の立法案であった。同案提出の背景には、犯罪の根源を遺失物・盗品を受け入れる質屋の存在そのものにあるとの政府側の考えがあった。このためその内容は、身元不明者からの質受を禁止する質受禁止条項、盗品の疑いのある物品が預けられた時は警察に通報する届出義務条項、警察官の立入検査を容認する条項、同条例の違反者に対する罰則規定などきびしいものとなっていた。そのため同案が元老院に提出されるや、その内容が質屋にとって過酷であるとの意見が箕作麟祥などから出された。しかし同案は二度に渡る審議をへたのち同年三月に公布された。

質屋取締条例は過酷であったため検挙される業者が相次いだ。このため早くも十七年五月には条例改正運動が開始された。改正運動は帝国議会の開設とともに一段と激しく組織的なものとなった。特に第五・六回議会においては質屋取締改正法律案が再三にわたり提出された。このような状況下、二十七年十二月の第八回議会において田口卯吉ほか九名により質屋取締法案が提出された。同法案は多少の修正をへて翌年三月成立、九月一日より施行となった。

同法は質屋取締の大幅な緩和をはかるとともに、日清戦争後の資本主義の発展にともなう社会問題に対応するための社会政策的内容を導入したものとなっていた。すなわち一方で、旧条例のような質受禁止・警察官立入検査などの過酷な条項の修正と罰則規定の緩和をおこない、質屋の営業の自由をある程度認めた。また他方では、質屋の貸付制限利率を規定するとともに質置主に対し質札・通帳の交付を義務づけるなど零細民を保護する条項も導入された。しかし質屋取締に関する業者と政府の軋轢は同法成立後も継続することとなる。（柳沢）

35 豊富な資本供給の実現
信託業の導入

担保付社債信託の導入

信託とは、自己の財産を信頼できる他者にある目的のため管理・処分させることであり、信託業とは信託会社がこれを営業としておこなうことである。この英米の制度が日本に紹介されたのは明治二十年代であったが、その導入は銀行・保険制度と比較して遅く、明治三十八年（一九〇五）の担保付社債信託法の制定が最初であった。担保付社債信託制度とは、物上の担保が付いた社債の発行に信託法規を採り入れたもので、社債発行者と社債所有者との間に特定の信託会社・銀行を介入させ物上の担保権の保存と実行をおこなわせるものであった。このため同法は、担保付信託制度の前提となる物上抵当権を保証する鉄道・工場・鉱業の三抵当法とともに制定された。

数ある信託制度のなか担保付社債信託制度が選択された主因は産業資本の不足にあった。明治三十年代は紡績業を中心とした軽工業の確立期であるとともに重工業の発展が促進された時期であった。しかし資本の蓄積不足により豊富な資金が産業界に充分供給されなかった。そこで政府は信託制度を導入し、発展させるなら、社債の発行が容易となり産業界へ潤沢な資金供給が可能となるとともに、対外的には制度の完備により対日投資の不安を解消、社債による外資導入が円滑にできると考え、担保付社債信託制度の導入をはかったのであった。

担保付社債信託法では、同業務を営むものの銀行以外の兼業の禁止や、資本金を一〇〇万円以上とするなどの制限を設けていた。このため四十五年までに免許を受けたのは、日本興業、安田、三井などの大銀行七行だけであった。しかし四十一年から明治末年までにかけて鉄道、紡績、海運・造船などを中心に社債の発行が相次ぎ、そのうち三〜五割が担保付であり、同信託制度が国内資本の調達に貢献したことがわかる。これに対し外資の導入に関しては振るわず、わずかに三十九年の二件のみであった。

一般の信託業務

一般の信託業務を営む信託会社が設立されたのは、三十七年の東京信託舎もしくは翌年の福島信託が最初であるといわれている。東京信託舎は三十九年、日露戦後の好況期に一五〇万円で株式会社に組織変更して成功した。この成功により同年以降多数の信託会社が設立され、四十四年には総数で最低でも七〇社を数えるまでとなった。その資本規模をみるならば、先の東京信託や神戸信託（四十年設立、資本金一〇〇万円）さらには関西信託（四十五年設立、資本金二〇〇万円）などを例外とすれば、ほとんどのものが一〇万円以下の弱小資本であった。これら信託会社が営んだ業務をみるならば種々雑多である。それは当時いまだ信託業法が公布されず信託業の内容が充分に理解されていなかったからであった。

雑多な業務のなかで目をひくのは、無尽業と貸金業である。前者に関しては無尽業法が制定される以前であったため、都市、地方を問わず信託会社の名前を冠した無尽会社が多数存在していた。後者に関しては信託会社を標榜しているがその実態は貸金業である弱小会社であるか、または東北地方でよくみられた高利貸資本が債券を出資にかえて信託会社を設立し、信託機能を巧み利用して債券取り立てをはかるものなどであった。このような傾向は東京・神戸・関西の三信託会社にも指摘でき、その営業内容は不動産金融や不動産売買などの不動産業務が中心であり、信託業務は従的な役割しかもっていなかった。このように明治期の信託業は一般に低調であり、その近代的金融機関としての地位の確立は大正末期までまたなければならなかった。

（柳沢）

アラカルト

「誓フニ死ヲ以テス」

明治九年（一八七六）八月一日に国立銀行条例が改正され、次いで五日には金禄公債証書発行条例の公布をみた。これらの事由については18・19項に詳しいのでそれに譲るとして、これを機に国立銀行の設立ブームが起こり、十二年末に設立が中止されるまでに、実に全国一五三行におよんだ。

その間、政府としては十年八月に、

…銀行創立之儀ハ其土地之広狭人口之多寡物産之有否其他商業取引之模様ニヨリテ自然其興否得失之次オモ有之、且銀行ハ禍福之門戸トモ謂フヘキ者ニテ其営業ノ宜キヲ得ルト得サルトニヨツテ著シク其利害損益之帰着スル所ヲ異ニスル者ニ付、該事業ノ興廃者偏ニ其銀行主ニ存スルモノニシテ、到底適当ノ役員ヲ得ルニ非レバ、仮令銀行之設ケアルモ其営業上終ニ蹉跌倒行之憂ヲ生ジ、利益ヲ期シテ却而損失ヲ招クニ立到…

と、改めて国立銀行設立の理念を訓辞している。それはさきに正貨準備を寛和し、また金禄公債出資によって国立銀行の設立が可能である、とした政府の意図を修正するものであった。

十四年に入り、不換紙幣整理を主眼とした松方デフレ政策が開始され、十六年五月には再度国立銀行条例が改正となる。この改正により各国立銀行は発行紙幣の消却を命じられ、営業期間も免許後二〇年となった。これまで紙幣発行・公金預りを主業務としてきた国立銀行も、私立銀行へ転換しなければならなくなった。商業銀行ともなれば、資金源泉である預金吸収につとめ、一般的にみられたようなオーバーローンの状態や金貨会社的な様相を続けているわけにはいかない。いよいよ国立銀行重役の経営理念が問われることになった。この課題に取り組んだ高知第三十七国立銀行頭取三浦万衛の場合を一例として挙げてみよう。

同行は明治十一年十二月に資本金一五万円で開業。十九年三月にいたり頭取三浦は、

…夫レ銀行会社ノ如キハ貨幣通用ノ悪路ニアリ、而シテ尚ホ他人ノ財産ヲ管理スルノ責任ヲ負ヒ、最モ世人ノ信用ヲ失ハサルヲ勉メサル可カラス、然ルニ我々銀行者ニシテ、己カ監守スル所ノ金円ヲ盗用シ、外ハ世人ノ信用ヲ失ヒ、内ハ以テ各株主ヲシテ不慮ノ損害ヲ蒙ラシムル者往々之アリ、嗚呼思フテ斯ニ至レハ慨嘆ノ念ハ一変シテ、忽チ怒気トナリ切歯扼腕実ニ免ス可カラサルノ一念ヲ惹起スルモノハ結社ノ交誼始メ其人ヲ愛スルノ情厚クシテ而シテ後之ヲ悪ムノ念大ニ勃起スル所以ナリ、之等則チ社会ノ公敵我々ノ私敵タリ、我々茲ニ感ズル所アリ、故ニ左ノ盟約ヲ結ヒ、各々其意衷ヲ表シ、誓フニ死ヲ以テス…

と前置きし、次の「誓約」をする。

当銀行ニ従事スル者、本行之金円ヲ盗用シ、又ハ故ラニ人ヲシテ窃取セシメタルモノハ、私財ヲ挙ケテ之ヲ辨償シ、而シテ自刄ス

これに頭取以下一同が署名・血判しており、信用の確立を絶対としていたことを知りうる。（加藤）

第三章　大正期の金融

36 債務国から債権国へ 金融市場の発達

第一次世界大戦の経済的影響

明治末以降、日本の貿易収支は入超を続けた。これにともない、保有正貨の減少も著しかった。日露戦争直後の明治三十八年（一九〇五）末には、政府および日本銀行の正貨所有は四億七九〇〇万円であったが、大正二年（一九一三）末には三億七六〇〇万円まで減少した。このような正貨問題は、明治末期から大正前期にかけて日本の金融当局の最大問題となり、明治四十四年から大正三年にかけて大蔵省は日本銀行、横浜正金銀行と協議を継続して行うほどであった。

大正三年（一九一四）七月、第一次世界大戦が勃発した。これにより、欧州諸国からの輸入品価格は暴騰を来し、外国貿易に関係していた日本の企業も打撃を受けた。この打撃は金融機関にも飛び火し、大正四年下半季には全国で三二行の銀行で取付騒ぎが起こった。しかし、この騒動も比較的早く終収し、四年には輸出額が輸入額を一億七五八七万円余上回った。さらに、六年には輸出額が一六億三〇〇万円余、輸入額が一〇億三五八一万円余となり、五億六七一九万円余の出超となったのである。このような貿易収支の好調は、第一次世界大戦によってロシア、イギリス、ドイツから兵器、軍需品、食料などの需要が高まったためである。また、大戦以来の船舶不足から運送賃率や傭船料が暴騰し、これによって日本の貿易外受取勘定も大幅に改善された。大正四年から七年までの貿易外の受取勘定は累計で一三億円を突破することにもなった（日本銀行臨時調査会『欧州戦争ト本邦金融界』）。

日本経済は、第一次世界大戦によって明治末期から続いていた不況から好調に転ずるとともに、大正七年（一九一八）には債務国から債権国に転ずることになったのである。

国内企業の新設と金融機関

第一次世界大戦によって、日本の輸出額、貿易外受取、対外債権・債務関係は大きく改善された。この背景には、国内産業の発展が貢献しており、大戦関連の事業計画は飛躍的に伸びた。

大正三年（一九一四）に二億五〇七九万円余であった事業計画資本金は、六年には約六倍の一五億六二五三万円まで増加した。さらに、七年には二六億七六九〇万円余、八年には四〇億六八四七万円余と急激な伸びを示した。大正六年から八年にかけて、製造業、商業、運輸業、鉱業、電気・電灯業などに関する事業が新設または増設されたためである。

国内産業の発展に伴い資金需要は高まり、金融市場も活況を呈してきた。大正四年に二九億九六七三万円余であった全国銀行の貸出額は、七年には七四億六三八五万円余まで急増した。各銀行では資金吸収に努め、七年には八二億二五〇二万円余に増大した。とくに、特殊銀行では資金吸収が急務であったため、正金銀行では普通銀行から定期預金を受け入れたり、台湾銀行や興業銀行では信託預金の受入れをして、資金需要に応じようとした。また、普通銀行でも大口資金需要に応えるために、数度の増資を行った。大正三年下半季から七年上半季まで

各種事業計画資本金額　　単位：円

年	総　額 (a)	払込額 (b)　(b/a)
大正 3 年	250,797,000	197,805,000 (78.9)
4 年	292,584,000	123,856,000 (42.3)
5 年	658,697,000	261,153,000 (39.6)
6 年	1,562,530,000	727,080,000 (46.5)
7 年	2,676,901,000	1,413,257,000 (52.8)
8 年	4,068,474,000	1,236,211,000 (30.4)

(注)『本邦財界動揺史』(『日本金融史資料』明治大正編、第22巻所収)、406頁、465頁により作成。

大正期の全国銀行推移

年　次	本　店 行　数	支店及び 出張所数	公称資本金 (円)	預　　金 (円)	貸　出　金 (円)
大正１年	2,165	2,971	822,302,065	2,034,313,840	2,524,805,343
２年	2,173	3,229	906,558,015	2,229,007,834	2,748,927,692
３年	2,171	3,429	952,315,065	2,328,860,601	2,826,570,540
４年	2,169	3,508	969,192,765	2,811,018,225	2,996,731,119
５年	2,162	3,814	992,053,165	3,833,206,782	3,840,574,185
６年	2,133	3,982	1,183,696,465	5,739,794,951	5,132,967,872
７年	2,105	4,282	1,374,401,665	8,225,024,719	7,463,852,991
８年	2,069	4,700	1,868,197,385	9,917,586,786	9,952,654,113
９年	2,062	5,184	2,706,782,700	9,869,205,491	9,825,620,489
10年	2,037	5,544	2,831,632,600	10,455,592,576	10,668,693,846
11年	2,002	6,009	3,033,150,000	10,296,717,180	11,127,624,045
12年	1,893	6,141	3,147,836,920	10,616,496,571	12,215,220,118
13年	1,817	6,205	3,149,510,250	11,066,328,583	12,489,302,016
14年	1,721	6,272	3,063,256,750	11,485,756,930	12,985,130,853

（注）大蔵省理財局『金融事項参考書』（昭和３年調）、69-73頁により作成。預金と貸出金は各年12月末の数字。

に増資を行った普通銀行は二九五行に及んだ（前掲『欧州戦争ト本邦金融界』）。これによって、普通銀行の一行当たり資本金額は三年の三六万七九五円から七年末には五六万四〇二円に増加した。また、一行当たり預金も九五万五二二三円から三三八万一四二五円に増加した。これは、各銀行が支店や出張所を設置して預金獲得に奔走したためである。一方、普通銀行の本店数は三年末の一五九一行から八年末には一三四〇行に減少し、銀行合同も進展した。

金融市場の拡大によって、兌換券発行高、通貨流通高、手形交換高も増加を示した。また、市場資金の増大によってコール市場も発達したためビル・ブローカーの発達を促し、藤本ビル・ブローカー銀行や増田ビル・ブローカーなどのいわゆるビル・ブローカー銀行が出現した。一方、社債や株式の発行が賑わったため起債市場も発達し、シンジケート銀行団が組織された。

このように大正期には第一次世界大戦の開始とと

大正期の普通銀行推移

年　次	本店数	支店及び出張所数	公称資本金（円）	預　　金（円）	貸　出　金（円）
大正1年	1,619	1,946	509,814,465	1,357,271,685	1,522,951,209
2年	1,612	2,099	567,075,415	1,443,511,456	1,670,867,674
3年	1,591	2,174	574,024,965	1,519,760,482	1,726,850,000
4年	1,440	1,940	512,638,415	1,699,566,268	1,728,728,027
5年	1,424	2,158	523,932,315	2,256,831,009	2,232,881,128
6年	1,395	2,216	657,774,765	3,233,913,954	2,978,878,400
7年	1,372	2,367	768,872,465	4,639,314,957	4,146,939,557
8年	1,340	2,540	1,057,837,235	5,744,096,587	5,666,461,179
9年	1,322	2,772	1,576,117,850	5,826,526,103	5,902,962,775
10年	1,327	3,129	1,676,054,934	6,444,836,344	6,242,034,558
11年	1,794	5,122	2,334,284,250	7,801,459,879	7,848,182,564
12年	1,698	5,239	2,412,690,920	7,805,265,027	8,059,008,580
13年	1,626	5,288	2,405,684,250	8,093,167,581	8,289,138,667
14年	1,534	6,320	2,386,760,750	8,726,775,606	8,842,682,602

（注）大蔵省理財局『金融事項参考書』（昭和3年調）、105-107頁により作成。預金と貸出金は各年12月末の数字。

もに金融市場が活発化した。第一次世界大戦開戦前には閑散としていた銀行業務も繁忙をきわめた。大正九年（一九二〇）月には、従来、午前九時から午後四時であった銀行の開業時間を、午前九時から午後三時に改定したが、これは好景気で多忙となった銀行員の健康等を考慮してのことであった。（秋谷）

【参考文献】『日本金融史資料』明治大正編、第二十二巻。

37

大正バブルの崩壊

戦後反動恐慌と金融界の混乱

反動恐慌以前の株式ブーム

第一次世界大戦による好景気によって、事業の新設・増設はかつてない活発さをみせた。株式市場の熱狂振りも著しく、東京株式取引所および大阪株式取引所の定期取引売買高は、大正五年(一九一六)にはそれぞれ四〇億円台にのせた。これは、大正三年の約八倍の取引高であった。主要株価は、大正三年七月から六年八月までに約二倍に上昇した。

株式市場の加熱化は、米騒動の発生や第一次世界大戦の休戦とともに沈静化した。ところが、八年(一九一九)八月ごろから銀行、電気、電灯、紡績、製糸等の事業計画が相次ぎ、八年五月には二億円台であった事業計画資本金は、九年二月に九億円台、翌三月には一一億円台まで上昇した。ただし、事業計画資本金のうち実際の払込額は徐々に低下し、八年九月には二〇%台、翌九年二月には僅か五・六%となった。事業計画資本金は拡大しているとはいえ、この当時の企業熱が虚構であることを払込額の低下が物語っていた。

一方、綿糸や綿布価格の高騰を背景として、紡績・紡織関係の事業新設・拡張が盛んに行われた。株式市場は大いに賑わい、株価は急上昇した。たとえば、鐘淵紡績株(先物)は六年七月に三二四円九〇銭の高値を付け、さらに九年三月には五七四円まで上昇した。東京株式取引所株も同様に、九年三月には五四九円まで上昇した。

このような株価上昇は、日本全国に株式ブームを引き起こした。当時、定期市場として東京・大阪に株式取引所がおかれていたが、このほかに通称現物問屋が株式の現物取引を行っていた。この現物問屋は全国各地に出現し、盛んに株式取引を行った。とくに、株価が比較的安価であった新設事業株の権利株売買は盛んとなり、三年後に開業が予定された日本水力株式会社の株式募集では三七〇〇倍の申込みがあった。人々が株式投資に熱狂したために、株式募集ではプレミアムがつくこととなり、これが相乗効果となって投機を煽動することになった。

月別各種事業計画資本額　　単位：円

年　月	計画資本額（a）	払込額（b）(a/b)
大正８年１月	200,522,000	95,051,000 (47.4)
２月	106,694,000	55,592,000 (52.1)
３月	157,685,000	8,309,000 (5.3)
４月	176,417,000	14,634,000 (8.3)
５月	214,210,000	89,960,000 (42.0)
６月	288,320,000	127,058,000 (44.1)
７月	267,530,000	161,422,000 (60.3)
８月	433,772,000	147,011,000 (33.9)
９月	423,236,000	86,714,000 (20.5)
10月	590,943,000	167,503,000 (28.3)
11月	554,215,000	114,394,000 (20.6)
12月	654,930,000	168,559,000 (25.7)
大正９年１月	670,313,000	103,426,000 (15.4)
２月	963,233,000	53,681,000 (5.6)
３月	1,148,485,000	250,388,000 (21.8)
４月	943,785,000	254,052,000 (26.9)

（注）日本銀行『世界大戦終了後ニ於ケル本邦財界動揺史』（『日本金融史資料』明治大正編、第22巻所収、465-466頁）により作成。

四次にわたる反動恐慌

日本銀行は、大正八年（一九一九）から九年の株式投資ブームを警戒して金利引き上げを実施した。しかし、その効果は少なかった。こうしたうちに、九年三月十五日に株式相場の崩壊が起こった。高橋亀吉『大正昭和財界変動史』によれば、この株式暴落に端を発して四次にわたる反動恐慌があった。

【第一次反動】　大正九年（一九二〇）三月十五日、株式市場が東京市場を中心として暴落した。東京株式取引所株（新株）は、三月一日の高値五四五円から十五日の大引けには三九九円九〇銭まで下落した。この下落率は二六・六％であり、大

大正9年3月恐慌時の東京株式取引所株価（先物）

単位：円

株式銘柄	9年3月1日	9年3月15日	下落幅（下落率）
東京株式取引所	540.20	399.00	141.20（26.1）
同上　（新株）	545.00	399.90	145.10（26.6）
大日本郵船	228.10	192.10	36.00（15.8）
富士紡	308.10	272.50	35.60（11.6）
鐘紡	563.00	470.00	93.00（16.5）
大日本製糖	187.00	167.00	20.00（10.7）
横浜船渠	159.90	112.10	47.80（29.9）
東京毛織	229.90	175.10	54.80（23.8）

（注）日本銀行『世界戦争終了後ニ於ケル本邦財界動揺史』（『日本金融史資料』明治大正編、第22巻所収、495頁）により作成。

日本郵船株や鐘淵紡績株も一五％以上の下落をみた。このため東京市場は十六日と十七日の両日の立会いを休業した。大阪市場は打撃が少なかったために市場を開いた。商品市場も多少の下落をみた。たとえば、横浜生糸は三月一日の高値三四六円七〇銭から三月十五日の大引けには三一三円まで下落したが、その下落幅は株式と比較して小さかった。

【第二次反動】　四月七日、大阪の増田ビルブローカーの破綻暴露を契機として、株式市場、商品市場に反動が起こった。各地の株式市場は七日午後から立会いを停止した。十三日に株式市場は再開されたが、十四日の立会い途中で停止し、五月十四日まで全国の株式取引所が休会した。また、銀行の貸出も株式市場の反動を受けて一段と緊縮され、これがために商品市場は悪化をとげ、十四日から大阪三品市場は立会い停止となった(五月十五日再開)。これらの反動によって、地方の小銀行を中心として銀行の取付け、支払停止などが発生した。

【第三次反動】　五月中旬には株式市場と商品市場も再開され、第二次反動は収拾されるかに思われた。しかし、五月二十四日、横浜の貿易商茂木商店の機関銀行たる七十四銀行が休業を発表した。茂木商店が綿糸・生糸等で莫大な損害を被ったとの噂から、七十四銀行の本支店を通じて預金の引出しと為替尻の取付にあったためである。七十四銀行の破綻は、横浜地方一帯の地方銀行に多大の影響を与えたほか、左右田銀行京都支店の取付けを契機として関西地方の銀行でも取付騒ぎや休業が相次いだ。第三次反動では、株式市場の変動が第一次・二次に比べて小さかったが、米国の景気後退のニュースをうけて、商品市場は第二次反動と同様な影響を受けた。

【第四次反動】　米国の戦後景気反動により、米国の諸物価は大正九年六月頃から暴落した。さらに、七、八月頃から反動が激化するとともに、英国をはじめとして世界的な戦後景気反動となった。日本の経済や金融機関は、第一次から第三次までの反動で弱り切っていたが、第四次反動によって再生不可能となった銀行や商社なども多かった。

反動恐慌の影響

反動恐慌は株式や商品の相場を一挙に引き下げたが、生糸や綿糸の価格暴落は著しかったため、織物業、綿糸業、綿布業などの事業主の破綻を来した。日本銀行調査局『世界戦争終了後ニ於ケル本邦財界動揺史』によれば、大正九年（一九二〇）三月から七月十五日までの破綻者は全国で二八五人、業者別に見ると製織・呉服太物商が最高の一〇五件、ついで綿糸・綿布商の三六件、メリヤス商の二〇件、紙商の一三件と続いた。地方別では、大阪の一二五件が最高で、ついで京都の七二件、東京の一七件、名古屋一一件の順となっており、大阪・京都を中心として反動が顕著であった。このような業者の破綻は、取引銀行の信用不安をもたらした。大正九年四月から七月の間に預金の取付けに遭遇した銀行は、本店銀行が六七行、支店銀行が一〇二行の合計一六九行であった。これを県別に見ると、最高が愛知の二五行、大阪は第二位で二三行、ついで神奈川の一五行、岐阜と広島が一二行ずつであった。株式や商品への投機が活発であった県では、銀行の取付騒動も多く発生したのである。（秋谷）

【参考文献】高橋亀吉『大正昭和財界変動史』、『日本金融史資料』明治大正編、第二十二巻。

38 弱小銀行の淘汰をめざして 銀行合同の活発化

大正期の銀行経営

大正期には経済の変動を背景として銀行の破綻や取付騒動が数多く発生した。『関東震災ヨリ昭和二年金融恐慌ニ至ル我財界』は、休業銀行に共通した経営上の欠陥を次のように提起している。

一、貸出方針が積極的過ぎ、むしろ無謀と称すべき程度のものが少なくない。

二、貸出先が著しく偏倚し、殊に欧州大戦中新たに勃興した基礎薄弱なる事業および震災に最も関係の深い東京方面に対するものが大部分を占め、且つこれらの貸出が概ね大口に偏っていた。

三、銀行が重役関係事業に対して巨額の貸出をなし、貸出条件も不当であったこと。
四、信用貸しが少なくなく、有担保でも担保品が不動産等で換価もしくは処分が容易ならざるものが多い。また、担保有価証券が債務者たる法人株式、社債等より構成されているものが少なくない。
五、大正九年（一九二〇）の財界反動と十二年（一九二三）の大震災により預金は漸減の傾向をたどり、一方貸出は固定化したにもかかわらず、当局者に徹底的整理の果断なく、却って無理な配当率を維持して、その間営業資金の大部分を借入金等により一時を彌縫うしてきたこと。
こうした銀行体質について、日銀総裁は大正十二年（一九二三）一月の東京交換所新年宴会席上において、「銀行は預金者の利益を最優先して経営すべき公益機関にもかかわらず、預金者の貴重な財産を銀行重役の私有物のように誤解している者がいる。銀行の破滅は事業会社の場合とは異なり、一事業の破滅にとどまらず広く財界に影響を与える。銀行業者は、銀行の信用機関たる所以を十分に理解していない傾向がある。また、過去の銀行破綻は事業家が銀行経営を行っていることに起因していることは、数十年来認められているのに改善されていない。銀行重役こそは銀行業務に最善の注意を払わなくてはならない。ところが、銀行業には何等経験ない者が従事したり、片手間に経営を行っている者が全国的にみられる。銀行の経営者たる頭取、専務取締役、支配人の選出にはこの点を考慮に入れるべきである。また、不動産担保貸出による固定貸については、資金運用の注意を喚起し、さらには銀行内部組織の充実と行員の訓練等にも努力すべき」と言及し、銀行および銀行家に注意を喚起した（前掲『世界戦争終了後ニ於ケル本邦財界動揺史』）。

このように、大正期には明治期以来の銀行が抱えていた不健全経営体質や銀行経営者の資質および理念の欠如を指摘するものが増えてきた。

政府の銀行合同奨励

大正七年（一九一八）五月、大蔵次官通牒によって人口一〇万人以上の市街地に新設される銀行の資本金は従来の一〇〇万円から二〇〇万円に引き上げられた。さらに大正九年八月二日には銀行条例が改正され（二十二日施行）、銀行の合併手続きが簡略化された。しかし、十一年末には高知商業銀行などの取付騒動をはじめとして全国的な取付騒動が起きた。大蔵省では、この恐慌を契機としてつぎのような方針をとった（『明治大正財政史』第十六巻）。

一、特別の事情なき限り今後絶対に新銀行の設置を認可せざること。

二、支店新設の如きも本店の内容充実し、然も止むを得ざる事情なき限り之亦認めざること。

三、銀行の合併を極力慫慂すること、之れが為めには大蔵省に於て豫め各地方別に一定の区域を作り、此の区域に依りて当該地方長官と協議の上、積極的に合同を慫慂すること。

四、普通銀行の不動産貸付は今後出来得る限り制限すること（但し之れが為めに法令の改正を行はす）

このように大蔵省では、銀行新設の阻止と銀行支店および出張所の濫設を厳重に取り締まる方針をとったのである。

さらに十三年（一九二四）七月には、政府の合同方針と合同による利益を知らしめるために、大蔵次官名で各地方長官宛に次のような内容の通牒を発した（『明治大正財政史』第十六巻）。

一、合同はなるべく多数の銀行を纏め、且つ其実資産を以て合併せしむる方針を採ること。

二、同一地方の銀行を相互に合同せしむることは最も利便が大きいが、もし同一地方庁管内の銀行で合同せしむるよりも他地方庁管内の銀行に合同せしむるほうが捷逕または有利と認められる場合には之の設立に努めること。

三、堅実有力な銀行が他の銀行を合同する場合には、有力銀行がそのまま存続して他の銀行を合同することは差し支えない。有力銀行がない場合は、合同銀行の資産を正確に評価し、その資産の限度に於いて一銀行を設立して合併の手続きをとるか、または新たに一銀行を設立して全合同銀行の資産を実価をもって引き継ぐ方法をとること。

四、資産中の欠損は利益金、積立金または重役の出資金等を以てこれを補塡するか、または切り捨てする。欠損の有無について疑いある資産については重役または責任者が補償するなどの方法をとり、引継財産の確実を期すること。

五、合同後の銀行重役は、なるべく合同銀行の重役中で最も適任と認められる者のみを残留させ、支配人にはなるべく実務に練達した者を其の任にあたらせること。

六、合同に際して不当な増資を行うことは見合わすこと。

七、必要に応じて同一区域内と認められる地方毎に銀行業者、その他地方財界の有力者の中から委員をもうけ、銀行合同について勧誘、準備、実行の促進等に努めること。

この通牒により、各地方では銀行業者や財界有力者から構成される合同期成会や合同促進懇談会が結成され、同一管内の銀行合同が促進されることとなった。

大正十四年には合同参加銀行数が一五四行、消滅銀行は九五行となった。政府の銀行合同方針は地方的合同に転換したが、これが本格化するのは大正十五年の金融制度調査会の決議、昭和二年（一九二七）の銀行法公布以降である。

（秋谷）

【参考文献】金融研究会編『我国に於ける銀行合同の大勢』

39

貯蓄銀行条例の改正

普通銀行の機関銀行化していた貯蓄銀行

貯蓄銀行の増加と弊害

明治二十三年（一八九〇）八月に公布された貯蓄銀行条例は、二十六年七月から施行されたのち、二十八年には資金運用の制限撤廃などを盛り込んだ改正が行われた。この改正は、貯蓄者保護の立場よりも銀行業者の立場を優先したため、貯蓄銀行は急激に増加した。三十年には貯蓄銀行の本店数が二二一行に達したのち、明治期を通して増えつづけ、大正三年（一九一四）には五〇八行、普通銀行が兼営していたものを合わせると六五八行に達した。これらの貯蓄銀行は、普通銀行の預金吸収機関として機能する場合も多く、経済の反動期には破綻を来して問題となった。政府は、明治三十二年に貯蓄銀行資金運用に関する法律案を提出したが、銀行業者の反対で法制化できなかった。

このように貯蓄銀行の法的規制が比較的緩かったため、貯蓄銀行の弊害も目立ってきた。そのひとつは、明治期から大正期にかけて、無尽、頼母子に加え貯蓄銀行類似の業務を行う庶民金融機関が増えてきたことである。当時、積立金または据置貯金として定期積金を行う貯蓄銀行以外の業者も多く、大正三年十月末には、これらの定期積金を行っているものが貯蓄銀行で二五四行、普通銀行で七六行、銀行以外の会社で九六社に及んだ。とくに、信用が乏しいにもかかわらず積金を行う銀行以外の会社は、社会に及ぼす経済的影響も甚大であると考えられた（協和銀行『本邦貯蓄銀行史』）。

改正された貯蓄銀行条例の内容

政府は大正四年（一九一五）六月に貯蓄銀行条例を

二十年ぶりに改正し、五年一月一日から施行した。この改正によって、貯蓄銀行でなければできない業務が限定され、さらに貯蓄銀行と無尽業との区別、貯蓄類似業者との差別化が明確化された。貯蓄銀行の独占業務とは、つぎの三点である。

一、公衆のため一回に五円未満の金額を預金として受け入れること（普通貯金）。

二、あらかじめ払戻しの期限を定め、定期または一定期間内において数回に預金を受け入れること（据置貯金）。

三、期限を決めて一定金額の給付をなすことを約し、定期または一定期間内において数回に金銭を受け入れること（定期積金）。

これによって、貯蓄銀行の業務は据置貯金や定期積金であることが明確となり、貯蓄銀行以外の金融機関はこれらの業務ができなくなった。

条例改正後の定期積金受入額は激増し、大正五年末の五三二八万六〇〇〇円から十年末には二億一八

貯蓄銀行の主要勘定

単位：円

年　次	本店数	支店及出張所数	公称資本金	預　　金	貸　出　金
大正 4	657	1,401	194,094,350	528,938,560	437,670,788
5	664	1,480	201,624,850	687,539,156	514,230,710
6	663	1,569	225,020,700	932,948,205	669,774,921
7	661	1,684	258,685,700	1,288,529,246	952,500,213
8	656	1,897	337,960,150	1,777,547,150	1,466,819,942
9	661	2.128	547,914,850	1,843,000,961	1,597,592,385
10	636	2,111	562,798,250	1,945,989,667	1,618,758,090
11	146	545	83,681,000	651,245,034	186,372,179
12	139	553	83,771,000	693,560,501	202,448,974
13	136	565	90,451,000	793,512,994	188,050,760
14	133	597	90,021,000	904,605,242	191,881,543
昭和 1	124	595	97,941,000	1,067,551,622	214,676,330

（注）大蔵省理財局『金融事項参考書』（昭和 3 年調）、111-113頁により作成。預金と貸出金は各年12月末の数字。

一万一〇〇〇円に増加した（前掲『本邦貯蓄銀行史』）。定期積金が貯蓄銀行の独占業務となったことが最大要因であるが、第一次大戦による好景気や営業無尽の不振も定期積金増大の要因となった。また、定期積金は解約が原則としてできない上に、外務員によって強制的に取り立てられることも影響した。

なお、この改正では大蔵大臣の権限を拡大し、貯蓄銀行全般に渡る監督を強化した。しかし、これらの改正では資金運用に関して根本的な改正が行なわれなかったため、大正九年の反動恐慌で預金の取付けや破綻を招いた貯蓄銀行が多かった。（秋谷）

40 庶民金融機関の整備 無尽業法の制定

無尽会社の発達と諸問題

無尽は、明治三十四年（一九〇一）以降、営業無尽会社として発達した。その主たる利用者は中産以下の庶民階級や小商工業者であった。当時、中産以下を対象とした金融機関はなく、質屋や高利貸しと比べて金利も低く、返済も容易であることから営業無尽に対する需要が高まったのである。大正二年（一九一三）には営業無尽会社数が一一五一社となり、ピークを迎えた。翌三年には八三一社に減少したが、貸付高は三六〇〇万円に達した。この八三一社のうち、個人経営は一六三、会社組織は六六八社であった。会社組織のうち三三六社が株式会社組織となっていたが、一社平均の公称資本金は五万三〇〇〇円余りと弱小の無尽会社が主流を占めていた。

無尽会社に関する社会問題も多く、「其の営業者の過半数が不正の徒なりしため、弊害実に恐るべきものあり、或は会社の払込金額を詐りて発起し、加入者を偽り誘ひて逃亡するものあり、甚だしきは発起したる場所を実地に就いて調ぶるも其の所在すら知る能はざるものあり」(大蔵大臣官房銀行課『無尽ニ関スル調査』、大正四年)といった事件も頻繁に起こっていた。大蔵省、日銀では無尽会社の調査を行い、大正二年十二月に「無尽取締法」を制定し、三年九月より実施する予定であった。この「無尽取締法」は、多くの社会問題を引き起こしていた無尽業の取締りに力点をおいたものであり、無尽業の資金運用などに触れたものではなかった。しかし、「無尽取締法」は、第一次山本内閣の解散に遭遇して、実施は延期されることとなり、結局実施には至らなかった。

無尽業法の成立

政府は、大正四年(一九一五)五月の第三十六議会に無尽業法案を提出した。この法案は、無尽業の経営基盤を強固にし、掛金者の権利を保証し、併せて無尽業者の営業を取り締まるというものであった。大正四年六月、「無尽業法」は公布され、十一月一日から施行された。

同法は、無尽業を「一定の口数と給付金額とを定め定期に掛金を払込ましめ、一口毎に抽籤、入札、其の他類似の方法により掛金者に対し金銭または有価証券の給付を為すもの」と規定した。同法では、最低出資金が定められ、会社組織のものは、資本または出資総額が三万円以上(払込金額一万五〇〇〇円以上)とし、他業の兼営は禁止された。一方、個人組織の出資額は五〇〇〇円以上となった。また、営業区域を一道府県に限定した上に、資金運用について は、貯蓄銀行と同様な責任規定が設けられた。このように、「無尽業法」は無尽業の営業基盤の確実と加入者の権利保護を尊重するとともに、営業区域の限定によって地方下層金融機関としての性格を明確にし、さらに主務大臣の免許事業にすることで設立認可および監督を強化したといえる。

全国無尽業者の推移

年　末	本店数	支店数	公称資本金(円)	払込資本金(円)
大正5年	136	60	7,406,500	2,576,306
6年	173	61	8,835,000	3,111,931
7年	192	58	9,642,000	3,806,232
8年	206	61	10,379,000	4,109,408
9年	203	60	11,774,000	4,497,408
10年	209	57	12,244,000	5,319,771
11年	214	47	14,144,000	6,281,172
12年	219	45	15,014,000	6,501,171
13年	227	41	18,743,600	8,104,804
14年	240	87	22,388,600	9,616,280
昭和1年	243	104	26,042,600	11,206,964

（出典）大蔵省理財局『金融事項参考書』（昭和3年調）、118頁。

大正四年十一月の「無尽業法」施行によって、無尽業者八五三のうち二九〇が免許申請を行ったが、免許を受けたのは一五三にすぎなかった。無尽業者は大正五年末には一三六まで減少し、公称資本金七四〇万六五〇〇円、払込資本金二五七万六三〇六円、掛金契約高四三四八万七六五九円となった。「無尽業法」によって、不健全経営の業者は淘汰されたため無尽業者は急激に減少したのである。

「無尽業法」は、大正十年（一九二一）三月に一部改正されたのち、昭和六年（一九三一）四月には無尽業はすべて株式会社組織とすることに改正された。さらに、昭和十三年（一九三八）三月の改正によって、公称資本金一〇万円以上、払込資本金五万円以上となった。また、昭和十六年四月の改正では、特別の事情がある場合は営業区域を他府県まで拡張することができることになった。（秋谷）

41

普通銀行の監督強化
銀行条例の改正

普通銀行の成長

普通銀行数は、明治三十四年（一九〇一）に一八九〇行に達し、ピークを迎えた。これ以降大正期にかけて普通銀行数は減少し、大正二年末には一四五七行となった。大蔵省では、明治期から銀行の乱立に対して度々通牒を発して行政指導を行ってきた。しかし、明治三十四年、三十七年、大正四年の経済変動期には銀行の取付騒動や破綻が発生した。こうした問題に対して、政府は銀行条例を改正して取締りを強化することになった。

政府は、普通銀行の監督を強化するために、銀行条例と同施行細則の改正を大正五年七月一日から施行した。また、主務省に提出する提出すべき営業報告書の雛型についても同日から改正した。銀行条例改正の要点は次の通りである。

一、銀行事業の認可にあたっては、従来は資本金を定めて地方長官を経由し、大蔵大臣の認可を受けることになっていたが、資本金のほかに商号、本店所在地も申請条件の一つとなった。また、他の事業を兼営する時や支店を設置する場合も大蔵大臣の認可が必要となった。

二、大蔵大臣は、銀行の業務または財産の状況により、必要と認められるときは、銀行業務の停止を命じ、その他必要なる命令をなすことができることになった。また、銀行が法令、定款、または大蔵大臣の命令に違反し、その他公益を害すべき行為を行った場合は、事業の停止、役員の改任を命じ、または営業の認可を取り消すことができることになった。

三、大蔵大臣の認可を受けずに銀行事業を営んだ場合、その営業主を千円以下の罰金に処することができるなどの罰則規定を厳格にした。

銀行条例の改正は、当時の問題となっていた普通銀行の経営体質改善を主眼とし、これを監督する大蔵大臣の監督権限を拡大したものであった。

資本金額に対する制限

大正六年(一九一七)末には、一三九八行の普通銀行が全国各地に存立していた。資本金額も千差万別であったが、どちらかといえば小資本の普通銀行が全国に濫立している状況であった。大蔵大臣は、大正七年(一九一八)五月二十日の地方長官会議の席上で、一般普通銀行の合同を推奨する旨の訓示を示した。そして、同月には大蔵次官通牒によって、普通銀行の資本金に関する制限をつぎのように厳しくした。

一、人口十万人以上の大都市に銀行を新設する場合は、資本金を二〇〇万円に引き上げる(従来は一〇〇万円)。

二、人口十万人未満の都市においては、銀行の新設の資本金を従来どおり五〇万円としたが、人口十万人以上の都市に本店を移転する場合は、二〇〇万円に引き上げなければならない。

さらに、大蔵省では七年九月、普通銀行の資本金制限の施行範囲を拡張した。これによって、既設銀行の廃業または解散を条件とする新設銀行の資本金、あるいは普通銀行が貯蓄銀行となる場合の資本金などに関しても、資本金制限を受けることになった(前掲『欧州戦争ト本邦金融界』)。

以上のように、大蔵省では新設銀行の資本金を引き上げると同時に、既設銀行に関しても同様な条件を課することで弱小銀行の新設・継続を抑制し、同時に銀行合同を推進したのである。なお、銀行条例は大正九年八月と十年四月にも改正された。

(秋谷)

42

銀行間の預金協定

激しかった預金争奪戦

資金需要の激増と預金利子上昇

普通銀行の預金は、大正四年(一九一五)十二月末の一六億九九五六万円から六年十二月には三二億三三九一万円まで増加し、わずか二年間で約二倍に膨れ上がった。この時期、第一次大戦による好景気によって資金需要は高まり、各銀行では支店設置を増やして預金を吸収した。また、資本家が大事業を経営するための資金調達機関として新銀行を設立する場合もあった。こうしたところから、大正六年末頃から各銀行による預金争奪が展開され、預金利子を協定以上に引き上げる銀行も出現した。

銀行間の協定預金利子は、大阪では大阪銀行集会所組合銀行間で決められていた。東京では東京重要銀行協定預金利子が第一、第百、十五、三井、三菱、横浜正金銀行の六銀行間で決められ、他の銀行もこの六銀行の協定預金利子に追随していた。大正六年(一九一七)十月十二日に協定された東京重要銀行協定預金利子は、定期預金が年五分、当座預金が日歩六厘、小口当座預金が日歩一銭一厘であった。しかし、銀行間で預金争奪戦が展開されると、大正六年十月の協定預金利子を破り、比較的預金利子の安い銀行でも定期預金が年六分、高い銀行では年七分以上の預金利子を付けるところも出てきた(前掲『欧州戦争ト本邦金融界』)。とくに、二流、三流の銀行は、一流銀行よりも高い預金利子を付けて、生存競争に勝とうとしたため、一流銀行も防御のために上げざるをえない状況となった。

預金協定の締結

銀行間の激烈な預金吸収競争は、各銀行の経営基盤を不堅実にするばかりでなく、銀行界にとっても憂慮すべきものであった。そこで、大蔵大臣高橋是清は日本銀行当局者を介して、東京、大阪、名古屋の三銀行団に新規の預金利子協定を結ぶよう働きかけた。この結果、大正七年（一九一八）十二月六日にこれら三銀行団の間に預金利子協定が締結された。また、横浜、京都、神戸など組合銀行や地方の組合銀行でも預金協定が成立した。

この預金協定は、従来のように主要銀行間に最低協定利子を申し合わせるというのではなく、一定の最高限度の利子を設け、これに若干の「勉強率」を認めた。そして、この預金協定以上の利子を設定した銀行に対しては罰則規定を設けた。

預金協定の影響　　単位：百万円

種類	東京組合銀行団			大阪組合銀行団		
	11月末	12月末	増減	11月末	12月末	増減
甲種	1,518	1,520	＋2	1,049	1,083	＋34
乙種	296	284	−12	138	140	＋2

（出典）大蔵省『明治大正財政史』第17巻（昭和32年、経済往来社）、222頁。

預金協定に制裁規定が設定されたのは、これが初めてである。

東京、大阪、名古屋の三大都市銀行団で実施された協定では、協定利子を加盟銀行によって甲、乙の二種類に区分した二本立主義を採用した。これによると、東京では定期預金の基準率を年五分五厘とし、甲種銀行は年六分まで、乙種銀行は年六分二厘まで「勉強率」を認めるとした。同様に、当座預金は日歩八厘を基準率とし、甲種銀行は日歩一銭、乙種銀行は日歩一銭二厘まで「勉強率」が認められた。このように、預金協定では適用率に屈伸性をもたせたが、これは協定の維持を容易にするためであった。違反者に対しては、手形交換所と連絡して、その組合から除名した。大阪、名古屋でもこれとほぼ同様の方法をとった。協定規約の内容は、各地方で多少の相違はあるものの、ほぼ同様であった。

預金協定実施後一ヵ月の預金吸収状況をみると、東京銀行団では甲種銀行が二〇〇万円増、乙種銀行は一二〇〇万円減であったのに対して、大阪銀行団では甲種銀行が三四〇〇万円増、乙種銀行が二〇〇万円増であった。乙種と甲種の銀行では金利差が少なかったが、銀行の安全度の差によって預金吸収の違いが生じたといえる。つまり、大銀行と弱小銀行との金利差は縮小したため、信用度の厚い大銀行に預金が流れる傾向を示したのである。また、預金協定後は有価証券への資金運用が増大した。七年十二月に日銀を通じて売り出した臨時国庫証券四〇〇〇万円(日歩一銭六厘)、八年一月に売り出した英国政府円大蔵省証券(日歩一銭七厘)、仏国政府円国債債券などの売れ行きは好評を博した。

（秋谷）

地方預金協定設立銀行団

銀行組合名	設立年月日
金沢組合銀行	大正７年５月１日
和歌山市組合銀行	12月16日
東参銀行同盟会	12月20日
尾西同盟銀行	12月23日
尾北組合銀行	12月23日
浜松同盟銀行	12月24日
静岡組合銀行	12月24日
堺同盟銀行	12月25日
岐阜組合銀行	12月26日
関門組合銀行	12月30日
福岡県若松組合銀行	12月30日
摂陽同盟銀行	12月30日
三重県同盟銀行	大正８年１月１日
広島組合銀行	１月１日
福岡組合銀行	１月10日
江州組合銀行	１月15日
姫路同盟銀行	１月20日

（出典）大蔵省『明治大正財政史』第17巻（昭和32年、経済往来社）、221-222頁。

43 関東大震災とモラトリアム

震災に対する金融処置

支払延期令の公布

大正十二年（一九二三）九月一日、関東地方を中心とする大地震が起こり、東京、神奈川、千葉、静岡、山梨、埼玉、茨城の一府六県に甚大な被害を与えた。

日本銀行調査局『関東大震災ヨリ昭和二年金融恐慌ニ至ル我財界』によれば、この一府六県で実に六九万四六二一世帯が全焼、半焼、全壊、半壊などの被害を被った。全被害のうち、東京府と神奈川県で約九割に達し、死亡者九万一三四四人のうち東京府が五万九五九三人、神奈川県が二万九六一四人を占めた。この震災により、東京府の銀行の殆どは火災による焼失被害を受けた。また、震災当時から三日正午までに東京市内の本店銀行一三八行のうち一二一行、支店銀行三一〇行のうち二二二行が類焼した。東京銀行集会所組合銀行八四行のうち、無事であったのは日本勧業、日本興業、三菱、小池、麴町の各本店銀行と横浜正金、台湾、住友の各東京支店の八行のみであった。横浜市内の銀行も本店銀行一九行、支店銀行二三行が焼失した。

関東大震災によって銀行店舗が焼失したばかりでなく、全国の経済活動はほとんど麻痺状態となった。一般預金者の動揺は著しく、大阪では左右田、大阪、岸本の三銀行が預金の取付けに遭遇した。震災地の銀行では一斉に休業した。これは得意先の資産状態が悪化して債権回収の見通しが立たなかったことと、預金支払いに応ずるためには支払い資金に問題があったためである。

そこで、政府は九月七日に支払延期令（勅令第四〇四号）を公布施行した。これは、九月一日以前に発生し九月三十日までに支払いをなすべき金銭債務で、その債務者が震災地域に住むもの、または営業所を有するものの支払いは、三十日間延期するというものであった。ただし、国・府県・その他の公共団体の債務、給料、賃金の支払いやこのために要する銀行預金の払戻しには応ぜなければならなかった。また、一日百円以下の預金支払いも行わねばならなかった。このモラトリアム令の施行により、銀行の混乱は一応避けることができた。

日本銀行の震災手形割引損失補償令

支払延期令の結果、東京組合銀行のほとんどは九月十七、十八日頃には開店し、横浜でも地元銀行は九月二十八日から開店の運びに至った。しかし、支払延期令が終了した場合、銀行のなかには罹災取引先の貸出について回収不能のものも生ずる恐れがあった。そこで政府は、九月二十七日に日本銀行の震災手形割引損失補償令を勅令として公布施行した。

この補償令は、つぎのような手形に関して、大正十四年(一九二五)九月三十日以前の満期日になっているものを日本銀行が割り引き、これによって日本銀行が損失を受けた場合は、一億円を限度として政府が損失補償をするというものであった。

① 九月一日以前に銀行が割り引いたもので、震災地(東京府、神奈川県、埼玉県、千葉県、静岡県)を支払地とする手形。または、震災地に震災の当時、営業所を有したる者の振りだした手形、若しくはこれを支払人とする手形。

② ①に規定した手形の書換えのために振り出した手形。

③ ①②に規定した手形または震災地に営業所を有する銀行が、他の銀行に対し、大正十二年九月一日以前に発行した預金証書またはコールローンの証書を担保として、銀行が振り出した手形。

④ ①②③に規定した手形で、日本銀行の割引したものを書換えのために振り出した手形。

日本銀行では、震災手形の割引を特別融通として

震災手形割引依頼銀行（本店所在地別）

府　　県	銀行数
東　　京	45
神奈川	15
大　　阪	5
埼　　玉	4
栃　　木	3
静　　岡	4
朝　　鮮	2
長　　野	2
兵　　庫	2
石　　川	2
台　　湾	1
山　　梨	1
徳　　島	1
新　　潟	1
北海道	1
岩　　手	1
宮　　城	1
奈　　良	1
茨　　城	1
佐　　賀	1
福　　井	1
群　　馬	1
計	96

（出典）日本銀行調査局『関東大震災ヨリ昭和二年金融恐慌ニ至ル我財界』

「別口割引手形」の名目で整理した。この特別融通は、大正十二年末には一億三三五〇余万円に達し、十三年三月末には四億三〇八一万円にのぼった。割引を依頼した銀行は九六行におよび、うち東京に本店を置く銀行が四五行、神奈川が一五行と震災地からの割引依頼が圧倒的に多かった。銀行別に見ると、台湾銀行の一億一五〇〇万円が最高であった。

この補償令は、銀行の所有する震災地関係手形に資金化する道を与え、銀行に資金を給すると共に手形関係人に支払能力を回復する期間を与えた。これは、金融に対する人心の安定と金融界の円滑化を達成し、一応の成果をあげたといえる。しかし、震災手形のうち二年を経過したのちも未決済のものが二億円を超え、回収は予想外に長引いた。結局、法定の割引期間を二年延長し、昭和二年三月三十日の震災手形善後処理法の公布によって結末を迎えたが、これは金融恐慌の引き金ともなった。　（秋谷）

【参考文献】『日本金融史資料』明治大正編、第二十二巻。

44

貯蓄銀行の健全化をめざして

貯蓄銀行法の制定

大正九年恐慌と貯蓄銀行

政府は貯蓄銀行を零細な預金を安全に保管する機関として位置づけていた。しかし、貯蓄銀行条例が改正されても、貯蓄銀行の資金運用や普通銀行と貯蓄銀行の分業問題について抜本的な対策は行われなかった。大正五年（一九一六）四月には貯蓄銀行の健全性を高めるために最低資本金額を見直し、人口一〇万人以上の都市に新たに貯蓄銀行を設立する場合、最低資本金額を百万円以上（従来は五〇万円以上）とし、七年五月にはこれを二百万円以上に引き上げた。この頃には貯蓄銀行の不健全性を指摘して、貯蓄銀行廃止論を主張する者も現れた。

貯蓄銀行の不健全体質を指摘する声が高まっていたにもかかわらず、大正九年の反動恐慌で破綻や取付を招いた貯蓄銀行は、貯蓄兼営普通銀行を含めて一七行に及んだ。これは全休業銀行の半数を占めていた。とくに、七十四銀行の子銀行であった横浜貯蓄銀行、左右田銀行の子銀行であった左右田貯蓄銀行親銀行のように親銀行の影響を受けて休業する銀行も多かった。政府は貯蓄銀行条例改正の必要性を認め、改正作業に取りかかった。

大正十年（一九二一）二月、大蔵大臣高橋是清は第四十四帝国議会で貯蓄銀行に関して次のように述べた。

「現在ニ於テハ貯蓄銀行ハ、当然普通銀行ノ業務ヲ経営スルコトヲ得ルヤウニナツテ居リマシテ、其業務ノ範囲、及資金運用ノ方法ニ関シマシテ、何等ノ区別モナク、一様ニ商工業者ノ資金ニ運用セラレテ、或ハ不確実ナル担保ニ対シ、又ハ全ク無担保ノ貸出ヲ無《（ママ）》シ、甚シキハ一人ニ対シテ銀行ノ運命ヲ左右スル如キ多数ノ貸出ヲ為シタリ、或ハ所謂親銀行ノ預金吸収機関トナリマシテ、其預金ノ殆ド全部ヲ親銀行ニ預入レテ、其親銀行ト命運ヲ共ニスルモノガ生ジタヤウナ訳デアリマシテ、是等ハ寔ニ遺憾トスル次第デアリマス、近時貯蓄銀行ノ取付ヤラ乃至破綻ノ多キハ、其原因固ヨリ一ニシテ足ラズト雖モ、是等ニ原因スルモノガ其多キヲ占メテ居ルノデアリマス」(『日本金融史資料』明治大正編、第十四巻)。

高橋蔵相は当時の貯蓄銀行が抱えていた不健全体質を指摘し、反動恐慌による貯蓄銀行破綻の教訓を生かすためにも貯蓄銀行の法的整備が必要であると主張したのである。

貯蓄銀行法の制定

貯蓄銀行法は大正十年(一九二一)四月十四日に公布され、翌十一年一月一日から施行された。

貯蓄銀行法によって貯蓄銀行は貯蓄預金業務と一定の附随業務を営むほかは一切の他業兼営が禁止され、普通銀行とは別個に独立した金融機関であることが規定された。これにより貯蓄銀行の貯金預金業務は、一回一〇円未満の金額を複利で受け入れる普通貯金に加え、据置貯金と定期積金となった。また、付随業務は、定期預り金、保護預り、債権の取立、公共団体または産業組合の金銭出納事務の取扱、公共団体または産業組合よりの要求払預り金に限定され、保護預り以外の諸預り金は金額の三分の一以上の金額に相当する国債を供託しなければならなくなった。なお、最低資本金額は三万円から五〇万円に引き上げられた。

一方、資金運用に関しても制限をもうけ、運用できる方法として証券投資、有価証券担保貸付、不動産抵当貸付、預金者の預金額を限度とした貸付(預金担保貸付、積金担保貸付)、積金者に対する給付額貸付、銀行への預け金または郵便貯金、銀行引受手形の買入に限定し、その他の資金運用を禁止した。証券投資と有価証券投資の対象は国債、地方債、社債、株式であるが、社債と株式については大蔵省の認可したものでなければ取り扱えなくなった。

また、大口信用集中排除の規定を設け、所有株式や担保株式が特定の会社に偏ることを排除したほか、特定の個人に対する貸付、不動産貸付についても限度額をもうけた。さらに、預け金に関しては郵便貯金には制限を加えなかったが、親銀行や特定銀行への集中には一定の制限が加えられた。このように貯蓄銀行法は、貯蓄銀行が特定の個人、会社、銀行に対しての投資および運用の偏りを制限し、とくに貯蓄銀行と普通銀行の関係を希薄にして、貯蓄銀行が普通銀行の預金吸収機関になることを防止しようとする意図が含まれていた。

貯蓄銀行法の施行によって、施行前年の大正十年（一九二一）に六三六行あった貯蓄銀行数は十一年には一四六行に激減した。一方、普通銀行数は十一年に一七九四行となり、前年に比べて四六七行が増加した。貯蓄銀行で普通銀行を兼営していたところでは普通銀行に転じたり、普通銀行に合同したためである。貯蓄銀行法には貯蓄銀行の営業税を二分の一に免除する規定が設けられたが、貯蓄銀行に対する制限が厳しくなったことで、従来のような経営的旨みがなくなり、さらには法定最低資本金が引き上げられたことで、増資の困難な貯蓄銀行も少なくなかったのである。

大正十一年（一九二二）の貯蓄銀行の預金額は六億九三五六万円余となり約三三％の減少となった。しかし、一行当たりの預金額は三〇五万円から四四六万円へ増加しており、政府の目指した貯蓄銀行の健全体質、預金者保護が一応の成果を生んだといえよう。また、政府は地方の貯蓄銀行検査を行って銀行合同を推進したため、大正期を通じて貯蓄銀行数は減少を続けた。

（秋谷）

【参考文献】協和銀行編『本邦貯蓄銀行史』

45

本格的信託会社の出現

信託法・信託業法

大正前期の信託会社

信託会社の数は、明治末年から大正初頭にかけて増加した。大蔵省銀行局調査によれば、大正元年(一九一二)には一三四社であったのが、五年には三二八社まで激増した。さらに、第一次大戦終結後の大正八、九年頃に設立が活発化し、十年末には四八八社まで増加した。これらの信託会社の一社平均資本金は、公称資本金で七一万円以上、払込資本金で二二万円以上であった(麻島昭一『日本信託業発展史』)。

信託会社数の増大のなかで、国債信託(五〇〇〇万円)や日米信託などのように一〇〇〇万円以上の巨大資本を有する信託会社の出現もみた。しかし、当時の信託会社のほとんどは、資金の受託・運用という信託会社本来の業務のほかに、証券業務、保証業務、不動産業務といった業務を兼ねていた。すなわち、大正期には多数の信託会社が設立されたが、これらの信託会社では第一次大戦による好景気を背景とした株式取引、あるいは土地投機を目的としており、信託会社本来の業務よりも証券業務・不動産業務を中心に業務が行われていた。また、明治期以来、弱小信託会社のなかには破綻を来すものも多く、信託会社の不健全経営も問題となっていた。

一方、企業の新設・拡大が続くなかで、台湾銀行と日本興業銀行は長期資金需要に応えるために、第一次大戦中に信託預金制度を導入した。この信託預金は、普通銀行の定期預金よりも金利が高く、一般の人気も上々であった。このため、六大都市の組合銀行では信託預金との対抗上、定期預金を引き上げるなどした。政府は金融界の混乱を考慮して、七年七月に特殊銀行での信託預金の新規受入れを禁止する処置をとった。

　このように、信託関係法規がないために信託会社および信託業は、非常に混乱を呈していた。大正二年十二月に調査された日本銀行「信託会社及貸金業者ニ関スル調査」によれば、信託会社を「現時ノ信託会社ヲ以テ不正曖昧ノモノト速断スルハ早計ニ失スト雖モ、他方此等ノ曖昧会社ヲ厳重ニ取締ルノ方法ヲ案出スルノ最モ急務タルヲ信スルナリ」と信託会社の資格や営業範囲について疑問を呈しており、信託関係法規の制定は大正初頭よりの課題となっていた。

信託法・信託業法の内容

　大正十一年（一九二二）四月二十一日、信託法ならびに信託業法が公布され、十二年一月一日から施行された。信託関係法規の検討は大正元年に第一次案が作成され、第二次大隅内閣、寺内内閣、原内閣を経て、高橋内閣になって初めて成立したのである。この間、六つの信託業法案が作成されることにもなった。

　成立した信託法は、信託を「財産権ノ移転其ノ他ノ処分ヲ為シ他人ヲシテ一定ノ目的ニ従ヒ財産ノ管理又ハ処分ヲ為サシムル」（『明治大正財政史』第十六巻）ものと規定した。信託業法は、この規定を踏まえて信託業ならびに信託会社の営業等について厳格な規定を示した。これによって、信託業を営業するには主務大臣の免許が必要となり、資本金百万円以上の株式会社でなければならなくなった。

　信託会社の業務は、主要業務と付随的業務に分かれた。主要業務は、①金銭信託、②有価証券信託、③金銭債権信託、④動産信託、⑤土地及その定着物信託、⑥地上権及土地の賃借権信託の六項目に限定された。一方、付随的業務として、①保護預り、②債務の保証、③不動産売の媒介、または金銭もしくは不動産の貸借の媒介、④公債社債もしくは株式の募集、その払込金の受け入れ、またはその元利金もしくは配当金の支払いの取扱、⑤各種代理業務の五項目を兼営できた。また、担保附社債信託法によって、信託会社は担保附社債信託業を営むことが可能となった。

信託業法施行当時には全国に五百有余の信託会社が存立したが、信託業法に準拠して八月中までに認可申請したのは四九社にすぎなかった。しかも関東大震災の発生によって営業免許申請を撤回したり、営業そのものが困難になるなどして、十二年中に認可されたのは五社にすぎなかった。翌十三年には二三社が新設されて二八社となり、十四年には三三社となった（『明治大正財政史』第十六巻）。

財閥資本、大銀行資本の代表としては、まず最初に三井信託が大正十三年（一九二四）四月に設立された。信託会社の台頭は、普通銀行の定期預金を金銭信託に奪われる恐れもあることから、有力な銀行を中心に、銀行の姉妹会社として信託会社の計画が相次いだ。その結果、十四年五月に安田系の共済信託（翌年に安田信託に改称）、十四年七月に住友信託、昭和二年（一九二七）三月に三菱信託が設立され、財閥系信託会社が出そろった。大蔵省としては、信託業法のねらいを信託会社の信用強固に置いていたこともあり、財閥・大資本による信託会社新設は望むところでもあった。また、東京、大阪などの大都市に基盤をおくものとして朝日、加島、川崎、共同などの信託会社が設立された。一方、地方にあっても盛岡、新潟、中央などが地方銀行を中心として設立された。

（秋谷）

【参考文献】麻島昭一『日本信託業発展史』

46

勧・農両銀行の合併

経済状況と絡み合った複雑な経過

日本勧業銀行の発展

農業および工業の改良発達のために設立された日本勧業銀行は、全国各府県に設立された農工銀行と親子銀行的関係をもちながら発展してきた。

日本勧業銀行は、割増金付債券の発行によって資金を調達し、不動産担保の長期貸付を行った。このような勧業債券の発行残高は、明治三十一年(一八九八)の四九九万円から大正三年(一九一四)には一億七七四七万円に増加し、さらに九年には三億二八九六万円まで増加した(『日本勧業銀行史』)。割増金の倍率は、明治三十一年の開始時には一〇倍であったが、大正期には二〇〇倍、三〇〇倍、五〇〇倍へと急激に引き上げられ、これが人気を呼び債券発行の好調につながった。また、明治四十三年の勧業大券の発行によって二五〇〇万円という巨額の資金を集めるなど、豊富な資金調達を行った(『日本勧業銀行七十年史』)。

一方、貸出金は、大正三年に二億円を突破した。しかし、大正期前半は大戦景気による好景気によって、輸出代金が国内に流入したため、市場金利は低下した。日本勧業銀行の金利は長期債券を資金源としていたため金利は普通銀行よりも高かった。このため、同行の期限前償還は激増し、貸出金は停滞的となった。

金融の緩慢によって長期資金需要が減退したのは農工銀行も同様であった。農工銀行は勧業銀行と同様に債券発行を認められていたが、割増債券の発行は認められていなかった。したがって、全国の農工銀行の中には資金調達が困難な銀行もみられた。これを救済する目的から、勧業銀行は農工銀行代理貸付を明治三十三年より開始したが、大正期の金融緩慢期には代理貸付が減少した。農工銀行では代理貸付よりも直接貸付を増加させようとしたため、両行の間には激烈な貸付競争が展開された。また反動恐慌以降、基礎の脆弱な農工銀行のなかには資金調達が困難となり長期低利資金融資が困難なところも現れてきた。こうした状況のなかで、農工銀行は独立化を維持するものと勧業銀行への合併を図るものへと分化を示し、勧農合併の機運が高まることとなった。

合併の開始

大正十年（一九二一）三月、「日本勧業銀行及農工銀行ノ合併ニ関スル法律案」が第四十四帝国議会に提出された。大蔵大臣高橋是清は、提案理由のなかで当時の農工銀行の状態を、「農工債券ノ発行ガ容易ナラザル等ノ為メ、資金ヲ得ルノニ困難ヲ致シマス、随テ其貸付ヲ図リマスル上ニ不便ガアルノデアリマス、サウシテソレガ為メニ日本勧業銀行ニ合併ヲ致シタイト希望スルモノガ、少カラズ現レテ参リマシタ」と述べた。さらに、「今日デハ設立以来二〇年星霜ヲ経マシテ、勧業銀行モ地方ノ事情ニハ十分通ズルヤウニナリマシテ、地方ニ於テハ農工銀行ト勧業銀行トノ競リ合フヤウナ状態ニナリマシテ、互ニ競争ヲ避クルト云フ必要ヲ感ジテ或ル条件ノ下ニ活動シテ居ルヤウナ状況ニナッテ来タノデアリマス」と、両行の競争について述べた上で、「今日デハ農工銀行ノ中ニ於テ貸付資金ヲ得ルコトガ甚ダ困難デアル、斯ウ云フ形勢ニナリマシタカラ農工銀行ガ勧業銀行ニ対シテ任意ノ合併ヲ致シタイト云フ希望ガアルモノニ対シテハ、ソレヲ合併サセテ、サウシテ其勧業銀行ノ強大ナル資金ヲ以テ低利且ツ長期ノ貸付ヲ努ムルコトニナリマシタナレバ、地方ノ農工金融ヲ円滑ナラシムル上ニ於テ稗益スル所大ナルコトト考ヘル」（『帝国議会議事記録中金融資料（下巻）』）と、農工銀行のうちで資金調達が困難なもので勧業銀行との合併を希望するものは、合併を推進すべきことを説明した。

　合併案に対して賛否両論が持ち上がった。合併論の賛成と反対の主たる理由とは、つぎのとおりである（金融研究会『我国に於ける銀行合同の大勢』）。

《賛成理由》
①両行の分立理由が消滅した。
②両行の分立は、農工資金の疎通上、障害が生ずる。
③合同により一層公共的活動を期待できる。
④合同は資力を豊富にする。
⑤合同は資金の地方的分配を良好にする。
⑥合同は金利を低下させる。
⑦合同は小口資金の普及を促進する。
⑧合同により党弊をさけることができる。
⑨合同は任意合同なので反対理由はない。
《反対理由》
①任意合併の真意は農工銀行の併合統一にあるが、現行制度を破壊して併合統一することの不可は定論となっている。
②もし勧農両行の併立または統一について確固たる方針を樹立しなければ、任意合併は実行が不統一になり、残存の農工銀行の前途を著しく不安に陥らせる。
③任意合併であるため、合併に賛成の農工銀行は僅かである。
④合併により農業資金は増加せず、却って減少する。
⑤貸付利率の低下は予想できない。
⑥割増金付債券の発行による資金範囲制限は無意義である。
⑦農村に対する資金供給が減少する。
⑧地方参与の効果は疑問であり、しかも中央の政争が地方に波及する恐れがある。
　一方、農工銀行間でも各地域事情によって、賛否

は分かれた。勧業銀行からの代理貸付によって資金援助を得る農工銀行が多かった農工銀行西部会（九州・四国）は合併に賛成派の立場をとり、中部会（関西・中国・東海）は反対派の立場をとった。また、東部会（関東・北陸・東北）は態度を保留した。全国の農工銀行は地方政治と関連を持つものもあり、合併問題は経済状況と絡み合って複雑な局面を迎えた。

大正十年四月、「日本勧業銀行及農工銀行ノ合併ニ関スル法律」が公布された。同年九月には、まず最初に山梨県・佐賀県の農工銀行が合併され、十一月には防長（山口県）と福岡県で合併が実施された。十一年に入ると農工銀行の合併は急速に進み、島根県など一三行が合併された。十二年には青森県と和歌山県で合併が行われ、十年から十二年までの第一次合併で一九行が勧業銀行に合併された。勧業銀行は、第一次合併によって貸付高で二六％、債券発行高で一二％、店舗では支店一九、出張所一を増加した（『日本勧業銀行七十年史』）。また、これらの合併では、合

合併消滅農工銀行（昭和５年末現在）

合併農工銀行名	合　併　期　日
大正10年	
山　　梨	９月１日
佐　賀　県	９月１日
防　　長	11月５日
福　岡　県	11月５日
大正11年	
島　根　県	２月１日
鳥　取　県	２月１日
讃　　岐	２月20日
両　　羽	３月10日
福　井　県	３月10日
富　山　県	３月21日
石　川　県	４月11日
土　　佐	４月15日
沖　縄　県	４月25日
静　　岡	８月７日
新　潟　県	９月18日
京　都　府	12月11日
秋　　田	12月11日
青　森　県	２月12日
和歌山県	２月15日
昭和２年	
千　葉　県	６月１日
肥　　後	12月25日
昭和４年	
長　崎　県	４月１日
昭和５年	
奈　良　県	４月１日
埼　　玉	８月１日
岩　手　県	８月18日
群　馬　県	12月１日
長　　野	12月１日

（出典）金融研究会編『我国に於ける銀行合同の大勢』

併賛成派であった農工銀行西部会の府県で合併が実施され、兵庫県以外の日本海沿岸の農工銀行は、すべて第一次合併で合併が行われた。

なお、勧業銀行の合併は第四次まで行われ、昭和十九年九月の福島県・茨城県・神奈川県・愛知県・岡山県の五行の合併をもって、すべての農工銀行の合併が終了した。

（秋谷）

【参考文献】『日本勧業銀行史』、『日本勧業銀行七十年史』、金融研究会編『我国に於ける銀行合同の大勢』。

47

中小商工業者の信用組合

市街地信用組合制度の開始

産業組合法の第三次改正

日露戦争後、産業組合は発展期に入り事業内容も充実してきた。信用組合数は明治四〇年（一九〇七）の一〇五三から大正五年（一九一六）には九七一五、貯金残高は一六〇万六〇〇〇円から四三六七万円へと増加した。こうした中、政府は大正六年七月に産業組合法の第三次改正を実施し、組合の機能を全面的に拡張した。

この改正によって、市街地信用組合の規定が設けられ、農村信用組合とは区別されることになった。産業組合法の制定以来、市街地にも各種の産業組合が設立されていた。しかし、産業組合は一定地域に継続して生活する組合員の団結力を基礎として組織され、住民の移動が激しく、地縁的結合も弱い市街地では活動の継続は難しく、政府も農村の産業組合を念頭に置いていた。また、市街地の産業組合においては、販売組合はほとんど存在せず、購買組合の活動も不振であり、かろうじて信用組合ないしは信用事業と購買事業を兼営する組合が活動を行っていたにすぎなかった。このため市街地での信用組合は発展せず、中小の商工業者は銀行からの融資も侭ならないことから、無尽、質屋などの庶民金融に依存するしかなかった。

大蔵省では大正六年(一九一七)七月に産業組合法を改正し(同年十一月施行)、銀行と類似した金融業務を行うことができる市街地信用組合を認めた。これにより、市または主務大臣(大蔵、農商務両大臣)の指定する市街地を区域とする信用組合は、定款の規定によって組合員に対する手形の割引、組合員以外からの貯金を取り扱うことができることになった。組合員以外からの貯金を認めたのは、商工業者の所要資金が多額に上るためであり、農村の信用組合とは異なる独自性を持っていた。また、市街地信用組合には他の事業の兼営を禁止した。この市街地信用組合の発足は、現在の信用金庫制度の母体となっている。

市街地信用組合の発展

市街地信用組合は大正七年末には三八組合、一万三三二一人の組合員であったが、十四年(一九二五)には二二四組合、一六万五二五四人まで増加した。これらの組合のほとんどは新設によるもので、有限会社組織をとるものが大部分を占めていた。

大正十四年(一九二五)の貯金額は七七六九万四四四八円となり、取扱資金量も多くなった。この貯金額の内、組合貯金は四一五九万四六一三円、組合員以外の貯金が三六〇九万九八三五円となり、組合員以外の貯金は組合員貯金に匹敵するぐらい増加した

市街地信用組合の推移

年　　次	組合数	組合員数（人）	出資金（千円）	払込済出資金（千円）	貯　　金（千円）	貸出金（千円）
大正7年末	38	13,321	1,695	1,020	2,297	2,582
8年末	54	20,676	4,191	2,008	4,593	5,866
9年末	65	29,783	10,724	3,777	3,973	10,530
10年末	87	45,295	21,217	6,336	15,564	18,697
11年末	122	73,074	32,367	9,865	24,028	29,521
12年末	176	106,476	44,476	14,840	36,716	42,878
13年末	201	133,639	51,437	19,303	54,823	59,452
14年末	224	165,254	56,456	23,856	77,694	78,560
昭和元年末	239	195,510	60,007	28,370	105,880	98,619

（注）『農林中央金庫史』別巻（昭和31年）、154-155頁、坂入長太郎『日本金融制度史』（世界書院、昭和27年）、178-179頁による。

（『金融事項参考書（昭和三年調）』）。

十四年一月末に調査した一組合当たりの組合員数は、農村信用組合が三六〇人、市街地信用組合は八〇九人であった。貯金は前者が七万二〇〇〇円に対して後者は二八万一〇〇〇円、貸付金は前者が七万二〇〇〇円に対して後者は三二万四〇〇〇円であり、市街地信用組合の経営規模は農村信用組合の数倍であった（『農林中央金庫史』第一巻）。

金利では市街地信用組合が農村信用組合と比較して、貯金金利で若干低く、貸出金利ではかなり高かった。また、貸出が大口貸出に傾斜するもの、手形割引が少ないもの、有担保貸出が大部分の組合もあり、営利的色彩が濃厚な市街地信用組合も少なくなかった。庶民の金融、とくに中小の商工業者を目的とした市街地信用組合ではあるが、健全に機能していない組合もあった。なお、昭和十八年（一九四三）には市街地信用組合法が単独法として施行され、市街地信用組合は産業組合から分離された。（秋谷）

48 産業組合中央金庫

産業組合の中央金融機関の設立

産業組合の拡大と中央金庫設立の要望

産業組合数は、日露戦争以降から第一次大戦にかけて著しく増大した。明治末期から大正初期の不景気の際には農家の防衛策として産業組合組織の拡充が行われ、また第一次大戦による好景気には既設組合の事業内容の拡大が行われたためである。明治三十五年(一九〇二)には五一二組合にすぎなかった産業組合は、四十年に三三六三組合、大正三年に一万一一六〇組合、七年に一万二〇二五組合となったのち、十二年には一万四二六〇組合まで増加した(『金融事項参考書(昭和三年調)』)。

この間、明治四十四年には勧・農両銀行法が改正され、日本勧業銀行と府県農工銀行は一般の不動産銀行としての面が強くなり、農業生産金融や組合金融から離れていった。組合数、組合員ともに激増していた産業組合では、組合員の貯金だけでは資金不足に陥っていた。政府からは農工銀行を通じて預金部資金による資金援助が行われたが、資金需要を満たすには十分でなかった。このようななかで、中央金庫設立の動きが進み、大正七年の全国産業組合大会では中央金庫設立に関する決議案を決議し、これ以降の全国産業組合大会や連合会協議会では同様な決議が行われた。さらに、大正九年恐慌以降は、設置要望は強くなった。これは、産業組合のなかには資金力が増大し、高知県や山口県などの県信連では貸付残高が貯蓄残高を大幅に下回り、資金運用に苦しむようになってきたためである。従来は東北地方等の資金力が乏しい組合が中央金融機関設置に熱心であったが、この頃には資金力が豊富な地域の組合でも設置を要望した。つまり、中央金庫を設置することによって全国の組合・連合会が相互に資金調整ができる体制を熱望したのである（『農林中央金庫史』第一巻）。

産業組合中央会は、大正十年（一九二一）に「産業組合中央銀行調査委員会」と「購買組合及販売組合中央機関調査委員会」を設置して、中央金庫設立の準備に取りかかった。この結果、大正十二年二月に「産業組合中央金庫設立に関する要綱」を政府に建議した。この建議書は修正が加えられたのち、「産業組合中央金庫法案」として、政友会が十二年二月の第四十六議会に提出、十二年三月に両院を通過し、四月六日に公布施行された。

産業組合中央金庫の業務

産業組合中央金庫法によれば、産業組合中央金庫は、相互組織の特殊法人として性格づけられた。このため、出資は、政府、産業組合連合会、産業組合の三者に限られ、これ以外の団体の出資はできなかった。資本金は三〇〇〇万円（一口一〇〇円、三〇万口）であり、政府は半分の一五〇〇万円を出資した。政府の出資については、設立後一五年間の配当免除の特典がつけられたが、産業組合連合会と産業組合には、一定の配当がつけられた。なお、金庫の主務大臣とは農商務大臣と大蔵大臣をさし、金庫は両省の監督下におかれた。

金庫の役員は、政府の任命によって理事長、副理事長が各一人、理事、幹事が各三人以上がおかれた。また、政府の任命による評議員が二十人以下おかれ、このうち半数以上は産業組合関係者から選任された。

金庫の業務は、つぎのような貸出、為替、預金の業務である。

一、所属の産業組合連合会および産業組合に対する担保を徴しない五ヵ年以内の定期償還貸付。
二、所属の産業組合連合会および産業組合に対する手形割引または当座預金貸越。
三、所属の産業組合連合会および産業組合のための為替業務。

四、産業組合連合会、産業組合、公共団体、その他営利を目的としない法人よりの預金。

これらの業務のほかに、金庫に余裕ができた時には、国債・公債の買い入れ、大蔵省預金部もしくは主務大臣の認可をうけた銀行への預金、郵便貯金が行えた。また、非所属の産業組合連合会または産業組合に対する短期貸付を行うことができた。さらに、金庫では払込済資本金の一〇倍までの産業債券を発行できた。

産業組合中央金庫は同金庫法の施行後、ただちに創立の準備が開始された。しかし、関東大震災のために創立は延期され、大正十二年十二月二十日に創立総会が開催され、翌十三年三月一日から開業した。

（秋谷）

【参考文献】『農林中央金庫史』第一巻。

49 大蔵省預金部預金法・特別会計法

資金運用を支配した「伏魔殿」

大蔵省預金部

明治八年（一八七五）五月に設置された駅逓局貯金は、その後郵便貯金と改称して庶民からの零細資金を集めてきた。

駅逓局貯金は明治十年まで、その全額が第一国立銀行に預け入れられていた。十一年からは大蔵省へも預け入れが開始され、紙幣兌換と公債償還の準備金および駅逓局貯金が大蔵省国債局に預け入れられた。十八年五月には太政官布告第十三号が制定され、預金規則が制定された。これによって、大蔵省には預金局がおかれ、駅逓局貯金、前述の準備金、各種国庫資金、民間資金を預かることになった。これらの預金は国庫金の一部として取り扱う関係で、国庫の中に預金部という勘定科目が設けられた。また、出納局内に預金部が設けられたが、十九年に出納局が廃止され金庫局が設置されたため、出納局内の預金部は廃止され、預金局が預金出納をも取り扱うことになった。当時の預金は二五〇〇余万円であり、これらは二十年三月に預金部から預金局へ引き継がれた。

明治二十三年、金庫規則が施行された。これにより、預金局の預金出納事務は金庫出納役が務めることになり、日本銀行総裁がこれにあたった。また、同年三月には預金局預金、郵便貯金、郵便為替金を特別会計とする法律が制定され、預金局預金の会計は一般会計から区別され、預金局預金の利殖金で利子を支払い、残りを積み立て、運用することとなった。二十六年十一月、預金局は廃止され、これに伴い大蔵省預金等は国庫直接の取引にもどり、預金事務は大蔵省主計局国庫課が取り扱うことになった。

さらに、三十年には理財局国庫課に移された。

大蔵省預金部という言葉は、出納局廃止でなくなっていたが、大蔵省預金を預金部と呼ぶのが通常であった。中津海知方『預金部秘史』によれば、「別に官制上預金部といふものがあるといふわけではなく、理財局国庫課で預金事務を取扱つてゐるといふだけで、預金部預金部と、如何にも預金部といふものがハツキリしてゐるやうにいひなされては来たが、実体は預金事務掛りといふ位の程度に過ぎず、要するにえたいの知れないものだつた。」と述べている。

郵便貯金の増大と預金部資金の膨張

預金部の資金は、郵便及振替貯金、貯蓄債券売却代金のほかに各特別会計などの預金、積立金などから構成されていたが、なかでも郵便及振替貯金が大部分を占めた。明治四十二年（一九〇九）末には郵便貯金のみで一億七五九二万円であったが、これは預金部資金の約八七％を占めていた。この郵便及振替貯金は、大正期に入ると増加傾向を示し、三年末には郵便貯金のみで二億三三九〇万円に増加した。さらに、第一次大戦による好景気の影響を受けて、八年末には七億四八七三万円に達した。

その後、日本経済は大正九年恐慌、十二年の関東大震災によって大打撃を被った。これらの経済変動は金融機関に影響を与え、銀行の取付騒ぎ、休業、破綻が相次ぐことになった。こうしたなかで、銀行などの金融機関に不信を抱いた庶民の預金は、銀行から郵便局へ流れ、郵便貯金は増大しつづけた。その結果、大正十四年末には郵便及振替貯金が一一億五八九九万円に達し、預金部資金は一七億八三九〇万円まで膨張したのである。

「伏魔殿」と呼ばれた預金部

当初、預金部の資金運用は、松方正義の「預金の運用は国債以外になすべからず」との大原則にしたがって国債証券投資に限定されており、運用は大蔵大臣に一任されていた。しかし、明治四十二年度から特別会計への貸付を始めとして、四十三年度に地方債募集と低利資金融通(勧業債券)、大正元年度に一般会計への貸付、漢冶萍貸付(正金銀行経由)、四年度に満鉄社債引受け、六年度に対支貸付、海外特別事業貸付、八年度に内地特殊事業貸付が開始された。この結果、預金部の資金運用は国債証券投資のほかに一般会計及特別会計貸付、地方資金融通、特別貸付(内地事業資金、海外事業資金)、在外資金、当座預金などに拡大された。

このような資金運用の拡大のなかで、特別貸付は不良貸付の温床となり、「伏魔殿」と呼ばれるに至った。特別貸付は内地事業資金と海外事業資金にわけられる。大正十三年末の特別貸付によれば、内地事業資金は一億八五四〇万円、海外事業資金は一億五二〇〇万円で両者で三億三七四〇万円に達した。内地事業資金は、朝鮮銀行、台湾銀行、日本興業銀行、横浜興信銀行、日本勧業銀行へのものである。このうち、朝鮮銀行と台湾銀行への五〇〇〇万円ずつの貸付は、両銀行の整理資金として融資された。日本興業銀行を経由して各会社に貸し付けられたものは、預金部が興業債券を受け入れるという形をとった。ただし、日本興業銀行に対する二口は直接の貸付である。一口の五〇〇〇万円は波佐見金山およ

預金部改革当時の特別貸付（不良貸付）表

海外事業資金（単位千円）		
	昭和元年末	大正13年末
横浜正金銀行貸付	40,715	34,034
内訳　漢冶萍煤鉄公司	34,153	27,203
内訳　裕繁公司	4,147	4,331
内訳　南洋鉱業公司	2,415	2,500
東洋拓殖株式会社々債	30,292	30,601
内訳　大興合名会社	5,230	5,230
内訳　海外興業会社	4,560	4,560
内訳　東洋拓殖会社	20,502	20,811
興銀鮮銀台銀三行貸付	20,000	20,000
日本興業銀行債券	19,151	60,212
内訳　東亜興業（江西南潯鉄路）	7,500	7,500
内訳　同右（その他）	9,600	9,500
内訳　漢冶萍煤鉄公司	2,051	2,052
内訳　対支借款	—	31,160
内訳　鮮銀満州西伯利投資	—	10,000
朝鮮銀行貸付	13,000	3,000
内訳　満州西伯利投資	10,000	—
内訳　満州財界救済	2,000	2,000
内訳　大連興信銀行	1,000	—
内訳　教育銀行	—	1,000
南満州銀道株式会社債	4,117	4,110
合計	127,300	152,000
内地事業資金（単位千円）		
	昭和元年末	大正13年末
朝鮮銀行	56,000	50,000
内訳　朝鮮銀行	50,000	50,000
内訳　日露実業会社	6,000	—
台湾銀行	50,000	50,000
日本興業銀行	36,900	65,200
内訳　国際汽船会社	29,200	29,200
内訳　日露実業会社	—	6,000
内訳　三共製薬会社	—	2,000
内訳　日本紙業（紙器）会社	6,000	6,000
内訳　合同油脂グリセリン会社	1,700	2,000
内訳　大倉組	—	2,000
内訳　興銀（波佐見残金）	—	5,000
内訳　同（同業指定預金）	—	13,000
横浜興信銀行	16,000	16,000
日本勧業銀行	4,160	4,200
合計	163,000	185,400

（注）高橋亀吉『日本金融論』（東洋経済出版部、昭和6年）304頁による。
合計の一致しないところもあるが、原資料のまま掲載した。

び鷹巣鉱山に対する滞貸しの整理残金であり、当初は一五〇〇万円に及んだ。もう一口の一三〇〇万円は興業銀行の指定預金として同行の事業資金として貸し付けたものである。一方、国際汽船会社に対する二九二〇万円の貸付は、海運業の維持発達という国策のもとに、海運業の規模拡大のための企業合同を目的として大正八年八月から貸し付けられたものである。しかし、その後の反動恐慌によって海運業は不振となり、昭和元年末においても資金返済が滞るという結果を招いた。その他の企業に対する融資も、事業資金や救済資金の色合いが強かった。また、横浜興信銀行は反動恐慌の際に破綻した七十四銀行の整理のために設立されており、一六〇〇万円の低利資金融資は同行の救済金であった。同様に、日本勧業銀行に対する四二〇〇万円は報徳銀行の救済資金であった。このように、興業銀行を経由して各会社に貸し付けられた預金部資金は、救済資金の色合いが濃厚で、このため昭和元年末までに返済されたものは非常に少なかった。

海外事業資金としての融資内訳は、前述の特殊銀行を経由した満州への救済資金、あるいは中国政府への投資や鉄道会社などの民間投資などからなっていた。たとえば、東洋拓殖会社への融資は、大正六年から十三年にかけて行われているが、この資金は様々な用途に使用された。大正六年六月の二二一万一〇〇〇円は会社の業務拡張資金、十三年六月の一二〇〇万円は会社の救済資金、十二年七月と十二月の四〇〇万円は満州財界救済資金であった。

以上のように、預金部の事業資金および海外事業資金に対する資金運用は、特殊銀行の救済や特殊銀行を経由した中国方面に対する事業資金・救済資金に向けられた。この融資には、政友会、憲政会の両内閣の政治的意図が多分に盛り込まれ、また、内閣幹部の関係企業への情実融資も少なくなかった。したがって、融資の大部分が不良貸付になることは融資段階から目に見えていたが、これをあえて行ったものも少なくなかった。

預金部預金法と大蔵省預金部特別会計法の施行

預金部の資金運用に対しては、世間の批判が集まり、新聞等での批判記事も多く見られるようになった。とくに、預金部資金が大蔵大臣の独断によって運用され、これが自己の政策遂行や財界の救済のために利用されてきたことに批判が集中した。

そこで、大正十四年三月に預金部預金法と大蔵省預金部特別会計法が公布され、四月一日から施行された。預金部預金法によって預金規則(明治十八年太政官布告第十五号)は廃止された。これにより、大蔵省預金部の資金は大蔵大臣の管理とし、運用に関しては勅令によって定めた預金部資金運用委員会に諮問し、有利かつ確実なる方法で国家公益の利益のために運用することとなった。さらに、預金部資金運用規定により、預金部の資金運用はつぎの六項目に限定された。

一、国債又は地方債の応募、引受又は買入
二、一般会計又は特別会計に対する貸付
三、特別の法令に依り設立せられたる会社の発行に係る社債又は産業債券の応募、引受又は買入
四、特別の法令に依り設立せられたる銀行にして社債を発行せざるものに対する貸付
五、外国政府の発行に係る国債の応募又は買入
六、日本銀行に対する在外指定預金

これら六項目にわたる資金運用規定は、従来とほとんど異なることはなかった。しかし、運用に当たっては従来のように大蔵大臣の独断によることはなく、大蔵大臣は年度初頭あるいは必要の場合において、その運用計画を定めて、預金部資金運用委員会の諮問に付されることになった。運用委員会は大蔵大臣を会長とし、委員には大蔵政務次官、大蔵次官、関係各庁高等官、会計検査員部長、日本銀行総裁、学識経験者など一五名以内で構成された。資金運用の際には、確実的投資の原則、社会的政策的投資の

原則、農村に資金を融通するという資金還元の原則を実現することに重要がおかれたのも特徴といえよう。また、大蔵省預金部特別会計法により、預金部会計は特別会計とし、歳入をもって歳出に充てるとされ、全般的に経理の明確化が確立された。

預金部預金法と大蔵省預金部特別会計法によって、預金部資金の乱用は一応のところ抑えられた。しかし、昭和金融恐慌の際には預金部資金が財界救済のために貸し出され、問題を起こしている。（秋谷）

【参考文献】小川郷太郎『預金部論』、中津海知方『預金部秘史』、高橋亀吉『日本金融論』。

アラカルト

五大銀行

いわゆる五大銀行とは三井、三菱、住友、第一、安田の財閥系五銀行をさす。また、山口、三十四、鴻池、愛知、名古屋、川崎第百、明治の七銀行を七亞大銀行と呼び、五大銀行と併せて十二大銀行ともいわれた。

大正期には大銀行が支店を地方に設置して多額の預金を集中し始めた。また、大正九年恐慌や関東大震災によって大きな打撃を受けた地方金融機関では、預金を大都市の有力銀行に集中させる傾向が強くなった。こうして、地方銀行でも遊休資金を大都市の大銀行へ預金の形として預けることになり、地方の資金は中央で利用されることとなった。地方では地方産業の疲弊により資金を安全有利に運用できないこと、土地建物等の担保融資では固定しやすいことなどの理由も関係していたからである。この傾向は昭和二年（一九二七）の金融恐慌以降に一層強くなり、五大銀行を中心とする大都市に立地した有力銀行に預金が集中した。

昭和元年末の五大銀行預金額は二二億三三一五万一〇〇〇円であったが、昭和六年六月には三三億一〇九一万一〇〇〇円となり、この間に一〇億七七七六万円の増加をみた。全国普通銀行に占める割合は二四・四％から三八・三％へと伸び、なかでも三井・三菱・住友の三大財閥系銀行は二三・六％を占めた。一方、七亜大銀行は昭和元年の一五・六％から六年六月には一八・九％となり若干の増加を示したにとどまった。

このように、大正期から昭和期にかけての経済変動を経て、三大財閥系銀行を中心とする五大銀行が預金を集中するようになり、七亜大銀行をあわせた十二銀行が全国普通銀行の預金の半分以上を独占するに至った。

【参考文献】高橋亀吉『日本金融論』

第四章　昭和恐慌から戦時金融体制へ

50 金解禁

金本位制への復帰

金解禁論の台頭

大正六（一九一七）年九月七日、アメリカは金の輸出禁止を実施した。これに対して日本では、金輸出を自由にしていることは得策ではないとの観点から、五日後の九月十二日に大蔵省令第二十八号をもって金の輸出禁止を実施した。

欧州先進国は第一次大戦中に金本位を停止したが、終戦とともにアメリカは八年六月に金解禁を実施した。日本は依然として輸出禁止を維持していたが、九年の反動恐慌に端を発して不況期に入ると、国際貸借が不利となり、その影響は各方面に現れることになった。欧州各国では大正十二年十一月にドイツが新通貨レンテンマルクによって金本位に復帰した。これを契機として、十三年にスウェーデン、十四年にはイギリス、オーストリア、オランダ、十五年にはデンマーク、スイス、ハンガリー、ポーランド、イタリアの各国が金本位制に復帰した。また、昭和三年にはフランスが新平価によって金本位制に復帰し、金本位に復帰しない国は日本を含め少数となった。

アメリカの金本位制復帰に伴い、日本国内でも金解禁を望む議論が起こってきた。大正九年恐慌後には通貨調節、財界整理を眼目とした解禁論が持ち上がり、十一年一月二十一日の第四十五回衆議院において鈴木梅四郎が物価調節のために金輸出を解禁すべきである趣旨の質問を行った。その後も金解禁に関して帝国議会で議論が展開された。大正十三年十月に為替相場が三八ドル半ばまで落ち込むと、為替回復策としての解禁論などが台頭したが、金解禁を断行するには至らなかった。

昭和二年一月十八日の第五十二回衆議院議会で片岡直温蔵相は「元来金輸出ノ禁止ハ世界大戦ニ基ク非常施設テアリマシテ出来得ル限リ速ニ是カ撤廃ヲ期セネハナラヌノテアリマス」(日本銀行『金輸出解禁史(其一)』)と述べた。しかし、昭和二年の金融恐慌と内閣の更迭によって金解禁は断行できず、金融恐慌直前には四九ドル台に回復していた為替相場は下落した。

金解禁の実施と影響

昭和二年(一九二七)の金融恐慌によって日本の金融機関は銀行の整理問題等に終始したために、金解禁に関する議論は一時的に消えた。しかし、三年ごろからは金解禁を望む実業界からの声が高まってきた。同年五月二十五日には、蚕糸業同業組合中央会が為替相場の安定を図る観点から、四年五月一日を金解禁実行の日として決議をなし、翌二十六日には大蔵省に建議を行った。また、三年六月二十二日には大阪毎日新聞社と毎日新聞社が各経済部主催のもとに金解禁問題懇談会を大阪倶楽部で開催した。さらに、十月十八日には日本外材輸入協会聯合会が速やかに金輸出解禁を実施されることを望む声明書を発表し、蔵相、商相、農相、経済審議会、各地商工会議所に提出した。その後も、日本商工会議所などが金解禁決議を行った。

昭和四年七月二日、浜口雄幸民政党内閣が成立した。蔵相には井上準之助が就任したが、井上は就任早々の九月四日に「国民経済ノ立直ト金解禁」を国民に呼びかけ、金解禁の早期実施を図るためには財政緊縮、消費節約、勤倹励行が必要であると訴えた。浜口内閣の成立以降、国内では金解禁の情勢が整いつつあったが、十一月十九日には米国金融団に二五〇〇万ドル、ロンドン銀行団に五〇〇〇万ドル、合計邦貨一億円の信用設定が成立した。浜口内閣は、四年十一月二十一日に大正六年に公布した大蔵省令二十八号を廃止して、金輸出解禁を五年一月十一日より断行した。浜口首相、井上蔵相は十一月二十一日に声明文を発表した。井上蔵相は金解禁以後も中央財政、地方財政共に極力緊縮の方針を維持し、国債、地方債の発行等を抑制するとともに、国民においても節約の励行を強調した。

浜口内閣の行った金解禁はイギリスにならい旧平価金解禁であったため、緊縮財政、消費節約、実質二二・九％の大幅円切上げを伴うものであった。さらに、世界恐慌の影響を受けることになり、金解禁後の日本経済は不況のどん底となった。昭和四年六月と六年十一月を比較すると卸売物価、株価、貿易、生産、正貨準備、兌換券発行高は激減し、金利は上昇した。また、四年六月以降五年末までに下落した商品のうち、五割以上下落したものは生糸（五二・三％）、洋鉄（六五・五％）、小豆（五四・六％）の三品、四割台の下落をしたものは大豆、綿糸、魚肥、硫安、繰綿、製茶、羽二重、麻、甲斐絹、絹手巾、洋灰の一一品にのぼった。

農産物価格の暴落は農村を深刻な不況に巻き込んだ。さらに六年と九年に東北、北海道を襲った凶作によって食糧不足も一段と加速化し、欠食児童の増

昭和5年末の商品別低落状況（4年6月比）　　単位（％）

低落の程度	商　品	低落率	低落の程度	商　品	低落率
5割以上	生　糸	52.3	3割台	小　麦	34.1
	洋　鉄	65.5		油　糟	38.5
	小　豆	54.6		鉛	37.9
4割台	大　豆	45.1		米	39.6
	硫　安	46.1		真　綿	34.0
	羽二重	43.3		金　巾	39.6
	絹手巾	42.7		毛織物	30.3
	綿　糸	43.1		燐　寸	35.3
	繰　綿	45.0		大　麦	37.3
	麻	41.1		白木綿	34.1
	洋　灰	44.6		木　材	30.7
	魚　肥	41.3		銅	35.6
	製　茶	41.7		毛斯綸	32.0
	甲斐絹	45.2		絹裏地	32.7
				日本紙	33.7

（注）(1)日本銀行『金輸出解禁史（其二）』（『日本金融史資料』昭和編、第20巻所収）により作成。
(2)2割台低落は8品、1割台は13品、1割未満は3品。なお、騰貴したのは2品（鶏卵、藍）。

加と農村からの娘の身売りも続出した。一方、中小企業の倒産、大企業での人員削減などによって失業者も激増した。昭和五年四月一日現在の全国失業者は三七万二一二七人であり、前年九月一日現在との比較で一〇万三五三七人の増加をみた。また、大学生の就職難という現象も生じた。（秋谷）

【参考文献】後藤新一『昭和金融史』、森武麿『日本の歴史・アジア・太平洋戦争』。

51 高橋財政

緊縮財政から積極財政へ

金輸出再禁止と高橋財政

昭和六年（一九三一）九月十八日、満州事変が勃発した。さらに、同月二十一日にはイギリスが金本位制を停止し、デンマーク、ノルウェー、スウェーデン、カナダの各国もこれにならった。アメリカは昭和八年、フランスは十一年に金本位制を停止した。日本でも金本位制の停止は必至という情勢となり、金本位制の停止は円安になるとの観測からドル買いが活発化した。井上蔵相はあくまで金本位制の維持を堅持し、ドル買いにはドル売り（為替統制売り）を横浜正金銀行に命じ、公定歩合を引き上げてドル買い資金を締め上げげた。

こうしたなか昭和六年十二月十一日、第二次若槻内閣が総辞職し、十三日に犬養内閣が高橋是清を蔵相に迎えて成立した。高橋蔵相は同日につぎのような金解禁政策行き詰まりの声明を発表した。

「我国は最近金解禁以来財政経済共に極めて行詰りを来し歳入は激減し歳計の一大不均衡を招き産業は萎靡沈滞し前途好転の兆を認むる能はざるに至れり、正貨の流出は相次ぎ財界は更に深刻なる打撃を蒙り、殊に金利の騰貴、金融の梗塞に依り此の儘推移するに於ては前途真に寒心に堪へざるものあり、従って時局を匡救するが為めには金の輸出禁止を行ふを根本の政策とせざるを得ず、これ政府が組閣の劈頭に於て金輸出禁止令を発布するに至りたる所以なり」

（『日本銀行資料』）

犬養内閣は組閣と同時に「金輸出再禁止に関する大蔵省令」を公布し、さらに十二月十七日には「銀行券の金兌換停止に関する緊急勅令」を公布し、二十一日は「金地金売買禁止の通達」を出した。このように日本は金本位制を放棄し、管理通貨制度をとることになった。井上蔵相が主張した緊縮財政は積極財政に転換され、井上蔵相も昭和七年二月の右翼テロで殺害された。

高橋財政では管理通貨制度を基礎として赤字国債の発行を行い、日本銀行券の増発によって国債を買い入れた。日銀券の増発と低金利政策を組み合わせ、景気上昇をもくろんだのである。昭和七年六月には赤字補塡公債発行に関する法律を公布し、金利引下げを行った。七年度の赤字公債の発行は三億五〇〇〇万円、満州事変公債二億八八〇〇万円となった。これらの公債のほとんどは、日本銀行によって引受けられ、マーケット・オペレーション（公開市場操作）によって金融調節された。このように、高橋財政では不況対策と軍備増強のために赤字公債が増発された。

金輸出再禁止以降、円相場は下落しつづけ七年六月に二六ドルまで落ち込んだ。これはドル買いによる海外への資本逃避が起こったためで、政府は七月一日に「資本逃避防止法」を施行した。しかし、同年十二月には二〇ドルまで落ち込み、翌八年五月一日には「外国為替管理法」を施行して、政府による外国為替管理が開始し、一〇〇円＝二八ドルから二九ドルに統制した。この円安によって輸出振興が図られ、六年から九年にかけて輸出は二倍に増加した。また、昭和八年四月二十日から基準為替相場の建て方をドルからポンドに変えた。九年十月二十日以降は一円＝一シリング二ペンスと定めた。さらに、第二次世界大戦の勃発とともにポンドが下落したために、十四年十月二十四日にドル建てに変更し、一ドル＝四円二五銭とし、太平洋戦争勃発直前までこのレートを維持した。（秋谷）

【参考文献】矢尾板正雄『昭和金融史』、『日本金融史資料』昭和編、第二十巻、二十一巻。

52

金融恐慌の引き金

震災手形関係法と日銀緊急融資

震災手形の整理

大正十二年（一九二三）九月二十七日に公布された震災手形割引損失補償令は、十四年九月三十日に融通期限を迎えた。しかし、震災による被害の復旧が進捗しないため、震災手形の融通期間を十四年と十五年に一年ずつ延長した。震災手形の処理は、とくに京浜地帯の商工業者にとって経営を圧迫するものであったため、東京商業会議所や横浜商業会議所など五団体は十五年以降数回にわたり震災手形の救済に関する陳情を大蔵、商工両省と日銀に行った。

震災手形割引損失補償令は関東大震災後の金融界の非常事態を一時的に回避することを優先し、震災手形の処理については先送りしていた。日本銀行が大正十二年九月二十八日から十三年三月三十一日までに震災手形として「スタンプ」し、一旦流通を与えた手形金額は四億三〇八一万六九一二円であり、このうち大正十五年八月末日までに決済された手形金額は二億二二二四万二七四二円、差し引き二億八五七万四一六九円が未決済手形となっていた。昭和元年十二月末現在でも日銀に対する未決済手形額は二億六八〇万四八八円存在し、うち特殊銀行に一億二一八〇万円余、普通銀行に一五〇〇万円余、またこの他にも市中銀行が持っていた震災手形も存在した。この震災手形の融通期限が昭和二年九月三十日に到来することとなった。

大蔵省の震災手形整理着手

大蔵省では震災手形の整理を決意し、各銀行に対して震災手形の所有高、再割引高、整理高、整理方法等について回答を求め、これらの回答を根拠として昭和二年（一九二七）一月十一日に次のような確定案を打ち出した（『昭和金融恐慌史』）。

一、勅令及び法律に基いて政府が日本銀行に対して損失を補填するため一億円を限度として公債を発行する案を決定する。

二、震災手形の整理をなすために別に一案を決す、その要項は左の如し

(イ)震災手形の未整理で残れるものが、日本銀行最近の調査によれば二億七百万円に達し、其内日本銀行の損失となって政府より補償を受くる金額を差引きたる残額を標準として公債を発行し、之を震災手形を所持する銀行に対し、貸付の為め交付すること

(ロ)震災手形を所持する銀行は手形債務者との間に、其手形債務を更改するため最長十箇年の年賦償還貸付契約を締結した場合に限り、政府に対して右貸付方を請求することを得ること

(ハ)其貸付条件は利率年五分以上、期限十ケ年以

内とするほか詳細なる条件は大蔵大臣之を定むること

(二)右貸付金が漸次弁済され来るに従ひ、其弁済金は国債整理基金に繰入れて速やかに此の公債が償還せられるやう工夫すること

この法案は、「震災手形損失補償公債法案」と「震災手形善後処理法案」として昭和二年一月二十六日の第五十二議会に提出された。片岡蔵相は両法案の提出にあたり演説を行い、両法案は「財界の癌」と称された震災手形の整理問題にとって最良の解決法であると信ずると述べた。

当初、二法案に対する是非についての議論は活発とはいえなかった。しかし、二月十四日の広部銀行の休業、二十三日の四国方面の銀行取付騒動、さらには政権をめぐる政党間の争いから三月に入ると二法案は衆議院と貴族院で論争が続いた。政府は論争の中で震災手形を所持する銀行を漏らすようになり、これは議会外にも伝わることとなった。三月中旬には一部預金者が震災手形所持銀行に対して預金取付を行うところもみられた。東京渡辺銀行の休業に関して、片岡大蔵大臣の失言に端を発した銀行取付騒動が起こったのはこの時である。

震災手形二法案の成立

震災手形二法案は、二ケ月間にわたって審議されたが、一部大資本家を救済する悪法であるとの意見も出て、とくに昭和二年(一九二七)三月三日の衆議院本会議は大混乱を来した。三月十八日には「政商救済法案反対国民大会」が東京市十五区連合震災法案反対同盟、政友会、実業同志会、自由法曹団の四派連合で開催されるなど反対運動も活発化した。しかし、両法案は三月四日に衆議院、三月二十三日に貴族院を条件付きで通過し、三月三十日公布、五月一日施行となった。

震災手形の処理方法については、震災手形処理委員会によって審議され、七月十六日の第一回委員会

で処理方針が決定された。この処理状況によれば、昭和二年九月三十日現在で日本銀行から震災手形で融資を受けていた銀行は、三三行、融通金額一億八四七一万六六一二円であった。この内、回収不能として一九行、一億五二二万一四三一円が決定された。また、震災手形善後処理法により貸付が決定したのは一八行、七六一一万一三四六円であった。昭和三年十二月末現在では、償還金額が三〇一万二七二八円で貸付残金は七三〇九万八六一八円となった。

なお、震災手形善後処理法による最終処理終了は昭和二十六年三月三十日、震災手形損失補償公債法によるそれは二十四年十月二十八日であった。

（秋谷）

【**参考文献**】銀行問題研究会『昭和金融恐慌史』、『朝日経済年史』（昭和三年版）、『日本金融史資料』昭和編（第二十五巻、第二十六巻）。

53

悪しき癒着関係

台湾銀行と鈴木商店

鈴木商店の経営

鈴木商店が鈴木岩次郎による個人経営の砂糖樟脳店として設立されたのは、明治十年（一八七七）のことである。その後、妻ヨネと番頭金子直吉が鈴木商店の経営を執り、明治三十五年に資本金五〇万円で合名会社鈴木商店を設立した。

鈴木商店の活動地域は、砂糖・樟脳《しょうのう》が盛んに生産され、日本の新領土となった台湾である。鈴木商店の主たる経営基盤は、日本国内ではなく当時日本の植民地であった台湾におかれ、さらに、日本国内および海外へも拡大していた。明治三十六年には一五六万円を投資して北九州の大里に大里精糖所を設立した。この大里精糖所は明治四十一年に六五〇万円で大日本製糖会社に売却され、鈴木商店に莫大な利益をもたらすとともに、鈴木商店事業発展の転換点になった。

鈴木商店の実際の経営者である金子直吉は、積極的な経営方針をとり、当時の台湾で活躍していた民政長官である後藤新平と深い関係を持ち、台湾銀行が鈴木商店の台湾での事業をバックアップする態勢を整えた。『台湾銀行史』には、その経緯について「鈴木商店はわが領台前より樟脳の商売に従事し、金子直吉がその係であったので、明治三十三年同氏は台湾に渡航し、総督府から台湾樟脳販売権を獲得した。砂糖は早くから同商店の取扱商品であったので、当然砂糖及び製糖業に関係を持つことになり、同氏は後藤民政長官の知遇を得て活躍することとなった。当行（台湾銀行）と鈴木商店との取引関係が生じたのは古くはこの頃からである」と記述されているが、この関係は昭和初期に日本経済界を震撼させた大事件にまで発展した。

第一世界大戦勃発時、鈴木商店は従来の砂糖・樟脳など本来の事業の外に穀物・肥料・ゴム・木材・金属・生糸・綿花その他商品をも取り扱うようになった。しかも取引範囲は日本国内だけではなく、世界各地の主要都市に支店あるいは出張所を設けて、事業を拡大していた。大正六年末鈴木商店の対外貿易金額は一二億円にも達した。このように事業規模の拡張につれ、鈴木系列関連会社は大正九年に六〇社余にも達し、総資本金額は五億六〇〇〇万円にのぼった。鈴木商店は資本金五〇万円の合名会社にすぎなかったが、十数年間で一〇〇倍増の資本金五〇〇〇万円の大会社に発展し、一時的に三井物産や三菱造船などを凌ぐほどになった。

しかし、戦争の終結により世界経済が反動期を迎えると、鈴木商店は投機的商社体質による過度な事業拡大のつけが露呈しはじめた。日本経済は大正九年のバブル崩壊に加え、関東大震災の影響でますます悪化し、金融資金のやり繰りもさらに困難になった。

こうしたなか大正十二年に鈴木商店は、事業の管理権と経営権を分離させ組織改造策を行った。まず、本家に属する合名会社鈴木商店を鈴木合名会社と改称し、鈴木ヨネを社長にして鈴木商店の直系傍系事業の財産を管理した。一方、金子直吉と鈴木商店の関係者らは資本金八〇〇〇万円(払込資本金五〇〇〇万円)の株式会社鈴木商店を設立して、従来の合名会社鈴木商店の事業を継承することにした。鈴木商店系列の会社は帝国人絹など二、三社を除き殆ど利益を生じなくなっており、「借金王」という渾名を世の中に知らしめることになった。大正十五年には鈴木商店の子会社である日本製粉が資金八〇〇万円不足をきたし、日清製粉との合併案も失敗に終わるなど鈴木商店の破綻は必然となった。

台湾銀行と鈴木商店の関係

台湾銀行は鈴木商店の最大債権者であるため、危機を感じ「今後担保無しの貸出また当座貸越を行わない」と鈴木商店に告げた。さらに、台湾銀行は不良債権の整理に悩まされ、密かに鈴木商店に対し経営方針の更新と金子直吉の退陣を要求した。

こうしたなかで昭和二年震災手形整理法案が帝国会議で審議され、台湾銀行と鈴木商店との関係は、完全に知れ渡ることになった。これにより、鈴木商店は信用を失い、一般債権者の態度もいっそう厳しくなり、資金の融通が困難になった。このため、鈴木商店は事業経営が行き詰まり、国会議員をはじめ各有力関係者に協力援助を要請したものの不発に終った。さらに、台湾銀行は三月二十七日に鈴木商店に対する貸出を一時打ち切ることに決定した。また、鈴木商店の機関銀行である神戸の六十五銀行は、四月八日本支店共に休業を発表した。この時点で鈴木商店系の債務総額は四億五〇〇〇万円に達し、うち三億六〇〇〇万円(鈴木商店及び鈴木合名会社の二億八〇〇〇万円と鈴木系会社の八〇〇〇万円)は台湾銀行に対する債務であった。台湾銀行の鈴木商店への貸出は大正九年末八一〇〇万円、十三年末二億七六〇〇万円、昭和元年末三億五七〇〇万円と年々増加し、昭和元年末の台湾銀行の鈴木関係貸出は全貸出の四六％に達した。しかも、鈴木関係貸出の内、固定貸が九一％で鈴木商店への大口貸出が台湾銀行破綻の重大な原因となった。

これまで、鈴木商店関係の手形は、利子が高かったこともあり、広く日本国内各地方の金融市場に流通していた。しかし鈴木商店の破綻により銀行及び一般業者は台湾銀行に対する猛烈なコールの引上げを開始した。これに対し政府は一時中止を警告したが、その勢いは止まらなかった。つまり「台湾銀行が鈴木の首をしめれば、市中銀行が寄掛かって台湾銀行を苛める。その市中銀行もあとでは預金者に苦しめられ、その預金者がまた苛めた銀行の休業で悩む」と言うような悪循環を生じた。このため、政府は台湾銀行救済の緊急勅令案（日本銀行が台湾銀行に二億円の特別融資を行う案）を枢密院に謀った。しかし、四月十五日否決され、御前会議に於いても却下され、ついに若槻内閣が総辞職する事態にまで発展した。この結果、台湾銀行は預金の取り付けに耐え切れず台湾の本支店及びロンドン・ニューヨークの両支店を除く、日本国内及び海外支店を十八日から一時休業した。負債総額は八億九〇〇〇万円に達した。特殊銀行である台湾銀行の休業は、当時の人心に大きな不安を与え、他の銀行の取り付けを誘発し、銀行も相継ぎ休業を発表して、銀行に対する不信を拡大していった。

台湾銀行の失態は、特殊銀行に於ける官選役員の弊害を現すものであった。さらに鈴木商店との関係においても、台湾銀行の退職者の殆どは鈴木商店に天下りするなど、悪しき癒着構造に起因していたのである。（江）

【参考資料】 後藤新一『金融よもやま話』、『朝日経済年史』（昭和三年版）。

54

金融恐慌の発生

取付騒動と破綻銀行続出

片岡蔵相の失言問題と東京渡辺銀行の休業

震災手形二法が衆議院、貴族院で活発に議論されるようになると、震災手形の事実関係が次第に一般にも漏れる伝わるようになった。こうしたなかで、震災手形を所持する金融機関の中には、預金の取付けを受けるところもみられてきた。

第二十七国立銀行の流れをもつ東京渡辺銀行は、大正期の経済好況期に渡辺同族およびその関係会社に多大なる融資を行ったが、大正九年恐慌と関東大震災によって融資が焦げ付き打撃を被った。同行は震災手形を多額に背負い込んでおり、震災手形二法の審議過程においてこの実体も明らかになり、緩慢な取付けが起こっていた。

昭和二年（一九二七）三月十四日午後一時二十分頃、東京渡辺銀行の渡辺六郎が大蔵省に出頭し、本日午後一時締め切りの手形交換尻三三万七〇〇〇円が決済できないため支払い停止に至った旨を報告した。しかし、同行ではその後資金融通が可能になったため、三時頃には手形交換尻を決済していた。

この日、衆議院では追加予算総会が開かれており、震災手形をめぐって議論が白熱化していた。片岡直温蔵相は大蔵次官より午後二時に東京渡辺銀行破綻の顚末について報告を受けていた。午後三時頃、震災手形法案について政友会の吉植庄一郎代議士から質問を受けた片岡蔵相は、「凡ソ銀行ノ破綻ヲ起シマシタ時ハ、成ベク之ヲ救済スルト云フコトハ当局者トシテハ、勿論努メナケレバナラヌ、朝野ノ人々モ同様デアリマス。サリナガラ之ヲ救済シヤウトシマストドウシテモ之ヲ後援スル一ツノ銀行ヲ見付ケナケレバ、其潰レタ銀行ニ対シテ金ヲ融通スルト云フコトハ、ドウシテモ出来マセヌ。其後援ノ銀行ガ出来テ、サウシテ其潰レタ銀行ノ財産状態ヲ能ク整理シテ、後援ヲシテ呉レルモノニ累ヲ及ボサヌヤウニシタ時ニ於テ、初メテ救済ガ出来ルノデアリマス。ソレヲ為サズシテ救済ノ方法ハ今ノ所何モアリマセヌ。（中略）現ニ今日正午頃ニ於テ渡辺銀行ガ到頭破綻ヲ致シマシタ。是モ洵ニ遺憾千万ニ存ジマスガ、是等ニ致シマシテモ預金ハ約三千七百万円バカリゴザイマスカラ、是等ニ対シテ何トカ救済ヲシナケレバナラヌト存ジマスガ、借テ救済ヲシヤウトスレバ、其財産ヲ整理シタ所ノモノヲ引受ケルト云フ者ヲ見出サナケレバ、是ハ整理ハ付キマセヌ」（「東京渡辺銀行関係予算委員会義録（速記）」）と答弁した。この日、東京渡辺銀行は平常通り営業していたが、片岡蔵相は東京渡辺銀行破綻を口走ってしまったのである。

東京渡辺銀行と姉妹銀行のあかぢ貯蓄銀行は片岡蔵相の失言に拘わらず、十四日夜の重役会で十五日から当分休業することに決定していた。しかし、十五日の新聞には両銀行の休業と片岡蔵相の失言問題が大々的に取り上げられた。また、衆議院では野党側から蔵相の「失言問題」が集中的に攻撃されるに至った。

預金者の不安と取付騒動の活発化

東京渡辺銀行の休業は、一般預金者の不安を増長させるものであり、緩慢な取付けから集中的な取付騒動へと発展した。昭和二年（一九二七）三月十九日には中井銀行が休業すると、流言飛語が露骨となり二十二日には左右田、八十四、中沢、村井の四銀行が休業した。これらの六行の預金は約二億円に達していたが、預金者、取引者は主として中小商工業者、中産階級以下の人々であったため、その影響は大きかった。たとえば、東京市谷中地方では東京渡辺銀行とあかぢ貯蓄銀行の根津支店に預金する者が約三千人、預金額は三百万円に達した。この地方は資本家と称する者はなく、小商人、小官吏、労働者階級

金融恐慌による休業銀行一覧

府　県	銀　行　名
東　京	東京渡辺銀行
〃	あかぢ貯蓄銀行
〃	中井銀行
〃	中沢銀行
〃	八十四銀行
〃	村井銀行
〃	十五銀行
〃	武田割引銀行
〃	泰昌銀行
京　都	山城銀行
〃	桑船銀行
大　阪	近江銀行
〃	泉陽銀行
〃	河泉銀行
神奈川	左右田銀行
兵　庫	第六十五銀行
〃	明石商工銀行
埼　玉	久喜銀行
〃	宝珠花銀行
千　葉	東葛銀行
滋　賀	栗太銀行
〃	蒲生銀行
岐　阜	浅沼銀行
新　潟	曽根銀行
福　島	福島商業銀行
福　井	若狭銀行
石　川	能登産業銀行
広　島	芦品銀行
〃	広島産業銀行
岡　山	西江原銀行
〃	玉島商業銀行
山　口	鹿野銀行
福　岡	添田銀行
〃	鞍手銀行
〃	門司銀行
佐　賀	相知銀行
鹿児島	鹿児島勤倹銀行

（出典）大蔵省「財界恐慌後ニ於ケル銀行ノ整理及財界前後措置」（昭和３年３月29日）、（『日本金融史史料』昭和編、第25巻所収）。

が集合し、二銀行に対して少額の蓄財を行っていたが、両銀行の休業によって、「商工業ハ衰退シ店舗ヲ閉鎖スルモノ終生ノ生活ヲ断タル、者病者ハ医薬ノ料ヲ失ヒ瀕死ニ陥リシ者一家ハ茫然自失父子離散スル者等其ノ惨憺タル事情ヲ見ルモノ誰カ暗涙久シキニ咽ハサルモノアランヤ」（東京商業会議所「財界安定ノ陳情経過」）という状態であった。

休業銀行の続出に対して、それぞれの預金者は結集して決議、嘆願、陳情を行った。中沢、左右田、渡辺の三銀行に対しては、昭和二年四月八日に下谷区の預金者が大会を開催して、次のような決議文を作成して東京商業会議所に陳情した（東京商業会議所「財界安定ノ陳情経過」）。

一、預金者ノ窮状ヲ政府当局並ニ日本銀行ニ陳情シ整理促進ヲ援助セシメ速ニ開業セシムルコト

一、銀行責任者ニ其ノ全財産ヲ提供セシメ且ツ偽ハラサル内容ノ提示ヲ求メ厳正ナル整理ヲ行ハシムルコト

このような銀行の休業は東京市およびこの周辺が中心であった。つまり、震災手形に関係した東京方面の銀行において休業や預金取付騒動が起こったのであり、関西方面や地方の銀行での取付騒動は比較的穏やかであった。また、震災手形二法案の成立によって東京方面の銀行休業も一旦は落ち着くこととなった。

台湾銀行への不安

昭和二年(一九二七)三月二十七日、台湾銀行は大蔵省の指図をうけて同行の整理上、最大債務者の鈴木商店に対して新規貸出を一時中止した。鈴木系の事業は全国に六〇有余社、資本総額は四億円に達していた。さらに債務総額は四億五〇〇〇万円、うち台湾銀行には三億六〇〇〇万円という巨額の債務が存在した。鈴木商店の窮状は世間へも知れ渡っていたが、四月一日に東西の大新聞がこれを報道するや台湾銀行への不安ともなり、三井銀行をはじめ市中銀行は台湾銀行に放出していたコールを引き上げた。

四月五日に台湾調査会が組織され調査が始まったが、台湾銀行の整理が困難となると預金の取付けも徐々に行われた。さらに、台湾銀行救済策が議会で否決され、台湾銀行が十八日に内地および海外支店全部の休業を発表するや全国の銀行に多大の影響を及ぼした。

まず、十八日からシンジケート銀行の近江銀行(大阪府)が休業した。こうした情勢下では、日銀が非常貸出を声明しても、有力銀行が協調しても財界の動揺、預金者の恐怖を抑えることは出来なくなった。十八日から二十日にかけて滋賀県、大阪府、広島県、岡山県、山口県の各地方小銀行の休業が続出した。さらに、二十一日には五大銀行の一つである十五銀行が臨時休業を発表したため、銀行に対する預金者の信用は失墜し、極めて少数の銀行除いて全国殆どの銀行が預金の取付けに遭遇した。東京では安田、第百、川崎などの一流銀行まで預金者が殺到する有様であり、コール取引も殆ど途絶した。

大蔵省「財界恐慌後ニ於ケル銀行ノ整理及財界前後措置」によれば、昭和二年春の金融恐慌によって同年末までに休業した銀行数は三七行であり、預金総額は五億六六六〇万円であった。

モラトリアム施行

昭和二年(一九二七)四月二十日、田中義一内閣が成立した。蔵相高橋是清は二十二日に三週間のモラトリアム(支払猶予令)を施行し、全国の銀行、信託会社は二十二、二十三の二日間(二十四日は日曜日のため実質三日間)一斉休業に入った。

このモラトリアムの内容は次の通りであった。

第一条　昭和二年四月二十二日以前ニ発生シ同日ヨリ同年五月十二日迄ノ間ニ於テ支払フベキ私法上ノ金銭債務ニシテ勅令ヲ以テ指定スル地区内ニ住所又ハ営業所ヲ有スル債務者ノ負担スルモノニ付テハ二十一日間其ノ支払ヲ延期ス但シ債務者ガ其ノ地区外ニ他ノ営業所ヲ有スル債務ニ付テハ此ノ限リニ在ラズ

第二条　左ニ掲グル支払ニ付テハ此ノ限ニ在ラス

一　国、府県其ノ他ノ公共団体ノ債務ノ支払

二　給料及労銀ノ支払

三　給料及労銀ノ支払ノ為ニスル銀行預金ノ支払

四　前号以外ノ銀行預金ノ支払ニシテ一日五百円以下ノモノ

第三条　手形其ノ他之ニ準ズベキ有価証券ニ関シ昭和二年四月二十二日ヨリ同年五月十二日迄ノ間ニ第一条規定スル地区内ニ於テ権利保存ノ為ニ為スベキ行為ハ其ノ行為ヲ為スベキ時期ヨリ二十一日内ニ之ヲ為スニ因リテ其ノ効力ヲ有ス

政府では銀行休業開けに際しての対策を講ずるべく、二十四日に臨時閣議を開いた。翌二十五日には黒田英雄大蔵次官名義で財界安定策の趣旨徹底を内容とした声明を発表し、同夜には東京中央放送局に

おいてラジオを利用してモラトリアムに関する講演を放送した。また、日銀では休業開けの資金融通を円滑にするために従来の取引があるなしに拘わらず極力融資する旨の声明を発表した。

五月四日、財界混乱の収拾のために第五十三臨時帝国議会が開会し、「日本銀行特別融通及損失補償法案」と「台湾の金融機関に対する資金融通に関する法律案」が提出された。この二法案が成立したことにより金融恐慌は終焉に向かった。「日本銀行特別融通及損失補償法」による特別融通は昭和三年五月八日に締め切られたが、八八行、六億八七九三万円余が日銀から放出された。

（秋谷）

【参考文献】『朝日経済年史』（昭和三年版）、結城豊太郎「最近十年間に於ける我財界の動き」、『日本金融史資料』（昭和編、第二十五巻、第二十六巻）。

55 地方的銀行合同

本格的銀行合同の開始

地方的合同方針の表明

地方的合同方針が最初に表明されたのは、大正十三年（一九二四）七月の大蔵次官通牒による。さらに、十五年四月に大蔵省内に開設された金融制度調査準備委員会は、金融制度の根本的検討に乗り出し十五年八月に「我国普通銀行制度ノ改善ニ関スル具体的方策」の答申を出した。この答申では銀行合同の方針として地方的銀行合同の推奨を必要としながらも、合同によって残存銀行もしくは新設銀行の経営内容が薄弱とならないようにし、中央と地方間の金融を円滑とするために都会銀行と地方銀行との合同も考慮すべきことが盛り込まれた。また、十五年十月に金融制度調査会によって決定された「普通銀行制度ニ関スル調査」では、従来の方針に基づき一層合同を促進すると共に、地方金融の状況に鑑みて合同の実行に当たりてはなるべく地方的合同に力を注ぐべきという銀行合同方針が打ち出された。

金融恐慌後の合同勧奨方針

このように政府は地方的合同という銀行合同方針を決定したが、金融恐慌によって多くの銀行が休業に追い込まれ破綻した。そこで、昭和二年(一九二七)三月に成立した新銀行法(三年一月施行)には再び金融恐慌を招かないため最低資本金が導入された。二年三月に増資を必要とする無資格銀行は八〇九行、新資本金総額は一億七一〇二万六八八八円に上った。大蔵省では弱小銀行を整理し、最低資本金を満たす銀行をつくるためにも極力銀行合同を推し進める必要があったといえる。

大蔵省では二年五月十九日に「銀行の基礎を強固にすべき方策」について検討し、銀行の減配断行、銀行の競争防止と共に銀行合同の徹底的奨励を決定した。合同促進の理由としては、㈠銀行の基礎を強固ならしめ、破綻による財界混乱並に預金者の迷惑を未然に防止するため、㈡一流銀行に資金の遍在するのを普遍化するため、㈢地方資金の中央に集中するのを避け、地方の産業発達に資するための三ケ条を掲げ、その根本方針の大綱をつぎのように決定した。

一、銀行合同は中央集中を避け、地方分散主義をとること

二、一府県における銀行本店の存置数は一行主義を原則とすること、但し東京、大阪等の大都市にありては例外を認む

三、支店の数は別に減少せざるも、その新設に際しては厳重審査の上これを許可すること

四、中小商工業者金融の便も考慮に入れること

五、合同促進方法は日銀当局並に各地方長官の尽力

にまつこと

このように大蔵省では地方的合同の方針を明確にして銀行合同を進めようとした。また、大蔵省では金融恐慌で露呈した銀行検査の不徹底を改善するために、昭和二年五月二十四日の勅令第二十二号によって銀行検査方針に一大改革を断行した。これにより、検査課が新たに設置され、専任の銀行検査官一八名、同検査官補五四名が置かれ、全国を五区に分割して各自の分担を定める方針をとった。大蔵省では検査官の増員を契機として検査官を各自の分担地区に出張させ、各地の銀行に於いて精細な銀行検査を行い、かつ銀行合同を慫慂させた。また、この徹底を図るために各地方長官、日本銀行並びに日本勧業銀行支店長、および農工銀行頭取の協力を仰いだ。こうして検査官は同年八月と九月の両月にわたって各任地で活動した。この際、大蔵省は合同勧奨に関する具体的方針を決定して検査官に授けた。これは、検査官が合同勧奨をなすにあたって依拠すべき根本方針等が記載されたもので、金融恐慌後の政府の合同政策を明確に示したものである（『我国に於ける銀行合同の大勢』）。

一、根本方針

㈠ 其の府県の中心となるべき一、二銀行ある場合には多数の銀行を之に合同せしむること

㈡ 若し斯かる銀行無くして之を新設すること容易なる場合には之を設けて合同せしむること

㈢ 是等が困難なる場合には先づ以て其の府県内に於ける同一地方の銀行を合同せしめ、各地に於いて合同設立したる後、更に各地方のものを一、二の数に合同せしむること

㈣ 合同後の銀行経営者に適任者を得る望なき場合には他府県の大銀行に合同せしむるも已むを得ざるべし

㈤ 以上総て困難なる場合には最も容易に実現し得べき方法を採ること

二、合同勧奨の参考材料の主なるもの

㈠其の銀行が整理の要あるや
㈡独立経営を困難とする事情あるや
㈢資本金額が法定額以下なるや
㈣内容不確実にして重役等が内心合同整理を希望する事情なきや
㈤重役が銀行の経営を厭ふに至れるか又は適当の支配人若くは事務の援助者を得るに苦しみつゝある事情に立ち至りしや否や
㈥其の他従来合同に関する経過等

三、合同の相手方たるべきものゝ選択の参考材料の主たるもの
㈠所在地が一地方又は附近地方なるや
㈡其の銀行の取引関係（借入金、預け金等より関係濃厚の程度又は親子関係を見ること等）
㈢共通重役あるや
㈣共通株主あるや
㈤主要重役の政党又は各種の系統関係等
㈥大体の観察として預金、貸出等取引者の共通関係

四、合同実現方法に関する参考事項
㈠出張官吏が当業者に対して左記方法の実行を勧奨すること
①知事又は内務部長其の他適当の地方官吏が中心となりて「合同期成会」又は「合同委員会」等を設け具体的方法を講ずること
②関係銀行が其の地方に於ける日銀支店又は地方財界の有力者に依頼して合同の計画を樹立し之に依りて実行すること
③各銀行に於いて委員を設け地方長官等を顧問として具体的協議をなすこと
④出張官吏が知事、日本銀行支店長、日本勧業銀行支店長、農工銀行頭取等と協議して合同勧奨の方法を講ずること

地方的合同の進展

昭和二年（一九二七）六月二十七日、川崎銀行と第

百銀行の合併が井上日銀総裁を仲介役としてまとまった。両行は不良資産を徹底的に切り捨て、川崎第百銀行として優良資産のみにて合同したものである。この銀行合同以降、資本金の充実と営業方針の改革によって基礎の強固と営業の堅実を図る機運が高まり、七月にはいると全国各地で銀行合同が進展した。

大蔵省では銀行合同の機運を高めるため、同年八月六日に松本脩銀行局長名で全国各地方長官に対して合同促進依頼の通牒を発した。この通牒には、銀行合同は主として地方的に行い、各地に銀行検査官を派遣することなどの内容が含まれていた。

その後、大蔵省はつぎのような銀行合同方針をとった。

一、被合併銀行を各地方別に県に召集し、大蔵省の示達を示して合併を促すこと

二、有力銀行を各地方別に県に召集し、合併勧説に立会はしめ、合併促進をはかること

三、合併条件に関しては当事者間において協定し、若し纏まらざる場合は第三者の公平なる斡旋に従ふこと、但し必要に応じ、大蔵省は第三者の役目をなすべきこと

四、合併方法は吸収合併、買収合併、新設合併の孰れかを採り、大蔵省は更に合併上容易なる法律手続等を示し、合併を援助すること

五、合併に関しては従来の如く一県一行主義、又は二行主義等を採ることなく、其の地方の商業状況、地勢、金融上の沿革等を十分考慮すること

なお、合併にあたって各銀行は資産内容を明らかにするため、合併直前に取付けを受けるような場合には、銀行検査官が直ちに日本銀行に打電し、特別融通法によって支払いに要する資金一切を直送して事態を収拾するよう日本銀行と諒解をつけていた。

また、合同促進の順序としては、府県当局において府県下銀行の地理的関係、重役関係、取引関係、政党関係などを詳細に調査した上で、具体的計画を立て合併の可能性あるものより順次合同を勧説し、銀

行相互の合併交渉が大体纏まり次第、大蔵省に申達し、銀行検査官の出張を求めて最終的な纏めに入るものとした。

かくして埼玉県下二〇行を始めとして、大阪府、熊本県、青森県などで銀行検査官の勧説によって銀行合同または他の銀行への合併が成立した。さらに、大蔵省は昭和二年十月から資本金百万円以下の小銀行四九〇余行の書面審査に着手した。この審査によって地方小銀行に資産内容の不確実なものを発見したため、これらの銀行に対して㈠積極的に他の銀行への合併を勧告すること、㈡合併に応ぜざる場合は新銀行法施行の際における単独増資を認めないこと、という方針をとった。

なお、昭和二年中の銀行合同成績をみると、①合併により設立または存続した銀行五七行(資本金二億八五〇二万八〇〇〇円)、②合併により消滅した銀行または他業会社は九〇行(資本金八一二八万八〇〇〇円)、③買収に伴い合同をなし存続している銀行は二九行(資本金一億九七七七万五〇〇〇円)、④買収に伴い解散または廃業した銀行または他業会社は三一行(資本金一〇六四万三〇〇〇円)であった。昭和三年一月からは新銀行法が施行され、地方的合同はより一層進展した。

(秋谷)

【参考文献】『朝日経済年史』(昭和三年版)、後藤新一『普通銀行の理念と現実』、財団法人金融研究会『我国に於ける銀行合同の大勢』。

56

銀行法の制定

最低資本金制度の導入

金融制度調査会の活動

政府は大正十五年（一九二六）九月に金融制度調査会を組織し、金融制度全般について検討を開始した。金融制度調査会は大蔵大臣を会長とし、委員には大蔵省、関係各省高等官、銀行関係者、学識経験者などが参加した。この調査会の手続きは、大蔵省官吏および銀行界代表者からなる準備委員会によって準備調査が行われ、ここでの成案が金融制度調査会の審議にかけられて議定された。金融制度調査会は昭和二年二月まで活動を行い、同年三月に公布された銀行法の原案を提供した。

金融制度調査会第一回本会議は大正十五年十月十二日に開催された。この席上、若槻総理大臣が挨拶に立ち「我国ノ金融機関ハ何レモ其設立当時ノ経済界ノ必要ニ応ジテ設立セラレタルモノデアリマスガ爾来設立当初ノ精神ヲ充分ニ発揮スルニ至ラナイモノモアリ又当時ニ比シ格段ナル進歩発達ヲ遂ゲマシタ今日ノ経済界ノ実状ニ適応シナイモノモ有ル様デアリマス又異ツタ金融機関ニ付其ノ業務ノ範囲ガ相重複セルモノアリ之ト反対ニ或ル方面ノ金融ニ付テハ機関ガ欠ケテ居ルモノモアリマス其他改善ヲ要スベキ点ガ多々アルカト思ヒマス」（「金融制度調査会本会議議事速記録」（第一回））と述べ、金融制度の改善の必要性を強調した。

本会議では金融制度調査会準備委員会決定案が読み上げられ、討議の上原案通りに決定した。原案では我が国の金融制度の欠陥を指摘し、金融機関が機能を発揮しないばかりか、放漫経営に流れて財界に種々の弊害を醸成していると述べた。この上で、中央銀行、普通銀行、証券市場、工業金融、農業金融など一二項目にわたる調査事項を決定した。

このうち、普通銀行制度については同年十月十三日の第二回本会議に準備委員会の決定案が付議され、一五名の特別委員に付託された。この決定案では普通銀行の改善の方策として、㈠銀行資力の充実を図ること、㈡堅実なる経営を助長すること、㈢預金者の利益を保護すること、㈣監督の周到を期すること、㈤不当の競争を防止すること、㈥銀行整理の進捗を図ること、の六点が指摘された。さらに、つぎのような一九項にわたる具体的改善案を提出し、当時の銀行条例を廃止し、新たに銀行業法および銀行業法細則を制定すべきことを要請した（「金融制度調査会本会議議事速記録」（第二回））。

第一項、銀行として監督すべき業体に関する件

第二項、営業の主体を株式会社に制限することの可否

第三項、最低資本金額を法定することの可否

第四項、商号中に銀行なる文字を用いさせることの可否

第五項、銀行の合同に関する方針

第六項、預金の支払準備を決定することの可否

第七項、資金の運用に制限を加えることの可否

第八項、不動産抵当貸等の長期貸出に関する方針

第九項、銀行の内部監督を一層充実させることの可否

第十項、役員の他の業務に従事することを制限することの可否

第十一項、法定準備金の最低率引き上げの可否

第十二項、出張所の設置及び移転並びに代理店の設置は認可を要すとすることの可否

第十三項、他業兼営の可否

第十四項、処分及び制裁に関する規定を改正する件

第十五項、銀行の任意解散又は業務廃止に関する監督の件

第十六項、銀行の整理事務を促進する方法に関する件

第十七項、銀行の精算を大蔵大臣に於いて監督することの可否
第十八項、条例施行地外に本店を有する銀行が条例施行地内に於いて銀行業を営む場合に於ける取扱方針
第十九項、法規の整理に関する件

なお、特別委員会では十月十四日より十一月十日まで九回にわたって会議を行ない、十一月十八日には金融制度調査会本会議に付議され、確認の上で大蔵大臣に提出された。

銀行法の内容

銀行法案は貯蓄銀行法、農工銀行法及び北海道拓殖銀行法の改正法案と共に昭和二年二月十三日に衆議院に提出され、両院でそれぞれ部分的修正を受けて三月十九日に議会を通過し、三月十八日調査会総会に報告された。三月三十日には法律二一号として公布され、昭和三年一月一日から施行された。これによって、従来の銀行条例は廃止に至った。

銀行法を簡単に要約すると、先ず第一に銀行資力の充実を図ることに主眼がおかれ、銀行業は株式会社組織でなければならず、最低資本金を百万円以上とした。また、東京市、大阪市の大都市にあっては二百万円以上と定めたほか、人口一万人未満の町村に本店を有する銀行は五十万円以上とした。なお、これらについては昭和七年末までの五年間の猶予が与えられた。

第二に銀行の堅実なる経営を助成するために、銀行は原則として他業の兼営が禁止され、業務担当取締役または支配人の兼業をも原則的禁止とし、もし兼業する場合には主務大臣の認可が必要となった。

第三に預金者の利益を保護するために、銀行の解散、精算及び破産等に厳重な監督規定が設けられた。

第四に銀行の監督を強化するために、監査役に営業年度中二回の監査書の作成を命じたほか、昭和二

年度より銀行局内に設置された検査部の銀行検査官の増員が行われた。

第五に銀行間の不当競争を防止するために銀行合同を推進する規定を設け、さらに出張所および代理店の設置も認可事項とした。

第六に銀行整理の進行に関して、精算人の選定および精算事務の正確と進行を期するために、関係官庁に必要な職権上の処置を行わせたほか、銀行検査官に協力させる体制をとった。

また、銀行法施行細則を定め、従来の業務報告書を営業報告書、貸借対照表、損益計算書、剰余金処分計算書に分けたほか、報告書に記載すべき勘定科目の営業内容を明らかにして健全性を確保した。さらに、銀行検査組織を充実するとともに銀行の監督をも強化した。

無資格銀行の整理

銀行法は最低資本金を明確に規定して新設銀行を抑えると共に、既存銀行の中で無資格銀行の整理を進めた。

銀行法が発布された昭和二年三月当時に無資格銀行は八〇九行といわれたが、昭和三年一月一日の施行当日には六一七行を数えた。これは当時の全国普通銀行数一二八三行の約半数に及んだ。政府はこれらの小銀行に対して適法資格を得るための単独増資を戒め、合同による整理を図った。このため昭和二年中には一九二行が殆ど全部合同によって減少した。

銀行法施行後から昭和六年十二月末までには、四四一行の無資格銀行が整理された。とくに人口一万人未満の地に本店を有する銀行で資本金五十万円未満のものは二六一行減少した。したがって昭和七年には一七六行の無資格銀行が整理されることになった。無資格銀行の消滅は、合併、買収、増資、支店廃止等によるものが三九四行であり、無資格銀行の約六三%はその機能を失わなかった。

銀行法による経過期間が終了した昭和七年末の全

無資格銀行の整理状況

区　　分	昭和3.1.1	昭和6.12末	減少数
(A)東京市又は大阪市に本店又は支店を有する銀行にして資本金200万円未満のもの	48	15	33
(B)合名、合資又は個人銀行にして組織変更を要するもの	1	1	0
(C)銀行法施行後5カ年間に資本金100万円以上となすことを要するもの	166	65	101
(D)人口1万未満の地に本店を有する銀行にして資本金50万円未満のもの	336	75	261
(A)、(B)資本金200万円、組織変更を要するもの	8	3	5
(C)、(B)資本金100万円、組織変更を要するもの	22	9	13
(D)、(B)資本金50万円、組織変更を要するもの	36	8	28
計	617	176	441

（出典）財団法人金融研究会『我国に於ける銀行合同の大勢』（昭和9年）、227頁による。

国普通銀行数は五三八行であり、昭和三年一月の一二八三行と比較して七四五行が減少した。銀行法が銀行集中法と呼ばれたのも、このような著しい銀行数の減少を招いたからである。（秋谷）

【参考文献】『日本金融史史料』（明治大正編、第十八巻）、『我国に於ける銀行合同の大勢』、『朝日経済年史』（昭和三年版）。

57 本格的銀行合同の展開

一県一行主義

地方的銀行合同から一県一行主義へ

銀行法による無資格銀行は、昭和七年末頃までに整理が一段落し、小銀行整理を主体とした政府の地方的合同政策は一応の成功を収めた。政府は翌八年（一九三三）に入ると、府県毎に金融状況の精査を行い、同年八月にはつぎのような銀行合同方針を定めた。

一、個々の銀行に対して個別的に内容の堅実化を図り、其の主たる目的を預金者保護に置いた従来の消極的銀行政策を一擲する

二、今後は一府県または経済的に一単位とみられる地域内の全金融系統を整備し、金融統制を確立することを政策の主眼とする

三、その実行方法として

(イ)同一地方に多数の銀行が存在し、金融統制上不都合の場合は、それらの銀行が内容堅実の場合と雖も合併、合同を勧奨すること

(ロ)東西有力銀行の支店、出張所が当該地方金融界を著しく圧迫している場合には、これを引き上げさせるか、これを地方銀行に売却させる

(ハ)県外支店を整理し、また不当競争を避けるために支店、出張所の廃合を行わせること

(ニ)当該地方の中心をなすべき銀行の資力信用が薄弱な場合には、都市有力銀行と資本関係を結ばせるか、または府県町村等の公共団体に援助させること

(ホ)銀行の相互援助組織の確立を促進すること

このような政府の新政策は従来の預金者保護第一主義から金融第一主義への転換、地方的銀行合同から一県一行主義への移行を促すものであった（『我国

府県別普通銀行数（昭和10年末）

区　分	府県数	府　県　名（行数）
4行以下	16	岩手（4）、宮城（3）、茨城（4）、滋賀（4）、奈良（1）鳥取（1）、島根（3）、岡山（2）、広島（4）、徳島（1）高知（2）、香川（3）、宮崎（3）、沖縄（1）、台湾（3）樺太（1）
5～9行	12	北海道（5）、秋田（5）、千葉（5）、群馬（6）、福井（5）三重（6）、和歌山（7）、山口（6）、愛媛（9）、長崎（8）熊本（7）、鹿児島（5）
10～14行	9	青森（14）、福島（13）、栃木（10）、埼玉（12）、神奈川（12）新潟（11）、岐阜（10）、京都（12）、大分（13）
15～19行	8	山形（16）、東京（18）、富山（19）、石川（17）山梨（16）、長野（17）、愛知（15）、佐賀（15）
20～24行	2	静岡（20）、大阪（20）
25～29行	1	福岡（29）
30行以上	1	兵庫（43）

（出典）矢尾板正雄『昭和金融政策史』（帝国青年教育協会、昭和18年）、303頁。

に於ける銀行合同の大勢』）。

一県一行主義の表明

昭和十年（一九三五）末の普通銀行数は四六六行であり、全国一府県あたり平均約一〇行が存立していた。府県別にみると、奈良、鳥取、徳島などのように一行だけになっていた県も存在したが、兵庫県の四三行、福岡県の二九行、静岡県、大阪府の二〇行、富山県の一九行、東京府の一八行などのように一地域内に多数の銀行が併存する状態が続いていた府県も少なくなかった。

普通銀行一行あたりの払込資本金は五〇万円以下が一九〇行にものぼり、百万円以下の銀行も含めると三二〇行で全普通銀行数の六八・七%に達した。また、預金と自己資本金の合計額が三〇〇万円以下の普通銀行は二三二行で、大半の普通銀行が小規模であった。このような小規模銀行は大銀行と比較して、安全性、収益性、機能性からみて劣っており、新たな銀行政策が必要となった。

昭和十一年五月十三日、広田内閣の馬場鍈一蔵相は、衆議院予算分科会において「私ハ理想ト致シマシテ、通常ノ府県、東京トカ、大阪トカ、名古屋デアルトカ云フヤウナ所ハ、是ハ別問題デアリマスガ、普通ノ先ヅ府県ト申シマスルカ、サウ云フ県ニ於キマシテハ、出来得ルナラバ一行或ハ二行ト云フ位ニ銀行ガ纏リマスコトガ非常ニ結構デアル、斯ウ云フ理想ヲ以テ進ンデ行キタイト云フコトヲ思ツテ居リマス」(「帝国議会議事速記録」)と述べ、初めて一県一行主義を公式の場で表明した。

こうした政府による一県一行主義の表明を受けて、地方銀行間の合同や従来はみられなかった普通銀行と貯蓄銀行との合同が実現した。東京では川崎第百銀行、川崎貯蓄銀行、東京貯蓄銀行が昭和十一年九月に対等合併で合併した。新銀行の川崎第百銀行は資本金三八九八万八五〇〇円、預金は七億一〇〇〇万円に上った。また、十年末現在で最も普通銀行数の多かった兵庫県では十一年十二月に神戸岡崎、三十八、西宮、五十六、高砂、姫路、灘商業の七行が合同して資本金二二五三万一六〇〇円の神戸銀行が誕生した。

馬場蔵相の一県一行主義の表明以来、全国普通銀行数は減少を続けた。この表明から一年目の十二年二月末には約五〇行減少して四一二行になり、さらに同年四月には三九八行となった。

戦時体制期の一県一行主義

昭和十二年(一九三七)七月、日中戦争が勃発すると軍事費は増大し、生産力拡充のための公債発行も活発化した。政府は銀行の生産力拡充資金と国債消化の競合を調整するために、昭和十二年九月に「臨時資金調整法」を施行し、金融機関の一口一〇万円以上の設備資金貸し付けは大蔵大臣の許可を要することとし、設備資金面から金融統制を開始した。また、「国家総動員法」(昭和十四年五月五日施行)に基づき十四年四月に「会社利益配当及資金融通令」を施行したほか、十五年十月には「銀行等資金運用令」を公布施行した。

金融機関が戦時体制に編成替えされる中で、地方銀行の貸出先は縮小され、時局産業への資金は大銀行によって融資された。地方銀行の資金運用は悪化し、経営危機に陥るところもみられた。政府では金融統制を強化すると共に、一経済地域の中核銀行を設立することの必要性を強調し、一県一行主義の実現をめざした。政府は合同勧奨を積極的に行い、昭和十年末に四六六行あった普通銀行は十六年末には一八六行となった。この間、二八〇行が減少したが、このうち公称資本金が五〇〇万円以下のものは二六八行であった。これらの合併内容は、有力銀行による小銀行の買収合併であった。なお、昭和十六年末に一県一行主義を実現した県は栃木県、岩手県、愛媛県などがあり、島根県や鳥取県では広域の一経済地域一主義が実現した。

昭和十六年六月、愛知銀行、名古屋銀行、伊藤銀行の三行が合併して東海銀行が誕生した。同月末の同行預金は九億六三〇〇万円であり、神戸銀行を抜いて全国第九位の普通銀行となった。この大銀行の誕生は大蔵省の勧奨もあったが、戦時経済の進展に伴って三行の基盤となっていた繊維産業が衰退傾向を示したためで、こうした地方銀行の経営悪化を合同による合理化で乗り切ろうとしたものであった(後藤新一『本邦銀行合同史』)。

政府は昭和十七年五月、「金融事業整備令」を公布施行した。これにより大蔵大臣は金融事業の整備を図るために必要と認めるときには、金融事業を営むものに対して金融事業の委託、受託、譲渡もしくは譲受または法人の合併を命じることができるようになった。つまり、従来は勧奨あるいは指導の域を出なかった政府の銀行合同政策は、この整備令により強権による方法が加わったのである。

このような銀行合同の勧奨および強権によって普

通銀行の合同は著しく進展した。普通銀行は昭和十六年末の一八六行から二十年末には六一行(都市銀行八行、地方銀行五三行)に減少した。減少した一二五行のうち、公称資本金五〇〇万円未満は一〇八行に上った。二十年末には二三府県で一県一行主義が実現し、静岡県・山形県の二県が三行、青森県・秋田県・新潟県・三重県・佐賀県・長崎県・岐阜県の七県が二行という状況となった。昭和十一年五月に表明された一県一行主義は、戦時体制期において強力に推進されほぼ完成したといえよう。(秋谷)

【参考文献】後藤新一『普通銀行の理念と現実』、同『昭和金融史』、矢尾板政雄『昭和金融政策史』、『日本金融史資料』(昭和編、第三十三巻)、朝倉孝吉『新編日本金融史』。

58 無尽業法の改正

無尽業の社会的信用向上を求めて

無尽業健全化に向けた無尽業法改正

大正四年(一九一五)に制定された無尽業法は大正十年三月に第一次改正、昭和六年に第二次改正が行われた。

この間、無尽業の発達は著しく無尽業者は大正五年末の一三六から昭和四年末には二六〇と倍増した。同様に公称資本金額は七四〇万円余から三四〇〇万円余に、給付契約高は四〇〇〇万円から一〇億八〇〇〇万円へと飛躍的な伸びを示し、中小商工業金融に対して多大な貢献を果たした。このように無尽業が庶民金融機関として発展する一方で、無尽業者のなかには経営を誤って破綻に陥るものも現れてきた。

改正無尽業法は昭和六年四月一日に公布、七月一日から施行されたが、無尽業者の基礎を堅固にし庶民金融機関として社会的信用を向上させるという観点から全条文にわたる改正が行われた。これにより、無尽業は株式会社に限られ、最低資本金は三万円以上(払込金額一万五〇〇〇円以上)となった。また、払込金限度貸付の総額制限の撤廃と無尽収支計算簿の廃止が行われた。この改正で無尽業者は昭和十一年六月末までにすべて株式会社形態となった。無尽業者数は昭和八年に二七六でピークを迎えたが、その後減少に転じ、昭和十三年には二四五社を数えるに至った。この間、昭和八年五月には東京市の四立無尽と白陽無尽の休業騒ぎなども発生し、無尽業の不正事件は後を絶たなかった。

こうしたところから昭和十三年には第三次改正が行われ、最低資本金は一〇万円以上(払込金額五万円以上)に引き上げられたほか、給付金限度貸付の総額制限撤廃、合併手続きの簡略化などが盛り込まれた。最低資本金等の猶予期間は十八年三月としたが、改正当時の無資格無尽会社は一一六社で総数二四六社の四七・二%にのぼった。また、大蔵省は昭和十一年十月に無尽業者の新設を原則として認めない方針を採った。

無尽業法の第四次改正

無尽業法の第四次改正案は昭和十六年(一九四一)一月二十九日の第七十六回帝国議会に提出された。広瀬豊作大蔵次官はこの法律案の提案理由を次のように述べた。

無尽業ノ現状ヲ見マスルニ、無尽会社ノ数ハ二百二十社ゴザイマスガ、其ノ無尽契約高ハ最近順調ナル増加ヲ継続致シテ居リマシテ、昨年末現在ニ於キマシテ約三十億円、融通金額九億円ニ達シテ居リマス、会社ノ資産内容モ以前ニ比較致シマスレバ頗ル改善セラレテ参ツテ居リマシテ、庶民金融ノ為メ活発ナル活動ヲ致シテ居ルノデアリマス、併シナガラ無尽会社ヲシテ時局ニ即応シ、一層中小商工業者等ニ対スル金融ノ疎通ヲ図リ、併セテ貯蓄奨励、国債消化等ヲ図ルト共ニ、営業上ノ資金ノ運用方法等ニ関シマシテ改善ヲ加ヘルコトガ緊要ト認メラレルノデアリマス（「第七十六帝国議会・衆議院議事速記録（第一読会）」）

このように、無尽会社は庶民金融機関として着実な経営を示しており、時局の進展と共に推進されてきた貯蓄奨励運動に呼応するためにも無尽会社の資金運用方法に改正を加える必要性が高まった。

無尽業法の第四次改正法案は昭和十六年二月十七日に両院を通過し、四月一日に公布施行された。この改正で無尽会社の資金運用制限が緩和されたほか、土地建物の物品無尽が認められ無尽業法の監督下に置かれた。また、営業区域の拡張が認められ従来の道府県内から他府県までの拡張が可能となった。さらに、無尽会社の営業譲渡を認可制とし、その手続きを簡略化した。一方、庶民金庫と無尽会社の業務上の協力を密とし、庶民金融の融通を図るため無尽会社は庶民金庫に預入れ、庶民金庫から貸付を受けることが認められ、庶民金庫は無尽会社の中央機関的役割をもつことになった。

無尽業法の第四次改正により無尽会社の営業区域が他府県に拡大し、合同手続きの簡略化が図られたため無尽会社の合同は推進されることとなった。大蔵省でも無尽会社の一県一社主義から一経済一社主義をめざした。昭和十六年以降、無尽会社の合同は活発化し、同年には三八社、十七年に四二社の無尽会社が減少し、無資格無尽会社の猶予期限が到来した十八年には四三社が減少した。結局、二十年末には五九社となり、秋田・神奈川・山梨・奈良・大分では無尽会社が皆無となり、基本的には一県一社主義が完成し、また地域によっては一経済地域一社主義が達成された。

（秋谷）

【参考文献】後藤新一『無尽・相銀合同の実証的研究』、『日本金融史資料』（昭和編、十四巻・十六巻・十八巻）。

59

社会政策的施策としての質屋

公益質屋法

公益質屋の開設

日本で最初に開設された公益質屋は、大正元年(一九一二)十月開設の宮崎県細田村営質庫である。これはヨーロッパの公益質屋制度を導入したもので、内務省や大蔵省官僚が積極的に導入を図った。つまり、生活困難に陥った下層階級が高利貸に依存する体質を改め、社会政策的に下層階級を援助しようとしたのである。

公益質屋数は大正九年頃から増加し、大正十四年には三一、十五年には五六となった。十五年の公益質屋の経営主体別内訳は、市営二二、町営七、村営一〇、公益団体一七という状況であった(銀行経営社『新金融辞典』)。この時期には内務省が公益質屋の設置を勧奨したが、各公益質屋が独自の経営主体で地域に即した組織形態をとっていたといえる。

この時期の公益質屋の特色をみると、第一に貸付金の源泉は市町村一般会計予算の特別会計予算への繰り入れや基本財産、政府の低利資金、寄付金および法人出資金であり、なかでも特別会計予算や法人出資金が最も多い。第二に、質草は私営質屋の場合と同様に、衣類を中心に日用品、家具、その他確実な動産が中心であった。ただし、地域によっては貴金属などの質受け拒否をしたり、土地、建物担保貸や米券担保貸などもみられた。第三に、貸付歩合(掛目)は時価の七〇%から八〇%のところが多く、私営質屋より高率であった。第四に貸付利率は、地域、貸付金額によって異なるが、年利一〇%から二五%ぐらいであった。第五に、流質期限は四ヶ月のところが多く、顧客の事情によっては延長を認めるところもあった。第六に、流質物の処分方法は、競売が圧倒的に多く、私営質屋が古物商に売却するのとは異なっていた。また、流質物の売却益は質置主に還元された（渋谷・鈴木・石山共著『日本の質屋』）。

公益質屋法の公布

金融制度調査会の準備委員会では、普通銀行制度の調査と共に庶民金融についても調査を行った。公益質屋については、昭和二年（一九二七）二月一日の本会議に決定案を付議した。このなかで、当時の公益質屋について「我国ニ於テモ近時公共団体及社会事業団体ニ於テ質屋ヲ経営スルモノアルニ至リ何レモ相当ノ成績ヲ収メツツアルカ如キモ其ノ数未タ極メテ少ク而モ其ノ経営ノ方法区々ニシテ之カ機能ヲ充分ニ発揮シ居ラサルモノナキニ非ス今日之カ統一的ノ制度ヲ樹立シ其ノ普及発達ヲ図ルハ真ニ急務ナリト云ハサルヘカラス」（「金融制度調査会本会議議事録（第五回）」）と述べ、営利質屋と併行して公益質屋の助長が必要なことを強調した。この決定案は同日の内に討議され可決された。ついで、第五十二帝国議会に公益質屋法案が提出され、昭和二年三月三十一日に公布された。

公益質屋法の内容はつぎのようなものであった。

一、経営主体は市町村を原則とし、必要の場合は公益法人をも認める。

二、公益質屋は市町村または公益法人の拠出した資金を運用し、もし不足した場合には大蔵省預金部または簡易保険積立金等から低利資金を融資できる。また、設備費に対して国庫補助を行う。

三、貸付金額は一口につき一〇円、一世帯で五〇円以内とする。ただし、地方長官の認可を得れば、これを超過することもできる。

四、貸付利率は原則として一ヶ月一・二五％以内とする。これらの利子計算は、一月に満たざる日数が一六日未満の時は半月とし、一六日以上の時は一月として計算する。

五、入質物に対する貸出額は時価の一〇分の七までとする。
六、流質期限は四ヶ月以上とし、期限後に入質物が売却され、その売却代金が貸金の元利および一定の手数料を超過した場合には、その超過額は質置主に交付される。

このように、公益質屋法は営業質屋に比べて公益質屋に手厚い保護をあたえるものであった。公益質屋数は昭和二年の八一から十年には一〇七九へと飛躍的に増加した。これは、五年三月に貸付限度額が一口五〇円、一世帯三〇〇円に拡大されたほか、七年六月に時局匡救事業の一環として公益質屋が二〇〇カ所増設され、さらに公益質屋奨励費補助金が交付されるなど政府の保護によるところが大きかった。しかし、昭和十年代の公益質屋数の伸びは停滞した。同年三月に公益質屋奨励費補助金がうち切られたことが原因であった。

公益質屋の経営主体は、市町村が社会政策的施策として質屋経営を行うようになったために、市町村別が急増し、公益法人は若干の減少をみた。また、土地・建物担保貸しが廃止されたため、公益質屋の地域的な特色や自立性が薄らぐことになった。

公益質屋法は公益質屋に社会政策的施策としての役割をあたえ、高利貸から下層階級をある程度は防御したといえる。しかし、昭和恐慌期の農村復興の観点から、公益質屋政策が農村に偏重して都市部の公益質屋の展開を阻んだ。また、経営面からは資金需要に対する弾力性に乏しかったこと、官僚的運営によって公益質屋の独自性が失われたなどの限界もみられるようになった。（秋谷）

【参考文献】渋谷隆一・鈴木亀二・石山昭次郎『日本の質屋』、銀行研究社『新金融辞典』、『日本金融史資料』（明治大正編、十八巻）。

60

中小商工業者のための金融機関

商工組合中央金庫の設立

中小商工業者の資金難

昭和五年（一九三〇）の国勢調査によれば、商業人口は四四六万三〇〇〇人で有業者総数の一五％を占めた。これを世帯別、人口別にみると、商業世帯数は二〇九万四〇〇〇、人員一〇五三万であった。大正九年と比較して世帯数五三万六〇〇〇、人員三三六万四〇〇〇の激増であった。この数字から商業の発達をみることができるが、日本の商業者は中小商業者が多かった。東京市をみても、資本金百円以上一万円以下の中小商業者は全商業者の八六％を占め、中小商業者が圧倒的に多かった。一方、昭和九年商工省工場統計表によると、従業員百人以下の中小工場は全体で九六％、そのうち三〇人以下の小工場は八五％をしめ、工業でも中小工業者が圧倒的に多かった。

中小商工業は小規模が故に融資の安全性、営業の堅実性の点で問題があり、一般の金融機関から融資を受けられず資金難に陥りやすかった。また、金融機関からみると、小口金融は採算的にも不利であり、昭和金融恐慌以来の銀行合同政策のなかで小口金融が軽視されてきた。したがって、中小商工業者は少額の借り入れを問屋、保険、無尽、質屋、個人金融業に依存する場合が多かった。しかし、これらの金融業者は概して高利な場合が多く、中小商工業者は問屋の支配下に置かれることも少なくなかった。

政府は昭和六年以降、同業者の相互的な組合金融による更生を助長する意味で商業組合、工業組合および輸出組合制度を設けた。しかし、組合員の資金需要は常に一方的あるいは同時的であり、また同業者間の競合関係もあり信用事業の拡大強化はできなかった。一方、政府では関東大震災以降、数回にわたって中小商工業者向けに預金部資金を各種金融機関経由で融資したが、十分とはいえなかった。こうしたところから商工業組合でも産業組合中央金庫と同様な中枢的金融機関の設置を望む声が高まってきた。

商工組合中央金庫の特徴

政府は昭和十年(一九三五)五月、商工省に中央金庫設立に関する委員会を設けた。この結果、商工組合中央金庫法案は昭和十一年五月、政府により第六十九帝国議会に提出された。五月十一日にこの法案の第一読会が衆議院で行われ、小川国務大臣は法案の提案理由の中で、中小商工業者の状態を「元来個人トシテハ薄資微力デアリマシテ、相互ニ連絡提携ナク、其企業経営上ニ幾多ノ欠陥ヲ有シ、延イテ金融上ニ於キマシテモ極メテ不利ナ状況ニ在ルノガ常デアリマス」(「第六十九帝国議会議事速記録」)と述べた。さらに、商業組合、工業組合、輸出組合の各組合は発達したが一般にはその信用が理解されず、資金融通に円滑を欠き事業の円滑な遂行を妨げ、組合の健全な発達を阻害してきたとし、この法案の重要性を協調した。

商工組合中央金庫法案は昭和十一年五月十九日をもって両院を通過し、五月二十七日に法律第十四号として公布された。同金庫法は同年六月二十日から施行され、商工組合中央金庫は十二月十日から業務を開始した。

同金庫の資本金は一〇〇〇万円で、政府と民間の半額出資(政府五〇〇万円、商業組合一八〇万円、工業組合二八〇万円、輸出組合四〇万円)で設立された。その後、四回にわたって増資が行われ、資本金は三〇〇〇万円となり、うち政府出資の一五〇〇万円は全額払い込みとなった。同金庫では払込資本金の一〇倍までの商工債券を発行できた。貸付は所属組合や所属連合会に対する金融を円滑にするために、原則として無担保で五年以内の定期償還または月賦償還貸付、二〇年以内の年賦、半年賦償還、手形割引または当座預金貸越、荷為替に対する保証業務などであった。このように、同金庫は協同主義の理念に基礎をおき、所属組合となる条件として出資を求めるとともに業務の対象も所属組合に限定して長期短期の両方の融資を行った。

商工組合中央金庫用途別貸出金

単位：千円

用途別	12年12月末		13年7月末	
	口数	金額	口数	金額
共同設備資金	72	851	107	1,353
共同仕入資金	265	3,150	387	3,294
共同販売資金	32	1,336	53	1,718
転貸資金	81	992	165	2,562
其他資金	88	505	120	939
計	538	6,836	832	9,869

（出典）日本銀行「中小工業金融に付て」（昭和13年）による。

昭和十二年末現在の商工組合中央金庫加盟の所属組合は一八八九で全組合の六四％に及んだ。所属組合数は商業組合一〇三八、工業組合七六六、貿易組合八五であった。

貸付金の用途は①共同仕入、共同販売等に要する運転資金及倉庫、工場等の設備資金、②組合が組合員に対して事業費として貸し付ける転貸資金、③以上のために組合が起こした旧債の借り換え資金に限られていた。昭和十二年十二月末の用途別貸出金額は、共同仕入資金が三一五万円（二六五口）で全体の四六％を占めた。ついで、共同販売資金の一三三万六〇〇〇円、転貸資金の九九万二〇〇〇円、共同設備資金の八五万一〇〇〇円、其他資金の五〇万五〇〇〇円の順序であった。同金庫の貸付は原則として無担保であったが、適当な担保を提供する場合には優遇されることもあり、有担保のものは口数で二二％、金額にして三四％を占めた。なお、昭和十三年六月末現在の資金別貸出金は、自己資金六八六万八〇〇〇円（五七五口）、預金部資金三六六万九〇〇〇円（二八六口）であり、自己資金の割合が高かった。

同金庫は中小商工業者に対して一定の融資を展開したが、戦時統制の強化が進められるにつれて、中小商工業の転廃業や商工組合の統制機関化が強化された。これに伴い、昭和十四年以降は組合員に対する転貸資金の減少傾向がみられるようになり、同金庫の機能は本来の目的から乖離した。昭和十八年三月には商工組合法が施行され、商業組合、工業組合に代わって統制組合、施設組合が設立された。

（秋谷）

【参考文献】日本銀行「中小企業金融について」（昭和一三年）、杉田揚太郎『日本金融立法史（二）』、『日本金融史資料』（昭和編、第十六巻）、坂入長太郎『日本金融制度史』。

61 恩給金庫

恩給年金受給者に対する社会政策的金融

恩給受給者の生活難

日本の恩給制度は明治四年（一八七一）の軍人恩給に始まるが、恩給を担保とした金融はまもなく始まったといわれる。その後、日清日露戦争後の経済変動期に恩給担保金融が活発となった。

ところで、大正十二年に制定された恩給法は、第十一条によって恩給担保による金融を禁止していた。恩給は退職後の生活費に充てられるべきであり、これを他の目的のために消費すべきではないという考え方に基づくからである。しかし、恩給生活者のなかには生活難から恩給証書あるいは年金証書を担保として高利な条件で融資を受ける者も少なくなかった。また、悪質な金融業者は借金返済後に恩給証書を返却しないことも珍しいことではなかった。

昭和十一年頃の恩給総額は一億六五〇〇万円、この他に年金一一〇〇万円、警察官恩給が内地だけで一一〇〇万円余に達した。また、受給者数は恩給が約二五万人、扶助料が約一二万人、年金が約一二万人、警察官恩給及び扶助料では約五万五〇〇〇人に上った。つまり、金額では約一億八七〇〇万円、受給人数は約五五万人に達したが、恩給受給者の約二割が恩給担保の金融を受けているといわれた(「中外商業新聞」昭和十一年八月二十二日)。

こうした恩給担保の金融については、政府も対策を考えており、昭和八年に恩給法の一部改正を行う際に「政府ハ恩給金融ニ関シ速ニ適当ナル方法ヲ講セラレ度」という付帯決議を行ったが、効果はなかった。政府では広田内閣の時に恩給法案を立案し、第七十帝国議会に提出したが審議未了となって実現には至らなかった。

恩給金庫法の成立

恩給金庫法案は昭和十三年(一九三八)二月十五日の第七十三帝国議会に再提出された。政府委員の船田中は、提案理由として恩給生活者の恩給担保金融の実状と弊害を述べ、恩給金庫という一金融機関を法律を以て特置し、これにより公正妥当な条件の下で、恩給年金受給者のために金融を行うとした。

この法案については、衆議院で一三回の審議が行われるなどした結果、恩給金庫法案は十三年三月十九日に両院を通過した。恩給金庫法による恩給金庫は、同年六月二十五日に設立された。

恩給金庫法によれば、恩給金庫は資本金三〇〇〇万円(一口百円)で、政府が五〇〇万円を出資し、残りを民間の出資とした。

業務の内容は、①恩給法による恩給を担保とした貸付、②勲章年金を担保とした貸付、③恩給法以外の法令による恩給を担保とした貸付、④恩給及び年金の代理受領並びに受領した金銭の寄託の引受、⑤これらの業務に附随した事業であった。また、余裕金については国債、地方債、有価証券を取得したり、大蔵省預金部もしくは銀行への預金または郵便貯金として預けることができた。

恩給金庫は当初、市中金融業者の手にある恩給を担保とする債権を恩給金庫に肩代わりさせることに主力をおき、昭和十六年十二月末までのその整理を概ね完了した。その金額は、四八三〇万二四〇三円に達し、この他に一般受給者に対して行った貸付は三三三九万六六三六円、貸付口数は両者併せて九万七〇二九件となった。一方、恩給給与金を預金として受け入れたものは、十六年十二月末で二万三二五三件、四〇一万八一八円であった。その後、恩給金庫の業務は順調に伸展し、昭和二十年八月末の貸付金残高は九二四〇万六一〇二円となった。（秋谷）

【参考文献】坂入長太郎『日本金融制度史』、『日本金融史資料』（昭和編、第十六巻）。

62 庶民金庫

庶民階級に対する小口無担保金融

庶民金庫の設立経過

庶民階級にとって小口資金の調達は、信用組合、無尽会社、質屋等に依存している面があった。しかし、昭和八年（一九三三）には無尽会社の不正摘発などもあり、庶民金融機関の設置を望む声もあがってきた。

「東京朝日新聞」は昭和八年十月十四日に「庶民金融難の対策」と題して、「庶民金融難解決の他の一つの方法としては、公共団体をして特殊の庶民金融機関を設立せしむる機運を造ることが肝要だと思う。今日この種の施設の一種として公益質屋の制度がある。これも時代の要求に適せる施設であって、今後更に増設せしむるものであるが、この外に、公共団体をして対人信用による小口金融機関を経営せしむるための立法をなし、実施普及せしむるの道を講ずるは極めて有意義の処置である。庶民金融機関は多角的であり、普遍的であらねばならぬ。現在の金融機関を更に十分に活用することを考ふると同時に、その不備を補ふための新施設を試みることも忘れてはならぬ。」と述べた。

庶民金庫を創設しようとする動きは、広田内閣時代に馬場蔵相が庶民一般を対象とした金融機関設立を取り上げ、「庶民貸付金庫法案」の名称で第七十帝国議会に提出されるばかりとなっていた。しかし、昭和十二年一月の広田内閣総辞職によって、この法案の提出は日の目をみなかった。

庶民金庫設置を望む声はその後も絶えなかった。政府は昭和十二年十二月に中小商工業者に対する資金融通損失補償制度を開始し、庶民金融機関が中小商工業者向け融資によって損失を生じたときには、一定金額を補償した。さらに、これを拡大する形で翌十三年二月十五日、第七十三帝国議会に庶民金庫法案を再び提出した。

庶民金庫法の内容

庶民金庫法案を提案するに当たって、賀屋興宣大蔵大臣は「政府は信用組合、無尽会社、質屋等の庶民金融機関に対して損失補償制度の拡張を行い、これらの金融機関の活動に積極性がでることを期待している。しかし、これらのみでは庶民階級に対する金融、とくに小口無担保金融の疎通が不十分であると思われる。今回、政府は本法案により一〇〇〇万円の政府出資を行い、純非営利の庶民金庫を創設し、既設機関では十分な融資に恵まれない中小産業および勤労所得者等に対して小口信用貸付の疎通の円滑を図り、国民生活の安定に資せんとする」という内容の提案理由を説明した。

庶民金庫法は昭和十三年（一九三八）四月一日に法

律第五十八号として公布され、同年五月二十日より施行された。庶民金庫が全額政府出資一〇〇〇万円によって設立されたのは同年七月一日であり、翌八月一日から開業した。

庶民金庫設立要綱によれば、庶民金庫は「中小商工農庶業者及勤労所得者等に対し対人信用に依る小口金融の円滑を図ることを目的」としており、また庶民金庫法でも「庶民金庫ハ庶民金融ノ円滑ヲ図ルコトヲ目的トス」と規定された。つまり、庶民金庫はいわゆる庶民階級に属する中小商工業者および勤労者に対人信用による小口金融を円滑化することに主たる目的がおかれた。

庶民金庫は一〇〇〇万円（無記名登録国債）を資本金とし、この国債利子のほかに経費に充当するものとして補助金約四五〇万円が十年間にわたって交付された。業務としては、①中小商工業者及び勤労所得者に対する小口貸付、②金融機関に対する小口貸付資金の融通、③小口金融の損失補償事業などであった。貸付金額は一世帯につき一〇〇〇円以内で原則として無担保、用途は小口の産業資金または生計資金、期限は三年以内であった。昭和十三年八月一日の営業開始から同年十月二十一日までの融資申込受付は一万二〇〇〇口、六八六万円であった。これを職業別にみると、商工業者七〇〇〇口、五〇八万円、勤労者五〇〇〇口、一七八万円であった。これらがすべて融資されたわけではないが、一口あたりの融資申込受付は、商工業者七二六円、勤労者三五六円であり、小口金融の特色をよくあらわしていた。

庶民金庫法は昭和十六年三月に無尽業法と共に改正され、庶民金庫は無尽会社からの預金受入、無尽会社への貸付ができることになった。また、十八年三月に市街地信用組合法が制定されると、庶民金庫法も改正された。これにより、庶民金庫は市街地信用組合に対して預金および貸付を行うことができるようになり、庶民金庫は市街地信用組合の親機関たる産業組合中央金庫と同様に市街地信用組合の中央機関的性格ももつことになった。

昭和二十年六月、大蔵省は庶民金融機関の系統機構の整備簡素化を企画し、庶民金庫を中心に無尽統制会、市街地信用組合統制会を統制機関として庶民金融統制会を設立した。これを機会として庶民金庫を拡充強化し、同金庫を市街地信用組合および無尽会社の中枢機関とすると共に、これらの育成強化に努め、とくに都市の戦災者に対する庶民金融を一層積極的に行わせることになった。また、資本金を一〇〇〇万円から三〇〇〇万円へ増資し、この増資分を日本銀行の出資を仰いだ。さらに、同年七月には軍需金融等特別措置法施行令が改正されて、庶民金庫は無尽会社および市街地信用組合に対して手形割引、有価証券の保護預かりもしくは委託販売、為替業務を営むことができるようになった。（秋谷）

【参考文献】日本銀行「中小企業金融について」（昭和十三年）、「銀行通信録」第一〇五巻第六二五号、坂入長太郎『日本金融制度史』、『日本金融史資料』（昭和編、第十六巻）。

63 転廃業する商工業者の金融問題解消

国民更生金庫

財団法人国民更生金庫の設立

政府は時局の進展と共に経済統制の強化を強め、とくに重工業中心へ産業構造の転換を進めた。これにより商工業の再編成が展開されたため、商工業者の転業、廃業が推し進められた。商工業者の転廃業を進めるにあたっては、その資産および負債の整理を促進し、その更生を図ることが必要であった。このための金庫設立が緊急となったが、損失補償を伴う金庫設立は立法事項に属するため、政府では議会で立法化するまでの暫定的措置として金庫に代わる金融機関を設置することにした。

昭和十五年（一九四〇）十一月十五日には財団法人

国民更生金庫設立要綱が発表された。これによれば、同金庫は「時局の要請に応じ転業又は廃業を為さんとする商工業者等の資産及負債の整理を促進し其の更生を図る」ことを目的とした。また、組織は民法に基づく財団法人であり、寄付財産百万円をもって設立し、政府は百万円を出捐するものとした。また、全国金融協議会は国民更生金庫に対して政府出資と同額の百万円を出資することとし、各金融機関別の割当額を決定した上で十一月二十八日までに取扱銀行の日本興業銀行に全額払込を終了した。業務としては①転廃業者の営業用財産の管理又は処分の引受、②転廃業者に対する貸付などであった。

国民更生金庫設立及監督規定は十一月二十八日、大蔵省令第七十九号として公布された。なお、国民更生金庫は、翌十二月二日に設立認可された。

国民更生金庫法の設立と業績

国民更生金庫法案は昭和十六年二月十三日の第七十六帝国議会に提出された。大蔵大臣河田烈は、この法案理由として「政府ハ是等中小商工業者ニ対シマシテハ、低利資金ノ流通、中小商工業資金融通損失補償制度ノ拡充、商工組合中央金庫ノ活動ノ促進ナドノ措置ヲ講ジマシテ、是ガ維持育成ニ努メテ参ツテ居ルノデゴザイマスガ、ソレニモ拘ラズ転業又ハ廃業ノ余儀ナキニ立至ル者ニ対シマシテハ、軍需産業其ノ他ノ方面ヘノ転換ヲ指導シ、補助金ノ交付、低利資金ノ融通等、諸般ノ施策ヲ実行シテ参ツタノデゴザイマスガ、尚ホ是ガ十全ヲ期スルガ為メ、政府ハ此ノ度国民職業指導所及ビ国民勤労訓練所ト相並ビマシテ、国民更生金庫ヲ設ケルコトト致シタ次第デゴザイマス、即チ国民更生金庫ニ付キマシテハ、暫定的ノ措置ト致シマシテ、昨年十二月民法ニ基ク財団法人国民更生金庫ノ設立ヲ見タノデゴザイマスガ、業務ノ性質上民法上ノ法人デハ十分ナラザルノ憾ミガアリマスノデ、此ノ度特別ノ法律ヲ制定シ、特別法人ヲシテ之ニ当ラシムルコトニ致シタイト存ズル次第デゴザイマス」（「第七十六帝国議会議事速記録」）と述べた。

国民更生金庫法は昭和十六年三月六日に法律第四十二号として公布され、七月一日から施行された。これにより、同金庫は財団法人から特殊法人に改組された。特殊法人国民更生金庫の当初の資本金は二〇〇〇万円で、うち政府は一九〇〇万円を国債証券を以て出資した。業務は転業または廃業する商工業者の為に行う資産管理、資金融通、債務の引き受けまたは保証が主で、これらに附随する事業も行うことができた。また、業務上の余裕金は、国債、地方債、有価証券の取得、大蔵省預金部への預金または郵便貯金、銀行への預金または信託会社への金銭信託として運用できた。なお、同金庫は払込資本金の十倍まで更生債券を発行できたが、昭和十七年の同法改正によって十五倍まで拡張された。国民更生金庫法は十八年六月にも改正され、資本金は一億円まで増加したが、この増加分は全額政府出資とした。

同金庫の本所は日本勧業銀行本店内に置かれ、出張所も日本勧業銀行の府県庁所在地の支店に依頼して、各支店長が個人資格で国民更生金庫の出張所長に嘱託された。また、日本勧業銀行の支店がない道府県のうち札幌市は北海道拓殖銀行に、福島市、水戸市、横浜市、岡山市はそれぞれの農工銀行に依頼した。このように、日本勧業銀行は全国各地に支店網が整備されていたことに加え、転廃業者の資産の鑑定、評価、監理および処分について十分な機能と経験を有していたことから、国民更生金庫の地方業務を実質的に代行したのである。日本勧業銀行の更生債券の引受額は四七九万五〇〇〇円にすぎなかったが、その総発行高六億五〇〇〇万円の消化については引受団の幹事銀行として尽力した。

国民更生金庫の業務状況をみると、同金庫が本格的に活動を開始したのは昭和十六年末頃であり、十七年三月末までの引受資産は二三〇二万一〇〇〇円（一万一二二〇口）であった。十八年六月には戦力増強企業整備措置要綱が発表されると、企業整備が最終段階に入ったために翌十九年にかけて引受資産も膨張した。十九年四月一日から二十年三月末までの資産引受は一二億七五五二万七〇〇〇円(四一万五一二九口)となり、口数で四一倍、金額で五五倍となった。また、十六年七月二十二日から二十一年三月末日までの引受資産総額は二四億三八六五万三〇〇〇円にのぼり、これらは国庫からの損失補償もあって全額処分された。

(秋谷)

【参考文献】『日本勧業銀行史』、明石照男・鈴木憲久『日本金融史』第三巻、坂入長太郎『日本金融制度史』、増田操『企業整備と国民更生金庫』、『日本金融史資料』(昭和編、第十八巻、第三十四巻)。

64 日本銀行の改組

日本銀行制度の本格的改革実行

日本銀行制度改革の必要性

日本銀行制度改革については、大正十五年(一九二六)の金融制度調査準備委員会案、昭和五年の大蔵省と日本銀行との共同調査会案、昭和十二年の日本銀行条例打合会案の三回にわたって全面的改革が企画されたが、実現には至らなかった。昭和二年の金融恐慌、六年の満州事変、十二年の蘆溝橋事件などによって阻まれたためである。日本銀行制度は銀行券発行に関する点を除けば、明治十五年の創設以来原型のままとなっていたが、日本銀行の営業年限が昭和十七年十月九日をもって満了するのに伴い、日本銀行制度の大規模な改革が行われるに至った。

日本銀行「日本銀行改組の事情」によれば、改組が必要な事情としてつぎの五点があげられた。

第一に、昭和十二年の林内閣の時、生産力拡充が政府の政策として採り上げられた際、必要な資金調達を円滑にするため、日本銀行が建前としていた商業金融中心主義を一擲し産業金融に進出すべしとした。事変の拡大による軍需品生産力増強のためにも日本銀行が産業金融の進出を公認されることが重要で、この観点からも改組の必要性が出てきた。

第二は、銀行券発行制度に関連したものである。日本銀行は昭和七年に保証発行限度を十億円に拡張し発行制度の管理通貨的色彩を濃厚としたが、日中戦争以降、さらに数回にわたって引き上げ十四年には二二億円まで拡張した。十六年三月には「兌換銀行券条例ノ臨時特例ニ関スル法律」が制定され、法律的にも金を離脱して管理通貨制度の出現を見たため、日銀にとっても改革が必須となった。

第三は、国際金融取引に関するものである。事変の進展につれ東亜各地域では中央銀行の設立を見、日本銀行はこれと取引を結ぶことが要請されることになった。日本銀行条例には国際金融に関する規定は何等なかったため、この事態に対応するためにも改革が迫られていた。

第四に、事変の進展と共に、日本銀行の機能強化を行うと共に、各金融機関との資金上の関係を緊密化し、資金の一体的運営を図ることが大切となった。このために、日本銀行を中核として金融機関全般を包含する組織体を形成することが必要となった。

第五に、日本銀行は法制上は一種の株式会社組織にほかならず、日本銀行は営利を目的として行動するかのように見なされた。この日本銀行の性格は、時勢にはあわなくなってきた。

政府は十五年以来日本銀行制度の全面的改革を企図して準備を進め、日本銀行でも特別調査委員会の設置等により制度改革に乗り出した。十六年七月に閣議決定した財政金融基本方策要綱によって、日本銀行改組は一段と拍車がかかり、さらに太平洋戦争の勃発により成案の完成を急いだ。

政府は昭和十七年一月七日に日本銀行法案要綱を閣議にて決定し公表した。ついで、日本銀行法案は昭和十七年一月の第七十九帝国議会に提出された。大蔵大臣賀屋興宣は一月二十二日の衆議院で「我ガ国通貨並ニ金融制度ノ中核デアリマスル日本銀行ヲシテ、中央発券銀行トシテ国家経済総力ノ適切ナル発揮ヲ図ル為メ、政府ト一体的関係ニ立チマシテ通貨ノ調節、金融ノ調整及ビ信用制度ノ保持育成ニ任ゼシメ得ルガ如キ体制ヲ整備致シマシテ、以テ大東亜戦争ノ完遂ト高度国防国家体制ノ完成ニ資シ、進ンデハ大東亜共栄圏ノ確立ト将来久シキニ亘ル是ガ維持発展ニ寄与セシムルコトハ、刻下緊急ノ要事ト信ズルノデアリマス」（「第六十九帝国議会議事速記録」）と法案の提出理由を述べた。日本銀行法案については、貴族院・衆議院の両院で活発な論議が行われ、昭和十七年二月二十四日に法律第六十七号として公布に至った。これに伴い、同年五月一日には日本銀行条例、兌換銀行条例等の従来の日本銀行に関する基本的な法規は廃止された。

日本銀行法の骨子

昭和十四年六月、ドイツナチスによって制定されたライヒスバンクに関する法律の前文は「ドイツライヒスバンクハドイツ国ノ発券銀行トシテ国家ノ無制限主義ニ服従ス、同行ハソノ委託セラレタル任務ノ範囲内ニ於テ国民社会主義ノ掲グル政治目的ヲ実現スルコト、特ニドイツ国本位貨幣ノ価値確保ニ任ズルモノトス」と述べられた。日本銀行改組の基本的観念にはナチス的統制経済思想があり、中央銀行は統制の遂行上、政府と表裏一体としての関係が必要とされた。日本銀行法第一条には「日本銀行ハ国家経済総力ノ適切ナル発揮ヲ図ル為国家ノ政策ニ即シ通貨ノ調節、金融ノ調整及信用制度ノ保持育成ニ任ズルヲ以テ目的トス」と規定され、この点が強く打ち出された。日本銀行法では、大正から昭和初期にかけて唱えられた日本銀行の政府からの独立性は全くと言っていいほど顧慮されなかった。

組織の改組についてみると、日本銀行は資本金を一億円とし、うち五五〇〇万円を政府出資、残りの四五〇〇万円を民間出資とした。民間出資については、年五%を越えない配当を認めたが、解散時の払込資本金を越える残余財産は国家に帰属した。また、株主総会にあたる出資者総会を認めないため、出資者が業務に関与することはできなかった。このような国家的性格の日本銀行は、職員にも反映しており、政府は役員の任命権をもち、職員は公務員とみなされた。政府は公定歩合の認可、業務、銀行券、経理に関しても広範な認可権を留保し、さらに日本銀行の目的達成上必要があると認められるときには、日本銀行に対して必要な業務の施行を命ずるほか、業務、財産の状況に関し報告の徴求、検査の施行、その他監督上必要な処分をなすことができた。

つぎに、業務に関する改組点についてみると、第二十条には日本銀行の業務として①商業手形、銀行引受手形、その他の手形割引、②手形、国債その他の有価証券、地金銀または商品を担保とする貸付、③預り金、④内国為替、⑤商業手形、銀行引受手形、その他の手形、国債または主務大臣の認可を受けた債券の売買、⑥地金銀の売買、⑦手形の取立、保護預かり、その他の各業務に附随した業務を規定した。これにより、従来は見返り品として行われていた社債、株式担保の貸付を正式に認めた。また、第二十三条の「日本銀行ハ必要アリト認ムルトキハ外国為替ノ売買ヲ為スコトヲ得」、二十四条の「日本銀行ハ国際金融取引上必要アリト認ムルトキハ主務大臣ノ認可ヲ受ケ外国金融機関ニ対シ出資ヲ為シ若ハ資金ヲ融通シ又ハ外国金融機関ト為替決済ニ関スル取引ヲ為スコトヲ得」のように、大東亜共栄圏建設を前提として国際金融取引ができる条項を設けた。さらに、金融機関の破綻防止に努め、特定の信用制度を普及すること、政府に対して無担保貸付、国債の応募引受ができることになった。

銀行券に関しては、第二十九条に「日本銀行ハ銀行券ヲ発行ス」と規定され、日本銀行は正貨兌換の義務を免除され、兌換銀行券は日本銀行券という名称に改められた。第三十条には「主務大臣ハ銀行券ノ発行限度ヲ定メ、コレヲ公布ス」と規定し、発行高に対しては商業手形、銀行引受手形、その他の手形、政府に対する貸付金、国債等、地金銀が掲げられた。しかし、地金銀は兌換準備とは何等関係がなく、制限外発行も主務大臣の認可を条件としていかようにも行えるばかりか、制限外発行税の納付も不要とされた。日本銀行券は制度上からも、金の保有量とは無関係に政府または経済界の需要に応じて無制限に発行できることとなり、日本銀行法によって日本は文字通り管理通貨制度国となった。　（秋谷）

【参考文献】日本銀行「日本銀行改組の事情」、『日本金融史資料』（昭和編、第十八巻、第二十九巻）、竹沢正武『日本金融百年史』。

65

市街地信用組合法の制定

戦時下の貯蓄増強と庶民金融の整備

産業組合体系からの離脱問題

昭和恐慌は市街地信用組合にも多くの影響を与えた。昭和恐慌前後の市街地信用組合の業況をみると、まず組合数は二五〇前後で落ち着いており、大正期の急増とは異なっている。組合員数は昭和五年（一九三〇）に二五万人を突破し、七年には二六万八七六一人まで増加している。一組合平均の組合員数は一〇〇〇人を越えたことになる。これは、各組合が自己の区域内の中小商工業者全員の獲得を目標とし、組合員の獲得に努めたためである。

貯金は昭和期に入ると漸増して昭和五年には一億六三五四万七〇〇〇円となったが、七年にかけて減少傾向となった。しかし、景気の回復と共に九年頃から貯金高は増加し、十年に二億円台、十三年に三億円台、十四年に四億円台、十五年には六億円台となった。一方、貸出金は昭和に入って若干の増加をみせ、八年には一億六四八〇万七〇〇〇円となった。その後も増加傾向を示し、昭和十二年には二億円を突破したが、十五年に至るまで二億円台で停滞的となった。

昭和恐慌によって市街地信用組合は貯金減少と貸出増の傾向を示し、産業組合中央金庫への依存度も大きくなった。産業組合中央金庫から市街地信用組合への貸出金は、昭和八年に貸出総額の九・五%にあたる一五一四万二〇〇〇円まで増加した。しかし、市街地信用組合では昭和八年九月以降、貯金の着実な増加によって余裕金が生じるようになり、十一年には産業組合中央金庫からの貸出金が一三一三万三〇〇〇円まで減少した。

ところで、昭和七年八月に救農議会、救国議会と呼ばれた第六十三帝国議会が召集され、救農土木事業、農村金融対策、農山漁村経済更生計画が打ち出された。これに先立ち、昭和七年四月には全国産業組合大会において産業組合拡充五カ年計画が決議され、翌八年一月から実行された。この産業組合拡充運動は、政府の農山漁村経済更生計画の線にも沿って強力に推進された。一方、産業組合の拡充運動は反産運動を展開することになった。とくに、昭和恐慌によって打撃を受けた中小商工業者は、自らの窮乏は産業組合の過当な保護にあるとして反産運動を全国的に盛り上げた。こうした産業組合拡充五カ年計画と反産運動の盛り上がりは、市街地産業組合の立場を微妙なものとした。すなわち、産業組合の一形態からは産業組合拡充計画の一翼を担う存在であり、逆に市街地信用組合組合員の過半数を占める中小商工業者の立場からは商権擁護を叫び反産運動を展開しなければならなかったのである。

こうした経緯で、市街地信用組合制度そのものに対する改善要求が高まってきた。この背景には、農林・大蔵省の共管という指導監督についての不満、産業組合中央会および産業組合中央金庫に対する不満などがあった。すなわち、市街地信用組合の都市に於ける金融機関としての認識を求め、その特殊事情に即した指導、監督、取扱をされたいという要望が高まったのである。この結果、昭和十年一月には全国信用組合協会が発足し、さらに十三年十二月には法人格のある社団法人全国市街地信用組合協会が設立された。その後、市街地信用組合法の立案が大蔵省事務当局によって進められ、第七十六帝国議会に提出するべく昭和十五年末には成案をえていた。十六年一月には市街地信用組合新体制準備委員会が開催され、「市街地信用組合の単行法律案を今議会に提出せられんことを要望する」決議がなされた。しかし、この議会では日米関係の緊迫等によって提出議案が削減されたこともあって法案提出は見送られた。翌十七年十一月には「金融組合法案要綱」と称する法案要綱が発表され、十二月からの第八十一帝国議会に提出されることに決定した。

市街地信用組合法の成立と内容

金融組合法案要綱は市街地信用組合法案と改称され、昭和十八年(一九四三)一月十八日に政府より第八十一帝国議会に提出された。この法案は三月一日に両院を通過し、三月十一日に法律第四十五号として公布され、五月一日から施行された。これによって、市街地信用組合は産業組合から独立すると共に、新設の農業団体とも異なる別個の単独法に基づく法人となった。

この法律の目的は、賀屋興宣大蔵大臣の法案提出理由の中にもあるように、戦時下の庶民金融の疎通、国民貯蓄の増強、市街地信用組合の充実発展にあった。一方、この法案の成立によって、市街地信用組合を産業組合から分離して大蔵省専管の庶民金融機関としようとする大蔵省側の意図が、農業団体の統合を契機として実現されたものといえる。

この法律によって、市街地信用組合は信用事業単営の相互組織である点では、従来の市街地信用組合と同様であったが、つぎの点で異なっていた。

一、産業組合法では市街地信用組合は保証責任、無限責任、有限責任のものを認めていたが、新法によりすべて有限責任となった。

二、市街地信用組合の監督官庁が大蔵・農林両省の共管から大蔵省の専管となった。

三、新法により市街地信用組合は、定款のほか業務方法書を作成し、これに貯金・貸出金の利率などを記載の上、主務大臣に提出することに定められた。主務大臣は業務方法の制限、変更ができることとなった。

四、新法に余裕金の運用方法が明記され、国債以外の有価証券の購入は主務大臣の認可を得たものに限られた。すなわち、主務大臣は市街地信用組合の資金吸収および資金運用に関して必要な命令を行うことができるようになり、組合の健全性を維持し、国家的な要請に即応せしめる道が開かれた。

五、市街地信用組合の組合長および理事の選任ならびに解任には主務大臣の認可を要し、監事を除く役員は必ずしも組合員に限らなくなった。

六、市街地信用組合は総会の決議をもって、他の金融機関にその事業の全部を譲渡しうるとされた。これは、市街地信用組合の整備統合の促進をねらったものである

七、組合員の範囲は、①市街地で事務所・営業所などを有するもの、②市街地内の事務所・営業所・官公署・学校・工場などに勤務する者、③市街地内に事務所・営業所・工場などを有する出資額または株金総額が五万円以下の会社となった。

八、業務内容はこれまでの業務に加え、新たに①定期積金の受入、②公共団体や非営利団体から

の貯金および定期積金の受入、③商工中金の業務代理などが可能となり、さらに市街地信用組合の組合員たりうる員外者からの貯金受入は受入額の最高限度額が撤廃された。

九、国家の統制が市街地信用組合に対しても拡大され、官庁側の監督が強化された。

これにより、従来から手形割引および員外貯金の取扱を認められてきた市街地における単営の信用組合（いわゆる「市街地信用組合」）は、すべて新法による市街地信用組合となった。また、市街地で信用事業を行うが手形割引および員外貯金の取扱をしない産業組合（いわゆる「準市街地信用組合」）も総会で特別決議の上、主務大臣の認可を得れば、新法による市街地信用組合に改組することができた。

市街地信用組合法が制定された昭和十八年三月末の市街地信用組合数は二九〇、貯金残高一三億円、一組合当たり平均貯蓄残高は約四五〇〇万円であった。これを同時期の農村信用組合と比較すると、農村組合数は約一万三〇〇〇、貯蓄残高は六五億円で市街地信用組合を大きく上回っていたが、一組合当たり平均貯金残高は五〇〇万円で、経営規模は圧倒的に市街地信用組合のほうが大きかった。これらの余裕資金の大部分は有価証券に運用され、産業組合中央金庫や信用組合連合会への預け金の割合は農村信用組合と比べて低かった。

市街地信用組合法施行規則は第十三条で「市街地信用組合ハ市街地信用組合法第三十一条ノ規定ニ依リ庶民金庫、産業組合中央金庫若ハ信用組合連合会ニ預金ヲ為シ又ハ信託会社ニ金銭信託ヲ為スコトヲ得」と規定した。これにより、市街地信用組合は産業組合中央会、信用組合連合会、信託会社に加えて庶民金庫にも余裕金の運用ができることになった。

政府は戦局の悪化と共に庶民金庫を強化充実し、庶民金融の中心機関として市街地信用組合および無尽会社を活用し、非常時の庶民金融対策を一元的に推進することとした。昭和二十年五月三十一日には市街地信用組合統制会と無尽会社統制会が解散し、翌六月一日にこれを統合して庶民金融統制会が設立された。これにより、市街地信用組合の中央機関は庶民金庫のみとされ、従来から行われてきた農林中央金庫および都道府県農業会に対する取引は全面的に庶民金庫に移管されることになり、二十年七月一日から実行された。市街地信用組合は中央機関の庶民金庫への移行により産業組合体系から完全に離脱した。
（秋谷）

【参考文献】『農林中央金庫史』第二巻、『信用金庫史』、『日本金融史資料』（昭和編、第十九巻）、尾山万次郎『解説市街地信用組合』。

66 農林中央金庫

産業組合中央金庫から農林中央金庫への改称

草創期の産業組合中央金庫

大正十三年（一九二四）三月一日に産業組合中央金庫は開業したが、三月末日までの貸出は一件も実行されず、ひっそりとした開業であった。

昭和元年度に入ると、新規貸出先の開拓に加え、前年度以来の糸価や米価の低落のために農家の資金需要が増大したために、金庫の貸出額も増加して七月上旬には一八〇〇万円にのぼった。ただし、金庫草創期の貸出額は払込済出資金だけで十分足りる程度であり、むしろ多額の余裕金を抱えていたほどであった。

金融恐慌期には東京や阪神地方の市街地信用組合

などで貯金の取付けがおこった。また、地方銀行の取付不安から農村の組合にも取付けの不安が生じ、貯金払戻や応急貸出の準備金として金庫に預金払戻、新規貸出を求める組合・連合会が続出した。モラトリアムの期間中でも五〇〇円以下の預金払戻には制限がなかったため、金庫ではできるだけ現金を準備して組合の資金需要に応じる姿勢をとった。このために、取引先銀行には預金の期限前払戻や定期預金担保の借入を交渉し、さらに取引関係のなかった日本銀行には国債担保の非常借入を申し込んだ。この結果、日本銀行からは昭和二年四月二十四日に四〇〇万円の融資を受け、取引先銀行からの融資を合わせて一〇〇〇万円の資金を準備できた。これらの資金は、金融恐慌で混乱の大きかった滋賀、兵庫、埼玉などの信連と協議を重ねながら、信連や組合の要求に応じて応急資金として貸し出しされた。

モラトリアムの明けた昭和二年四月二十五、二十六日の金庫の貸出は四六八万円で、預金払戻を合わせて二日間に流出した資金は五四二万円であった。これは昭和二年三月末の金庫総貸出残高の四一%に相当したが、その後の貸出および預金払戻はそれほど増えず、同年五月半ばまでの貸出金額および預金払戻金額の合計は約一〇〇〇万円にとどまった。

昭和五、六年の農業恐慌期には繭価や米価は著しく低下し、農家および産業組合の経営は苦境に陥った。しかし、産業組合はかえって伸張し、金庫の業務も活発化した。預金残高は昭和四年以来伸び悩んだが、貸出残高は五年三月末以後の二年間に倍増して七年三月末には九六〇〇万円に達した。この時期には金庫の自己資金による貸出が増加し七年三月末には四三〇〇万円に達し、また貸出別では信連や全国連などの連合会に対する貸出が急増して総貸出残高の約四〇%を占めた。なお、昭和六年五月には第一次金庫法改正が行われ、有価証券の保護預りおよび委託販売とともに、長期年賦貸付も金庫業務として認められた。これにより、金庫は従来から勧業銀行と農工銀行に独占されていた組合金融の長期貸付分野を手中に収めることができた。また、昭和七年以来の産業組合助成政策の強化に伴い、金庫は預金部資金による農村関係資金の貸出を行った。農村金融における勧業銀行と農工銀行の優位は、次第に金庫に取って代わられることになったのである。

産業組合中央金庫特別融通及損失補償法

昭和七年九月七日、産業組合中央金庫特別融資及損失補償法が公布された。これは、金庫が農業恐慌によって増大した信用組合や信用組合連合会の固定債権を担保に融資を行うことにより、これを流動化して組合金融の窮迫を救い、あわせて組合の更生を図ることを目的としていた。この特別融通資金は預金部資金一億円を限度とし、同法施行三年以内に期限一五年以内で金庫より貸し出された。これによって金庫が損失を生じたときには、政府が三〇〇〇万円を限度として補償することになった。

金庫では特別融通資金の取扱のために特別融通課を新設し、また各府県の信連内に金庫の負担で特別融通事務取扱所を設置した。特別融通資金の貸出取扱は七年十月一日から開始され、七年度末までに申し込み約一九〇〇件、四〇〇〇万円に上った。しかし、八年度以降は農業恐慌の終息と低利な政府資金の貸出などによって貸出額は急減した。

この法律はその後四回にわたって改正され、特別融通資金の貸出取扱期間も昭和二十二年九月まで延長された。この全期間を通じての総貸出額は七四〇〇万円であり、そのうち一八〇〇万円は農業団体統合に伴う特別融通資金であった。したがって、本来の特別融通資金貸出額は五六〇〇万円で、当初の予定額の半額を若干上回る程度であった。

昭和七年以降、金庫の一般貸付業務も著しく伸張し、貸出金総残高は六年度末の九六〇〇万円から九年六月末には戦前の最高額である一億七二〇〇万円へと増加した。この貸出の八五%は預金部資金であったが、その後自己資金が増加したために預金部資金の割合は低下した。さらに、昭和十三年三月の金庫法第三次改正によって余裕資金の運用範囲が拡大され、増え続ける預金の運用も活発化した。

農業団体法による農林中央金庫の誕生

昭和十三年（一九三八）一月から十五年末までに行われた第二次産業組合拡充三カ年計画は、組織の整備拡大と全組織の総合的運用、事業の拡大とその大衆化、都市組合の発展、組合教育の徹底、各種団体との連絡強化を達成目標に掲げた。この間、日華事変が勃発し、農業生産の確保と銃後農村の安定とが農業政策の基本とされた。産業組合の活動も国策に協力し、組合組織の拡充強化が必要とされた。十三年八月から九月にかけて、産業組合未設置町村解消運動が行われ、それまで七五五あった未設置町村のほとんどに組合が設置された。

戦争末期になると農業に対する各種の統制が本格化し、昭和十八年三月に農業団体法が成立した。これにより、農会、産業組合、養蚕業組合、畜産組合、茶業組合の五団体は新設の農業会に統合されることになった。農業会の系統的構成は、中央においては中央農業会、全国農業経済会、農林中央金庫の三機関にそれぞれ指導・経済・金融の各事業をおこなわせ、地方は都道府県農業会、市町村農業会のみとした。中央農業会は帝国農会、産業組合中央会および養蚕・畜産・茶業の三団体の中央機関を統合したものであり、全国農業経済会は昭和十六年一月に全購連・全販連・日柑連の合併によって設立された全購販連を改組したものである。中央農業会と全国農業経済会は二十年七月、国家総動員法による戦時農業団令によって合併し、都道府県農業会を会員とする戦時農業団をつくった。

農業団体法に際して、産業組合中央金庫法も改正され、農林中央金庫法となった。すでに昭和十三年三月の第三次改正によって、産業組合中央金庫には漁業組合連合会および漁業協同組合の加入が認められ、出資金も五〇〇〇万円増加して、この半額を政府出資としたが、十八年の改正は終戦前の改正として は最も大きいものであった。この改正の主な点は、つぎのとおりである。

一、産業組合中央金庫が農林中央金庫と改められ、これに伴い産業債券は農林債券に改められた。

二、出資者として新たに森林組合および森林組合連合会を加え、また団体統合による農業団体と水産業団体が加入団体となり、さらに市街地信用組合による組合も加入した。

三、出資金を従来の三五七〇万円から五〇〇〇〇万円に増額した。この増額一四三〇〇万円は全額加入団体の出資によった。

四、評議員に森林組合関係者を加える含みで、定員を三〇名以内から三五名以内とした。

五、森林組合に対する貸付は、年賦貸付期間を五〇年以内、定期償還貸付期間を二〇年以内とした。

これらの改正により、農林中央金庫は単なる産業組合の中央金庫機関ではなく、農業団体・水産業団体・森林団体等の系統機関および市街地信用組合の中央機関となった。

農林中央金庫法は昭和二十年二月に改正された。この主たる内容はつぎのとおりである。

一、金庫の所属団体として農業保険組合および同連合会・家畜保険組合・漁船保険組合・耕地整理組合および同連合会・牧野組合・馬匹組合および同連合会・日本馬事会・塩業組合および同連合会の各団体が新しく加わった。

二、出資金を一五〇〇万円増額して六五〇〇〇万円とした。

三、余裕金運用のため、日本興業銀行・戦時金融金庫その他の金融機関に対し、主務大臣の認可を受けて貸付を行うことができるようになった。

四、所属団体への年賦貸付の制限を緩和し、その限度額を払込済出資金および農林債券発行額の合計額まで引き上げた。

この改正は増加する余裕資金に対して運用範囲を広げようとしたものであり、これによって農林中央金庫から日本興業銀行や戦時金融金庫などに長期貸付を行うことが可能となった。なお、市街地信用組合は庶民金庫の傘下に入ったため、昭和二十年六月末をもって農林中央金庫と市街地信用組合との取引は、そのまま庶民金庫へ移管された。（秋谷）

【参考文献】『農林中央金庫史』第一巻、第二巻、『日本金融史資料』（昭和編、第十四巻、第十八巻、第十九巻）。

67

戦争遂行上の特殊金融機関

戦時金融機関の設立

戦時金融金庫

太平洋戦争の開始により、軍需生産の重点的増強と産業再編が必要となった。このための資金需要は巨額に上ったが、これらの資金は長期的に固定される性格のものであり、また戦局の進展により緊急性も要求された。しかし、従来の金融機関ではこうした資金の供給に困難が予想された。

政府は昭和十七年（一九四二）一月十九日、第七十九帝国議会に戦時金融金庫案を提出した。大蔵大臣賀屋興宣はこの法案の提出理由として「此ノ際特殊法人タル戦時金融金庫ヲ設立シ、軍需産業、生産拡充産業等ノ国家緊要事業デアリマシテ、現状ニ於テハ収益性ノ見透シノ困難ナル事業ヲ営ミマスルモノ、或ハ国家ノ緊要トスル重要物資ヲ貯蔵スル者等ニ対シマシテ、従来ノ金融方法ヲ以テシテハ調達困難ナル資金ヲ供給致シ、併セテ市価安定ノ為ニスル有価証券ノ売買ヲ行ハシメ、時局下ニ於テ必要ナル資金ノ供給ヲ円滑ニシ、以テ戦時経済ノ運営ニ遺憾ナキヲ期セントスルモノデアリマス」(「第七十九帝国議会衆議院議事速記録」)と述べた。この法案は二月十二日に両院を通過し、二月二十日に法律第三二号として公布され、三月一日から施行された。

戦時金融金庫は昭和十七年四月十八日に設立された。資本金は三億円で、うち二億円は政府出資、残りの一億円は民間出資とした。同金庫は金庫設立と同時に日本協同証券株式会社を吸収し、資本金五〇〇〇万円をそのまま出資金に充てた。残りの五〇〇〇万円は各金融機関の出資とし、第一、三菱、三井、安田、住友、第百、三和の七行がそれぞれ二五〇〇万円、東海、神戸、野村の三行が一五〇〇万円ずつを出資したほか、地方普通銀行、特殊銀行、生保団、信託会社が出資した(「銀行通信録」第一一三巻第六七六号)。

戦時金融金庫法によれば、この金庫の目的は、「戦時ニ際シ生産拡充及産業再編成等ノ為必要ナル資金ニシテ他ノ金融機関等ヨリ供給ヲ受クルコト困難ナルモノヲ供給」すること、「有価証券ノ市価安定ヲ図ルコト」の二点であった。この目的にそって、金庫の業務は「国家緊要産業ヲ営ム者又ハ政府ノ方針ニ基キ未動遊休設備(産業設備ニシテ未完成又ハ遊休ノ状態ニ在ルモノヲ謂フ)ヲ保有シ、重要物資ヲ貯蔵シ若ハ事業ノ整備ヲ為ス者」に対する出資、資金の融通、債務の引受又は保証、社債の応募又は引受、有価証券の売買及び保有などであった。こうした観点から、融資対象は兵器関係事業を主として水力発電、造船などに向けられた。なお、この資金は元利払政府保証の債券発行でまかなったが、この発行高は昭和十七年末一億九〇〇〇万円から年々増加し同十九年末

二四億八〇〇〇万円、同二十年末三七億六〇〇〇万円となった（朝倉孝吉『日本金融通史Ⅱ』）。（秋谷）

南方開発金庫

従来、占領地域における戦費と開発費をまかなってきたのは軍票である。しかし、戦争の拡大と供に現地における物資の積極的な開発が必要となったため、その資金を軍票によらないで供給する金融機関の設立が計画された。

昭和十七年（一九四二）二月二十日、「南方開発金庫法」が公布され、三月三十日に設立、四月一日から業務を開始した。南方開発金庫の資本金は一億円で全額政府出資であった。同金庫は、資本金の一〇倍まで社債の発行が認められ、その元利支払を政府が保証し、さらに投資による損失も政府が補償することになっていた。

南方開発金庫は、「南方地域における資源の開発および利用に必要なる資金を供給し、併せて通貨および金融の調節を図る」ことを目的とし、そのために必要な投融資、預り金、地金銀の売買、通貨の交換、為替の売買を主な業務とした。同金庫は当初発券機能を認められず、現地通貨の吸収、軍票の交換回収、占領地における金融機関の指導統制、為替管理、国庫代理業務などが主な仕事であった。同金庫の本店は東京におかれたが、その業務は日本の軍政下にあって軍票が流通するマレー半島、フィリピン、ボルネオなどに開設した支金庫で行なわれた。

当初、南方開発金庫の資金調達は、現地日本軍からの軍票の借入れと債券の発行によるものであった。軍票の借入れとは臨時軍事費特別会計からの借入金であるが、昭和十八年月末までに七〇九〇万二〇〇〇円に達した。

昭和十八年四月から、南方開発金庫は従来軍票により行われた現地通貨工作を、将来各地に設けるべき中央発行銀行設立のための過渡的準備段階に当て、ビルマ（ミャンマー）、マレー（マレーシア）、蘭印（インドネシア）、フィリピンに於ける南方開発金庫券の発行を認めた。これにより現地日本軍の軍費支払いのために発行された軍票を回収した。また、南方開発債券の発行高は昭和二十年九月二十九日現在で一億七〇〇〇万円に達した。南方開発金庫は払込資本金の一〇倍を法定限度とした元利支払政府保証の債券発行による外、臨時軍費、日本国内の銀行からの借入も認められていたため、調達した資金は約一八二億七五六四万円にのぼった。

南方開発金庫券は実質上軍票と何等異なるところなく、敗戦色が濃厚となるにつれてその価値は急落した。なお、終戦時に於ける発行高は円と等価換算して各地合計二〇三億円に達したと推測される。

（江）

外資金庫

昭和十七年（一九四二）六月、南方軍に軍政総司令部が新設され、占領地域の収支は独立会計とされた。これにより、戦費の現地調達と南方占領地の交流物資などはこの会計で行うことになった。この会計処理は、国内の戦費負担を軽減する目的から導入されたが、戦域の拡大にともない臨時軍事費は膨張した。これら外地支払の軍事費は、十八年度の二八％から翌十九年には五三％となり、国債の大量増発は避けられない情勢となった。そこで、政府は国債の発行にかえて、占領地における現地金融機関からの借上金制度を採用し、十八年度からは中国と南方地域に、十九年度からは満州とタイ、仏領インドシナで実施した。しかし、これは現地通貨の発行を激増してインフレによる物価暴騰を引き起こした。

政府は現地との為替送金を原則として厳禁し、やむをえない場合には圏内諸国との公定為替相場を標準として調整料を支払うことにした。しかし、日本軍の軍費を公定為替換算率によって円貨に表示した金額は、臨時軍事費予算を超過したため別の方策を必要とした。このため、昭和二十年二月九日には外資金庫法が公布された。外資金庫は、現地物価の騰貴による予算超過額を政府に代わって処理し、その結末を戦後に調整するという秘密機関であった(『日本金融百年史』)。

外資金庫は昭和二十年三月一日から業務を開始した。同金庫の資本金は五〇〇〇万円であり、全額政府出資であった。同金庫は外資金庫法により事務所を設けないこと、民間出資を認めないこと、業務の内容を大蔵大臣が定めることになっていたため、専任職員はおかれず、大蔵省官吏が事務を代行した。また、同金庫は大蔵省外資局内に設けられ、代理店は横浜正金銀行上海支店、朝鮮銀行北京支店、南方開発金庫内に置かれた。

同金庫の業務は国外で支払う臨時軍事費資金の貸付業務、陸海軍の国外払臨時軍事費予算額中の物件費に関する価格調整業務が主たるものであった。同金庫は、臨時軍事費関係の外地払物件費の一切をまかなうことになり、終戦時までに五二二八億円が調整のために政府に納入された。

このように、外資金庫は外地のインフレが内地に影響することを防止することをもって設立されたのである。

(江)

【参考資料】 森川太郎『戦時金融問題一斑』、閉鎖機関整理委員会『閉鎖機関とその特殊清算』、新聞合同通信社『金融機関総覧』、『日本金融史資料』(昭和編、第十八巻)。

68

戦局悪化に伴う軍需会社への資金融資拡大

共同融資銀行・資金統合銀行

地方銀行の余裕資金運用機関の設置

昭和十八年（一九四三）九月、軍需省が設置され、翌十月には軍需会社法が公布された。同法により指定軍需会社は各種統制法規の適用が排除され、利益保証が与えられた。昭和十九年一月には第一回指定として一五〇社が指定され、これらに資金融通する銀行が指定された。この指定銀行の大部分は普通銀行統制会に属した大銀行によって占められ、指定外の銀行は全国統制会の斡旋により融資協力団を結成した。指定軍需会社は十九年末には六〇〇社を越え、軍需生産会社のほとんど全部が包含された。二十年に入り戦局が末期的症状を呈すると、軍需充足会社令が施行されて運輸、倉庫、配電などにも指定金融機関制度が拡大された。また、二十年三月に施行された軍需金融等特別措置法により、資本金五〇〇万円以上の会社、協力工場、特殊法人など二五五〇社に対して指定金融機関制度が拡大された。

このように軍需会社や軍需充足会社に対する指定融資制度が確立されたことにより、都市大銀行と融資協力団の地方銀行の資金状況には著しい格差を生じることになった。さらに大都市の空襲が激化するに従い、都市銀行の預金が伸び悩み、地方銀行の預金が増加する傾向を示した。地方銀行としては軍需産業への投融資を望む者が少なくなかったが、単独で投融資することには資力が不十分であることなどから困難であった。そこで、地方銀行団では余裕資金を一元的にプールして運用するという共同機関の研究を進め、共同融資銀行の設置を行った。

共同融資銀行は大蔵省、地方銀行統制会の指導斡旋により、地方銀行の余裕資金の投融資を一体的に行うとともにその手続きを簡略化する目的をもって設立された。資本金は一〇〇〇万円で、地方銀行七七行を株主とし、銀行法に基づいた株式会社として二十年四月一日から開業した。同行では地方銀行の余裕資金を預金などの方法で集め、これを軍需産業面に融資するほか、社債その他の有価証券の応募引受、売買等を営業内容とした。

こうした共同融資銀行の活動は、都市銀行からみれば営業上の競争者であり、政府や日本銀行からみると地方銀行だけの投融資中央共同機関は心許なかった。そこで、大蔵省と日本銀行は共同融資銀行の構想を一段と拡大し、地方銀行、農業会、信用組合、信託会社などの資金を統合して軍需金融にあてるという構想を打ち出し、昭和二十年五月に銀行法による資金統合銀行を新たに設立した。なお、地方銀行は共同融資銀行の名において資金統合銀行の株主となって参加したが、二十年八月二十一日に資金統合銀行に営業を譲渡して解散した。

日本銀行と資金統合銀行

資金統合銀行は資本金五〇〇〇万円の普通銀行として昭和二十年（一九四五）五月十二日に設立され、五月十五日から業務を開始した。日本銀行は総株式の八〇%を保有し、残りを五特殊銀行（正金、鮮銀、台銀、興銀、勧銀）、五大普通銀行（帝国、三菱、安田、住友、三和）、北海道拓殖、野村、東海、神戸の各銀行、共同融資銀行、日本貯蓄銀行、四信託（三井、三菱、住友、安田）、農林中金、庶民金庫で出資した。資金統合銀行は、定款により日本銀行副総裁が取締役会長に就任し、他の役員は日本銀行、金融統制会、株主たる金融機関の役職員を以て構成され、職員は全部日本銀行の役職員の兼務で無報酬であった。店舗についても本店は日本銀行内、支店を日本銀行支店内におくと共に、営業諸経費も日本銀行が負担した。このように資金統合銀行は、日本銀行の別働隊のような性格をもち、機構においては日本銀行と表裏一体的な関係にあった。

資金統合銀行は、定款に記載されているように「軍需金融ノ円滑適正其ノ他専ラ国家ノ要請スル使命達成ヲ図ル為メ金融機関ノ資力ヲ集中動員シ之ガ総合的運用ヲ為スコト」が目的とされた。主たる業務は、①軍需金融機関その他の金融機関に対する資金の融通、②当銀行が担当軍需金融機関として指定を受けた事業者に対する資金融通および当該事業者よりの預金受入、③当銀行の株主たる金融機関その他の金融機関よりの預金受入、④当銀行の株主たる金融機関その他よりの資金借入、⑤社債その他の有価証券の応募引受または売買であった。

資金統合銀行は三ヶ月という短期間の営業であったが、統合融資として指定金融機関に対する援助資金が五七億三二〇〇万円、指定金融機関としての直接融資が二〇億五〇〇〇万円、社債の買入が八億一五〇〇万円に上った。その総額は八五億五三〇〇万円に達したが、この三分の一は日本銀行から借入したものであった。統合融資は日本興業銀行、富士銀行、帝国銀行、住友銀行、三菱銀行などの大銀行が主で、これらの銀行はこれを活用して軍需融資を行い、大企業との関連を深めた。一方、直接融資では産業設備営団、鉄鋼原料統制株式会社、金属配給統制株式会社、日本織物統制株式会社、中央食料営団などの軍需産業関係に向けて多額の融資が行われた。

昭和二十年九月三十日の午後四時頃、連合軍は資金統合銀行を戦時施設とみなし、これを廃止する目的をもって同行を占拠した。翌十月一日には同行関係書類が一室に搬入された上で封鎖され、同行の業務は停止した。また、同日付をもって「外地及外国銀行並に特別戦時機関の閉鎖に関する件」の覚書が連合国最高司令部より発せられ、同行は閉鎖されてその後再開を許されなかった。

（秋谷）

【参考文献】日本銀行『資金プール制に付ての考察』（昭和二十年）、日本銀行『資金統合銀行』（昭和四十一年）、『日本金融史資料』（昭和編、第三十巻、三十四巻）、竹沢正武『日本金融百年史』。

69

国民的貯蓄運動の展開

郵貯増大と預金部資金運用

郵便貯金の発達

郵便貯金は大正十年(一九二一)に九億六七二万六九九九円に達していたが、昭和期にはいると一〇億円を突破してさらに増え続けた。昭和四年には二〇億円台にのせた後、十年には三〇億円台となった。昭和十年七月末には貯金人員四四五六万九一七七人、貯金総額は三一億五八九万四一四八円にのぼったが、一人あたりの貯金額は六九円六八銭七厘という少額であった。

このように郵便貯金は中層以下の庶民によるものが大きく、昭和五年の職業別郵便貯金現在高によれば、農業三二・六%、商業一四・八%、官吏・軍人九・一%、学校生徒六・九%という構成比であった。これを昭和七年でみると、農業一九%、無業一七・六%、学校生徒一五・六%、工業一〇・九%であり、農業恐慌により農業者の貯金が減少して工業や学校生徒の貯金が増えた。無業の者は利子生活者と考えられ、これらが郵便貯金利用者に転じたものと考えられる。

国民貯蓄運動の推進

昭和十一年(一九三六)、広田内閣の馬場蔵相は高橋財政の公債漸減政策を放棄して軍拡財政を組んだ。これは林内閣にも引継がれ、軍事費は十一年から十二年にかけて三倍に急増した。軍事費支出の増大はインフレの進行を進めたが、これをくい止めるには日本銀行引受公債の市中消化率を高めることが先決であった。このためには国民消費の節約と貯蓄の増強が必要不可欠となった。

国民消費の節約のために、まず昭和十三年九月に物品販売価格取締規則が施行され、その後も十月に暴利取締令の改正、十四年四月の米穀配給統制法、同年十月には価格統制令が施行された。さらに、十五年十月には米穀管理規則が公布された後、翌十六年四月には生活必需物資統制令が施行され、まず東京市と大阪市に米穀の配給通帳制が実施されるなど消費統制は強化されていった。しかし、こうした消費統制の強化はヤミ取引を横行させ、ヤミ値を高騰させて通貨の膨張を招くことにもなった。

政府は戦時国債の消化、生産力拡充資金の蓄積、インフレの抑制を目標として国民貯蓄奨励運動を展開した。国民貯蓄奨励運動は昭和十三年四月十八日の閣議決定に基づき昭和十三年度から計画化された。同年四月十九日には大蔵省内に国民貯蓄奨励局(十七年に国民貯蓄局と改称)を設置し、全国の貯蓄運動に関する事務のとりまとめ、各道府県や外地の主管庁には専任の貯蓄事務官を配置した。さらに、運動方針や貯蓄増加目標等の決定につき大蔵大臣の諮問に答えるための国民貯蓄奨励委員会を置いた。貯蓄の実行方策としては、郵便局、各種金融機関を通じての貯金、金銭信託の吸収、国債証券・貯蓄債券などの購入、生命保険・簡易保険・郵便年金・無尽の勧誘が積極的に行われた。また、団体貯蓄を奨励して銀行、会社、工場等の企業主体または職場単位、あるいは市町村単位、青年団単位、婦人会単位などによって貯蓄組合が結成された。これらでは俸給、給与、賞与等の支払いにあたり、その一部を天引きして貯蓄させたり、毎月収入の一部を貯金させた。

政府は昭和十三年六月二十一日から二十七日までの一週間を国民精神総動員貯蓄報国強調週間とし、貯蓄組合の普及など徹底的な貯蓄奨励を展開した。翌十四年度には国民貯蓄目標額を百億円におき、「一億一心、百億貯蓄」のスローガンの下に百億円貯蓄の達成に向けて貯蓄の奨励が行われた。

国民貯蓄組合法の制定

昭和十六年度の国民貯蓄目標額は一三五億円（国債消化資金約七五億円、生産力拡充資金六〇億円）であった。これは前年に比べて約一五億円の増額であり、政府はより一層の貯蓄奨励強化策を打ち出した。このために、十六年三月には国民貯蓄組合法が施行され、愛国的運動の結果として結成された貯蓄組合に法的根拠を与えた。これにより、普通銀行も貯蓄銀行のみに許された複利預金および据置預金の取扱ができるようになり、また、郵便貯金の限度額は二〇〇〇円から三〇〇〇円へ引き上げられた。こうして地域、職域、業域にわたって国民貯蓄組合の結成が促進された。

具体的な貯蓄組合の設置状況を新潟県長岡市の事例でみてみよう。長岡市市域の福戸村高野では昭和十六年九月に高野国民貯蓄組合が結成された。この組合の昭和十六年度の国民貯蓄割当額は三四五四円であり、各組合員に対して割り当てていた。また十八年には大日本婦人会福戸村支部に対して戦時報国債券の割り当てが上級支部から命ぜられ、福戸村支部ではこれを各地区の班長に再配分して消化に努めた。このように、国民貯蓄組合の結成を基盤として隣組や婦人会などの大衆組織も動員して二重三重に貯蓄が行われる体制がとられたのである。

太平洋戦争勃発後は半強制的な貯蓄と公債割当が実施された。昭和十九年度には国民貯蓄目標額が三六〇億円まで増加し、各府県、各市町村ではその消化に忙しかった。新潟県には六億四〇〇〇万円が割り当てられ、長岡市では四二二五万六〇〇〇円が貯蓄目標額となった。隣保国債貯金・国債債券消化額として三五六万五〇〇〇円、地域組合貯蓄増加目標額として一三二万五〇〇〇円という割当であった。長岡市長は十九年四月に各町内会長・国民貯蓄組合長に宛てて「昭和十九年度貯蓄奨励ニ関スル件」を発し、国民貯蓄と国債消化の推進を依頼している。

このように政府の貯蓄増強・国債消化計画は、全国各地の貯蓄組合や大政翼賛会・大日本婦人会など各種団体を動員して目標額を達成していったのである。国債などには「愛国」や「報国」といった名称がつけられていたが、実際のところ貯蓄や国債消化は半ば強制的に行われる場合が多かったといえる。

郵便貯金の増加と預金部資金

国民貯蓄運動によって郵便貯金は、昭和十三年末の四三億七八五九万八〇〇〇円から十六年末には八九億三六〇六万四〇〇〇〇円へと約二倍の増加を示した。

郵便貯金は国営金融機関たる預金部資金に組み入れられるが、ここで預金部資金構成をみてみよう。預金部資金は郵便貯金、振替貯金、貯蓄債券・報国債券・復興貯蓄債券収入額、特別会計預金、基金及法人預金、保管金及供託金、預金部積立金、預金部収入金から構成される。昭和十二年末には預金部資金総額は五四億四三四七万二〇〇〇円であり、このうち郵便貯金は三六億六八〇八万六〇〇〇円で六七・四%を占めた。十六年末には預金部資金額は一二三億七八四〇万七〇〇〇円で十二年の二・三倍に増加した。郵便貯金も著しい伸びを示し、八九億三六〇六万四〇〇〇円で預金部総額の七二・三%を占めるに至った。郵便貯金についで預金部積立金の金額が多いが、この積立金及収入金が増加しているのは、運用資金額の絶対額増大、国債その他政府保証債買入による差益金増加、特殊会社に対する貸付金の増加による。また、昭和十二年以降の貯蓄債券発行による収入金、十五年以降の報国債券発行による収入金の伸びは顕著であった。

つぎに、預金部の資金運用についてみてみよう。資金運用の首位は常に国債、第二位は地方債である。昭和十六年末の預金部所有国債総額は八一億二八五九万六〇〇〇円、うち事変国債は三六億九一八九万二〇〇〇円であった。預金部の国債消化に向けられた資金の大半が生産力拡充方面に向けられたのである。また、特殊会社社債券が急激に増加し、十六年末には国債、地方債、銀行債につぐ順位となった。特殊会社社債券は国策会社債であり、収益性が十分に保証されていない現状で社債市場の消化能力を超えて発行された超過部分に対して預金部資金が動員されたのである。預金部引受社債銘柄は北支開発債券、南満州鉄道債、日本発送電社債などであった。

このように、預金部は国民貯蓄奨励運動とした零細資金によって増大した郵便貯金を主たる資金源とし、これをもって戦争遂行のための国債消化および国策会社等の社債引受、資金貸出を行ったのである。

（秋谷）

【参考文献】石浜知行『特殊金融機関史論』、『日本勧業銀行史』、貯蓄増強中央委員会『貯蓄運動史』、東京手形交換所『戦時経済特別調査報告書』上巻、『長岡市史』通史編下巻、「預金部資金の状況」（「銀行通信録」第一一三巻）、森武麿『アジア・太平洋戦争』、明石・鈴木編『日本金融通史』第三巻。

70

貯蓄銀行の大合同

日本貯蓄銀行の設立

貯蓄銀行の一県一行主義

大正十年（一九二一）の貯蓄銀行法制定により、貯蓄銀行には設立、営業などの面で厳しい条件が付けられた。このため、貯蓄銀行数は激減したが、まだ一府県に数行が存立していた。大蔵省銀行局長黒田英雄は大正十年六月の第三十五回奥羽銀行同盟会で「新貯蓄銀行法の精神」と題して講演を行ない、貯蓄銀行の一県一行主義を表明した。さらに、金融制度調査会は大正十五年十月十二日の第一回本会議において、普通銀行改善の方策を中心とした調査事項を決定し、この中に貯蓄銀行改善の方策をも盛り込んだ。

金融制度調査会は貯蓄銀行改善について調査を開始し、昭和五年十二月二十三日の第七回本会議で「貯蓄銀行制度ニ関スル件」を付議し可決された。同調査会がまとめた「貯蓄銀行制度ニ関スル調査」には貯蓄銀行の分布、支店・出張所・代理店設置、貯蓄の勧誘または集金の地域制限、業務範囲の拡張等がまとめ上げられ、今後の貯蓄銀行の採るべき方針が明記された。まず、貯蓄銀行の分布に関しては「其ノ職能ニ鑑ミ同一地方ニ於テハ多数併存ノ必要ヲ認メサルヲ以テ大都市及経済事情ノ相違等特殊ノ事情アル場合ヲ除クノ外一県一行ノ程度ニ達セシムルヲ以テ理想トシ漸次之ガ達成ニ努ムルコト」(「金融制度調査会本会議議事速記録(第七回)」)と述べられ、一県一行主義の達成が理想とされた。また、貯蓄銀行の本店所在地以外の府県への支店、出張所及び代理店についても認可をしない方針が採られた。

貯蓄銀行改善の方針が固まる中で、昭和六年末から七年にかけて全国的な銀行の休業、取付騒動が起こった。東北地方では六年末に十数行が休業したが、青森貯蓄銀行と盛岡貯蓄銀行も含まれていた。また、中京地方では六年十二月に愛知農商銀行が愛知農商貯蓄銀行とともに休業し、これが契機となって明治銀行、村瀬銀行が取付けを受け、さらに村瀬銀行と子銀行の村瀬貯蓄銀行も翌七年三月に休業した。その他、愛知県に本店をもつ日本貯蓄銀行も七年三月に取付けを受けた。このように昭和六、七年には貯蓄銀行も大きな動揺をうけたが、合同が加速化することはなかった。昭和七年末の貯蓄銀行は八七行であったが、十年末七九行、十六年七一行と減少の速度は極めて緩やかであった。

貯蓄兼営法の施行

昭和十八年(一九四三)以降、金融統制が強化され軍事金融が強行された。また、地方では中小企業が全面的に萎縮したため、地方銀行の融資対象は極力少なくなり、軍需関係企業との取引関係を結ぶことも困難なことから、預金を吸収しても運用に苦しむという状態となった。このなかで、普通銀行は主として資金吸収の役割を果たす銀行（地方の普通銀行）と軍事資金の供給を行う銀行（都市大銀行）に分化し、地方の普通銀行は国債を中心とした有価証券投資機関、すなわち貯蓄銀行化へ転化するようになった。地方の普通銀行では国債を中心とした有価証券に資金運用が傾斜することになり、地方の普通銀行と貯蓄銀行は機能的に類似するに至った。

さらに、昭和十八年五月に「普通銀行等ノ貯蓄預金業務又ハ信託業務ノ兼営等ニ関スル法律」が施行された。この貯蓄兼営法により普通銀行の貯蓄預金業務への障害が取り除かれ、普通銀行が貯蓄銀行方式によって集めた預金の運用に関しても何等制限が加えられなくなった。また、普通銀行の貯蓄銀行業務への進出をほとんど無条件で認めたため、普通銀行は一斉に貯蓄銀行業務へ進出した。この貯蓄兼営法を契機として、地方の普通銀行と貯蓄銀行が共存することの意義が消滅した。地方の普通銀行と貯蓄銀行の合併は急速に進展し、十八年六月末に六七行あった貯蓄銀行は、同年末に三九行となった。

大都市の貯蓄銀行合同

昭和十八年後半から十九年前半にかけて、大都市の貯蓄銀行にも合同の機運が広がったが、実現には至らなかった。しかし、十九年の後半に入ると、戦局の悪化は日に日に強まり、十一月二十四日には空襲によって東京貯蓄銀行本店が完全に破壊された。こうした本格的空襲の開始により、大都市の貯蓄銀行でも合同必至という状況に至り、同年十一月二十六日には政府は大都市貯蓄銀行合同を勧奨した。

東京、大阪、名古屋の三大都市には不動貯金、安田貯金、東京貯蓄、内国貯金、第一相互貯蓄（以上、東京）、大阪貯蓄、日本相互貯蓄、摂津貯蓄（以上、大阪）、日本貯蓄（名古屋）の九大貯蓄銀行が存立していた。これらは大蔵省および日銀の勧奨により十九年末までには全行が合同に同意し、翌二十年二月二十八日には日銀本店で合併調印式を挙行した。新銀行の名称は日本貯蓄銀行、本店は内国貯蓄銀行本店が置かれていた東京都麴町区に決定した。初代会長には安田一（安田保善社総長）、頭取には内山直三（日銀理事）が就任した。日本貯蓄銀行は同年五月十三日に創立総会を開催し、同月十五日に払込資本金六六一四万円で設立開業した。これにより、二十年末には貯蓄銀行は日本貯蓄、鳥取貯蓄（鳥取）、青森貯蓄、青湾貯蓄（青森）の四行となった。（秋谷）

【参考文献】後藤新一『本邦銀行合同史』、協和銀行『本邦貯蓄銀行史』、『日本金融史資料』（明治大正編、第十八巻）。

アラカルト

緊急紙幣「貳百円券」

貳百円券が最初に製造されたのは大正十二年（一九二三）十一月のことである。これは同年九月の関東大震災によって兌換券の一部を焼失し、さらに年末にむかって不時の通貨需要に備えようとする目的から製造された。当時としては最高額面の貳百円券の印刷は、震災によって大手町の印刷工場が壊滅したため、焼け残った証券類の版面を利用し、書式図形を作成して大阪の株式会社昌栄堂印刷所に下請けさせた。この貳百円券(甲貳百円券)は同年十一月から十二月にかけて一五〇万枚が製造された。しかしながら、同年暮れには財界が安定したこともあって発行されず、十五年六月には封棄された。

昭和二年四月、再び貳百円券が製造された。この年、金融恐慌により銀行取付騒動は活発となり、日本銀行兌換券の発行高は日々急増した。四月二十一日には二三億一八〇〇万円にも達し、日銀の保有高は四億二四〇〇万円のみとなった。日銀では全国の各支店に回収した兌換券を東京本店や大阪支店などの多額の兌換券を要するところに回送させたり、手持ちの未発行券、古い兌換券を選別するなどした。さらに、モラトリアムが終了して銀行の休業開けとなる四月二十五日までに貳百円券五一一万枚、五拾円券四万八〇〇〇枚を製造するよう印刷局に依頼した。印刷局では四月二十三日午後から徹夜で印刷作業を行い、二十五日までに引き渡した。この貳百円券（乙貳百円券）は緊急に製造されたため、印刷は表面のみで、裏面は真白の裏白券となった。貳白円券は二十五日発行され、発行高はピーク時には一億六二〇〇万円に達した。五月に入ると市場の混乱も沈静化し、五月七日には緊急貳百円券の回収が指示された。また同時に製造された五十円券は発行されずに終わった。

緊急に発行された貳百円券は粗悪な裏白券であったため、日銀は五月初めに新貳百円券（丙弐百円券）の製造を

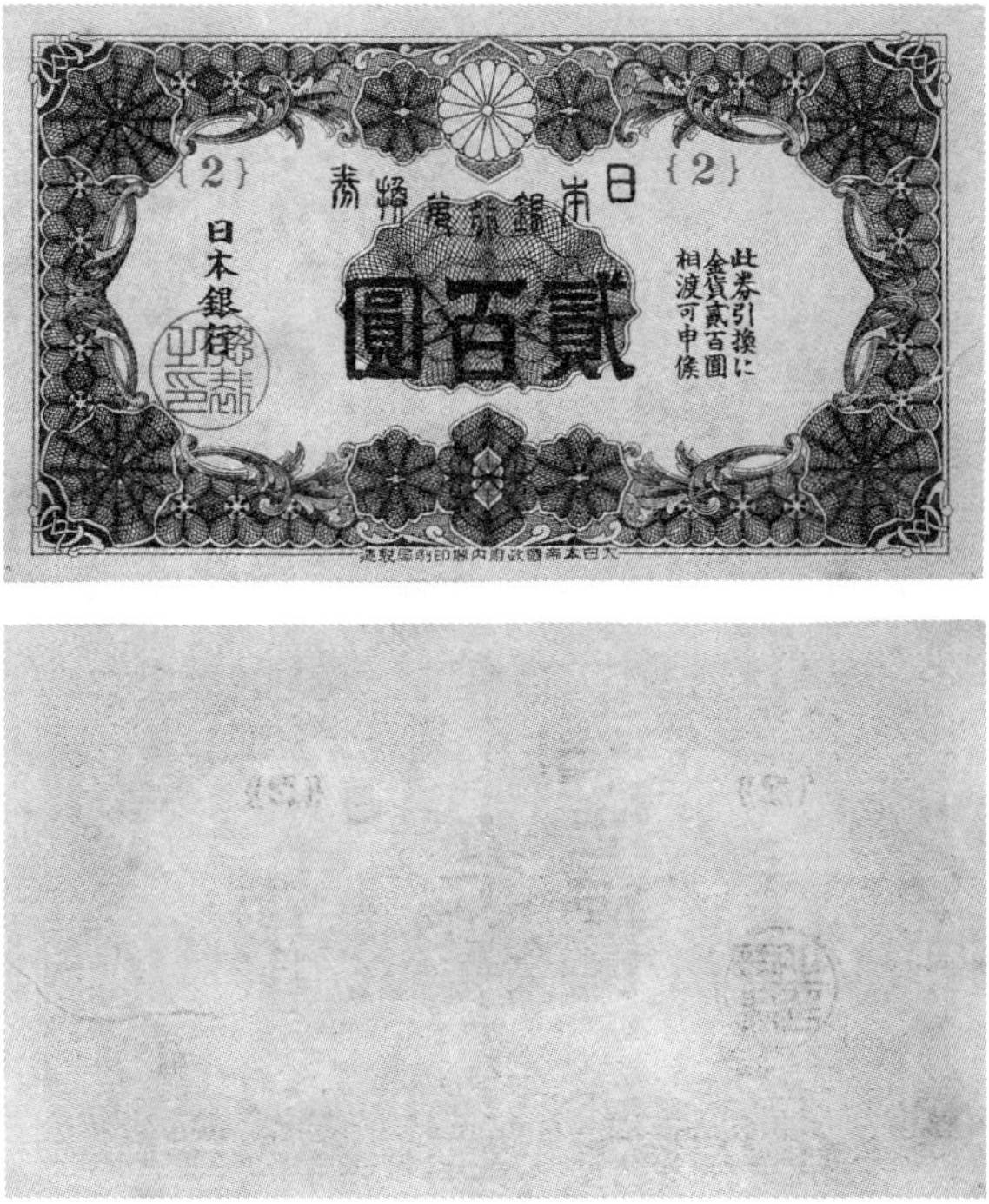

甲貳百円券
上＝表面、下＝裏面（白）
（日本銀行貨幣博物館蔵）

大至急命じ、関東大震災直後の甲貳百円券とほぼ同様の図柄で印刷された。この貳百円券の発行は五月十二日に行われるはずであった。しかし、大規模な取付騒動も起こらなかったため発行を必要とする事態には至らなかった。その後、この貳百円券は日銀の倉庫に保管され、終戦翌日の昭和二十年八月十六日から発行された。

（秋谷）

【参考文献】大蔵省財務調査会『通貨と銀行の歴史』、山口和雄『貨幣の語る日本の歴史』

第五章　戦後金融制度の整備

71 金融緊急措置令

戦後の緊急経済対策の実施

戦後のインフレ

昭和二十年（一九四五）八月十五日、ポツダム宣言の受諾によって日本は敗戦を迎えた。この戦争によって、日本は領土の約四五％を焼失し、昭和十二年以降、一七五三億七七〇〇万円が戦争に費やされた。

終戦当時、日本の生産能力はほとんど壊滅状態に陥っていた。石油精製は三八・五％、硫安は四一・八％、とくに被服関係の生産能力は二〇－三〇％台という低い状態であった。さらに、米作の不作と朝鮮・台湾米の輸入断絶によって、国民の大半が主食たる米を求めることが極めて困難となった。こうした生産能力の欠如による石炭不足、消費財の欠乏、輸入品の途絶などにより終戦後の物価水準は高騰し、インフレーションを招く一因となった。

一方、政府は旧軍人に対する退職金、軍需会社に対する損失補償金、軍需品に対する未払い金などを中心とする臨時特別会計の支払いを開始した。この支払いは、八月から十一月までに一八三億円に達し、その後も増加して翌年一月までに二〇〇億円を突破したが、この支払いの源泉は日本銀行引受けの赤字公債発行によった。また、連合軍の経費支払いも、政府の財政を圧迫した。

市中銀行では預金（とくに貯蓄性預金）が減少し、貸出は増加するという状況となった。日銀の銀行券発行高は増加し、二十一年一月には五八五億六五〇〇万円となり、二十年七月の約二倍に膨張した。こうした通貨増発は物価騰貴に拍車をかけ、卸・小売物価は終戦後から半年で二倍以上に騰貴した。食糧不足とインフレのなかで、全国各地に闇市が栄えた。食糧庶民は、闇値で食糧や日常品を購入したり、農村へ買いだしに出掛けるなどして生き延びた。当時、インフレの進展が急速であったため、農村での買いだしは「物物交換」が主流であった。着物などが食糧との交換品にされたが、人々の衣料品が一枚一枚脱いで交換される生活を称して「筍生活」といわれた。

インフレ対策の実施

日銀は、二十年(一九四五)十一月に軍需手形や軍需会社支払い手形の優遇を廃止し、また二十一年一月には退職工員に対する退職金を定期性預金で支払うなど種々の対策を導入して現金使用を極力押さえようとしたが、決定的な対策とはならなかった。そこで、政府は経済危機緊急対策をたて、昭和二十一年二月十六日の緊急勅令によって金融緊急措置令、日本銀行券預入令、臨時財産調査令を公布実施した。この日の日銀券発行高は六一四億円であり、終戦後、約二倍に膨張した日銀券を預金封鎖と新円切替えによって抑制しようとしたのである。この三つのインフレ対策令は、次のような内容を含んでいた。

《金融緊急措置令》 二月十七日現在で存在する金融機関の預金や債務を一切封鎖し、その支払いを原則として停止した。ただし、各世帯では一ヵ月につき世帯主は三〇〇円、世帯員一人につき一〇〇円が、生活資金として現金支払いを認められた。また、定期的給与については五〇〇円までに制限され、証明等があれば封鎖小切手支払いが認められた。

《日本銀行券預入令》 一〇円券以上(後に五円券も)の既発日銀券の強制通用力を三月三日以降喪失する。このため所持者は、三月七日までに既発日銀券を金融機関に預け入れ、封鎖預金と同等の取扱とした。この旧日銀券にかわって新日銀券が二月二十五日から発行され、三月七日までに金融緊急措置令の限度内で引き換えられた。なお、旧日銀券には「銀行券証紙」と称する証紙が貼付され、新日銀券の代用として流通した。

《臨時財産調査令》 旧日銀券の強制通用力の消滅す

る三月三日午前零時の預貯金、有価証券、信託、無尽、生命保険契約などの金銭的財産の申告を四月二日限り（後に四月九日限り）金融機関を通じてか、あるいは直接税務署に提出する義務を負わせた。

預金封鎖によって、旧日銀券が急速に回収された。二月十六日以降に各金融機関の預貯金となった銀行券は、銀行預金二九二億円、郵便貯金一一〇億円、農業会貯金八九億円、市街地信用組合七億円であり、合計は約五〇〇億円に達した。これにより、日銀券発行高は、二十一年二月十六日の六一四億円から同年三月二十一日までに一五二億円に減少した。さらに、八月十一日には、金融緊急措置令施行規則が改正され、封鎖預金が第一封鎖預金（非大口・非法人）と第二封鎖預金（大口・法人）に区分された。とくに、一定額以上の第二封鎖預金は、払出し制限が強化された。このようにして、各金融機関では日銀借入金を返済し、国債などを購入して戦後膨張した日銀券を収縮したのである。

金融緊急措置令などによって、預金が激減してインフレ抑制の効果もみえてきた。しかし、二十一年九月末には預金、貸出ともに増加傾向を示し、銀行券の発行高は六四四億円となり、金融緊急措置令施行以前の段階に戻った。これは、預金封鎖の取り扱い方法に欠点があったためと、市場の需要に応じて新円を増発したためである。結局、新円が生産部門や預貯金に還流せずに、ヤミブローカーなどの一部の人々に集中して、いわゆる新円成金を生む原因ともなった。インフレは抑制するどころか、逆に激化することになったのである。

その後、金融緊急措置令施行規則が数度に渡って改正され、自由支払い制限額が引き上げられた。金融緊急措置令ならびに同施行規則は、最終的に昭和三十八年七月二十二日に廃止された。（秋谷）

【参考文献】大蔵省財政史料室編『資料・金融緊急措置』、高石末吉『通貨封鎖始末』、竹澤正武『日本金融百年史』、朝倉孝吉『日本金融通史（II）』、神田文人『日本の歴史8』松尾良彦『日本のお金』。

72

金融機関再建整備法

戦後不良債権処理

財閥解体と金融機関

昭和二十二年（一九四七）、戦時体制払拭の一環として、「過度集中排除法」により、独占的企業の分割が進められたが、金融機関は、二十三年、この法律の指定、対象外の業種となった。

銀行においては、財閥系の位置は大きく、四大財閥で、全資本金の半分近くを占めていたため、この解体が、民主化の重要な要素ともみられていたところであった。しかし、当初、分割される予定であった帝国、三菱、安田、住友の4行は、米ソ冷戦の進行とともにアメリカ本国の占領政策に対する温度変化もあって、柔軟な対応となった。

実際、商社の三井物産や三菱商事については、かなり徹底的な解体が実施されたが、銀行については、「財閥同族支配力排除法」で、財閥銀行の株式分散化が実施された他は、帝国銀行が、新帝国銀行と第一銀行にされたこと、五大財閥銀行が行名変更を求められたにとどまった。

戦後の不良債権処理

戦後の企業は、旧植民地・占領地における対外投資債権請求権の放棄をさせられる一方、閉鎖機関とされた植民地会社等への出資も回収が困難になることとなった。

二十一年二月の「金融緊急措置令」によって、封鎖預金とされたものは引き出し制限を受け、八月の同施行規則改正において、第二封鎖預金とされたものは、預金切り捨てによる損失が発生するものとなった。また、同八月には、「会社経理応急措置法」「金融機関経理応急措置法」が制定。この法律の対象となった特別経理会社と金融機関は、八月十一日午前零時をもって決算を行い、資産・負債勘定を新旧に分離され、軍需補償打切りの影響を受けない事業継続に必要な資産は新勘定で経理。軍需補償の打切りに伴う不良債権の損失処理は旧勘定によるものとされた。

こうして、昭和二十一同年十月には、戦後インフレ対策の一環として、「戦後補償特別措置法」により、軍需補償は、一部を除いて全面的に打ち切られ、企業経理上、多額の特別損失が計上されることとなった。敗戦直後の戦時補償も課税の対象となり、すでに決済を受けているものも、一部控除を認めた上で一〇〇%の戦時補償特別税課税として切捨てられた。

金融機関の再建整備

昭和二十一年一〇月の「企業再建整備法」「金融機関再建整備法」において、具体的損失処理方法が決められた。

特別損失には、戦時補償特別税、在外資産損失、第二封鎖預金等損失、終戦または戦時補償特別税による旧債権切捨ておよび株式切捨て等があり、これに対し、昭和二十二年七月実施の資産再評価実施による評価益全額、積立金の全額、資本金の九〇%、法人預金の一口五〇〇〇万円以上の部分の七〇%等々の順であてられる措置がとられた。

資産切捨てで最終確定損失を埋められない場合、政府が預金部損失補償と併せ、一〇〇億円まで補償するものとされた。また、資本が切捨てられる金融機関については増資、資本金全額切捨ての場合でも増資存続する等の措置もとられた。

旧勘定の処理は昭和二十三年五月に認可、四月にさかのぼり新旧勘定の合併が実施された。その後、政府損失補償が一〇〇億円を上回るとの見込みで、「金融機関再建整備法」の改正により、政府補償資金枠は一六五億円(最終的に一二二億円、銀行のみでは三億七〇〇〇万円）まで増加された。こうして、軍需補償打切りによる損失補塡を完了した上、新旧勘定分離以前の公称資本金を上回る新資本金で、二十三年十月には増資を終えた。定期預金金利の多様化、一年の定期を扱える等、普通銀行は長期金融部門も扱えるようになった。

このように、金融機関は、財閥銀行の抜本的解体を逃れ、国の強力な援護の下、再建が進むこととなる。高度成長に向う日本の資本蓄積に大きな影響力をもちつつ、旧財閥系企業集団の中核となっていくのである。（星野）

【参考文献】有沢広巳監修『日本産業史(2)』、同『昭和経済史』（中）。

73

戦後の復興金融

復興金融金庫

戦後の資金需要

極度のインフレと生産設備が疲弊しているなかで、銀行は危機的情況にあり、復興資金の調達が困難であった。インフレ沈静化は重要な課題ではあったが、主要な産業への資金調達の必要はそれを上回るものであった。そのため、石炭、鉄鋼など基幹的産業に資金の融資を行なう形で、何らかの資金調達手段が必要とされた。

産業再建のための資金調達プランとしては、預金部と同様、特別会計を通じて管理されるものとされたが、戦時補償の打ち切りとともに、昭和二十一年（一九四六）八月に、日本興業銀行の復興金融部を通じて復興特別融資が開始され、後に復興金融金庫に受け継がれることになる。これにより、輸入石油を鉄鋼業に投入、生産された鉄鋼を石炭生産に投入、生産された石炭を鉄鋼業の生産増に繋げ、さらにその鉄鋼を石炭増産に繋げるという傾斜生産方式を補強することが可能となったのである。

復興金融金庫の設立

復興金融は、アメリカの復興金融公社制度にならい、政府金融機関による資金調達へと変更され、昭和二十一年十月、復興金融金庫法が公布、施行され、翌二十二年一月復興金融金庫が設立された。

復興金融金庫は、当初、全額を政府出資の資本金によることが期待されたが、十分な額を確保できなかったため、結局は復金債の発行によって資金調達するものとなった。二十三年度末までの政府資本金は一四五〇億円であったが、実際に払い込まれたのは二五〇億円に過ぎず、不足分を補うための債券(復金債)が七割を占めることとなった。また、復金債は公募の形をとることができず縁故債であった。資金が逼迫している民間金融機関にとって、この割引債を購入することは困難であった。ほとんどが日銀引受けによったため、インフレを一層強めるものとなり、復金インフレと呼ばれるようになった。実際、昭和二十三年度末の卸売り物価は二十年末の二八倍にもなっていた。二十三年度末における復金債発行残高は一〇九一億円、うち日銀保有分が七九七億円であった。

復興金融金庫貸し出し残高は、昭和二十二年度、五九五億円、二十三年度、一三二〇億円となっており、とくに石炭産業への貸し出しはその三分の一を超え四七五億円であった。また、石炭産業の資金借り入れ残高の実に九八%は、復金によっており、最も大きなものであった。その他、電力業、化学工業が主要貸し出し先であった。

復興金融金庫の解散と日本開発銀行

その後、復金融資の不明朗さが昭和電工疑獄を生じさせたとみられたこともあって、インフレ沈静化を重視するドッジラインに基づき、昭和二十四年三月に、復金債の新規発行は停止され、復金の新規貸し出しも厳しく制約されることとなった。昭和二十七年一月、復興金融金庫は、その貸し出しの多くが不良債権化したまま、わずか五で解散した。未回収の債権は七八七億円、不良債権化し回収率四〇％にすぎないまま（公団を除けば、民間からの回収率は三〇％）、日本開発銀行に受け継がれた。審査の甘さが指摘されるところではあったが、実際、まともに審査した場合、どれだけの企業融資が認められたか、経済再建にどれだけ寄与できたかは、はなはだ心もとないものであったとみられる。

その後は、政府として、長期資金の供給機関がなくなったことによる経済再建、産業開発の停滞により、日本開発銀行が設立されている。復興金融金庫は期限六ヵ月以上の融資を行なっていたこと、赤字融資にも応じたこと、旧債返済のための融資は行わなかったことが、後の日本開発銀行とは異なっているところであった。（星野）

【参考文献】西村吉正編『復興と成長の財政金融政策』。

74

超均衡予算

戦後インフレとドッジ・ライン

戦後インフレ

第二次世界大戦後の日本経済は、ハイパーインフレーションと呼ばれる激しい物価上昇に始まる。長期にわたる戦争により生産力は破壊され、消耗しきっていたことに加え、臨時軍事支出のための日銀引受による公債発行、および日銀貸し出し膨張が戦後インフレの要因となった。昭和二十一年から二十三年にかけての消費者物価上昇率は、年率一〇〇%に及んでいた。

そのため、昭和二十年代前の金融財政政策の主要課題は、経済復興、戦争に伴う負債の処理、インフレーションの収束といった相いれない課題を背負っていくことになった。しかし、そのウエートは経済の再建に置かれていた。それは、金融緊急措置のような通貨収縮策の下でも、昭和二十一年度予算において、依然としてインフレの要因となる赤字財政をやめなかったことからも推察され、鉱工業生産を軌道に乗せる方向へと向かうこととなった。

ドッジ・ライン

昭和二十二年（一九四七）、財政法によって公債発行が制限され、健全財政主義が打ち出された。しかし、財政の均衡化努力は一般会計についてのみ行われ、特別会計の赤字は継続し、インフレ克服はならなかった。

ここに、いわば外圧としての経済安定化、自立化策が示された。昭和二十三年七月の経済安定十原則と同年十二月の経済安定九原則である。後者はとくに指令として、より強い意味を持つものであり、翌二十四年二月に占領軍司令官の経済財政顧問として、デトロイト銀行のトップである、ドッジ公使を日本に派遣し、その実現を求めた。

占領軍の公式指令は、①経費の削減などによる総合予算の均衡、②徴税の促進強化、③信用の拡張の制限、④賃金の安定、⑤物価統制の強化、⑥外国貿易管理の運営改善と外国為替管理の強化、⑦輸出増大のための資材割当および配給制度の改善、⑧原料および工業製品の増産、⑨食糧供出計画の改善であった。そして、価格差補給金と対日援助という不安定な竹馬に乗ることをやめ、自立と安定を図るため、超均衡予算と三六〇円単一為替レートの設定、復金債の発行停止を断行した。当時のレートとして、一ドル三三〇円程度が妥当とする説もあったが、やや円安の水準に置くことで、経済復興を急がせるとの配慮があったとの見方もある。

ドッジ予算

総合予算の真の均衡とは、一般会計、特別会計、政府関係機関会計を含めるというもので、極めて古典的な自由主義経済論に立脚したものであった。

GHQ管理下の昭和二十四年度超均衡予算では、増税を実施、および復興金融金庫融資が停止された。一般会計で七〇四九億円で均衡、特別会計等を含めても均衡、純計では若干の黒字というものであった。

その後、超均衡財政の実施と朝鮮動乱もあって、日本経済、財政金融は復興軌道にのり、戦後インフレと物資統制経済から開放されることになる。

ドッジ財政の終結

総合的均衡財政の放棄という点では、昭和二十八年度予算が特徴的である。二十八年度の予算編成は、日本政府が占領軍の統制から開放された最初の本格予算であった。選挙対策としての拡張型財政、利益集団を向いた財政政策という日本型政治の形態が見られることになった。二十八年度予算の特徴は、拡大した減税規模、過去の蓄積資金の利用、特別減税国債の発行、政府保証債の発行、インベントリー・ファイナンスの取りやめ、財政投融資計画の正式決定と規模拡大など、一般会計以外の部門で積極財政が展開された。

（星野）

【参考文献】和田八束・鵜川多加志編『現代の財政』。

75 戦後日本税制の基礎 シャウプ税制

ドッジとシャウプ

ドッジプランは、インフレを押さえ、均衡財政を追求するというものであり、予算上、歳出を租税収入の範囲に押さえることを目指したが、税制面での具体案を提示するというものではなかった。

シャウプ使節団は、昭和二十四年（一九四九）五月、ドッジの目標を税制面から補強するため連合国軍最高司令官の要請で派遣されたものである。コロンビア大学カール・シャウプ教授を団長とし、五月十日に来日し、九月一五日に税制改革に関する勧告を行った。税収確保を第一の目標とし、中間層に対する所得税の急激な累進税率適用など、インフレ再燃にも大きな注意を払っている。経済安定、長期安定税制、税制の不公平是正、地方自治の強化、税務行政改善と徴税の厳格化がその主たる課題であった。

シャウプ勧告

昭和二十四年の第一次勧告（シャウプ使節団日本税制報告書）では、極めて広範な検討がなされた。

所得税については、包括的な課税ベースを確保し、総合課税による累進課税行うことを基本とするとともに、最高税率を八五％から五五％に引き下げた。また、一〇〇％のキャピタル・ゲイン課税とキャピタル・ロス控除、最高税率引き下げに伴う高額所得者に対する資産税として、高額の個人資産に課税する富裕税の創設を勧告した。

法人税については三五％の単一税率に押さえられるとともに、法人は与えられた事業を遂行するために作られた個人の集合であるとする「法人擬制説」の立場にたち、法人の配当について株主に課税が行われるのであれば、法人に課税する意味はないとした。法人所得と個人所得の二重課税を回避するため、配当控除率二五％を設定し、配当所得の源泉徴収を廃止した。

また、インフレーションから生ずる名目利益に対する所得税、法人税の緩和のため、「資産再評価」と、実現した再評価益に対し、再評価税を課すものとした。

地方税については、地方自治の確立と独立税主義に立って、都道府県、市町村の税源を分離する形をとった。道府県では、事業税を廃止し、附加価値税の導入により、道府県財政を安定的なものとする。市町村には、所得課税である住民税を配置するとともに、不動産税（固定資産税）をおいた。

その他、税務行政の改革についても多くの勧告を行い、青色申告制度の創設、公認会計士や税理士の資格を整備した。

第一次勧告以降

シャウプ勧告に示された内容は、昭和二十四年、二十五年の税制改正に盛り込まれ、体系的な日本の税制の基礎を成した。

シャウプ使節団は、翌二十五年にもフォローアップのため来日し、九月二十一日に「シャウプ使節団新聞発表文」として、いわゆる第二次勧告を行った。都道府県税の附加価値税について、控除型だけでなく、加算型（純益、労賃、利子、賃貸料）との選択を企業に認めるなど、実現可能性を見据えた追加勧告となった

その後、三十年代に入るまでに、多くのものに修正が加えられた。富裕税の廃止、所得税の分離課税化、利子所得課税の分離比例化、有価証券譲渡所得税の廃止、租税特別措置の拡大による法人税の課税ベース縮小の他、地方税制等の改正により、道府県民税の創設、附加価値税の廃止、地方財政平衡交付金の廃止など。

平成元年の消費税導入時に、シャウプ税制を基礎とする日本の税制が時代に合わなくなってきたため抜本的改革が必要との主張もあった。しかし、実際には、シャウプの理念はすでにかなり無残に消え去っていたようである。（星野）

【参考文献】西村吉正編『復興と成長の財政金融政策』。

76

昭和二十年代の国債

戦後復興期の交付公債

公債不発行の意味

戦後日本の公債発行について、昭和二十年代から三十年代は公債不発行時代、四十年代は建設公債発行時代、バブルといわれた一時期を除いて五十年代以降は赤字公債発行時代といった時期区分がなされることもあるが、厳密に言うとこれは正しくない。

二十年代、三十年代の「均衡財政」「公債不発行主義」の時代にも、公債というものがまったく発行されなかったというわけではない。それは、長期内国債たる普通国債を発行しなかったということであり、①公債であるが国債ではない地方債、②国債ではあるが長期国債(償還期間一年を超えるもの)ではない政府短期証券（大蔵省証券、食糧証券、外国為替資金証券)、③国債であり長期国債ではあるが外国債、④長期国債であり内国債ではあるが、資金調達のために発行されるのではなく、現金支出に代えて国債証券を交付する交付国債、出資国債、⑤長期内国債ではあるが国債の償還のために発行される借換国債、⑥国債ではないが公債の一種とみてよい公社、公団、公庫など政府関係機関および準政府関係機関の発行する債券は発行されており、むしろ累増傾向にあった。昭和二十年代初めに直接の国営事業であった事業が、公共企業体としての公社、公団等に移されることがなければ、三十年代の高度成長期の潤沢な自然増収をもってしても、公債不発行主義は到底維持できなかったとみられる。

交付公債

戦時中の戦費調達が日銀引受の赤字国債でまかなわれたばかりでなく、終戦後には、臨時軍事費への支出として、昭和二十年の八月末までの半月間に一〇〇億円、十一月末までの三ヶ月半に二六六億円もの日銀引受の赤字国債があった。そのため、インフレ対策として、二十一年、GHQ指令により、日銀引受の赤字国債という高橋財政以来の手法は禁止されることになり、翌二十二年四月の財政法の国債原則禁止規定を迎えることとなる。これにより、一般会計の新規国債の発行は、昭和四十年度補正予算まで全く実施されなかったのである。

財政法の禁止規定の後における、国債発行についてみると、新規発行は、ほとんどすべて交付公債であった。交付公債は、予算には計上せず、関係者に現金の代わりとして交付する証券等である。財政法の規定に反するとはいえないが、借金であることに変わりはない。その目的は、政府事業、IMF、世界銀行への出資、また、戦没者遺族への弔慰金、引揚者への給付金としての交付公債（中曽根政権下においてもシベリア抑留経験者に対して配布された）、農地改革に伴う農地証券、漁業権証券など戦後処理のためのものであった。その他の新規発行としては、昭和二十八年度の産業投資特別会計から公募方式で発行された特別減税国債がある。また、戦前発行された長期国債の借換発行があったが、これは剰余金不足のため国債整理基金特別会計に繰り入れるべき資金の不足に対処するものであった。

こうした状況を反映して、新規発行内国債のうち昭和二十一年から二十五年の場合六割以上、二十六年から三十年の場合九割近くは交付公債。また、昭和三十年に、内国債所有者のうち一九％が国際機関で、一四％が戦没者遺族や引揚者であった。

このように、政府短期証券の急増と日銀引受、地方債の適債事業債、財政法の規定外にある公債、さらに三〇年代にかけて増加してくる政府保証債等は、ドッジラインの後も増加してきたのであり、一般会計の均衡に寄与していくことになった。（星野）

【参考文献】大内兵衛・内藤勝編『日本財政図説』。

77 長期信用銀行

長期資金供給

特殊銀行としての長期信用銀行

戦前には、短期資金供給の商業銀行と長期資金供給の特別法に基づく特殊銀行があった。

明治三十三年(一九〇〇)公布の「日本興業銀行法」に基づく、日本興業銀行。これは、工場、用地、船舶、財団を抵当に工業金融を行い、工業の発達をはかる目的で、資本金の一〇倍までの興業債券を発行できた。

明治二十九年公布の「日本勧業銀行法」に基づく、日本勧業銀行。不動産担保融資、公共団体や耕地整理目的の無担保融資を行い、農工水産業の発達のため、払込み資本金の二〇倍までの勧業債券を発行できた。

明治三十二年公布の「北海道拓殖銀行法」に基づく、北海道拓殖銀行。不動産、株、債券や地方の産物を抵当とする貸し付けを行い、北海道、樺太の拓殖事業資金を供給するため、払込み資本金の一五倍までの拓殖債券を発行できた。

金融機関再建下の長期金融

日本勧業銀行、北海道拓殖銀行、日本興業銀行は、特殊銀行のまま、昭和二十一年の再建整備となった。しかし、勧銀、北拓は債券発行の不振、預金の増大、短期融資の増大で、普通銀行への転換へと向うこととなる。

金融機関再建下では、長期金融をもっぱら復興金融金庫に頼っていたが、この停止後は、日本興業銀行が主たる役目を果たす。また、特殊銀行廃止後、対日援助見返資金によって銀行等の優先株を引き受け、金融債を発行する制度が定められた。しかし、これによって、実際に債券発行をした金融機関は少なかった。また、見返資金は講和後に廃止ということで、新たな金融債発行制度への期待が高まるとともに、オーバー・ローンの解消策として、長期金融制度への期待が高まった。アメリカ型の投資銀行構想に基づき、金融債発行で長期資金を調達、長期資金を供給する日本型投資銀行が実現することとなった。

長期信用銀行法の成立

昭和二十七年六月「長期信用銀行法」が制定され、政府機関としてすでに設立された「日本輸出入銀行」、「日本開発銀行」の他に、民間の長期金融機関として、長期信用銀行法による銀行が設立されることとなった。資本金の二〇倍の金融債を発行できる銀行の設置が認められたのであった。

「日本興業銀行」は、昭和二十七年十二月、この法律による長期信用銀行に転換。日本勧業銀行と北海道拓殖銀行からは、一部の人員と機能を分離、地方銀行からの支援も受けて二十七年十二月、同法に基づく「日本長期信用銀行」が設立された。長期信用銀行の発足で、金融債発行残高は、昭和二十七年末の一七一三億円から、三十年末、三六一四億円となった。

また、昭和三十二年四月、新たに、「日本不動産銀行」が設立され、同法に基づく銀行は三行になった。

長期信用銀行の特徴

旧特殊銀行は、それぞれ、単独法を根拠にしたこと、政府に役員任命権や監督権があったこと、預金部資金の借入れ特典があったことなど、政府金融機関的な面があった。しかし、新しい長期信用銀行は、資本金五億円以上の株式会社組織で、政府が役員の任命や監督を行わない等、純粋の民間金融機関であった。

長期信用銀行の業務は、主として債券の発行によって調達した資金を、設備資金、長期運転資金として貸し出したり、証券投資の形態で運用するというものである。設備資金や長期運転資金以外の長期資金貸付けや短期資金の供給等も可能ではあるが、限度が設けられている。短期金融は預金、長期金融は債券から調達という金融の長短分離論に沿ったものである。

なお、日本長期信用銀行はバブル経済の放漫経営により破綻をきたし、平成十一年(一九九九)十月には金融再生法にもとづき特別公的管理の開始が決定した。その後、同行は経営の合理化、不良債権の処理等に取り組み、平成十二年には新生銀行として再スタートした。

(星野)

【参考文献】鈴木武雄他編『財政投融資と民間投融資(下)』有沢広巳編『日本証券史(2)』。

78

日本開発銀行・日本輸出入銀行

開発、貿易金融機関の分割・統合

見返資金の実施

ドッジ・ラインの実施後、昭和二十四年、復金の活動は停止され、西欧のアメリカ、マーシャル援助で採用されていた見返資金制度の導入により、「米国対日援助見返資金特別会計」が設置された。

これは、以前の「貿易資金特別会計」が、インフレを生み出す一因をもたらしたことで、より厳格な管理とデフレ的機能をめざしたことになる。アメリカからの食料、原料等の援助物資を三六〇円の固定相場で貿易特別会計援助物資勘定で受け入れ、その国内売却額を見返資金特別会計に繰り入れて、投資や復金債償還に充てた。この主体は援助物資と称するアメリカの過剰物資の売却代金であった。また、GHQが認めた用途以外の見返資金引きだしを禁止するとともに、使用申請が必要とされた。

昭和二十四年度の見返資金支出の半分は、復金債償還であったが、翌年からは企業向けが増大し、輸出入銀行や日本開発銀行等へかなりの融資がみられることとなった。

日本開発銀行

昭和二十六年、見返資金からの一〇〇億円を資本金として、設備金融を行う日本開発銀行が設置され、電力、海運以外の鉱工業、中小企業融資は開銀に任せられることになった。復興金融金庫の再開という選択肢もあったようであるが、復金のインフレ的体質、不良な債権が、GHQをして、新しい機関の設立を求めたとみられる。復興金融金庫が赤字融資にも応じていたのに対し、開発銀行は償還の確実なものだけを融資対象とした。その目的は、長期資金の供給により経済の再建、産業開発を促進するため、一般金融機関の金融を補完、奨励するものであった。

二十七年一月に、復興金融金庫を吸収合併した後、二十七年九月には、見返資金の私企業融資は日本開発銀行に継承され、翌二十八年、見返資金の資産は、産業投資特別会計に吸収されていく。また、二十八年には、農林漁業金融公庫、中小企業金融公庫が分離、独立している。

昭和二十年代から三十年代にかけて、融資の重点は石炭、電力、海運（計画造船）、鉄鋼の基幹産業に置かれたが、三十年代の後半からは、地域開発、大都市再開発、技術開発等のウエイトが高まった。基本的産業への金融の量的補完から、民間金融のベースに乗りにくい分野への資金供給へと、銀行の意義は変化していったのである。

資金調達については、政府出資の他、産投会計、資金運用部等政府資金の借り入れ、さらに外国の銀行等から外貨資金借り入れも行った。

日本輸出入銀行

昭和二十六年、政府の全額出資ではあるが、金庫や公庫より自主性の強い、国内の輸出長期金融を目的とする「日本輸出銀行」が開業。同二十七年には輸入金融業務を加え、「日本輸出入銀行」となった。民間の金融機関が行う輸出入、海外投資のための金融を補完することが目的である。

途上国の工業化の進展に伴い、日本における繊維など軽工業製品の輸出は沈滞するとみられ、重化学工業、プラント輸出への転換が図られた。資本蓄積が不足する途上国は資金が十分でなく、決済が外貨や長期に及ぶこととなり、日本の企業が輸出を進めるためには長期、低利の資金を必要とした。

融資は、民間金融機関で調達困難なものについて、民間金融機関を経由し、民間金融機関との協調融資の形となる。

（星野）

【参考文献】有沢広巳監修『昭和経済史(中)』

79 農林漁業金融公庫と農業系統金融機関

農業対策としての政策金融

農林漁業金融公庫の成立

農林漁業者への長期、低利資金を供給するの金融業務は、復興金融金庫、米国対日援助見返資金特別会計、日本開発銀行を経由し、専門機関として、昭和二十六年（一九五二）、「農林漁業資金融通特別会計」が設置された。そして、この農林漁業金融専門機関の機能を高め、より特化したのが、昭和二十八年四月の「農林漁業金融公庫法」に基づく農林漁業金融公庫であった。

日本開発銀行が復興金融金庫および見返資金から引き継いだ農林漁業向け債権、二十三年九月から半年間の農林中央金庫の債権等が引き継がれている。

農林漁業金融金庫は、全額政府出資の政府金融機関である。「農林漁業の生産力の維持増進に必要な長期且つ低利な資金で、農林中央金庫その他一般の金融機関が融通することを困難とするもの」を対象とし、融資するというものであった。貸付けは、委託貸付方式がとられ、農林中央金庫に対するものが多くを占めた。

資金調達は、他の政府金融機関と同様、政府資金による。毎年の予算配分、財政投融資計画の中で、農林漁業金融公庫への原資が配分、決定される。当初は、政府出資金に頼る部分も多かったが、昭和四十年代に入って、資金運用部資金等の借入金によるところが大きくなっている。

したがって、他国の農業金融機関のように、金融債発行等による資金調達をするものではない。独自性はなく、財投政策の一環といってよい。もっとも、日本の財政投融資そのものの特徴でもあり、近年、改革視点とされてきている点でもある。

貸付けの使途は、当初、土地改良資金のような公共的融資がほとんどを占めていたが、その後、構造政策融資や社会政策的融資なども増加してきている。その内容については、必ずしも明確ではない。

農業系統金融機関

組合系統金融機関は、農業系統、漁業系統、森林系統の三系統に分かれ、それぞれの単位組合をベースに、各県段階に連合会、頂点に農林中央金庫を置いている。

この中で主要な農業系統についてみると、まず、農業協同組合。これは、農民の運営する組合組織の特殊法人で、信用、購買、販売、利用、共済、加工等多様な分野を営むことケースが多いことが他の金融機関とは異なる。信用農業協同組合連合会は、各都道府県に一つずつ設立されている。単位農業協同組合、各種事業連合会によって構成される特殊法人で、信用事業を行う。農林中央金庫は、産業組合中央金庫を前身とし、昭和十八年にこの名称となった。農林漁業団体の出資金三〇〇億円からなる特殊法人であり、中長期の資金源として、農林債券を発行できる。

農林漁業金融公庫の展開

農業政策は、戦後、伝統的補助金行政とともに、政策としての農業金融のウェイトが大きな役割を示してきたことに特徴がある。

その融資に関する特徴をあげておくと、第一に、財投機関のなかでも極めて低金利とされていたこと。農業振興が日本復興の主要な要素と位置付けられていたのである。第二に、様々な金利体系を有しており、農業構造改善、農業取得資金等を最優遇金利としたこと。第三に、融資決定について、政府の直接関与がみられたこと。第四に、農協系統をつうじて融資が行われる手法が、いわばリスク分散を行い、場合によってはリスクを農協に負担させるというものであった。当初、農林中央金庫経由の融資がほとんどであったが、三十年代になって信用農業協同組合連合会経由が増加、四十年代になり、公庫が直に融資するケースも増えてくるようになった。第五に、担保貸しの割合が極めて低かったこと。農業対策としての政策金融のために存在したわけで、いわゆる金融仲介機関とは全く違った様相を示していたことを示している（参考文献参照）。（星野）

【参考文献】佐伯尚美「農林公庫論」『現代金融』東京大学出版会。

80

巨大金融機関の誕生

都市銀行

都市銀行の名称

日本銀行調査局『わが国の金融制度』には、「都市銀行は、主として大都市に営業基盤を置き、全国に多数の支店網をもつ全国的な規模の銀行」と規定されている。

都市銀行の呼び名は、その時代背景や合併の結果によって多様な呼び方がされてきた。「都府銀行」、「シンジケート銀行」、「都市大普通銀行」、「大都市銀行」、「八大銀行」、「九大銀行」、「十一大銀行」などがそれである。日銀内部資料分類上の大都市銀行名の推移によれば、昭和十七年(一九四二)末には三井・三菱・第一・安田・住友・三和・野村・川崎第百・十五・昭和・日本昼夜・神戸・東海の一三行が大都市銀行とよばれた。その後、昭和十九年末に八行に減少したが、戦後は昭和二十三年末に九行、翌二十四年年末には一一行に増加した。日本銀行が「経済統計月報」で都市銀行と表示した昭和三十年十二月には、三井・第一・三菱・富士・住友・大和・三和・神戸・東海・東京・協和・北海道拓殖・日本勧業の十三行が含まれた。昭和四十四年には太陽と埼玉が加わって一五行まで増加した。しかし、平成四年には一一行に減少し、さらに、北海道拓殖銀行の破綻や都市銀行同士の合併の進展によって年々減少している。なお、平成十二年四月現在の都市銀行は、第一勧業・さくら・富士・東京三菱・あさひ・三和・住友・大和・東海の九行である。

都市銀行は、業態別の特別組織にも加盟せず、特別立法や行政措置にもよらず、普通銀行と同様に銀行法によって規定されているにすぎない。地方銀行は昭和二十五年一月に設立された社団法人全国地方

都市銀行分類の変遷（日銀統計上分類——経済統計月報）

発行年月	号数	表示	銀行名
昭和21年1月	1（創刊号）	大都市銀行	帝国・三菱・安田・住友・三和・野村・十五・神戸・東海
昭和22年8月	15	8大銀行	帝国・三菱・安田・住友・三和・野村・神戸・東海
昭和23年11月	22	9大銀行	帝国・第一・千代田・富士・大阪・大和・三和・神戸・東海
昭和24年12月	33	11大銀行	帝国・第一・千代田・富士・大阪・大和・三和・神戸・東海・東京・協和
昭和30年12月	105	都市銀行	三井・第一・三菱・富士・住友・大和・三和・神戸・東海・東京・協和・北海道拓殖・日本勧業
昭和43年12月	261	都市銀行	三井・第一・三菱・富士・住友・大和・三和・神戸・東海・東京・協和・北海道拓殖・日本勧業・太陽
昭和44年4月	265	都市銀行	三井・第一・三菱・富士・住友・大和・三和・神戸・東海・東京・協和・北海道拓殖・日本勧業・太陽・埼玉
平成5年8月	557	都市銀行	第一勧業・さくら・富士・三菱・あさひ・三和・住友・大和・東海・北海道拓殖・東京

出典：及能正男『日本の都市銀行の研究』（平成6年、中央経済社）、9頁。

銀行協会に属し、一方、旧相互銀行から転換した地方銀行は平成元年二月に設立された第二地方銀行協会に所属している。都市銀行は、地方銀行、第二地方銀行、信託銀行および長期信用銀行以外の普通銀行といえる。

都市銀行と地方銀行

都市銀行は大都市を本拠地として全国的に広域な営業基盤を持っている。一方、地方銀行は地方都市を本拠地として営業を行っている。こうしたところから、都市銀行と地方銀行では規模・資金吸収・資金運用等でそれぞれの特色を有している。

昭和二十九年（一九五四）末の行数は、地方銀行六六行、都市銀行一一であり、地方銀行が六倍多かった。店舗数では地方銀行三六八二行、都市銀行一五八八で、地方銀行が都市銀行に比し約二・三倍上回ったが、一行当たりの店舗数は都市銀行が一四四、地方銀行は五六であった。預金は都市銀行が一兆六八七六億円、地方銀行は一兆一一一億円であった。これを地域別にみると、都市銀行は六大都市で七四・七％の預金を吸収しているのに対して、地方銀行は六大都市が一三・一％、その他の地域が八六・九％であった。

一方、貸出も都市銀行が地方銀行を上回り、都市銀行一兆五三一五億円、地方銀行八二〇七億円であった。貸出先の資本金別貸出件数と貸出金額をみると、都市銀行では資本金一千万円超の貸出先が件数で五・六％と少ないが、貸出額では七〇・八％で大企業へ多くの資金が融資された。地方銀行では件数・貸出額共に一千万円以下のものが多く、中小企業に貸出の重点が置かれた。また、地域別貸出構成では都市銀行は貸出総額の八六・九％が六大都市に集中したが、地方銀行では一六・五％にすぎなかった。

このように都市銀行は全国的な店舗網を張り巡らし自由に預金を吸収し、六大都市の大企業を中心に資金運用をしているのに対し、地方銀行は地方を中心に預金を吸収し、地域経済を担う中小企業に資金運用しているのが特徴的である。　（秋谷）

【参考文献】　及能正男『日本の都市銀行の研究』、後藤新一『都市銀行』、全国銀行協会連合会編『金融制度』。

81

地方銀行一二行の新設

地方都市や地場産業を主たる営業基盤として

地方銀行の定義

地方銀行は、普通銀行ではあるが都市銀行ではないものである。大都市や大企業を主たる営業基盤とするものではなく、地方都市や地場産業を主たる営業基盤としている。しかし、この定義は、あまり明確なものではなく、むしろ、全国地方銀行協会の会員であるかないかが明らかな証明ということができる。ここの会員資格は、「銀行法により免許を受けた銀行にして、営業基盤の地方的なもの」と定義され、店舗網が地域的で全国的でないものとされており、一般的概念ということになる。

東京銀行協会の前身である択善会の議事録によれば、すでに明治十年（一八七七）に、地方銀行を、東京に本支店のない銀行という意味でもちいているのがみられている。

銀行の性格としては、地縁の強さ、地域内の資金循環性、地域経済との関連の強さ、都市銀行と比べた資金量の小ささなどがあげられ、いずれも都市銀行との違いから、説明されている。

地方銀行の沿革

地方銀行は、銀行類似会社、私立銀行、国立銀行の三つの系統がある。

この中で、主流とみられるのが国立銀行で、明治五年の国立銀行条例によって設立されたもので、その多くに十六銀行など、ナンバーがついている。第一勧業銀行など後に都市銀行となったものもあるが、その多くは地方銀行の母体となった。この系列にあるものとして、常陽銀行、千葉銀行、静岡銀行、山口銀行などがある。

やがて、地方銀行は増加し、明治三十四年には、一八六二行を数え、その後、合併、淘汰の時代を迎える。そして、地域経済に与える機能、制度の確立といった観点から今日的意味の地方銀行となっていったのは、大正時代、ないし第一次世界大戦前後とみられている。世界恐慌期の中小企業に対し、地方銀行の役割が高まったのである。

地方銀行の新設

戦時金融体制の一環としての集中合同政策の下で、地方金融機関に体力と経営合理化を求めた戦前の一県一行主義政策の結果、日中戦争下の昭和十一年から十六年にかけて、四一八行から一八〇行に半減、昭和二十年に五三行となり、三三府県では一県一行が実現した。

この一県一行主義に基づく大合同は、地銀と地域社会の結びつきを広範で強固なものとした。食管管理制度の発足で安定した農業経済と、地方産業の沈滞と設備投資の減退から生じた潤沢な余裕資金は、地銀の預金量増加に寄与する一方、貸出し先の不足を有価証券たる戦時国債に求めた。

昭和二十五年、日本政府は、戦後の経済民主化政策の下、独占禁止、集中排除に向けて、従来の、銀行の創設を認めないとの方針を転換し、日本各地の銀行設立の動きを促した。この方針が二十九年まで続けられた結果、二十六〜七年を中心に一二の地方銀行が設立され、ほぼ今日の状況となった。しかし、この方針は二十九年には廃止となり、銀行抑制方針に戻っていく。

この時、新設された銀行に、戦後新設第一号の東北銀行（盛岡）の他、北海道銀行（札幌）、武蔵野銀行（大宮）、東京都民銀行（東京港区）、千葉興業銀行（千葉）などがある。

昭和二十年代に、預金量は二二倍、貸出し金は四三倍と順調に回復軌道に乗った。地方銀行は、戦前みられたような地域の特定産業のための金融機関や、戦時中の巨額に上る戦時国債の消化機関と貯蓄銀行的性格から、地域の包括的金融機能をもつ地域金融機関として成長していくこととなるのである。

（星野）

【参考文献】『地方銀行読本』金融財政事情研究会

82

住宅向け長期資金貸付けのための専門金融機関

住宅金融公庫

住宅金融公庫の設立

終戦直後、わが国の住宅不足は四二〇万戸にもなっており、昭和二十五年ごろまでの住宅政策は、このうした住宅不足への応急措置であった。このような状況下で、二十五年、政府金融機関として住宅金融公庫が設立された。「国民大衆が健康で文化的な生活を営むに足る住宅の建設に必要な資金で、銀行その他一般の金融機関が融通することを困難とするもの」に対し資金供給することを目的とした機関である。

性格的には、住宅向け長期資金貸付けのための専門金融機関といえ、民間金融の質的補完を目的としている。いわゆる財投機関として、公的住宅供給機関という観点からみると、間接供給機関であり、直接供給機関である昭和三十年設立の日本住宅公団、さらには、住宅金融公庫設立の翌二十六年に発足した公営住宅の制度とともに戦後日本の住宅形成に主要な役割を果たした。いわゆる「公営、公団、公庫」の住宅政策の一つであった。公庫の設立順では、国民金融公庫について二番目となる。

住宅金融公庫の機能

住宅金融公庫のしごとは、個人、賃貸、分譲、中高層の住宅資金、住宅改良、宅地造成資金貸付け等である。設立当初は、個人住宅貸付けと賃貸住宅貸付けの二種類であり、貸付け対象住宅も限定されていた。その後、住宅貸付けの範囲拡大とともに、昭和二十九年度から宅地造成貸付け、三十年度から住宅融資保険業務も行うようになった。そして、そのほとんどは、個人の持家建設資金と持家購入資金貸付けとなっている。

資本金（昭和六十年に九七二億円）は、一般会計、産業投資特別会計、見返資金交付金、住宅融資保険基金である。貸付け原資のほとんどは、資金運用部資金、簡保・年金資金といった政府資金によっている。しかし、公庫の貸付け金利は資金運用部からの借入金利を下回っているため、逆ざやは一般会計から多額の利子補給がある。また、昭和三十八年度から住宅金融公庫宅地債券の発行が認可されている。

住宅政策の観点から公庫貸付けをみると、住宅の規模や内容によって金利を変え、あるべき住宅の姿を示していることがあげられる。とくに、最近では、高齢社会や環境問題を反映して、二世帯住宅、バリアフリー住宅、環境対応の省エネ住宅等細かく金利軽減や貸付け限度額上乗せなどを行い、政策誘導を行っている。

低金利時代の住宅金融公庫

住宅金融公庫の主たる機能、あるいはイメージをあげれば、低利で長期の資金供給ということになる。しかし、昭和末期から平成にかけてのバブル時代、今日の平成不況時代においては、必ずしもこうした期待すべき役割とイメージを維持し続けて来ているとはいい難い。

ゆとり償還（当初数年間の間、より低金利を設定し、その後、金利を上昇させる方式で、住宅購入時の負担を小さくするというもの。右肩上がりの成長を続け、年々、収入増が見込まれることを前提としており、今日の不況下では、住宅ローン焦げ付きの一つの要因とされた）や銀行との金利逆転現象（とくに短期）、固定金利の採用（金利の下降局面には敬遠される）等が、民間金融機関の利用を高めたり、住宅金融公庫の問題を大きくしたりすることとなった。その多くは、財投全体にかかわる問題でもあり、財投廃止論や郵貯民営化論を呼ぶことにもなっている。

住宅の直接供給機関たる日本住宅公団は、五十六年、宅地開発公団を併合し住宅都市整備公団となり、事業内容を拡大したが、平成十一年より、都市基盤整備公団に改組され、再開発や基盤整備事業に特化。住宅供給事業の一線からはその機能を終えた。住宅金融公庫についても、少子高齢化、時代に向け、事業内容を特化する方向も考えられよう。　（星野）

【参考文献】『図説・財政投融資　平成4年度版』。『わが国の金融制度』各年度版、日本銀行金融研究所。

83 無尽会社から相互銀行へ

相互銀行の設立

看做無尽の認可

終戦後、金融制度調査会が設置され、無尽会社の最低資本金の引き上げ、営業区域撤廃、預金受入、資金運用等について審議が行なわれた。一方、戦後インフレの深刻化によって中小商工業者らは資金的に困難な状況に陥っていた。

こうしたなかで、昭和二十三年（一九四八）から二十四年にかけて、九州地方を中心として全国に殖産会社が多く設立された。日掛貯金による貸付制度を開始した殖産会社は、定型無尽のように団、組をつくることなく契約者が自由に加入できることや、会社と契約者との合意によって任意に給付が受けられるなどの特徴を持っていた。この殖産会社は多数設立された上に、その形態は様々であり悪影響も出てきたことから社会問題となり、政府は貸金業取締法で取り締まることになった。しかし、殖産会社の要望もあり、昭和二十四年五月には貸金業等の取締に関する法律付則によって看做無尽が無尽業法第一条に加えられた。これにより、殖産会社は無尽業法による免許を受けるか、あるいは貸金業者の侭とするかの選択に迫られた。

福岡県では大蔵省の慫慂をうけて、一六〇社あった殖産会社を第一殖産無尽（福岡地区）、西部殖産無尽（北九州地区）、日信殖産無尽（筑後地区）に分割して三社が設立された。また、東京では東京協和殖産無尽と平和貯蓄殖産無尽が設立された。看做無尽は無尽とは異なる全く新しい業務であったが、これが認可されたことは営業無尽の崩壊を決定づけるものであった。

看做無尽は加入者相互間の融資に限らず、無尽会社の資金調達で融資するため、各無尽会社では預金吸収にも努めた。こうした結果、無尽会社は普通銀行的色彩をおびることとなり、とくに中小企業金融に大きな役割を果たすことになった。昭和二十四年二月末には貯蓄銀行が消滅したため、無尽会社は信用組合と共に中小企業金融にとって重要な位置を占めるに至った。無尽会社の資金量（無尽掛金と預金）は昭和二十年九月の二〇億円から二十六年には一一七二億円に、また融資量（給付金と貸出金）は一五億円から一一四七億円へ飛躍的に伸びた。しかし、無尽会社・信用組合は増加する中小企業の資金需要に応えるだけの機能を備えていなかった。こうしたところから、無尽会社では相互銀行という中小企業金融機関の設立を強く求めることとなった。

相互銀行法の成立

昭和二十四年（一九四九）十一月、大蔵大臣池田勇人は第六臨時国会の財政演説で庶民大衆に対する小規模銀行設立の必要性を述べ、「一県一行主義」を修正して中小銀行の設立を認める方針を表明した。全国無尽協会も無尽業法を改正して無尽銀行法を立法化するよう各方面に働きかけた。

こうした運動が成果を結び、昭和二十六年（一九五一）三月に自由・民社・社会三党の共同提案による相互銀行法が議員立法として第十国会の衆議院に提出された。当初、大蔵省は政府提出による相互銀行法の立法化を目論んだが、GHQが新銀行法で運営すべきであると首を縦に振らなかったため議員立法による設立を図ったのである。同法は衆議院、参議院を通過して六月五日に公布施行された。

相互銀行法の骨子は、無尽会社を相互銀行に改組して中小企業の銀行として機能させようとしたことにある。このために、資本金には最低資本金を設け、人口五〇万人以上の市に本店を有するものは三〇〇〇万円以上、その他は二〇〇〇万円以上とし、大蔵大臣の免許を要した。昭和二十六年三月末の無尽会社の資本金は、六四社中二三社が二〇〇〇万円未満であり、同法の最低資本金は高かった。このため、資本金が満たないところでは増資が行われ、同年九月末までに二〇〇〇万円未満は二社のみとなった。

主要業務については、従来の相互掛金業務の外に普通銀行と同様の預金業務を行うことができた。また、貸付に関しては無尽業法で有価証券担保・給付金限度（掛金限度）・預金担保貸付に限られていたが、相互銀行法ではその制限が撤廃された。また、新しく手形割引が業務に加えられたため資金運用では普通銀行と異なることがなくなった。さらに、中小企業専門機関としての特別規定として、営業区域の制限、同一人に対する融資限度の制限、給付金総額の限度、支払準備の保有が盛り込まれた。

相互銀行法により相互銀行の資金量・融資量は増大した。昭和二十六年三月と二十七年三月を比較すると、無尽掛金と預金を合わせた資金量は八七七億五八〇〇万円から一四二九億六〇〇〇万円、無尽給付金、貸付金、割引手形を合わせた融資量は八九一億五九〇〇万円から一三八一億一〇〇〇万円に増加した。また、二十六年十二月中の業種別新規貸出額では卸売業・小売業が全体の三九・三％を占め、六七億一六〇〇万円であった。ついで、製造業の二四・〇％、サービス業の一六・九％という状況であった（坂入長太郎『日本金融制度史』）。

相互銀行法の施行によって無尽会社は三年以内に相互銀行に転換しなければならなくなった。相互銀行に転換した数は、二十六年十月二十日五七社、同年十月三十日一社、二十七年八社、二十八年一社、二十九年一社であった。

（秋谷）

【参考文献】後藤新一『無尽・相銀合同の実証的研究』、金融財政事情研究会『戦後金融財政裏面史』、『日本相互銀行史』、宮内勉・明石周夫『相互銀行』。

84

中小企業および国民大衆の金融機関

信用金庫の誕生

中小企業等協同組合法

戦後、金融制度面に関して全面的な改革を加えることについての検討が進められた。昭和二十年末には大蔵省に金融制度調査会が設置され、「戦後の新情勢に即応する金融制度整備の方策」のなかで金融機関の経営健全化などが検討された。さらに、二十三年(一九四八)には連合国司令部から勧告をうけ、「新立法による金融制度の全面的改正」も検討されたが、具体的な金融制度改革は見送られた。

一方、市街地信用組合は協同組合制度の改革と関連して大きな変革を受けることになった。すなわち、産業組合法による信用組合、商工協同組合法により金融事業を兼営する商工協同組合とともに、市街地信用組合も信用協同組合として一つの法制のもとに統一されることになった。この法律とは中小企業等協同組合法であり、昭和二十四年六月一日に公布され、七月一日から施行された。

市街地信用組合はこの法律により、二十五年四月一日から信用協同組合に改組し、同年六月には中央機関たる全国信用協同組合連合会が結成された。また、信用協同組合の金融事業に関しては別途に法律が整備され、事業の免許、出資の充実、余裕金の運用制限などの規定が設けられた。これは、信用協同組合を事業協同組合などと同様に金融的に規制することには無理があったからである。こうした点は、金融機関として発展の方向性をもっていた市街地信用組合のなかに不満を生じさせ、業界内部に金融機関としての性格を持たせようとする運動を生んだ。

つまり、市街地信用組合は一定の地域を基盤とし、その地域内の組合員および組合員以外の者とも取引を行うため地域金融機関的色彩が強かった。一方、商工協同組合は同業者を主体として組合員だけを対象にしており協同的色彩が強かった。中小企業等協同組合法は性格の異なる組合を同一化したものであった。また、大蔵省も市街地信用組合を単純に協同組合として規制することには反対であり、こうした点からも新たな法律の制定を求める声が高まった。

信用金庫法の成立

信用金庫法案は昭和二十六年(一九五一)三月、相互銀行法案とともに議員提出のかたちで国会に提出された。この法案は参議院で最低資本金額等について修正が加えられたが、これは「信用協同組合は相互扶助の性格を強調し、かつその自主性を尊重する反面、信用組合は金融機関として公共性を明確にするとともに、既存信用組合はなるべく多数信用金庫に組織変更の道を開く」という趣旨からであった。

結局、信用金庫法は昭和二十六年六月十五日に公布施行された。信用協同組合が実際に組織を変更し信用金庫として発足したのは同年十月二十日からであり、第一次として六五三組合中二二六組合が信用金庫となった。その後、五六〇組合が信用金庫に改組した。こうして、中小企業等協同組合による信用協同組合は、中小企業ならびに国民大衆のための専門金融機関としての機能を拡大し、さらに地域金融機関としての公共的性格も明確とした。

信用金庫法は昭和二十六年六月の公布施行以来、数度の改正が行われた。昭和四十三年六月には金融二法といわれる「中小企業金融制度の整備改善のための相互銀行法、信用金庫法等の一部を改正する法律」と「金融機関の合併及び転換に関する法律」が公布施行された。前者により信用金庫法が改正され、会員資格と出資最低限度額の設定、自己資本の充実などが改められた。また、後者の合併転換法により、普通銀行、相互銀行、信用金庫、信用組合の金融機関相互間の合併および転換が推進され、金融の効率化が図られた。
昭和二十九年三月末の信用金庫の預金量は二〇一二億円であり、昭和五十四年三月末には二八兆一二六億円まで増加した。この増加率は都市銀行、地方銀行、相互銀行よりも大きかった。また、信用金庫の金融機関に占める預金シェアは、五・五％から一〇・八％へと約二倍となった。信用金庫は高度経済成長期において飛躍的な伸びを示したのである。

（秋谷）

【参考文献】小原鐵五郎『信用金庫読本〈第4版〉』

85

中小企業金融機関

中小企業向け政府金融機関

中小企業向け金融機関としては、政府金融機関として、商工組合中央金庫、中小企業金融公庫、国民金融公庫の他、民間の金融機関として、相互銀行、信用金庫、信用協同組合や、労働金庫などがある。

商工組合中央金庫

商工組合中央金庫は、中小企業の組合への金融機関として、昭和十一年の商工組合中央金庫法に基づき、設立された。資本金は、政府と組合の折半出資であったが、その後、増資され、政府出資が半分を超えるほどとなった。所属団体は、中小企業等協同組合、酒造組合、商工組合などとなっている。
取引は、出資者である所属団体と構成員に限られているが、商工債券の発行も自己資金の二〇倍まで発行することを認められ、総資金量の七割以上を占めるている。中小企業金融公庫や国民金融公庫と異なり、預金を受け入れていることも特徴である。当初、所属団体からの預金のみ受け入れていたが、その後、所属団体構成員、公共団体等からのものも受け入れることができるようになった。

中小企業金融公庫の設立

中小企業向け融資は、昭和十一年に設立された、組合員対象の商工組合中央金庫をつうじて行われていたが、戦後は、復興金融金庫、米国対日援助見返資金特別会計、日本開発銀行から行われるようになった。しかし、組合員対象であったり、基幹産業中心であったり、必ずしも充分なものでなかった。中小企業対象の政府金融機関の必要性が議論された結果、昭和二十八年、中小企業金融公庫法に基づき、全額政府出資の機関として、中小企業金融公庫が設立され、それまでの貸出しはすべてこの公庫に引き継がれた。

中小企業金融公庫は、中小企業向けの設備資金、長期運転資金を貸付けることを目的として、民間の金融機関からの資金調達が困難なものについて対応するための機関である。

預金の受入れが認められておらず、一般会計と産業投資特別会計からの政府出資の他は、政府借り入れによって資金調達していた。しかし、昭和三十九年からは、政府保証の中小企業債券発行も実施されている。貸付け方式は、銀行や金庫を経由する代理貸付けで方式あったが、昭和三十年からは、支所による直接貸しも行われるようになった。

国民金融公庫

国民金融金庫は、戦前の庶民金庫、恩給金庫の業務を受け継ぎ、昭和二十四年に設立されている。一般の民間金融機関から融資を受けることが困難な国民に対し、事業資金を融資することを目的とする機関であるが、概して、中小企業金融公庫融資に比べ、零細かつ少額の資金貸付けが多い。事業資金としては、生業資金の小口貸付けや進学資金に限定され、生活困窮者への救済資金援助は行わないものとされている。また、前二つの金融機関と異なり、中長期の資金貸付けを目的とした機関ではない。

資金源は、資本金と政府の借入金で構成され、運営システムは、支店をもっている他、金融機関に代理店を委嘱している。融資は、中小企業者向けの普通貸付けがほとんどであるが、恩給、特別弔慰金国債等を担保とするものもある。

運営上の特色は、民間の意見を反映させるため、民間代表八名、政府代表二名からなる国民金融審議会が大蔵省内に設置されていることであり、公庫の重要事項について議決を行う他、大蔵大臣の諮問に応じて意見を述べることができる。　（星野）

【参考文献】『わが国の金融制度』日本銀行金融研究所。

86

第二の予算

財政投融資

財政投融資前史

財政投融資とは、政府が、資金を租税の形態で強制的に集め消費的、経常的経費にも利用できる一般会計と異なり、金融の形態で資金調達を行い、投融資活動を行うというもので、政府の金融活動部門である。

すでに、明治初期には「準備金取扱規則」が制定され、大蔵省は官庁内外の預金を運用、鉄道や鉱山等に投融資された。また、イギリスの郵便制度にならって郵便貯金が、始められていた。その後、こうした預貯金の吸収、運用のため、明治十八年（一八八五）に「預金規則」が制定され、大蔵省預金部がつくられた。当初は国債への運用が中心であったが、第一次大戦、昭和恐慌、第二次大戦等の動乱期をへて、植民地経営を含む戦時体制維持の重要な手段となっていった。

財政投融資制度の確立

第二次大戦後、昭和二十一、二十二年に占領軍の戦後処理策の一環として、預金部は公債投資(地方債中心)に限定され、産業融資は禁止。戦時体制下に増加した政府保証債や政府出資特別会計も取り止めることとされた。産業資金としての財投の範囲は極めて限定的なものとなったが、傾斜生産方式の実施とともに、復興金融金庫に受け継がれた。昭和二十四年、インフレ沈静化のため、復金の停止の後には、見返資金特別会計に継承された。対日援助物資の売却代金を積立たもので、基幹産業に貸し付けられた。

昭和二十六年、預金部は、資金運用部に改組、整備され、産業融資が再開された。また、政府保証債が発行され、見返資金特別会計は、産業投資特別会計に改組される一方、住宅金融公庫など政府金融機関が多数設立された。

今日では「第二の予算」と呼ばれ、一般会計と並んで日本財政の中核をなしている政府の金融活動、いわゆる財政投融資が「財政投融資計画」の策定、公表という形で制度化されたのは昭和二十八年度からである。これにより、資金運用部など一連の投融資機構や多様な運用機関が統括してコントロール下におかれるとともに、財政投融資という用語が定着した。

財政投融資のしくみ

財政投融資の原資は、資金運用部資金(郵便貯金、厚生年金、国民年金、回収金、その他特別会計預託金)、簡保資金(郵便年金を含む)、産業投資特別会計、政府保証債等(借入金を含む)の四種類である。

資金運用部資金は、多様な政府資金を総称したものである。個別の制度を通じて集められた政府資金は資金運用部という国の勘定科目に預託され、一元管理される。

簡保資金は、簡易保険、郵便年金の積立金であり、通常は政府資金と呼ばれているもののひとつである。戦時中の預金部時代、および昭和二十六年、資金運用部が設置された際には、簡保資金もここに統合されていたが、財政投融資計画の策定時に分離運用されている。

政府保証債は、財投機関が発行し、銀行や証券会社が引き受け、この元利償還を政府が保証した債券と借入金である。

産業投資特別会計の収入は、貸付金の回収金、利息、出資先からの利益配当としての国庫納付金、株式配当金等の運用収入であり、当初は一般会計からの繰入金によってきた。昭和五十六年度以降は中止されている。

昭和二十八年度の財政投融資計画は、郵便貯金、簡保資金が二〇〇二億円の他、一般会計の財源繰入、保有国債のの売却、特別減税国債と政府保証債の発行等によって三三八九億円の当初計画となり、一般会計予算規模の三分の一を超えた。

運用面では、今日、公団、公庫の数が多く、これら財投機関がその多くを占めているが、昭和二十八年度には、公団の数も少なく、地方団体貸し付け(地方債購入)と公庫等が、それぞれ三分の一以上を占めていた。また、財投計画外で、国債運用(国債の引受)も行っている。

(星野)

【参考文献】竹原憲雄『財政投融資』

アラカルト

護送船団行政

私たちの日常生活にとって、経済の安定成長、金融システムの安定及び信用秩序の維持は不可欠である。ここでいう金融システムとは「金融に関する法律や規則の体系」を意味し、金融行政全般を指し、大蔵省が監督官庁として、戦前・戦後とも強いリーダシップを発揮してきた。

戦前・戦後の金融行政をみると、大蔵省は、「信用秩序の維持」のために、規制や監督の必要を作り出し、諸規制を加えてきた。具体的には、①業務範囲に関する規制、②金利に関する規制、③国内と海外との金融市場を分断する規制などである。業務範囲についての規制をもう少し詳しくみると、長短金融の分離、銀行・信託の分離、銀行証券の分離などがある。たとえば、金利に関する規制もとられており、金融機関が預金金利等を自由に決定することも、金融商品を新たに開発することも規制が加えられていた。大蔵省の実施するこのような諸規制とその監督は、業務競争を極力抑え、「協調と安定」を重視するセーフティーネットを構築するものである。このように手厚く保護する行政方式を「護送船団方式」、またその行政を「護送船団行政」と呼んでいる。この行政は、金融機関を一行たりとも潰さないものと市場に受け取られ、「銀行不倒神話」を生み出した。

護送船団とは、もともと戦争から生まれた言葉で、戦地まで運ぶ軍事物資を守るためにとられた体制をいう。一番遅い船に速度を合わせて一斉に進み、敵の攻撃を防御するために船団の周りを駆逐艦が護衛するものである。金融にたとえると、弱小金融機関のペースに合わせるように、競争を極力抑え、業務規制を引いて垣根を巡らし、手厚く保護する行政をいう。確かにこのようなセーフティーネットは、戦後の混乱を鎮め、経済の発展成長に大きな役割を担ってきたが、世界経済が自由化・国際化するにつれて、グローバル化や自由化に逆行することのような行政は、逆に金融機関にモラルハザード(moral hazard）を発生させ、その結果として、金融機関の経営基盤を弱体化し、国際競争力をそぐ結果となった。

金融においても国際化が進展し、資金が自由に国際間を移動するボーダレスな時代となった。また、バブル経済が崩壊し、金融システムが不安定になるにつれて、護送船団方式では当面する課題への対応が不可能となり、新しいセーフティーネットを構築する必要性が生じた。つまり、諸規制を撤廃し、経営に自由裁量を認め、金融機関に活力を導き出す必要性が生じてきたのである。体力のある金融機関は、積極的に経営展開し、体力の無い金融機関は市場から退出するといった「効率性」が重視されるようになった。このように、わが国の金融行政も「協調と安定」から「競争と効率」を重視するシステムへのドラスティックな変化が求められているのである。

（黒須）

第六章　高度経済成長・バブル経済

87 復興から成長への構造変化

国民所得倍増計画と金融

戦後の動乱と国民所得倍増計画

第二次大戦後、インフレーションは猛烈な勢いで進展した。これは戦時中の、日銀引き受けによる大量の国債発行によって生じた超過剰流動性と食料や物資の不足といった需給双方のアンバランスから生じたものである。特に、当時の食糧危機は深刻であった。

その後、預金封鎖や新円切り替えなどの緊縮経済政策が実施され、超インフレは収束するに至った。特に、日本銀行は戦後の経済復興とインフレーション収束を同時達成すべく、低金利政策を持続しながら引き締め効果を出すことをねらいとした高率適用制度を実施し、注目を集めた。

昭和二十九年(一九五四)には、不況が発生したものの、三十一年の経済白書には、「もはや『戦後』ではない。われわれは異なった事態に直面しようとしている。回復を通じての成長は終わった。今後の成長は近代史によって支えられる。」と記し、鳩山内閣のもと、経済の自立と完全雇用の達成を目指し、「経済自立五カ年計画」が実施された。

三十二年の岸内閣では、「新長期経済計画」が立案された。当時の岸総理は、国の経済規模を一〇年で二倍にする構想を固め、経済審議会に諮問が提出されたが、その後、日米安保条約阻止の運動が国内に高まり、岸首相は条約発効とともに退陣したため、その計画は池田内閣にバトンタッチされた。池田勇人首相は、所得倍増で国民に明るさを約束することで、失われた人心を取り戻すことができると考え、三十五年、新たに「国民所得倍増計画」を実施した。

具体的には三十五年十二月から四十五年までの一〇年間に国民経済の規模を倍増することを目標とし、経済成長を通じて、国民生活の向上と完全雇用の達成を実現することをねらいとしていた。この計画が発表された当時は、その目標があまりに高すぎて、実現が困難であるという見方が多かったが、四十二年に目標より三年早く倍増の目標は達成された。

この計画は、消費水準の向上・完全雇用の二重構造の解消を実現した。しかし、「成長」、「倍増」が強調されるあまり、緩やかな物価上昇による所得格差の発生、公害問題、生活環境（社会資本）の立ち後れなど社会にひずみ現象を生んだのである。

戦後の復興を支えた護送船団行政

戦後のわが国経済は、余剰人員を抱えながら資本設備と原材料の過度の不足が発生していた。これらを解消するために、政府は輸出・投資主導型経済政策を導入した。保護的な産業政策や投資・貯蓄促進の租税政策などが、輸出・投資促進の面で重要な役割を果たし、同時に金融の枠組みでは、金利規制を中心とした業務規制などの各種規制が重要な役割を果たした。

特に、経営破壊的な金利競争を防止するために実施した預金金利規制が、護送船団方式により運営されることにより、民間金融機関の経営を安定化させた。また、長短金融の分離も金融機関相互間の競争を抑制し、効果を助長させた。こうした金融機関の経営の安定を背景にして、金融機関は旺盛な企業の資金需要に応じていくことになった。高度成長が実現する中で、企業の期待収益率は貸出実行金利に比べ十分に高かったため、流動性が量的に確保されている限り、企業は設備投資を行ったのである。

このように規制色が強く、安定と協調性を重視した金融制度（護送船団行政）は、①間接金融優位、②オーバーボロイング、③オーバーローン、④資金偏在という金融構造を生み出した。

第一は、間接金融優位である。戦後の混乱期において起債などの直接金融に頼ることができたのは大企業のみであった。従って、中小企業をはじめとした多くの企業は預金金利規制された銀行に資金依存した。資本市場も育成されていなかったこともあり（金利規制や長短金融の分離、銀行・証券の分離といった諸規制は資本市場の発達を阻害したともいえる）、高度成長を通じて間接金融の割合は、約九割と圧倒的に優位となった。

第二は、オーバー・ボロイングである。オーバーボロイングとは、法人企業部門の資金調達において銀行借入への依存が著しく高い状態をいう。GNP中の投資比率が著しく高く、法人企業部門の手元流動性が少なく、間接金融優位の状況下では銀行より外部資金調達をせざるを得なかった。また、護送船団行政により、外債発行規制やインパクトローンの取り入れが規制されていたことも、オーバーボロイングを助長したといえよう。

第三は、オーバー・ローンである。オーバー・ローンとは、民間銀行部門が恒常的に与信超過の状態にあることをいう。オーバー・ローンはオーバー・ボロイングと表裏一体の関係にある。企業の旺盛な資金需要に対して、銀行部門の資金不足の大半は日本銀行貸出に依存していた。国民所得倍増計画などの経済政策優先の措置により、金融機関の資金ポジション意識が稀薄化していたといえよう。

第四は、資金偏在である。資金偏在は、民間金融機関の中に恒常的な与信超過状態にある都市銀行と、恒常的に受信超過にある地方銀行や相互銀行、信用金庫に分かれ、前者を借り手、後者を貸し手としてインター・バンク市場で一方通行の貸借関係が定着する状態をいう。これは、輸出・投資関連企業が主要都市に集中しており、都市銀行に資金需要が集中したためである。

このように護送船団行政は、戦後の復興や高度成長を側面から支えてきた。その後も継続されたが、一九七〇年代以降、金融の自由化・国際化の波にさらされ、バブルの崩壊とともに終焉をむかえることとなる。

新金融調整方法

日本銀行は、オーバー・ローンのような高度成長期の金融構造を正常化するために、昭和三十七年に新金融調節方式を採用した。具体的には、①従来の高率適用制度を廃止し、日本銀行借入依存の高い都市銀行に対して、日本銀行貸出の限度額(貸出限度額適用制度)を設け、その限度額を超える日銀貸出は原則認めない、②金融調節手段としては債券売買を一層活発に行い、経済成長に必要な現金通貨を供給していくというものである。この新金融調節により、コールレートの突飛高といった状態が生じなくなった。債券オペレーションも、間接金融優位のため、長短金融市場が未発達であったことから、機動的な債券オペレーションは行われなかったが、その後は市場の動向に応じてオペ玉の拡充を行い、次第に金融調節の主役へと踊り出していくのであった。

(黒須)

【参考文献】日本銀行金融研究所編『わが国金融制度』、有沢広巳監修『昭和経済史(中)』日経文庫。

88

第一次・第二次オイルショック

戦後初の経済不況、その経験を生かして

日本列島改造論とオイルショック

昭和四十七年（一九七二）七月に田中内閣が誕生し、日本列島改造ブームがまき起こった。田中角栄首相は、通産大臣の頃にまとめた「日本列島改造論」を首相就任一ヶ月前に出版した。書店に積まれた本は、たちまち売り切れ、増版に増版を重ねて約九〇万部に達した。書籍の骨子は、「明治百年は昭和維新」という認識に立ち、①工業再配置、②新二五万都市、③新幹線など高速交通手段の整備の三本柱からなっていた。

新総理は、「決断と実行の政治」を旗印に、過疎と過密の同時解消を国民に公約した。年率約一〇％の成長を前提として、開発構想を列記し、日本全国の国土開発を推進した。また、昭和六十年までに高速道路一万キロ、新幹線七〇〇〇キロを目標に、五十二年までにその約三割を実現するという、田中色に満ちた経済計画を実行した。

このような経済計画は、ニクソンショックによる円切り上げ恐怖症による緩和政策が惹かれていたことや積極財政を反映して過剰流動性が生じ、地価の高騰とインフレを引き起こした。地価は前年度と比較すると約三割、消費者物価は約二割、卸売物価も約三割も前年度を上回った。零細な貯蓄や退職金により自分の住宅を持ちたいと思う庶民にとって、これらの高騰は夢を奪うものであり、世間の評価は次第に冷たいものと変化していった。

四十八年十月に第四次中東戦争が勃発したことから、産油国は原油公示価格を引き上げ、減産と非友好国への禁油を決定した。一バーレル二ドル五一セントであった石油価格が一一ドルへ約四倍上昇した。

石油ショックによる交易条件の悪化は、国内産業の価格体系に大きな影響をあたえた。電力・ガスといった公共料金から一般の物価まで便乗値上げが生じた。中でも、石油資源の減産と価格上昇が石油資源の枯渇と結びつけられ、国民に動揺を与えたことからトイレットペーパーや合成洗剤などを買いだめする「トイレットペーパー騒動」が発生した。この動きは、石油資源のみならず、砂糖や即席ラーメンまで広まり、年末には冗談から流言がうまれて信用金庫の預金取り付け騒動にまで発展した。

このような状況下、四十八年一月、通貨当局は預金準備率を引き上げ、同年三月に公定歩合を引き上げ金融引き締めを行った。このことからわが国経済は、激しいインフレから激しい不況へと大きなうねりに飲み込まれていった。そして、四十九年の経済成長率は戦後初のマイナス成長を記録した。同年十二月、田中首相の金脈問題が露顕し、田中首相は退陣した。

財政・金融両面からの厳しい引き締め政策により、四十九年三月頃から、国内物価は幾分沈静化し、同時に景気は急速に落ちこみ、不況下の物価上昇という、スタグフレーションという現象が発生した。

第二石油ショック

昭和五十三年、イランのパーレビ国王はイスラム文化や社会構造を急激に変革し、強引に西洋流の近代社会を押し進めようとした。この独裁的な社会変革に民衆は反発し、ホメイニ師を最高指導者とする国王打倒運動が生じ、パーレビ王朝は崩壊した。このイラン革命後、ＯＰＥＣ諸国は石油輸出停止による石油需給の逼迫を好機ととらえ、再び原油価格の引き上げ攻勢に転じた。一バレル一二・七ドルだったものが、その後、段階的に引き上げられ、六月には三七ドルに達した。このように、イラン革命に端を発した石油価格の上昇は、世界経済を混乱に陥れた。

このような状況下、わが国卸売物価は、五十五年に二四％の上昇に転じたが、前回ほどの混乱もなく安定しており、消費者物価への影響も軽微だった。これは、第一次オイルショックの学習効果が指摘できよう。前回は列島改造ブームであり、「千載一遇のチャンス」と見て便乗値上げに走る企業が多かったが、今回は減量経営により原油コストの上昇を吸収するように努力したことがあげられよう。

過剰流動性と国債の大量発行

四十二年（昭和四〇年）以降のマネーサプライ統計を見てみよう。高度成長時にはM1、M2＋CDともに一〇％以上の高い伸びを示していた。これは、二桁を超える経済成長を実現するために、旺盛な企業の設備投資をオーバー・ローンの状態にありながら、金融市場がサポートするかたちをとっていた。

その後、四十三年より国際収支勘定の総合収支が黒字に移行したこと、四十六年にニクソンショックの発生、スミソニアン体制による一ドル三〇八円への切り上げ、などの海外の不安定要因が発生し、国内の景気を腰折れ状態にさせないため、政府は積極的な財政金融政策をとった。折からの列島改造論ブームに乗り、マネーサプライも二〇％を超える過剰流動性が発生した。これにより、平時おけるインフレが発生することとなった。石油ショックが追い打ちをかけるように発生したこともあり、わが国政府及び中央銀行は金融引き締めのタイミングを半年間遅らせてしまった。そのために、戦後初の経済不況を生み出した。第一次ショックは、「通貨の番人」を使命とする日本銀行にとっては苦い経験となったが、この経験が、第二次オイルショックに生かされたのである。

なかなか回復しない景気を立て直すために、五十年に、準備率を二度も引き下げ金融緩和を促すための措置をとった。また、第四次景気対策が実施され、約五兆円の財源の不足は国債（赤字国債は約二兆円）を発行することにより調達した。これにより、国債依存度は前年度の約二倍の二六・三％となった。その後、国債発行は毎年増え続け、第二次オイルショック後の五十四年度では一五兆二七〇〇億円（赤字国債は八兆五五〇〇億円）にまで膨らみ、国債依存度も三九・六％となった。昭和五十年以降、企業の経済行動が変化し、これより年率五％前後の安定成長時代に突入することとなった。（黒須）

【参考文献】日本銀行金融研究所編『わが国の金融制度』、有沢広巳監修『昭和経済史（中）』日経文庫、三橋規宏・内田茂雄著『昭和経済史（下）』日経文庫。

89 ブレトンウッズ体制の崩壊 ニクソンショックと変動相場制移行

一ドル三六〇円時代と国際収支黒字の定着

昭和二十四年（一九四九）、米国では日本の自立を認め、世界の貿易に参加させるべく、単一為替レートの設定に対して調査団（ヤング調査団）を送った。ヤングは、現行の日本の輸出の八〇％が維持できる数値は一ドル二七〇円から三三〇円であるとし、一ドル三〇〇円を提案した。この調査団はGHQの頭ごしに送られてきたこともあり、並行して調査していたGHQやドッジは三三〇円が適当であるとした。これに対して、ワシントンの国家諮問委員会は、調査後のインフレを考慮した場合、三三〇円は円高であると判断し、結局、三六〇円というレートを採用することとなった。その後、四十六年夏まで二四年にわたって、三六〇円レートは維持されたのである。

三十五年代後半から、国際収支の基調が急激に変化した。今までは、経済成長につれて、原材料の流入増などにより国際収支は赤字を計上していたが、高度成長と国際収支黒字の同時達成が可能になった。年二〇〇〇ドル程度の外貨準備高も、四十五年以後増加し、翌年には一万ドルを超える水準となった。

ブレトンウッズ体制の崩壊とニクソンショック

昭和二十年（一九四五）に、第二次世界大戦後の国際通貨制度を安定させることをねらいとして、IMF（国際通貨基金）が設立され、新しい国際通貨制度が誕生した。IMFの設立のための委員会は、米国ニューハンプシャー州ブレトンウッズの国際会議で採択されたために、第二次大戦後の新しい国際通貨制度をブレトンウッズ体制ともよぶ。金一オンス＝三五ドルとし、金によってドルの値は定められていた。

四十年以後、わが国の国際収支勘定は黒字化が定着するようになってきた。前述したように、円レートは、二十四年に一ドル三六〇円と設定されており、その後二〇年間全く変更されていなかった。伊藤光晴氏は、「碁を習いはじめた時に井目おいてうってい た人が、二段、三段になっても、まだ同じハンデで勝負を争っているようなもの」と指摘しているように、日本の為替相場が不変であったことにより、日本商品の国際競争力が増し、強い円が実現し、逆にドルの値は急落するかたちとなった。この強い円と弱いドルの関係は、日米貿易収支に表された。特に対米貿易収支は、四十六年に一〇億ドルもの赤字を計上していた。アメリカは、ベトナム戦争等の影響もあり、貿易収支の赤字、大量のドル流失が顕著となり、次第に国内に保護貿易主義が露骨に台頭することとなった。

四十六年八月十六日、午前十時、ニクソン大統領は、緊急的経済政策として、「ドルの金兌換停止」を一方的宣言した。これが通称「ニクソンショック」とよばれるものである。この日の東京為替市場の出来高は平常時の実に一〇倍に及ぶ額に達し、また、東京証券取引場では大量の売りが殺到した。

西欧諸国は、一斉に外国為替市場を閉鎖した。日本政府は外国為替決済に含めるドルの割合が九二％もあることから、声明後もドル買い支えを行い、結局、十五日から二十七日まで購入した額は総額四〇億ドルに達した。その後、西欧諸国がフロート制を採用したことにより、円もついにフロート制を試行錯誤しながら採用することとなった。こうして、戦後続いたブレトンウッズ体制は崩壊したのである。

同年十二月七日、ワシントンのスミソニアン博物館において、ドル切り下げを含んだ多国間通貨調整のための一〇カ国蔵相会議が行われた。その結果、円はドルに対して一六・八八％（一ドル三〇八円）切り上げられた。スミソニアン合意成立後の先進国景気は、各国がこれ以上の為替切り上げを回避し、基準レートを維持しようとしていっせいに積極的財政運営を図ったため、急速な立ち直りをみせた。しかし、四十八年二月十三日、米ドルの一〇％の切り下げと同時にまたフロート制に移行した。四十六年末のスミソニアン合意も短命に終わった。（黒須）

【参考文献】有沢広巳監修『昭和日本史（中）』日経文庫、日本経済新聞社。

90 時代の流れや外圧により実施
金融の自由化と国際化

金融の自由化・国際化への動き

わが国の金融行政は、戦後半世紀の間、大蔵省による金融業界の秩序維持を主眼において運営されてきた。戦後の復興期では、企業の設備投資が旺盛であるのに対し、資金は不足しており、金融機関の資金調達競争による金利の高騰などを防止するために、金融分野は細分化され、それぞれの分野で金融機関が安定的に存続できるように金利規制、業務規制、市場分断規制といった競争制限的な政策がとられてきた。都市銀行、普通銀行、長期信用銀行など業態別の垣根を設けて資金の流れを管理し、「四畳半金利」といわれたように、各種の金利を政策的に決定していた。

高度成長期に入ると、家計を中心に資金蓄積が進み、資金不足も徐々に解決されたことから、規制金利でなく市場原理による資金配分が可能な状況になった。同時に、家計も企業も資金運用に関心を向け始め、金融商品の多様化を求めるようになった。

高度成長期以後、力をつけた日本の銀行や証券会社は欧米社会に次々と進出していった。しかし、日本の金融・資本市場は閉鎖的なままであった。特に、国際収支の大幅な赤字に悩むレーガン大統領は、日本の金融・資本市場が自由化されれば、日本でのアメリカの金融機関の活躍の場が広がると考えた。電気・自動車などの製造業では守勢にたたされているが、金融サービス分野では圧倒的に優位に立っていることから市場の開放を迫った。これにより、昭和五十九年に日米財務当局者の合同特別グループである日米円ドル会議が開催され、その後金融の自由化・国際化が急速に進展することとなった。

日米円ドル委員会と金融の国際化

昭和四十六年の、ニクソンショックやフロート制導入による円の切り上げ（事実上ドルの切り下げ）といった政策にも関わらず、米国の国際収支の赤字はいっこうに解決しなかった。レーガン大統領と中曽根首相は、五十八年十一月の日米首脳会議で「安すぎる円と高すぎるドル」について討論し、「円の国際化」と「金融・資本市場の自由化」を迫った。そして、円・ドル為替レートの改善について合意された措置の進行状況を監視するための閣僚レベルの「作業グループの設立」が決定した。この特別グループの正式名称は、「日米共同円・ドルレート、金融・資本市場問題特別会合」（通称「日米円・ドル委員会」）である。日米の蔵相を共同議長とし、その下に財務官レベルのワーキンググループが設けられた。作業部会は、五十九年二月に東京で開催されたのを皮切りに、五月のローマ会議まで都合六回開催された。そして、五月二十九日に、「金融の自由化及び円の国際化についての現状と展望」という報告書を発表した。この報告書に沿って、わが国の金融・資本市場の自由化、国際化は計画的かつ急速に進展した。

この報告を簡単にまとめると、まず金利は、影響の少ない大口預金金利の自由化から進め、それから小口預金金利の自由化に移り、その後国内CDの発行単位を徐々に引き下げ、発行枠も拡大することとした。日本の金融・資本市場への参入については、外国金融機関を内国民待遇とし、外国証券会社の東京証券取引所の会員権取得など計画に加えられた。六十年十月には、外国銀行の信託業務参入が認められた。円の国際化では、非居住者によるユーロ円債の発行を認め、居住者によるユーロ円債の発行は順次自由化されることとなった。

金融の自由化

金融の自由化とは、金融における規制を緩和ないし廃止していくことを意味し、①金利の自由化、②金融新商品の開発、③業務分野の相互乗り入れの三つを意味する。

　第一の金利の自由化は、日米円ドル委員会以前から始まっていた。前述したように、前後の復興期は資金不足でありその環境の中で、安定した貸出量を得るために「四畳半金利」といわれるような金利の規制が行われていたが、四十年（一九六五）以後、国債の大量発行、現先市場の発達を主な原因として金利規制は急速に後退した。最後まで残ったのは預金金利であるが、日米円ドル委員会後に創設された自由金利の譲渡性預金の創設に続いて、大口定期預金や小口定期預金の自由化、さらに流動性預金の自由化と進み、平成六年十月以降については全面的な自由化を見るようになった。貸出も、復興期以後、金融機関と企業との結びつきにより行われていたが、徐々に金利の状況に応じて貸出が行われるようになった。こうした金利の自由化は、金融新商品の開発を促進させ、それが契機となって金融業務の垣根の撤廃を一層進めた。

　第二の金融新商品の開発は日米円ドル委員会以後、自由化の流れをうけて積極的に行われた。自由金利市場である譲渡性預金の創設にはじまり、翌年の五十五年には中期国債ファンドが開発された。これは証券会社が設けた投資信託で、一〇万円以上の資金を口座に預託するもの（複利金利で一ヶ月以降に引き下ろせる）で、事実上は証券会社の預金的な性格を持っていた。その後は、外貨預金（昭和五十五年）や期日指定定期預金（五十六年）、ビッグ・ワイド（五十六年）、ジャンボ（五十七年）、市場連動型預金（ＭＭＣ六十年）、大口定期預金（六十年）、国内ＣＰ（六十二年）、スーパー定期（平成三年）、短期公社債ファンド（四年）といろいろな金融新商品が創設された。

　第三の業務分野の相互乗り入れは、金利の自由化をうけて垣根を設けるよりも、市場原理おける競争が金融機関のみならず利用者にとっても恩恵があるとし、積極的に進められてきた。具体的には、長期信用銀行、銀行と信託銀行、銀行と証券会社などで相互に乗り入れが行われ、その結果、金融機関が同質化してきた。金融ビッグバンをうけて、更に加速し、金融子会社が認められ、金融再編が急速に行われている。

このように、金利の自由化・国際化は、時代の流れや外圧により実施されてきた。ただ、預金金利の自由化をみても、平成六年に完全自由化されたものも、各金融機関の預金金利は横並び状態にある。また、金融ビッグバン以後は、垣根はほとんど撤廃されたが、都銀の預金量と同規模の資金量を所有する郵便局の存在もあり、今後更なる改革が必要であろう。

（黒須）

【参考文献】呉文二・島村高嘉著『金融読本』、東洋経済新報社。日本銀行金融研究所編『（新版）わが国の金融制度』。三橋規宏・内田茂男著『昭和経済史（下）』日本経済新聞社。

91 相互銀行の再編
第二地銀の誕生

相互銀行

戦後における金融制度再編成の一環として、昭和二十六年、「相互銀行法」が制定され、わが国の伝統的庶民金融機関である無尽会社から「相互銀行」へと転換・発展した。転換に際して、無尽会社の大多数が転身した。

相互銀行法は、連合国総司令部からの金融制度再編成の指示により、当時経営基盤の安定していない無尽会社の強化と庶民金融機関の必要性に答えることを目的としていた。相互銀行の名称については、司令部への英文書類提出の際に、無尽業法（昭和六年制定）の「抽選または入札により金銭を給付する」という条文から、無尽会社はギャンブル会社ではないかととらえていた司令部当局に、説明するために、アメリカの非営利相互組織であるmutual saving bankを手本に無尽会社の相互扶助性をmutualで示し、bankを後につけ銀行としての性格を付加し、相互銀行（mutual bank）としたといわれている。

相互銀行は、「国民大衆のために銀行の円滑化を図り、その貯蓄の増強に資することを」目的とする株式会社組織の中小企業金融専門機関として位置づけられている。銀行としての性格が付与されたことにより、預金業務、貸付業務、手形割引業務、外国為替業務（昭和四十八年度より）の扱いも認められた。普通銀行との違いは、中小企業向け以外の信用供与が制限されていること、無尽会社以来の相互掛金業務（無尽業務）を取り扱うことができることであるが、近年は相互掛金業務のウエイトは低下しており、普通銀行との同質化が進んでいる。

わが国の高度成長期において、都市銀行が大企業向け融資に追われるなか、相互銀行は中小企業育成発展に大きく貢献した。四十三年の法改正により、融資対象を原則として従業員三〇〇人以下または資本金（出資金）二億円（四十八年の法改正で四億円に引き上げられた）以下の中小企業であることが明記された。六十年末には、相互銀行数は六九行、資金量は約三八兆円、融資量は約三一兆円となっている。中小企業への融資は一五％を含めるに至った。

第二地銀への転換

相互銀行は、本来の相互掛金業務の掛金のウエイトを年々低下させ、銀行業務が中心となるようになった。昭和三十二年以降は、相互掛金は預金を下回り、四十六年の法改正で外国為替業務が追加され、普通銀行への同質化が一層進展し、相互銀行としての特色が稀薄化してきた。

このような情勢を背景に、四十三年に、「中小企業金融制度の整備改善のための相互銀行法・信用金庫法等の一分改正する法律」及び「金融機関の合併及び転換に関する法律」が公布され、これをうけて、同年に日本相互銀行が普通銀行転換第一号として太陽銀行に、五十九年西日本相互銀行が西日本銀行として転換を果たした。

六十三年には、金融制度調査会から「相互銀行制度のあり方について」という普通銀行への転換を説く答申が出され、同年末現在で六八行あった相互銀行が平成元年（一九八九）に六六行、そして翌年に一行転換した。経営状態が悪化していた東邦相互銀行も四年四月に伊豫銀行に合併され、この時点で相互銀行の歴史は幕を下ろした（東邦相互銀行と伊豫銀行の合併の際、預金保険機構の資金が初めて用いられた）。

普通銀行への転換に伴い、旧業務の相互掛金業務は排除され、名実ともに「銀行法」に基づく金融機関となった。転換した銀行は、全国地方銀行協会とは別に第二地方銀行協会を結成し、第二地方銀行協会加盟銀行、略して「第二地銀」と呼ばれている。

転換にともなう第二地銀の新名称を見るとほとんどの銀行が「相互」という文字を削除したものである。なかにはトマト銀行、山形しあわせ銀行、熊本ファミリー銀行など、意表をつくものや地域密着という印象を抱かせるものなど、名称に工夫がほどこされていた。

金融再編と第二地銀

第二地銀への転換が行われた時期は、ちょうどバブルの最盛期であった。その後、わが国経済はバブルが崩壊し、長期不況に突入した。相互銀行は第二地銀に転換し、普通銀行として活動の自由を得たものの、折からの長期不況による中小企業の倒産による不良債権問題や金融の自由化による大手銀行との競争の激化という条件のもと、前途に楽観は許されない状況にある。

特に、金融システムの安定のために金融機関の経営健全化が叫ばれ、大蔵省及び金融監督庁とＢＩＳ

の自己資本比率がその基準として用いられている。これによると、第二地銀はすべて連結国内基準とし、自己資本比率が四%に満たない場合は業務の全部または一部停止命令が下されることとなった。第二地銀では、静岡中央銀行など国際基準の八%を超える金融機関が一二行あるが、全体的に自己資本比率は低く経営基盤は弱い。なかには国内基準の四%にも達せず、早期是正措置が発動された銀行もある。

このように、金融ビッグバンを受け、新しく「競争と効率」が金融行政の基本となっている。銀行経営のこれからは、体力勝負の様相を呈し、この競争に勝たなければ金融市場から淘汰されよう。この厳しい環境を第二地銀が生き残るためには、①地域により密着した積極的な経営展開、②国内外の大手金融機関との提携・合併という選択肢しかのこされていない。

（黒須）

【**参考文献**】全国相互銀行協会編『相互銀行史』一九七一年、日本銀行金融研究所編『（新版）わが国の金融制度』。

92 日本型ビッグバン構想の展望と課題
金融ビッグバン

金融ビッグバンのねらいと概要

わが国の金融・資本市場は、間接金融を中核として、戦後の高度成長を支えてきたが、「護送船団行政」がとられてきたために、活発な競争による効率性や自由な商品開発によるイノベーション等が犠牲にされてきた。この結果、わが国の金融・資本市場は、ニューヨークやロンドンに比べ大きく劣後したものとなってしまった。このため、大改革（ビッグバン Big Bang）が緊急の課題となっていた。

橋本総理大臣は、平成八年（一九九六）十一月に、「わが国金融システムの改革～二〇〇一年東京市場の再生に向けて」という金融システム改革構想を発表した。この「日本型ビッグバン構想」は、その後、金融制度調査会などで検討され、最終報告が提出された。これによると、基本的にわが国金融・資本市場をニューヨークやロンドン並の国際的に質の高い市場にするという戦略的な目標を掲げ、抜本的な規制緩和、包括的な金融法制の整備を行うというものである。

日本版ビッグバンの改革項目をみてみると、日本の金融システムを、①市場原理が働く自由な市場(フリー free)、②透明で信頼できる市場(フェア Fair)、③国際的で時代を先取りする市場(グローバル Global)の三大原則のもと諸方策が盛り込まれている。

具体的には、第一のフリーでは、銀行・証券・保険などの業際を撤廃し、相互参入させるとともに、株式をはじめとする諸手数料の自由化、商品規制の撤廃など完全な自由化を実現すること、第二のフェアでは、市場ルールを明確化する一方、十分な情報提供によって投資家保護が図れる環境を作ることである。第三のグローバルでは、グローバル化に対応した法制度・会計制度・監督体制を整備し、欧米並にすることを視野に入れている。

平成九年六月に金融ビッグバンの具体的措置とスケジュールとが発表された。これによると改革は、大きく四つに分けることができる。第一に、「投資家・資金調達者の選択肢の拡大」である。個人の金融資産の蓄積、ファイナンシャル・テクノロジーの発達に伴い、個人や機関投資家のニーズは多様化・複雑化してきたが、それらに対応できる金融商品の提供を目指している。特に、外為法改正により国内外の資金移動が自由化される前に、証券総合口座導入や証券デリバティブの全面解禁、投資信託など整備が行われた。

第二に「仲介者サービスの質の向上」である。従来わが国では護送船団行政により「参入規制」や「価格統制」が行われ、競争を規制することで金融システムの安定を図ってきた。これらの規制を廃止し、競争を促しながら金融サービスの向上を目指すというものである。金融持株会社設立の解禁、証券子会社・信託子会社の業務範囲の拡大、証券会社の業務多角化、証券会社の免許制から原則登録制度への移行など、漸次改革が行われた。また、これからの情報化に対応すべく、電子マネー法の立法化もすすめられている。

第三に、「利用しやすい市場の整備」である。従来、わが国には市場から直接資金を調達できる市場を事前に選別したり、上場有価証券の売買取引を取引所に収集させるなどの規制があった。ビッグバンでは、新規産業育成の観点から、幅広い企業が市場で資金調達できるようにする他、取引所集中義務の撤廃など市場の枠組みを競争的にすることで、利用者の利便性向上が進められている。

第四に「信頼できる公正・透明な取引の枠組み・ルールの整備」である。市場原理の導入は、利用者が不当な扱いを受けることなく、かつ自己責任が前提条件となる。そこで、ビッグバンでは規制緩和を進める一方、会計制度をグローバル基準とし、金融機関のディスクロージャーの充実、金融機関が破綻した場合、投資家を保護するための制度の充実やインサイダー取引の罰則強化などの措置がとられている。

金融ビッグバンの課題

金融ビッグバンは、表1のスケジュールに沿って、既に実現可能なものから順次実行に移されている。今後は、銀行での保険の窓口販売や株式売買委託手数料の自由化などが残されている。さらに、金融システム改革の進展に伴い、業態にとらわれない自由な市場参入や多種多様な金融商品・サービスの提供が行われることから、利用者側にたった横断的なルールの構築（金融サービス法）も必要であろう。

このように、日本版金融ビッグバンはわが国の金融市場を活性化し、安定化させるものとして取り組

表１　金融ビッグバンのタイムスケジュール

		1997	1998	1999	2000	2001	備考
(1)	投資家・資金調達者の選択肢の拡大						
	外国為替法改正（1998年４月１日施行）	■					
	証券デリバティブの全面解禁	■	■				
	証券総合口座導入	■					
	投資信託の商品多様化	■	■				
	ABSなど債権等の流動化		■				
(2)	仲介者サービスの質の向上及び競争の促進						
	株式会社の業務多角化	■	■				
	持株会社制度の活用	■					
	株式売買委託手数料の自由化		■	■			
	証券会社の免許制から原則登録制への移行		■				
	証券子会社、信託銀行子会社の業務範囲	■	■	■			
	保険会社と金融他業態との参入		■	■	■	■	
(3)	利用しやすい市場の整備						
	取引所集中義務の撤廃		■				
	店頭登録市場における流通面の改善	■	■				
	未上場・未登録株式市場の整備	■					
(4)	信頼できる公正・取り引きの枠組みルールの整備						
	連結財務諸表制度の見直し	■					
	証券取引法の公正取引ルールの整備・拡充など	■	■				*
	投資者保護基金及び保険契約者保護機構の創設		■				

＊罰則強化については97年12月30日施行

まれてきた。ただ仮にすべてのプログラムが完遂されたとしても、日本市場がやっと世界基準に追いつくだけである。ビッグバン構想は、インフラの整備であって、一番大切なものは、個々の企業の経営努力による成長力と収益力を高めることにより、東京市場の魅力を高めることであろう。「仏作って魂入れず」という状態にならないように、市場利用者側にたった、さらなる変革を打ち出す必要があろう。

　また、ビッグバン構想には、公的金融システム改革（郵貯）が欠落している。個人の金融資産の二割以上を含め、都市銀行の預金量とほぼ同額の二五〇兆円の資金が手つかずの状態では、ビッグバンの効果も半減しよう。この改革も早急に取り組まなければならない。

（黒須）

【参考文献】通商産業省産業政策局産業資金課編『通商産業省ビッグバン構想』通商産業調査会出版部、一九九七年八月。池尾和人著「日本版ビッグバン実施への提言」（『金融ジャーナル』）、金融ジャーナル社、一九九七年三月号。中北徹著『日本銀行・市場化時代の選択』ＰＨＰ新書。大蔵省ホームページ（一九九九年六月）www.mof.go.jp/big-bang

93

金融機関を監督し経営を是正する

早期是正措置と貸し渋り

早期是正措置の導入経緯

バブル経済の発生・崩壊によりわが国の金融機関は多くの不良債権を抱えることとなった。この背景には、金融自由化・国際化の進展に対して金融機関の抱えるリスクが増加したにもかかわらず、金融機関自身の自己責任意識の欠如や経営の健全性確保という意識が十分に働いていなかったこと、さらには監督当局の従来の護送船団行政ではこのバブルの崩壊後の激動期に十分対応できなくなってきたことを意味する。

そこで、金融機関や預金者の自己責任原則の徹底と市場規律の発揮を機軸とした透明性の高い新しい金融システムを早急に構築していく必要性が生じた。具体的には、金融機関が自己責任において健全化計画を積極的に組み入れ、経営基盤を強化していくことと同時に、預金者などに経営状況や金融サービス情報を公表するというものである。また、金融監督当局も検査・モニタリング体制を強化し、金融機関が提示する情報や金融機関の経営状況をチェックし是正を求めていくというものである。

昭和五十五年ごろから平成五年にかけて、アメリカでは金融機関の多くが経営破綻した。一九八九年(平成元年)には政府機関のS&Lの預金保険機構であるFDLIC(Federal Saving and Loan Insurance Coorporation)までも倒産するに至った。そこで、アメリカ政府は、金融システムの安定及び預金者保護を目的として、RTC(整理信託公社 Resolution Trust Coorporation)を設立し、そのために莫大な公的資金を投入した。破綻したS&Lの処理策やRTCの活動などについて、納税者や議会の反発は厳しいものであった。そこで、平成三年に、議会は連邦預金保険公社改善法を制定し、破綻金融機関の処理は、預金保険にとってもっともコストのかからない方法を用いなければならない最小コスト原則を明快にし、併せて基本的には自己資本比率を基準として、監督当局の検査やモニタリングを実施し、金融機関の経営の健全度に応じて経営改善措置を事前にとるという早期是正措置（prompt corrective action）も導入した。この措置により、預金保険料（可変料金）は高まり、導入当初は金融機関の経営を圧迫したが、米銀のリスク管理思考が高まり、金融機関の業績は急激に回復し、金融システムは安定化した。

わが国の場合、平成七年十二月の金融制度調査会答申「金融システム安定のための諸施策」において透明性の高い新しい行政手法として、「自己資本比率などの客観的な基準に基づき業務改善命令などの措置を適時に講じていく『早期是正措置』を導入することが適当であり、所用の手当を行い、必要な周知・準備期間を経た上で、できるだけ早急に実施に移す必要性がある」とされたものを受け、検討会を設置し、平成十年四月に導入された。

早期是正措置の内容

早期是正措置とは、監督当局が自己資本比率という客観的基準に基づき金融機関の経営状況を評価し、必要な是正措置命令を適時・適切に発動していくことにより、早期に金融機関経営の健全性を促すものである。早期是正措置の概要は表1の通りである。

この措置により、①金融機関の経営破綻を未然に防止することができること、②是正措置の発動ルールを明確化することにより行政の透明性確保に資すること、③金融機関が破綻した場合の破綻処理コストの抑制を図ること、等が期待されている。

早期是正措置導入に向けて、第一に、基準となる自己資本比率の算定の見直しが行われた。基本的には国際統一基準（ＢＩＳ基準）の考え方に近い基準と

表1　早期是正措置発動の基準値

国際基準	国内基準	措置の内容
8％未満	4％未満	経営改善計画の作成及びその実施命令
4％未満	2％未満	増資計画の策定、総資産の増加規制・圧縮、新規業務への進出禁止、既存業務の縮小、店舗の新設禁止、既存店舗の縮小、子会社・海外法人の業務内容の縮小、新規設立の縮小、子会社・海外法人の業務内容の縮小・新規設立の禁止、配当支払抑制・禁止、役員賞与などの抑制、高金利預金の抑制・禁止、などの命令
0％未満	0％未満	業務の一部または全部の停止命令

した。海外に営業拠点を持つ金融機関は国際基準（BIS基準）のみを適用し、それ以外の金融機関については修正国内基準のみを採用することとした。

　第二に、財務諸表の作成については、企業会計原則及び国際会計基準に基づき、適切な償却・引当をとり、外部監査及び監督当局の検査のもと、適正にディスクロージャーが行われなければならないこととなった。

早期是正措置と貸し渋り

　平成十年（一九九八）年四月より、早期是正措置は発動された。早期是正措置発動前に、自己資本比率を改善する動きがみられ、それを受けて銀行の貸出が急激に低下した。なかには、自行の貸出基準を新たに設け、貸出先の財務状況に即して格付けを設け、財務状況の悪い企業にはペナルティー・レート的な貸出金利を追加徴収するような金融機関もみられた。このように、金融機関の貸出態度が一段と厳しくなったことから、資金繰り難から企業倒産件数が急増した。俗にいう「貸し渋り倒産」である。図1は、日銀の短観を示したものである。金融機関の貸出態度は平成十年（一九九八）二月からマイナスに転じ、その後は悪化している。企業の資金繰りも金融機関の自己資本比率を改善するため、早期是正措置発動一年前より悪化していることが分かる。

これらの状況をうけて、平成十年十月、臨時国会において激しい論戦をへて「金融機能早期健全化措置法（早期健全化法）」と「金融機能再生緊急措置法（再生法）」を中核とする九つの金融関連法が成立し、金融機関の破綻処理及び機能回復のために六〇兆円の公的資金が準備されることとなった。

図1　企業短期経済観測調査

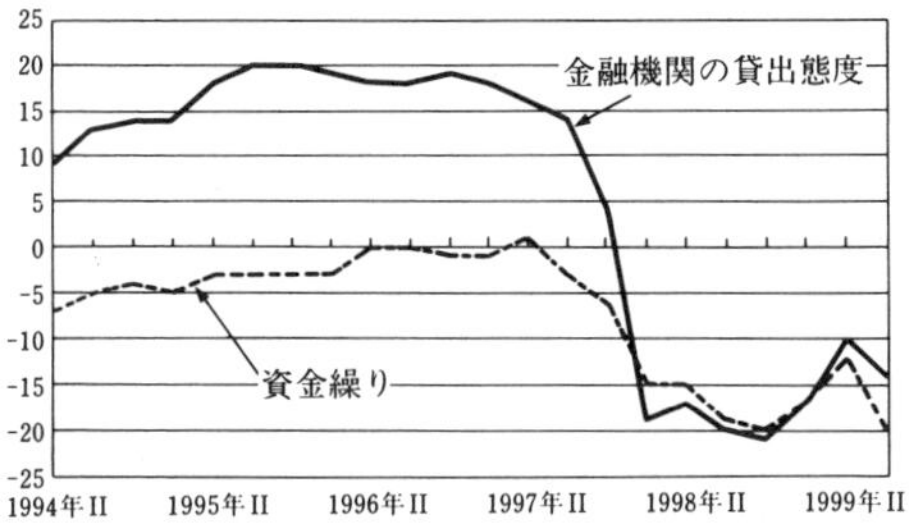

このように金融機関の健全化を促進するために、早期是正措置が導入されたが、もともと日本の金融機関は、護送船団行政（前掲アラカルト参照）の恩恵にどっぷりと浸かっていたこともあり、措置発動後に金融機関のみならず企業においてもとまどいがみられる。本来あるべき環境がこれでやっと整ったのであり、監督当局の検査体制の整備、指導状況、金融機関のディスクロージャーなどこれからの運用が課題であろう。

（黒須）

【参考文献】内藤純一著「早期是正措置の導入について」（『金融ジャーナル』一九九七年四月号。高月昭年著「早期是正措置一問一答―日本おける導入の問題点―」（『金融ジャーナル』）一九九六年四月号。

94

「カネ余り」現象とその顚末

バブル崩壊と不良債権処理

バブルの形成と崩壊

昭和五十四年（一九七九）の第二次石油ショック、その後の急激な円高により、わが国経済は三年間、足踏み状態を続けた。その後、五十七年後半から徐々に景気は上昇し始めた。円相場も六十年九月にプラザ合意が発表される以前は一ドル二五〇円台から、その年の暮れには二〇〇円を切るような水準まで跳ね上がった。

これは、アメリカの貿易収支の赤字が、一九七〇年代後半に三〇〇億ドルだったものが、その後急に拡大し、五十九年には一〇〇〇億ドルを超える水準に達していたからである。ファンダメンタルズの悪化にもかかわらず、アメリカの高金利に支えられ、為替相場はドル高に反映されていた。自動車や半導体などの貿易摩擦問題が発生し、保護主義色が強まり、次第にドル高を修正することとなった。

昭和六十年（一九八五）九月、先進五カ国蔵相・中央銀行総裁会議（G５）において、ドル以外の主要通貨の切り上げを承認する「プラザ合意」が発表された。各国の通貨当局は一斉にドル売り・自国通貨買いの為替介入を実行した。とりわけ、円の対ドル相場は、六十三年一月には一ドル一二一円六五銭と大幅に上昇し、約二年間の間に円の価値は二倍に達した。

この結果、六十二年末には、日本の株式市場の規模は、時価総額（上場株式数に株価を乗じた数値）でみて、ほぼＧＮＰに並び、アメリカを三割も上回る世界最大のマーケットとなった。

一九八七年（昭和六十二）十月十九日、一九二九年（昭和四）十月二十八日のブラックウエンズデー（一二・八%）を大幅に上回る二二・六%の大幅な株価の暴落が発生した。これは後に「ブラックマンデー」と呼ばれるようになった現象で、世界の各市場においても史上最大の下げ幅を記録した。実体経済を大きく減速するところまではいかなかったが、わが国経済、特に金融政策に与えた影響は非常に大きかった。

日本をはじめ各国市場が不安定な状況の中で、「日本発の株価再暴落は是が非でもさける必要がある」「ドル暴落の引き金を引いてはならない」といった思惑が日本銀行、大蔵省にあり、日本の金融市場の自由度を縛る結果となった。これにより、当初日銀は公定歩合の引き上げを検討していたが、「利上げは時期尚早」（大蔵省）、「建設資材の品不足は解消されつつあり、金融政策の変更の時期ではない」（通産省）という声におされ、利上げのタイミングを失ってしまった。

一九八〇年代前半からの円高不況・ドル急落による日銀の金融緩和政策と、昭和六十一年以後の度重なる円売りドル買いによる前年比二桁の通貨供給量の急増により、金融市場に急激な「カネ余り」現象が発生した。図1は、マーシャルのkを示した図である。このカネ余り現象が、その後の株価、地価の高騰を発生させる直接的な決定要因となった。

カネ余りが、エクイティファイナンス増加、株式運用増加を生み、株価の高騰による含み益の発生は、さらなる株価の上昇を生んだ。また、株や土地を担保とした銀行貸出が急増し、その担保価値の増加はさらなる投機を生み出し、地価や株価を押し上げる結果となった。株価は、平成元年十二月末には三万八九一五円、地価は、平成三年にピークに達した。

地価の異常な高騰に対して、政府は税制改革や行政指導により抑制に本腰に取り組んだ。平成三年より、日銀の金融政策も引き締め政策が採られ、マネーサプライの伸び率も前年比三%台に押さえられた。この急激な引き締めにより、景気は失速状態に陥り、

図1　マーシャルのK（M2＋CD/名目GDP）

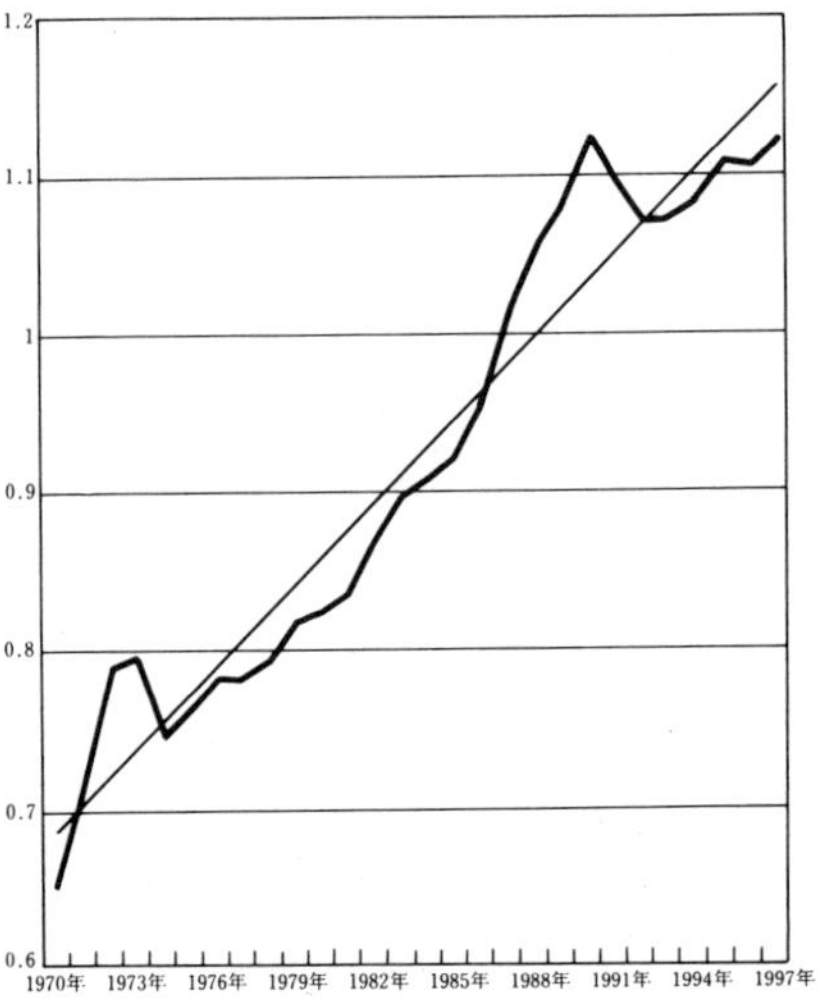

地価の下落も加わって、金融機関の不良債権が表面化した。株価も平成四年三月に、一万五〇〇〇円を割り、巨額のキャピタルロスを生み出した。

株価や地価が上昇を続けたバブル時には、キャピタルゲインを享受し、土地を担保とした銀行貸出による企業は積極的な設備投資を行い、個人はゴルフ会員権や高級自動車、書画骨董、高級マンションや一戸建て住居などの消費に向けた。平成二年以後は、株価や地価が下落し、企業は大量の借入金や巨額の負債を抱えるようになった。個人も資産価格の下落（資産デフレ）により、個人消費があっという間に萎んでしまった。中には、個人破産するものも現れ、資産デフレの傷跡は家計部門に重くのしかかったのである（コーポレート・ガバナンス（企業統治）の喪失から不良債権の発生を説明することもできる）。

一方、バブル時に適正な担保を取らず、融資の拡大を続けた金融機関は、バブル時の貸出を回収できない状態に陥り、巨額の不良債権を抱える結果となった。この不良債権により、金融機関の自己資本比率が低下し、金融機関の経営を悪化させた。このようにバブルの形成と崩壊により、持てるものと持たざるものとの資産格差を激化させ、またその後の調整を困難なものとした。

不良債権処理

不良債権とは、「健全でない債権」「滞っている債権」「回収不能債権」を意味する。不良債権処理を考える上で、まずわが国の金融機関が保有する不良債権の額がどの程度であり、その不良債権をどのように処理するのかを考えなければならない。

不良債権の額については、不良債権の定義が曖昧で、金融機関のディスクロージャーが徹底していなかったため、バブル崩壊後、わが国の金融機関が抱える不良債権の額は正確に把握できなかった。従来、不良債権額は、①経営破綻先債権、②金利延滞債権（利払いが停止して六ヶ月以上のもの）、③金利減免債権（金利を棚上げしたもの、または公定歩合以下に軽減したもの）にしぼって自己査定し、公表していた。それによると、九六年度末残高は、全国銀行で約二二兆円であった。翌年、全国銀行協会が米国証券取引委員会（Securities and Exchange Commission）の開示基準を取り入れ、三ヶ月以上の延滞先と貸出条件緩和債権を追加し、統一開示基準を金融機関が自主的に開示するようになった。その結果、その額は約三〇兆円に膨らんでいる。

また、金融機関は早期是正措置の導入に伴い、自己の持つ債権を健全性の度合い応じて、第I類債権（II分類III分類及びIV分類でない資産…つまり正常債権）、第II類債権（個別に適切なリスク管理を要する資産）、第III類債権（最終の回収に重大な懸念が存在する資産）、第IV類債権（回収不可能又は無価値と判定される資産）と区分し、自己査定を実施して、その値を開示することとなった。その結果、預金取扱金融機関の不良債権額は、全国銀行ベースで総与信額約六四九兆円のうち、第II分類は六五・七兆円、第III分類は六・一兆円で、灰色債権の合計額は約七二兆円（都銀などの主要銀行は（五〇・二兆円）、信金・信組・農協系の金融機関を含めると八七・五兆円に達する（不良債権の額には、北海道拓殖銀行、徳陽シティ、京都共栄、なにわ、福徳、みどりなどの破綻、合併、事業譲渡などした金融機関を省いている）。約一〇年に及ぶ長期不況、とりわけ消費税率引き上げ後の不況の厳しさ、

（単位：億円）

1993年	1994年	1995年	1996年	1997年	1998年中間
41,052	54,553	134,445 (110,873)	78,193 (62,183)	132,682 (107,739)	37,055 (22,827)
13,791	16,252	71,626 (55,962)	35,032 (25,426)	84,124 (65,073)	25,944 (20,944)
20,900	28,085	59,802 (54,901)	43,158 (36,756)	39,927 (35,005)	7,196 (6,648)
2,354	7,060	17,213 (15,676)	9,730 (8,495)	8,506 (7,912)	3,312 (3,137)
18,546	21,025	25,261 (21,316)	11,330 (9,710)	10,434 (9,206)	942 (918)
57,242	111,795	246,240 (222,668)	324,433 (284,851)	457,114 (423,332)	494,169 (423,332)
25,135	53,220	116,022 (108,121)	159,180 (144,877)	199,107 (186,530)	206,303 (186,530)
135,759	125,462	285,043 (218,682)	217,890 (164,406)	297,580 (219,780)	300,780 (220,080)
30,234	42,984	114,270 (114,270)	104,360 (80,770)	159,290 (122,600)	147,230 (110,020)

九七年以後に表面化したアジアの金融危機などによる影響から不良債権の額は更に膨張している。

この不良債権の急増は、銀行の資産価値の低下から自己資本の減少を招き、金融機関の経営を圧迫する。折からの自己資本比率を基準とした早期是正措置などから、体力のない金融機関は、資産価値が負債の額を下回り、自己資本がマイナスになる債務超過の状況に陥り、経営が困難となり破綻清算されることになる。一つの金融機関の破綻は、その金融機関のみならずわが国の金融システム全体の信頼性を低下させる。したがって、金融行政当局はしっかりとしたルールとスキームをもって不良債権処理を進める必要がある。

さて、金融機関が抱える不良債権処理は、バブル以後対応に遅れたものの、喫緊の課題として早期処理に向けた取り組みが行われてきた。具体的には各金融機関が直接償却または貸倒引当金への繰り入れによる間接償却である（表1参照）。平成四年（九二

表1　全国銀行の不良債権処分損の推移

	1992年
不良債権処分損	16,190
個別貸倒引当金純繰入額	9,291
直接償却など	4,235
貸出金償却	2,044
共同債権買い取り機構への売却損	2,191
1992年以降の累計	16,190
直接償却の累計	4,235
不良債権額	127,746
個別貸倒引当金残高	18,670

（注）①（　）内の計数は主要行のみの計数
②1994年以前は、都銀、長信銀、信託の主要港のみの計数
③1988年以降は、北海道拓殖、徳陽シティ、京都共栄、なにわ、福徳、みどりの各行を含まない。
（出所）金融監督庁編『金融監督庁の一年』248ページ

から九年（九七）までの六年間に不良債権を処理した金額は、約四五・七兆円、うち直接償却が約二〇兆円となっている。

金融監督庁では、平成十一年三月までに不良債権処理を完遂する事を目標とし、金融機関が不良債権処理を進める上での必要な環境整備を行ってきた。たとえば、競売手続きの迅速・円滑化、サービサー制度（債権管理回収業法）の創設、共同債権買い取り機構（整理回収機構。いわゆる日本版RTC）及び金融機関の自己競落会社の機能拡充等、債権流動化のための措置などである。また、不良債権処理を押し進めかつ資本増強を実現するために金融機能安定化法及び早期健全化法による公的資金の投入を行ってきた。しかし、バブル崩壊後、不良債権処理を先送りし、なかなか対処しなかったこと、また折からの不況により不良債権額が急増していることなど、不良債権処理は道半ばといった状況である。（黒須）

【参考文献】三橋規宏・内田茂男著『昭和経済史（下）』日経文庫。「なお遠い、バブル清算」（『週間東洋経済』一九九七年六月十四日号）。金融監督庁編『金融監督庁の一年』（大蔵省出版局）一九九九年八月。
金融監督庁ホームページ（www.fsa.go.jp）
金融再生委員会ホームページ（www.fsa.go.jp/frc）

95

国家保証の金融機関の今後

郵便貯金への資金シフトと郵政公社

一九九〇年の郵便貯金の肥大

郵便貯金（以下郵貯）は、一八七五年（明治八年）五月、前島密により導入された。当時は勤倹貯蓄を奨励し、国民生活の安定を図るとともに、零細貯金を集めて産業資本の一部として役立たせることを目的としていた。以来、現在まで約一二〇年、地域に密着し、「広く一般大衆を対象として、生計に関連した金融サービスの提供」や「民間金融機関の補完的役割」を基本理念とし、日本全国津々浦々に約二万四〇〇〇の郵便局（特定郵便局は約一万八〇〇〇）を保有する金融サービスを展開してきた。

図1は、一九八六年から一九九八年末までの郵便貯金の増減を示した図である。郵便貯金残高の大半は定額貯金であり、一九七〇年末に七・四兆円だったものが、一九八〇年末に六〇・二兆円に、一九九〇年末には一三六兆円に急増し、その後は毎年一〇兆円を超える大幅な増加を示し、一九九八年末には、二五〇兆円に達する規模となった。わが国の個人資産総額約一三〇〇兆円の約二〇％に達する規模である。特に、一九九一年度は、定額貯金の金利が六・三三％と、高い水準であったこともあり、一年間で約一九兆円の増加が生じた。その後も、一九九八年まで毎年一〇兆円を超える預金が純増している（図2）。

業態別の預貯金残高の推移を見ても（表1）、一九八六年三月に二十・八％であった占有率は、一九九六年三月には二三・八％と三パーセント増加させ、その後もペイオフをにらんだ資金シフトにより増大させている。一方、都市銀行のシェアは、バブル時に大きく増加したが、その後は急激に低下し、六ポイントも低下させた。

わが国の資金循環勘定（国内非金融部門の資金運用）から郵便貯金の構成をみると、一九八〇年頃まで資金の約六割が預貯金で運用されていた。その後は、バブルにより株や土地などの資産に運用されたため、流動資産である預貯金の割合は、五〇％まで低下した。預貯金内訳をみると、超低金利政策により定期性預金の割合が低下しているのに対して、郵便貯金の割合は逆に増加し、肥大化していることがわかる。

超低金利にも関わらず郵貯が肥大化している理由は、郵貯は国家保証であり、一九九七年以降の金融不安においても安心できる金融商品であったこと、

図１

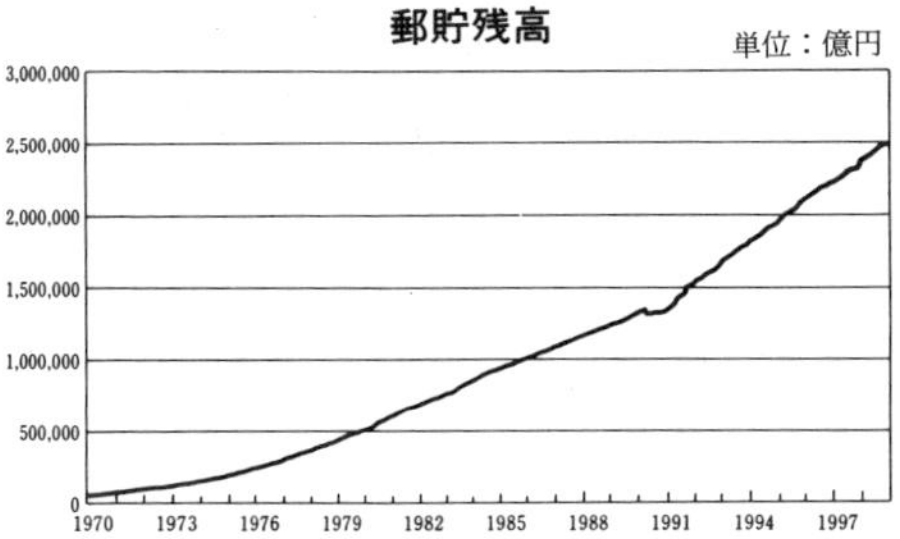

図２

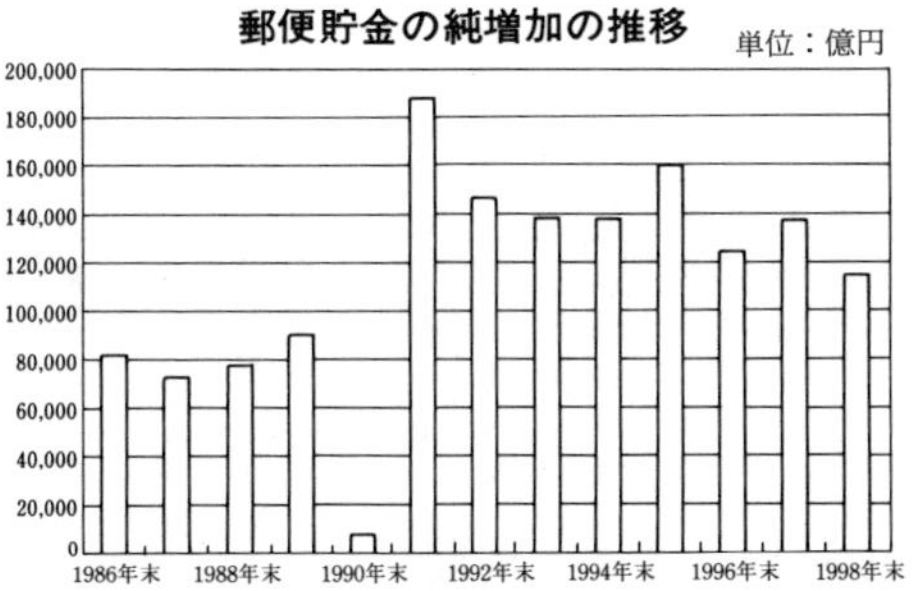

表１　業態別の預貯金残高の推移　　単位（%）

	1986年3月	1991年3月	1996年3月	残高
都市銀行	27.5	32.0	26.7	243.9
長信銀行	1.2	1.5	1.3	11.7
信託銀行	1.9	2.8	1.8	16.3
地方銀行	19.3	19.2	18.6	169.7
第二地銀	7.8	7.2	6.8	62.1
信用金庫	10.1	10.1	10.5	96.2
信用組合	2.6	2.7	2.5	22.8
労働金庫	1.0	0.9	1	9.5
郵便貯金	20.8	16.7	23.4	213.4
農協	7.8	6.9	7.4	67.6
合計	100.0	100.0	100.0	913.2

構成比（%）						
1974年末	1979年末	1984年末	1989年末	1991年末	1994年末	1998年末
64.30	67.10	67.30	61.70	65.20	67.60	67.80
28.00	23.80	23.80	30.00	24.70	21.80	20.50
7.60	9.10	8.90	8.30	10.10	10.60	11.70
64.00	61.50	55.60	46.80	50.50	50.20	52.30
4.50	3.60	2.70	2.50	2.40	2.40	2.60
17.40	13.90	9.70	6.40	7.20	7.50	9.20
34.00	32.60	29.90	27.40	29.20	27.70	25.40
0.00	0.00	0.50	0.60	0.90	0.50	0.30
0.00	0.30	1.00	0.90	0.60	0.50	1.20
8.00	11.00	11.80	9.20	10.10	11.60	13.70
4.80	0.20	5.70	6.60	7.40	7.90	7.70
1.10	1.20	2.00	3.20	2.60	2.40	2.10
7.80	8.50	9.90	11.90	14.20	16.70	18.30
16.20	16.80	19.80	25.00	17.50	14.40	9.70
4.80	6.60	7.30	3.40	4.10	3.30	3.00
11.40	10.20	12.50	21.60	13.40	11.10	6.60
0.00	0.00	0.00	0.20	0.30	0.10	0.30
0.00	0.00	0.00	0.00	0.00	0.00	0.00
6.00	6.90	7.00	6.30	7.40	8.30	9.70
100.00	100.00	100.00	100.00	100.00	100.00	100.00
230.4	461.7	782.9	1,447.7	1,504.1	1,674.2	1,811.8

無税・無配当といった民間金融機関にない有利さを用いて、民間金融機関より有利な金融商品を提供できたこと、全国に約二万四〇〇〇の郵便局を有するという地域密着型の金融サービスを展開してきたことなどをあげることができる。

郵便貯金の課題

主として郵便局を入口とし、財政投資融を出口とするわが国の公的金融システムは、巨大な金融仲介システムを形成しながら、社会資本の不足や産業資本の整備などを行うという大きな役割を担ってきた。この公的金融システムにも次のような課題がある。

第一の課題は、郵貯の本来の目的の一つである「民業の補完」の域を逸脱し、民間金融機関と競合し、民間を圧迫している点である。前述したように、郵貯は官業(国営)であることから、信用は国家保証であり、株主への配当や固定資産税などの支払い義務が無く、民間にはない有利さがある。また、貯金限

表 2　国内非金融部門の資金運用

	1964年末	1969年末
個人部門	63.10	64.70
法人企業部門	31.50	28.60
公共部門	5.40	6.70
現預金・CD計	62.20	61.80
現金通貨	4.60	4.30
要求払預金	18.10	16.90
定期性預金（除く預貯金）	34.50	34.30
外貨預金	0.00	0.00
譲渡性預金	0.00	0.00
郵便預金	5.10	6.20
信託	4.10	4.50
投資信託	3.00	1.00
保険	7.20	7.70
有価証券	19.40	19.80
証券	3.30	4.70
株式	16.10	15.10
CP	0.00	0.00
政府当座預金	0.00	0.00
資金運用部預託金	4.00	5.10
合　　計	100.00	100.00
残　　高	42.4	97.0

度額が一千万円まで引き上げられ少額貯金手段とはいえない状況にある。業務を見ても、振替業務やクレジットカードサービス（デビットカードも含む）業務等も行っており、民間金融機関との同質化が進んでいる（護送船団行政により、金融商品を開発してこなかったこと、他の産業よりも高給で、経営合理化・努力を怠ってきたという民間金融機関の側にも問題がある）。

第二に、公的金融システムの入口である郵貯が、金融ビッグバンをスポイルするという課題である。個人金融資産の約二割に相当する郵貯が、手つかずであれば金融ビッグバン全体の効果を損ねることになる。

第三に、郵貯の肥大とともに、公的資金の出口である財政投融資の規模が拡大し、融資先の一部に巨額の累積赤字が発生している点である。融資先が不効率または赤字であることは、財政投融資の一層の硬直化を招く結果となる。また、郵貯の金利が民間の預金金利よりも高い上に、預託金利が高いために融資先の不用額が生じたりする事態も発生している。また、一九九一年に拡大した定額貯金の解約にあたる二〇〇一年に、大きな資金移動を発生した場合に、財政投融資の原資不足が発生することも考えられる。

このように、郵便局は公的金融システムの入口を担当し、一度集めた資金は大蔵省の資金運用部に預託され、約三割を自主運用、その他は財政投融資などに分配するというシステムをとっている。このシステムでは、資金調達と運用とが異なる主体で行っているという問題点もある。資金を調達した主体が自己責任において資金を運用する機構をとらなければ、政治の介入や財政の硬直を招く。将来、大量の公的資金の投入にならないように、公的金融システムの改革が急務である。

二一世紀の郵便貯金

中央省庁等改革基本法の制定により、郵貯を含む郵政三事業は、二〇〇一年一月一日を目標に総務省の外局である郵政事業庁に委ねられ、それから二年の移行期間を経て「郵政公社」に衣替えする事になる。

その経営の基本方針は、第一に、独立採算性のもと、自立的かつ弾力的な経営を目指す。これにより基本的には、資金運用部への預託金を廃止し、郵貯資金は全額自主運用することとなる。第二に、予算(毎年度の国会決議を要しない)及び決算は企業会計原則に基づき、繰越や移用、流用、剰余金の留保を可能とし、統制は最小限にする。第三は、経営目標を設定し、その評価を行うと同時に、経営内容を情報公開することとしている。

公社への移行は、「国の行政組織の減量・効率化」、「現業の改革」を実現することを目的としているが、これが実現されれば民間金融機関により近いものとなる。しかし、郵政改革が民営化ではなく郵政公社とする決定や、郵政公社の職員の身分が特別に公務員の身分が付与されていることなど、改革案は、きわめて政治色が強い。

このように日本版ビッグバン後も民間と官業とが共存（競合）するわが国の金融システムをより安定化するためには、わが国の金融システムの中で郵政公社がいかなる役割を果たし、どのように民間との提携や棲み分けを行うのかを明確にされなければならない。また、機構的に政治介入しやすい体質を持ちながら、経営効率性を追求するという相容れない目的をもっているなど、早急に解決しなければならない課題も多い。（黒須）

【**参考文献**】若杉敬明著「郵政公社実現の課題と展望」、（『金融ジャーナル』一九九九年二月号。

96 新日本銀行法

政治からの自主性が課題

日本銀行条例の営業期限満了に伴い、わが国最初の中央銀行法である日本銀行法が、昭和十七年（一九四二）に制定された。戦時体制中に制定されたこの日本銀行法は、ドイツのライヒスバンク法を参考に制定された。

日本銀行の目的は、「日本銀行ハ国家経済総力ノ適ナル発揮ヲ図ル為、国家ノ政策ニ即シ通貨ノ調節、金融ノ調整及び信用制度ノ保持育成ニ任ズルヲ以テ目的トスル」（第一条）、「日本銀行ハ専ラ国家目的ノ達成ヲ使命トシテ運営セラルベシ」（第二条）に規定されているように、非常に国家統制的色彩の強いものであった。

日銀法改正の動き

第二次世界大戦後、ＧＨＱは、連邦準備銀行のドッチ氏を招聘し、戦時体制中に制定された日本銀行法を改正しようとした。当時、法皇と呼ばれ大蔵大臣を凌ぐ勢いであった日本銀行総裁の一万田尚登総裁は、大蔵省とともにこの改正に猛烈に反発した。結局、日本銀行内に最高意思決定機関である政策委員会を設けることにより、改正は見送られるに至った。

この政策委員会は、総裁、政府代表委員二名（大蔵省、経済企画庁から各一名）、任命委員四名によって構成されており、法律上政府の権限が日本銀行に及ぶようになっていた。しかし現実は、政策委員会に議題が提出される前に、総裁、副総裁、理事からなる「役員集会」によって実質的審議が行われ、政策委員会はその審議を追認する機関という位置づけであった。この委員会は、「スリーピング・ボード」と揶揄して呼ばれるほど不活発で、形骸化したものであった。

その後、昭和三十五年、三十九年から六五年にわたり、大きな改正への試みが行われたが陽の目をみなかった。一九九〇年代に入り、バブル形成と崩壊によって金融機関の破綻と金融行政の生きづまりが表面化した。特に、東京二信組（東京協和信用組合、安全信用組合）、木津信組、住宅金融専門会社への公的資金導入問題は世間の批判を受けた。また、アメリカ大和銀行の巨額損失事件や大蔵省幹部の不祥事、また折からの中央省庁改革論議により大蔵省の改革も論議されるに至り、長年放置されていた「日本銀行法」の見直しが突然取り上げられ、橋本龍太郎首相の諮問委員会である「中央銀行問題研究会」（座長は、鳥居泰彦慶応義塾大学塾長）が発表した報告書をベースに金融制度調査会において審議が行われ、平成九年七月に新日本銀行法が制定され、平成十年四月から施行された。

新日本銀行法

新日本銀行法（新日銀法）による日本銀行の目的は、「日本銀行は、我が国の中央銀行として、銀行券を発行するとともに、通貨及び金融の調節を行うことを目的」（第一条第一項）とし、「銀行その他の金融機関の間で行われる資金決済の円滑の確保を図り、もって信用秩序の維持に資すること」（第一条第二項）を目的としている。旧法のような、国家統制的なものではなく政府からの独立性を付与し、国民への説明責任を含めた意思決定の透明性を定めている。

新日本銀行法の特色は、①独立性・自主性、②政策委員会、③説明責任と透明性、④信用秩序の維持の四点である。

第一に、政府からの独立性・自主性である。新法では、「日本銀行の通貨及び金融の調節における自主性は、尊重されなければならない」（第三条第一項）とし、旧法でとられていた政府委員を廃止した。また、日銀役員の解任事由を明記し、政府との見解の相違が生じても解任されないことを明記（第二十五条）した。

第二に、スリーピング・ボードと揶揄されていた政策委員会の全面的な見直しが行われた。新法では、総裁、副総裁二名、審議委員六名の計九名で構成し、両院の同意を得て、内閣が任命することとした。政府委員を廃し、実際の意思決定手段として機能するようになった。

第三は、説明責任（accountability）と透明性である。旧法では、政策委員会の議事録などは公表されず、厚いベールに包まれて政策責任が曖昧であった。新法では、「日本銀行は、通貨及び金融の調節に関する意思決定の内容及び過程を国民に明らかにするよう努めなければならない」（第三条第二項）と定め、議事録や政策委員の論文などがインターネットでも公表されるようになった。また、金融政策や業務の状況について国会に報告しなければならない。このように、透明性を打ち出すことによりアカウンタビリティを明確なものとした。

第四は、信用秩序の維持に資するための業務についてである。日銀は信用秩序の維持のためのプルーデンス政策（prudence policy）をとっている。電子情報処理組織の故障などによる金融不安が顕在化し、システミックリスクが発生したときに、日銀は、最後の貸し手機能を発揮する。旧法においては大蔵大臣の承認が必要であったが、新法では「担保を徴求することなくその不足する支払資金に相当する金額の資金の貸付けを行うことができる」（第三十七条第一項）こととなった。また、大蔵大臣が、「その他の信用秩序の維持のため特に必要があると認めるときは、日本銀行に対し、当該協議に係る金融機関への資金の貸付けその他の信用秩序の維持のために必要と認められる業務を行うことを要請することができる」（第三十八条）こととなった。日本銀行法の改正により、政府との関係に独自性が認められ、日銀の金融政策の自主性と透明性が尊重されるようになったのである。

日本銀行法のモデルであった、ライヒスバンク法は、戦後法改正が行われ、世界一の「独自性」をもつ中央銀行法として注目されている。ドイツ連銀法第三条によると、中央銀行の使命は「本法によって付与された通貨政策上の権限を用いて、通貨を安定させる目的で、通貨流通及び経済への信用供給を規制し、かつ銀行で受け付ける国内と国外の支払い決済取引を監視」することにあるとし、「通貨価値の安定」を使命・目的としている。また、金融政策の遂行に支障のない限り連邦政府の一般的経済政策を支援する義務を負うが、法により付与された権限を行使するにあたって連邦政府の指示を受けないと明確に規定され、目的も独自性も明快に示されている。

わが国の新日本銀行法は、旧法に比較すると格段に進歩しているが、独自性という言葉が自主性（第三条）と定められ、また目的が曖昧で、「信用秩序の維持」という名目で政治の介入を導きやすいなどの問題点も指摘されている。わが国金融システムを一層安定的なものとするためこれらを改善していく必要があろう。（黒須）

【参考文献】高木、黒田、渡辺共著『金融システムの国際比較分析』東洋経済新報社。中北徹著『日本銀行・市場化時代の選択』ＰＨＰ新書。相沢幸悦著「ドイツ連邦銀行の独立性と金融政策」『金融ジャーナル』、金融ジャーナル社、一九九六年十二月号。（日本銀行ホームページ一九九九年八月）www.boj.or.jp

97

ペイオフと預金保険機構

金融機関破綻時の預金者保護のために

預金保険制度

預金保険制度は、預金を取り扱う金融機関が集まって一つの機構をつくり、ここに保険料を積み立てておき、加盟金融機関が経営破綻して預金の払い戻しができなくなったときに、預金者に対し、一定の限度内で預金保険金の支払いを行う制度である。預金者の保護を通じて、信用秩序の維持に資することを目的としている。

この制度を最初に導入したのはアメリカである。アメリカは一九三〇年代の大恐慌の際、全米の三分一の金融機関が破綻し、社会不安が広がったのを契機に、預金者保護の必要性が高まり、一九三三年（昭和八）この制度を設けた。

わが国では、昭和四十五年七月に金融制度調査会（座長＝館龍一郎東大名誉教授）が、「一般民間金融機関のあり方などについて」と題する答申において、金融効率化のために適正な競争原理の導入が望ましく、それに関連して預金者保護が必要であるとして預金保険機構の設立を提言し、翌年四月に預金保険法が公布発令され、四十六年七月に預金保険機構が設立された。

預金保険機構

預金保険法に基づく特殊法人として設立された預金保険機構の資本金は、五四億五五〇〇万円（一般勘定は四億五五〇〇万円。出資内訳は政府一億五〇〇〇万円、日本銀行一億五〇〇〇万円、民間金融機関一億五五〇〇万円である。住専勘定は政府が全額出資し、五〇億円）で、当初は日本銀行内に事務所を置いていたが、平成八年に預金保険機構の機能拡張のための法改正が行われ、定員が一五人から一一九人に大幅に増員（平成十一年度の定員は三三三人）されたこともあり、日本銀行から大手町に移転した。機構の役員は、理事長一名、理事四名以内（平成十一年度は三名）、監事（非常勤）一名であり、両院の同意を得て内閣総理大臣が任命する。

業務運営の重要事項（保険料率の決定、保険金・仮払金の支払い、資金援助の可否、定款の変更、業務方法書の作成・変更及び予算・資金計画の策定等）に関する意思決定機関として、法律に基づき、運営委員会が設けられている。運営委員会（預金保険法第十四条）は、運営委員（八名以内で、金融に関して専門的な知識と経験を有する者の中から、理事長が金融再生委員会及び大蔵大臣の認可を受けて任命することとなっており、全銀協会長や金融業界の各代表者が任命されている。）並びに機構の理事長及び理事をもって組織され、委員長は理事長が担当している。

本制度の対象金融機関は、銀行、（都市銀行、地方銀

行、第二地銀協地銀、信託銀行、長期信用銀行等)、信用金庫、信用組合、労働金庫信用金庫等で、いずれも強制加入となっている。預金保険の対象となる預金等の範囲は、預金、定期積金、掛金、元本補塡契約のある金銭信託(貸付信託を含む)、及びこれらの預金等を用いた積立・財形商品などで、外貨預金、譲渡性預金、オフショア預金、国・地方公共団体、公庫・公団、日本銀行などからの預金などは保険金支払いの対象から除外されている。

保険料は、各金融機関の前年度の営業年度末預金額に保険料率を乗じて算出され、加入金融機関がその年度開始後三か月以内に機構に納付することが義務づけられている。なお、平成八年の法改正により保険料の分割納入制度が認められるようになった。

一般保険料率は、機構に設けられている運営委員会で議決のうえ、大蔵大臣の認可を受けて決定することとなっており、各金融機関とも一律(現在〇・〇四八%)である。なお、平成八年度より平成十二年度までは特別勘定の原資として特別保険料(特別保険料率は、現在〇・〇三六%)を納付する事が義務づけられている。

預金保険機構の業務

預金保険機構の業務は、①預金保険法に基づく業務、②金融再生法及び早期健全化法に基づく業務、③住専処理に関する特別措置法に基づく業務に区分することができる。①は通常業務の保険料の収納や保険金の支払いといった恒久的業務と特別資金援助や預金等の債券の特別買い取り及び整理回収銀行に対する補塡などの特例業務がある。②の業務は、経営破綻した金融機関の金融整理管財人業務や、承継銀行の設立経営管理、金融機関などからの資金買い取りや自己資本の増強に関する業務などである。③の業務は、住宅金融債権管理機構に対する出資及び債務の保証やその機構に対する業務の実施に必要な指導・助言などである。

保険金の支払い（pay-off）は、保険事故が発生した場合に行われる。保険事故には、金融機関の預金などの払い戻し停止（第一種保険事故）、営業免許の取り消し、破産宣告や解散の決議（第二種保険事故）等があり、第一種保険事故の場合には、事故発生から一ヶ月以内に運営委員会の決議により保険の支払いの有無を決定することとなっている。預金者一人あたりに支払われる保険金は、元本一〇〇〇万円までで、元本を超える部分については保険金として支払われないが、破綻金融機関の資産処分結果によっては追加的に支払われる。なお、金融機関のディスクロージャーが充実の途上にあることから、預金者に自己責任を問いうる環境が十分に整備されておらず、平成十三年三月末（注）までは、時限的な特例措置として、預金保険制度の対象金融機関の預金等（金融商品）は全額保護されている（中小企業金融機関への影響が大きいため、ペイオフ開始期間が一年延長され、その後再々延長〈二〇〇五年四月〉された）。

金融システムの安定と預金保険機構

日本銀行は、金融政策の他に金融システムが安全かつ健全であるようにするための政策であるプルーデンス政策（prudential policy）を実施している。市場規律のみでは、金融システムの不安定さをもたらしてしまう危険性があり、日本銀行の最後の貸し手機能や預金保険機構の保険金支払いは社会不安を和らげるという意味でセーフティーネットの事後的措置の重要な手段である。

金融機関が破綻した場合とられる措置として、金融機関の閉鎖・清算を前提とした場合の処理と前提にしない処理とがある。閉鎖・清算を前提とした場合には、①保険預金の直接支払い（pay-off）、②保険預金の移転、③資産負債継承（P&A）といった処理方法がある。一方、閉鎖・清算を前提としない処理方法は、①自立債権に対する資金援助、②合併に対する資金援助などがある。昭和六十三年から平成五年までの米国で破綻した金融機関八八七件の処理方法をみると、基本的には、閉鎖・清算を前提とした処理方法をとり、なかでも資産負債継承といった処理方法が一番多く採られている。保険預金の支払いであるペイオフはわずか五%となっている。わが国の金融機関の破綻処理をみても、破綻処理のコストが高いとこともありペイオフはとられていない。

平成十四年四月以降は、現在とられている預金者保護の特例が廃止されるため、預金者の自己責任が問われる時代になる。預金者は、日頃から金融商品や金融機関の状況を注視していく必要があろう。

（黒須）

【参考文献】日本銀行金融研究所編『（新版）わが国の金融制度』日本信用調査、一九八六。日本銀行調査統計局編『日本銀行月報』一九九五年八月号、日本信用調査預金保険機構ホームページ　www.dic.go.jp

98 金融監督庁と金融再生委員会

バブル崩壊後の金融市場再生を目的として

大蔵省の機構改革

大蔵省は、わが国の金融行政の主体として圧倒的な力を有してきた。大蔵省の前身は慶応三年（一八六七）に設置された金穀出納所であったが、明治二年（一八六九）に太政官制のもと大蔵省が設置された。その後、新設された内務省に内政関係を移管し、主として財政・金融を所管する省となった。

戦後、昭和二十四年（一九四九）に「大蔵省設置法」が制定され、国の財務、通貨、金融、外国為替、証券取引、造幣事業、印刷事業の七つの事業（第三条）を遂行する責任を負う省庁となった。特に、大蔵省の組織のうち、金融行政は、銀行局、証券局、国際金融局の三局で担当していた。

銀行局は、主要な金融機関に対する主務官庁としての監督権限を有していたほか、保険や第二地銀、信用金庫に対する監督権限も有していた。証券局では、「証券取引法」に基づき証券取引所や証券業者に対する免許・監督権限を有していたほか、証券市場に対する市場行政も行っていた。さらに、国際金融局は、「外国為替法及び外国貿易管理法」に基づいて海外との資本取引全般を監督していた。このようにして大蔵省はわが国の金融機関のほとんどに対する規制・監督の主体と位置づけられていた。ただ、信用組合は例外で、各都道府県の監督下に置かれ、労働金庫、農協・漁協などの農林系統金融機関は労働省と農林水産省との共管となっていた。

一九九〇年代後半に入ると、大和証券の不祥事、住宅金融専門会社破綻処理など、大蔵省の金融行政の不手際が相次いだ。又、時を同じくして大蔵省の幹部不祥事件などから、従来「官庁の中の官庁」として権力をほしいままにしてきた大蔵省に対する批判が強まり、「財政と金融の分離」(これは、大蔵省の解体を意味する。)をキーワードとした大蔵省の再編が活発化し、結局、大蔵省の金融部門の検査・監督部門を大蔵省から完全に分離して、公正取引委員会型の機関に独立させることになり、平成十年六月に「金融監督庁」を設置した。平成十年夏の長銀の国有化を決定した金融国会を機に、金融破綻処理制度や金融危機管理に関する調査・企画及び立案を行い、わが国の金融機能の安定及びその再生を図るために、金融再生委員会が設立された。金融監督庁は、平成十三年三月まで金融再生委員会のもとに設置し、さらに、平成十三年四月の中央省庁再編により「金融庁」(平成十二年七月設立、平成十二年より全面移管)となることになっている。

金融監督庁と金融再生委員会

金融監督庁は、総理府の外局として平成十年六月に、大蔵省の金融部門検査・監督を担う部門を金融監督庁に全面的に移管する形で設立された。設立当初は、古巣の大蔵省から白い目で見られ、実際その機能も疑問視されていたが、「大蔵省が新聞に出ない日はあっても、金融監督庁の出ない日はない」といわれるほど世間の注目・関心を集める存在となったのである。

大蔵省解体を機に、平成十年六月、「金融監督庁設置法」が制令された。この金融監督庁は、「預金者、保険契約者、有価証券の投資家等を保護するとともに金融及び有価証券の流通の円滑を図るため、銀行業、保険業、証券業、その他の金融業を営む民間事業者等の業務の適切な運営又は経営の健全性が確保されるようこれらの民間事業者等について検査その他の監督をし、及び証券取引等の公正が確保されるようその監視をすることを主たる任務とする」としている。

平成十年度は、金融監督庁長官以下、長官官房、七二名、検査部検査官一六五人、監督部六八人、証券取引等監視委員会九八人、合計四〇三人の陣容である。翌年の平成十一年度は、検査部・監督部を中心に一三五人を増員した。大蔵省時代には「デリバティブなどの最新の金融技術には疎く、きちんとした金融行政ができない」と批判されていたが、専門的な外部の人材を登用したことにより、これらの問題を克服した。さらに、新組織の誕生を機に、企業会計の専門家も採用し、組織の充実を図っている。

大蔵省では財政と金融の行政を担っていたが、組織内では、財政優位の構造があった。今回の大蔵省解体により、行政においても金融の優位性が生かされるかたちとなっている。さらに、平成十年十月、「金融再生委員会設置法」が制令し、同年十二月より同委員会が発足した。金融再生委員会は、新たに設置された金融監督庁を一端廃止し、金融再生委員会の元に再設置するかたちをとり、今までの金融監督庁の任務に加え、「金融破綻処理及び金融危機管理に関する調査、企画及び立案をするほか、法令の定めるところにより、我が国の金融の機能の安定及びその再生を図るため、金融機関の破綻に対し必要な施策を講ずる」とし、さらに機能を充実させ、金融機関の破綻処理や金融システムの安定や機能再生などの早期健全化のための業務をも担当することになっている。

金融再生委員会は、委員長及び委員四人をもって組織されている。委員長（初代委員長は、柳沢伯夫衆議院議員）は、国務大臣をもって当てることになっている。委員は、「経済・金融又は法律に関して優れた見識と経験を有するもの」のうち、両院の同意を得て、内閣総理大臣が任命することになっている。また、委員の身分保障に関する事項も明記されており、行政に解任権は有さないようになっている。

新設された、金融再生委員会及び金融監督庁の課題は、検査人員の絶対数が不足していることである。金融監督庁の主たる任務である検査・監督を充実させ実をあげるためには、都市銀行などの主要銀行十九行（一九九九年八月現在国有化の二行も検査の必要あり。）は少なくとも年一回、地方銀行や第二地銀一二一行については一年から二年に一回、中小企業金融やその他の金融機関は二年から三年（できれば二年に一回）に一回の検査が必要であろう。現在は、検査部二四九人の陣容である。主要銀行だけでも数万件の資産査定が必要である。神業的な査定を行っている。少なくとも四〇〇人超の検査官が必要であろう。また今後は日銀考査との連携をとりながら実施していくことも必要であろう。

金融関連法案と金融再生

平成九年の夏以降、バブル崩壊後の不良債権処理問題や株価の低迷による含み益の減少などから自己資本比率が減少したこと、早期是正措置の影響などから金融市場の不安定さが目立つようになってきた。平成十年にはいると、かねてから経営不振が伝えられていた日本長期信用銀行の自力回復が困難となり、金融システム不安が一層高まったため、政府はその対応に迫られることになった。そこで、住専、信用組合、三洋証券、拓銀、山一証券といった金融機関の破綻やこれから破綻する金融機関に対する、本格的な処理スキーム作りが必要になってきた。

平成十年二月、金融システムに対する信頼を回復させ、経済全体が危機に陥るのを防ぐための時限立法（平成十三年三月まで）である「金融機能の安定化のための緊急措置に関する法律」（いわゆる「金融機能安定化法」）を制定した。これは預金保険法を改正して預金者保護を強化することと、公的資金を投入して（優先株の引き受け）金融機関の自己資本を充実させることをねらいとしていた。公的資金は、預金保険機構に新設された、「預金危機管理勘定」から引き出され、財源としては一三兆円（三兆円の国債と一〇兆円の政府保証による日銀からの調達）が用意された。

平成十年三月に、この方法により事前に申請した都銀をはじめとした二一行に対して公的資金が一斉に注入された。なかでも、優先株でなく劣後債と劣後ローンによる注入が多かったことから、自己資本比率の向上にならなかったことや、資本注入が横並びで審査に問題があるなどの批判が多かった。このような批判から、同年十月に、「金融機能の早期健全化のための緊急措置に関する法律」（いわゆる「早期健全化法」）及び金融機能再生緊急措置法（金融機能再生法）を中核とする八つの金融関連法案が成立し、「金融機能安定化法」を廃案とした。

金融機能再生法は、金融再生委員会による破綻認定によって、金融整理管財人と公的ブリッジバンクへの移行による破綻処理スキームと特別公的管理による一次国有化スキームが整備され、破綻銀行を営業譲渡などによって一定期間内に破綻処理させる旨をルール化された。早期健全化法では、自己資本比率を基準として段階ごとに銀行の経営健全化をうながすこととなり、破綻前処理が手続き化されたほか、自己資本比率八％以上の健全銀行にも公的資金の注入の道がひらかれた。

早期健全化法によると、我が国の金融機能の早期健全化を図るための法律に基づく施策は、①わが国の金融機能に著しい障害が生ずる事態を未然に防止すること、②経営の状態を改善するように自主的な努力を促すことにより、経営の効率化を図ること、③金融機関等の責任及び株主責任の明確化を図ること、④金融機関の再編を促進すること等により金融システムの効率化を図ること、⑤金融市場の早期健全化を図るための費用が最小となるようにすること、⑥早期是正措置と効果的な連携を確保すること、⑦金融機関等に資産の査定及び会計処理の基準を遵守させるとともに、経営情報などの適切かつ十分な開示を行うこと等である。このように、早期健全法、金融機能再生法を制定し、ルール化することにより、金融システム不安は和らぐ結果となった。（黒須）

【参考文献】立田壮一著「本決まりした省庁再編〜大蔵省をあらためて問う〜」（『金融ビジネス』）、東洋経済新報社、一九九九年十月号。高木、渡辺、黒田前掲書。

99 超低金利政策

実質金利ゼロの金融政策

超低金利への流れ

昭和五十五年後半から平成二年初めのバブルの形成・崩壊は、わが国経済に大きな爪痕を残し、不良債権問題などは、現在にまで至る大きな社会問題となっている。

五十五年後半の金余り現象から、株価や土地が高騰し、景気を押し上げた。俗にいう「バブル景気」である。この加熱な状態を押さえるべく、日銀は当時二・五％であった公定歩合を五月に三・二五％に引き上げ、その後、一年以内に四回も引き上げ、翌年八月に六％となった。この厳しい引き締め政策により、事実上バブルは崩壊した。公定歩合は、景気の急激な冷え込みを是正すべく、翌年の平成三年七月に、五・五％に引き下げ、その後は異常な円高や消費税率引き上げ、タイや韓国をはじめとした国際金融不安、わが国の大手金融機関の破綻などを原因としてなかなか回復しない景気を下支えするために順次引き下げられ、平成七年九月には戦後最低水準の〇・五％という水準に達した。この水準に達してから現在に至るまで丸五年間、超低金利時代が続いているのである。

さらに、平成十年九月に、日本銀行は金融機関の貸し渋り対策や法人企業のキャッシュ需要に応えるために、準備預金の過剰準備を容認してコールレートを公定歩合（〇・五％）より低い〇・二五％前後に誘導する政策を実施した。翌年二月以降は、更にコールレートが低下し、オーバーナイト物（有担保物）は、〇・〇一％と、事実上「ゼロ金利」となった。

短期金融市場の金利の低下に引きずられるようにその他の金利も大幅に引き下げられた。預金金利も、要求払い預金はもとより、郵便貯金（通常貯金）金利も平成十一年九月には、〇・〇八％、金融機関の定期性預金（三ヶ月から六ヶ月未満）は〇・一〇七％、二年未満のものでも〇・二八六％と超低金利である。一方、貸出金利や国債などの長期金利も軒並み低下した（表1参照）。

超低金利政策の意義と課題

わが国が、このような低金利政策をとらざるを得なくなった理由は、次の四点をあげることができる。①急激な円高対策、②わが国経済の景気回復・浮揚策、③バブル崩壊以降、金融機関が大量に抱え込んだ不良債権処理促進のため、④株価や地価などの資産価格の下支え、などである。

第一は、平成五年十月以降、わが国経済はゆるやかな回復を続けていたが、平成六年以降、急激な円高発生により、翌年には一ドル八〇円を割り込む事態となった。「行き過ぎた円高」により、景気を支えていた輸出企業の国際競争力は低下し、業績を悪化させた。このように、急激な円高により景気回復の芽は完全に摘み取られた。輸出依存型から内需拡大型の景気回復を促進するため、利下げが行われたのである。

第二は、第一と関連するが、景気浮揚のために財政による補正予算が組まれ、急激な円高後、消費税引き上げ前の駆け込み需要により一時景気は持ち直したものの、消費税五％への引き上げ後は、長期不況に突入し、なかなか回復の糸口を見いだせない状態である。中小企業を中心として、投資は冷え込んでおり、資金コストを軽減し、投資を促すために低金利は必要であった。特に、平成九年以降、わが国の金融市場に対する不安から、一時は一％を超えたジャパンプレミアムも、ゼロ金利政策によりほとんど解消された。

第三は、金融機関の抱えている不良債権処理を促進するための利下げである。バブル時に十分な審査・引当金もなく、有価証券や土地などを担保に積極的に貸出したが、バブルが弾け、大手銀行の抱える不良債権は四〇兆円を超える金額となった。この不良債権処理を促進するために、企業にとっても、金融機関にとっても、資金コスト・借入コストを軽減させる必要があった。

第四は、株価などの資産価格の下支えである。バブル時には三万円を超えていた日経平均株価も平成六年には二万円を下回り、平成十年夏には一万三〇〇〇円代になり、バブル時の半値以下になった。地価や株価の下落は、企業の含み益を軽減し、企業の財務状況及び経営状況を悪化させた。株式や土地への誘い水とするために、金利の低下が行われたのである。

わが国に先んじて、アメリカにおいても平成三年から平成五年にかけて実質金利ゼロの金融政策がとられた。アメリカは八〇年代後半から九〇年初にかけ、Latin（中南米）、Land（土地）、LBO（企業買収）

表1　金融市場のレート

単位（％）

		1990年末	1994年末	1995年末	1998年末	1999年6月
	公定歩合	6.00	1.75	0.50	0.50	0.50
短期市場金利	コールレート（無担保O/N）	8.34	2.28125	0.46	0.32	0.03
	コールレート（有担保翌日物）	8.25	2.21875	0.4	0.34	0.01
	手形売買レート（1ヶ月物）	9.44	2.27	0.51	0.91	－
	譲渡性預金（90～180日新規）	8.299	2.219	1.18	0.691	0.157
	国内CP発行平均金利	－	－	1.23	0.66	0.07
	公社債現先（3ヶ月物）参考		2.054	0.228	0.141	0.046
その他の金利	定期性預金金利（3～6ヶ月）参考		1.698	0.902	0.266	0.107
	定期性預金金利（1～2年）		1.885	1.091	0.363	0.286
	プライムレート（短期）		3.000	1.625	1.500	1.375
	プライムレート（長期）		4.9	2.6	2.2	1.9
	貸出約定平均金利（短期）		3.496	2.231	1.880	1.779
	貸出約定平均金利（長期）		4.458	3.249	2.549	2.498
	長期国債（10年物新発債）		4.570	3.190	1.970	1.480
	長期国債（10年物応募者）		4.735	3.356	2.509	1.776
	郵便貯金（通常貯金）	3.84	1.35	0.25	0.15	0.1
	郵便貯金（定額　3年以上）	6.33	3.15	1.15	0.25	0.2

の三つの痛手をうけた。このゼロ金利時においても、預貸利ザヤをむしろ拡大し、大胆なリストラを並行して行うことにより、不良債権処理を急テンポで進め、わずか二年で不良資産処理問題を解決した。

わが国の状況を見ると、バブル崩壊後は、バブル期最盛期よりも金融機関の利ザヤは逆に縮小し、経営の合理化が立ち後れたこともあり、処理問題はなかなか進展していない。早期是正措置発動直前の平成九年になって、都銀をはじめ、貸出に格付けやルールを設け、利ザヤを確保するような動きがみられ、積極的に不良債権処理が行われるようになった。また、金融監督庁などの行政指導により、金融再編がおこなわれ、なかば行政指導によりやっとリストラなどが着手されるようになった。

このように金利の低下は、わが国の景気を支え、金融機関や企業の経営者にとっては恩恵を与えてきた。しかし、超低金利で得た果実を、不良債権処理に向けたために、資金が生きた設備投資とならず、景気浮揚までに至らなかった。逆に、超低金利は金融市場や産業界にいろいろなゆがみを発生させた。

第一のゆがみは、超低金利による利子所得の減少が年金生活者などの生活を圧迫している点である。追い打ちをかけるように消費税率アップも行われ、最近では消費まで低迷するに至っている。特に、資金を金利で運用している年金生活者、金利収入に依存している層の生計を圧迫している。第二は、低金利により、借入の負担が減少したことから、企業のリストラが先送りされ、産業全体の構造改革にブレーキがかかっている点である。第三は、平成十年以降のゼロ金利政策により、四〇兆円もあったコール市場が約半分の規模に縮小し、短期金融市場の機能が低下している点である。

このように、超低金利時代に突入して五年、ゼロ金利から一年、いろいろなねじれ現象が発生している。平成十一年に入ってから保険の転換問題や国債負担軽減による国債の大量発行など金融市場や行政においてもモラルハザードを生じさせている。景気を腰折れしないためには、超低金利政策またはゼロ金利を維持する必要があるが、副作用も発生し始めており、難しい選択が迫られている。（黒須）

【参考文献】宮本邦男著「超低金利はなお当面維持すべきだ」（『金融ジャーナル』）一九九七年七月号。山口竹彦著「超低金利時代の金融機関経営」（『金融ジャーナル』）一九九七年七月号。速見優、田中秀征、斉藤誠一郎編「特別鼎談　速見日銀総裁に聞く」（『週間ダイヤモンド』）一九九九年九月六日号。

100

ネットワーク社会の金融

電子マネーとホームバンキング

情報化社会と電子商取引

昭和五〇年代以降、電子計算機の技術革新は目を見張るものがある。金融機関もオンライン化し、給料振り替えや国内外への為替取引など電子化した。預金の預入・払い戻し、送金、公共料金等の振り込みなどサービスも電子化が可能となり、最近では、現金自動振替機（ATM）の普及により、ショッピングセンターなど金融機関の店舗以外でも同様のサービスを受けることができるようになった。

一方、家計や企業にも目を向けてみると、平成七年、誰でも簡単にパソコンを使用することができる基本ソフト、ウィンドウズ'95（Windows95）が発売されてから、パソコンの販売台数が急激に増加した。企業では小規模なネットワーク化（LAN）が進み、海外を含めたネットワークの集合体であるインターネットも急速に普及した。企業だけでなく、個人も電話回線を通じてインターネットに加入するなど、わが国においても情報化が急進した。

これらの情報化社会のインフラ整備に伴い、インターネットなどを利用した電子商取引（Electronic Commerce）が頻繁に行われるようになった。その決済も電子的に行い、電子商取引と同時に電子決済が完了する次世代の決済方法を探る試みを積極的に行ってきた。

電子マネーとは

電子マネー（Electronic Money）とは、「電子的な方法で通貨同様に決済が可能なもの」をいう。マネーという名称が、付されているが、真の意味における「マネー」は、各国の中央銀行が発行する銀行券のみであり、「同様に利用が可能なもの」、具体的には支払の為の代替手段として、発行に際して予めプールもしくは与信供与により保証された、現実の通貨価値に裏付けられた「電子的な価値情報」である。従来の商取引の際には現金や小切手やクレジットカードによって決済を行っていたが、それに代わって電子的に行うことである。欧米各国のみならず、日本においても積極的に研究が行われてきた。

これらの電子マネーを見てみると、①パソコンを利用してネットワーク上で電子的決済に利用するもの、②自己の預金口座からマネーをICカードに転記し、商店の端末機械を利用して電子的に決済する方法（いわゆる電子財布）とに分けられる。ネットワーク型は、インターネット上に設置されている銀行の預金を積み、その口座を利用して当座処理する方法やクレジット会社など認証機関を用いて決済を行うものである。一方、ICカード型は、独自の端末を各小売り店舗に設置するなどの初期投資が必要で、ICカード上に価値データを設けて、利用ごとに価値情報をやりとりするものである。

私たちが日常使用している現金通貨などのマネーには、①交換手段、②価値の尺度、③価値の貯蔵手段、④決済手段と、通貨のすべての機能を兼ね備えている。

現状の電子マネーは、電子的な取引を行うもので、基本的機能が主として①④に限定されている。④の決済手段も電子マネーのみで決済が完了するわけではなく、最終的決済には現金通貨または預金通貨との交換が必要である。したがって、電子マネーは、純然たる通貨でなく、「電子商取引の際に用いる決済手段」、「現金通貨に裏付けされた価値情報」を意味するのである。

電子マネーの課題

各国で真剣に取り組まれている、電子マネーにもいろいろな課題がある。第一の課題は、偽造問題である。「悪貨は良貨を駆逐する」という言葉があるように、古代からマネーという名称がつくものにはついて回る永遠のテーマである。電子マネーは前述したように、真のマネーでなく、「電子的に行う決済手段上の価値情報」で、この価値情報を書き換えることにより、簡単に預金額や電子財布の価値を増やすことができる。実験段階においては、不正に価値の増減をおこなうことを防止するために、預金から引き下ろす額を小口に限定し、またはIDではなくICカードを利用するなどして対処している。特に、ICカード型の電子マネーは、カード上にICが搭載されていることもあり、プリペイドカードと異なり偽造が困難であることから偽造の件数も激減している。また、ネットワーク型電子マネーでは、商取引の際に、プライベート情報が漏れてしまうことも問題になっている。これらの問題を防止し、安全にネットワーク商取引が利用できるようになるため、より安全なセキュリティーについての研究が必要であろう。

次に、法制面の整備も重要な課題である。商法では、商取引の保存義務が付されている。電子的な価値情報の保存方法についても意見を交換し、徹底していく必要があろう。また、電子マネーは、大蔵省設置法五十九条では、大蔵省の所掌事務として「貨幣及び紙幣の発行、回収及び取り締まりをおこなうこと」としている。現行の日本銀行券は、日本銀行が発行しているが、電子マネーについては大蔵省にお伺いを立てなければならない。これからの高度情報化社会には電子マネーは必要不可欠なアイテムである。現在、電子マネーの標準化のために各企業しのぎをけずっているが、商法を含めて電子マネー法(平成十一年通常国会に提出された)などの法整備が必要であろう。

これからの金融とホームバンキング

金融とは、いうまでもなく「お金の貸借」、「資金仲介」、その行為が行われる場を「金融市場」と呼んでいる。将来、電子商取引が頻繁に行われるようになると、金融の媒体である「お金」、「資金」のみならず、金融全体に大きな変化が生じることが予想される。実際に、インターネット上で送金を行うと手数料がかからないまたは軽減されるため、企業や家計で徐々に普及し始めている。また、インターネットバンクでは振込だけでなく企業や家庭で預金残高照会サービスも可能であり、ゆくゆくはネット上で当座の管理も可能となろう。またネット上のバンクが存在し、機能しはじめると、これからの金融機関は、店舗などのハードが不必要になる。IT革命が、金融の形態を大きく変革しようとしている。

銀行は、この情報化社会をにらんで、金融環境の激変に生き残る戦略を練っている。第一の動向は、金融再編の波にのりメガバンク化する動きである。平成七年以後、都市銀行を中心に金融再編が頻繁に行われている。第二に、地元により密着したサービス（リテールバンク）を展開するものがある。地方銀行や第二地銀、中小企業金融などがこの動きをとろうとしている。そして第三に、新しい金融の誕生である。本来、銀行は①預金業務、②貸出業務、③内国為替業務、④外国為替業務、⑤その他投信や信託及び国際取引業務などの業務を負っている。昨今、流通業界を巻き込んで、コンビニエンス・ストアや宅配便業者などが銀行に参入しようとしており、従来の銀行や金融という枠組みを越えた、新しい形態の金融が誕生することも予想される。

このように、パソコンを用いたインターネットという情報網が「金融」を大きく変革しようとしているのである。これらの環境の変化に対応すべく、銀行法、電子マネー法、金融サービス法などの法整備（金融サービス法も含めて）が急務であろう。

（黒須）

アラカルト

デビットカード（Debit Card）

デビットカードは「即時決済可能なキャッシュカード」を意味し、手数料なしで日頃使っているキャッシュカードがそのまま利用することができるカードである。買い物の際に現金が足りなくなった場合、ＡＴＭやＣＤから現金を引き出さず、そのままキャッシュカードで、認証機関を通さずに決済が可能である。

平成十年（一九九八）八月に、郵政省並びに民間金融機関、流通企業などにより、日本デビットカード推進協議会は設立された。十一年六月現在、加盟金融機関は九二五行、加盟企業は一三四社（会員二九社、準会員一〇五社）、システムサポート企業として賛助会員団体（企業三四社で構成されている。この協議会は日本におけるデビットカードの普及・促進を図るべく、調査研究やシステム開発、基本インフラの整備、啓蒙活動などを積極的に進めてきた。

わが国のデビットカードサービスは「J-Debit（ジェイデビット）」として、平成十一年一月より順次サービスを開始した。利用可能な金融機関は、郵政省をはじめとして八機関（富士銀行、第一勧業銀行、三和銀行、大垣共立銀行、東和銀行、東京相和銀行、城南信用金庫〈平成十二年六月現在六三八機関〉）、利用可能な企業は八社（西武百貨店、日本交通公社、ローソン、ビックカメラ、きょうと情報カードシステム、コスモ石油、近畿日本ツーリスト、大和証券。その後、二九社に増加〈平成十二年六月現在一一一社〉で、その後利用可能な金融機関・企業はさらに増えている。

キャッシュレス社会である欧米では、デビットカードは既に定着しており、消費者は、カード使用量、買い物金額、分割払いやローンの有無に応じて、「クレジットカード」、「デビットカード」、「電子マネー」をうまく使い分けている。クレジットカードと異なり、認証機関を用いずに即時決済が可能なカードであることから、デビットカードの普及により、わが国における商取引のキャッシュレス化が進展する期待されている。

加えて欧米ではデビットカードを用いてコンビニエンスストアなどで、買物時に現金の引き出しが可能であることから、商慣行・商取引の変化のみならず、金融機関の業務形態にも大きく影響を及ぼしている。わが国のデビットカードサービスは立ち上がったばかりであるが、今後、デビットカードサービスや電子マネーサービス、インターネットバンキングなどの各種金融サービスが普及するにつれて、欧米同様、わが国においても金融機関の形態が大きく様変わりすることであろう。（黒須）

【参考文献】 日本デビットカード推進協議会ホームページ（一九九九年九月一日）www.debitcard.gr.jp

付録

付録一、日本金融関連年表

＊日本銀行金融研究所『日本金融年表』、東京学芸大学日本史研究室編『日本史年表』（東京堂出版）などを基礎に、必要事項を加えて構成した。
＊西暦・和暦・事項（算用数字は月）を掲げた。
＊紙幅の関係から、江戸時代は大半を割愛し、近現代の金融・財政の項目を取りあげておいた。

一八五三（嘉永6）6米遣日大使ペリー、軍艦四隻を率い浦賀に来航。7露使節プチャーチン、軍艦四隻を率いて長崎に来航。

一八五四（安政1）3日米和親条約。8日英和親条約。12日露和親条約。

一八五六（安政3）6二分判金の通用を発令。

一八五八（安政5）6日米修好通商条約および貿易章程に調印（7蘭・露・英・9仏〈安政五か国条約〉）。

一八五九（安政6）5二朱銀・小判・一分判を鋳造。外国貨幣の同種同量の通用を布告。6ジャーデン・マセソン商会横浜支店開設。12外国銀銭の交換比率を改定。

一八六〇（万延1）3幕府、大判改鋳を指令。4米・英・仏使節に新鋳の小判、二分判、一分判、二朱金を通用させる。5幕府、外国銀銭の時価通用を指令。

一八六三（文久3）1セントラル・バンク横浜支店開設（外国銀行の日本進出第一号）。12精銭四文銭を新鋳、真鍮銭との併用を布令。

一八六六（慶応2）5幕府、英・米・仏・蘭と改税約書に調印。8幕府、仏クーレーと六〇〇万ドル借款契約。

一八六七（慶応3）8幕府、大坂で金札を発行。11幕府、ロシアと改税約書に調印。12王政復古の大号令。

一八六八（慶応4・明治1）2三井組・島田組・小野組を会計局付御為替方に任命。幕府、洋銀五〇万ドルを仏より借款。5太政官札発行。商法大意頒布。9租税上納はすべて金札を利用する旨布告。

一八六九（明治2）2造幣局を設置。6東京為替会社開業。版籍奉還。8大阪為替・通商両会社設立。11民部省札発行。

一八七〇（明治3）7田方地租は米納、畑は石代金納とする。12在米大蔵少輔伊藤博文、金本位制採用を建議。

一八七一（明治4）5新貨条例制定。国内に限り金・銀・銅の売買を許可。10大蔵省兌換証券発行布告。11大蔵省、旧藩の外債処分を命ずる。12新紙幣発行布告。

一八七二（明治5）11国立銀行条例制定。

一八七三（明治6）1秩禄奉還者用資金として七分利付外債二四〇万ポンドをロンドンで募集。3藩債処分のため新旧公債証書発行条例制定。官省札回収のた

め金札引換公債証書発行条例制定。6第一国立銀行設立。7地租改正条例布告。

一八七五（明治8）5東京・横浜で駅逓寮貯金取扱い開始。6新貨条例改訂を貨幣条例と改称。

一八七六（明治9）3三井銀行設立（私立銀行の始まり）。8国立銀行条例改正。金禄公債証書発行条例制定。

一八七七（明治10）1地租を減ずる詔書。9利息制限法公布。12国立銀行濫設防止のため国立銀行条例補正追加。

一八七八（明治11）5起業公債証書発行条例制定。株式取引所条例公布。貿易銀貨の一般通用許可。6東京株式取引所開業。第一国立銀行釜山支店開業。8大阪株式取引所開業。12東京海上保険会社設立認可。

一八七九（明治12）3横浜洋銀取引所開業。12大阪手形交換所開業。

一八八〇（明治13）2横浜正金銀行開業。4三菱為替店開業。5大蔵省に銀行局設置。

一八八一（明治14）4会計法公布。7明治生命保険会社設立。

一八八二（明治15）3松方大蔵卿、紙幣整理、中央銀行設立などの意見書を太政官に提出。6日本銀行条例公布。12為替手形約束手形条例制定。

一八八三（明治16）4大蔵省、日銀に国庫金取扱を命ず。5国立銀行条例改正。9東京手形取引所設立。

一八八四（明治17）3地租条例制定（地価・税率の固定）。5大蔵省に主税局設置。兌換銀行券条例を公布。

一八八五（明治18）5日本銀行、最初の兌換銀行券一〇円券を発行。預金規則公布。

一八八六（明治19）1紙幣の正貨兌換開始（銀本位制）。10整理公債条例公布。

一八八七（明治20）4駅逓局貯金を郵便貯金と改称。5取引所条例公布。7横浜正金銀行条例公布。

一八八九（明治22）3国税徴収法公布。5会計規則公布。9地租代米納廃止公布。

一八九〇（明治23）8郵便貯金条例公布。銀行条例・貯蓄銀行条例公布。

一八九二（明治25）7掛川信用組合設立。11銀行条例・貯蓄銀行条例の施行を商法施行まで延期。

一八九三（明治26）3取引所法公布。10貨幣制度調査会規則公布。

一八九四（明治27）8日清戦争勃発。軍事公債条例公布。11政府、日銀に対し九五〇万円の借上げを令達。第二回軍事公債五〇〇〇万円募集告示。

一八九五（明治28）3質屋取締法公布。貯蓄銀行条例改正公布。

一八九六（明治29）4日本勧業銀行法・農工銀行法・銀行合併法公布。10帝国整理公債、ロンドン市場上場。

一八九七（明治30）3貨幣法公布（10より金本位制実施）。関税定率法・国税徴収法・兌換銀行券条例改正公布。4台湾銀行法公布。8日本勧業銀行開業。11静岡農工銀行設立（最初の農工銀行）。

一八九八（明治31）6政府発行紙幣通用廃止法公布。12地租増徴反対同盟会、地租増徴期成同盟会結成。酒造税改正公布。地租条例改正公布。

一八九九（明治32）2国立銀行すべて消滅。3北海道拓殖銀行法公布。4外債募集に関する法律公布。9台湾銀行開業。

一九〇〇（明治33）3産業組合法・郵便為替法・保健業法・日本興業銀行法公布。

一九〇一（明治34）3酒税・砂糖税・海関税など増税諸法律公布。4金融恐慌中部地方以西に波及。9蔵相、全国地方長官に銀行設立制限方針に関し内訓。

一九〇二（明治35）3日本興業銀行設立。5藤本清兵衛、大阪で手形仲買業開業。6取引所令改正のため東京株式市場が大暴落、立会停止。10鈴木商店設立。

一九〇三（明治36）3全国手形交換所連合会設立。

一九〇四（明治37）1日本興業銀行、清国漢冶萍公司に三〇〇万円の借款。2日露戦争。政府、英貨公債二〇〇〇万ポンドをロンドンで募集する方針決定。3貯蓄債権法公布。

一九〇五（明治38）2郵便貯金法公布。3外国における銀行事業に関する法律公布。9日露講和。

一九〇六（明治39）1郵便振替貯金規則公布。3国債整理基金特別会計法公布。5国債規則公布。

一九〇七（明治40）1東京株式市場暴落。11弱小銀行の取付け・支払停止頻発。

一九〇八（明治41）3増税法公布。

一九〇九（明治42）4産業組合法改正公布。7韓国中央銀行に関する日韓覚書調印。10株式会社三井銀行設立。韓国銀行設立。

一九一〇（明治43）2市中の銀行一五行をもって国債引受シンジケート結成。4日本勧業銀行法・農工銀行法各改正公布。5横浜正金銀行を満州特別銀行とし特別貸付を命令。大蔵省内に預金制度調査会設置。

一九一一（明治44）2日米通商航海条約調印。3朝鮮事業公債法・朝鮮銀行法公布。

一九一二（明治45）1株式会社安田銀行開業。7日仏銀行設立。

一九一三（大正2）7横浜正金銀行、関東州で金貨・金券を発行。

一九一四（大正3）8第一次大戦勃発で株価暴落。北浜銀行休業、同行を機関銀行とする大阪株式取引所、堂島米穀取引所休会。名古屋地方に銀行動揺発生。

一九一五（大正4）6無尽業法公布。11東京株式市場暴騰・休会。

一九一六（大正5）2第一回ロシア大蔵省証券五〇〇〇万円引受。4大蔵省に銀行局設置。7簡易生命保険法公布。11英国債一億円引受契約成立。

一九一七（大正6）1西原借款。7簡易生命保険積立金運用規則公布。9銀輸出・金輸出を禁止。10小額紙幣発行の緊急勅令公布。11市街地信用組合創設。

一九一八（大正7）4有価証券割賦販売業法公布。5政府、海外投資銀行団の結成認可。7米価暴騰、各地の米穀取引所の立会停止。

一九一九（大正8）4日・米・英・仏四国財団による対中国新借款の本邦借款団を結成。6国債募集・売出及元利金支払郵便振替貯金特別取扱規則公布。10大蔵省、地方長官に対し投機に関係する銀行貸出を取締まるよう要請。

一九二〇（大正9）3株式価格大暴落。4日本銀行、財界救済の非常貸出を声明。

一九二一（大正10）4日本勧業銀行・農工銀行の合併に関する件公布。11蔵相、関西銀行大会で銀行の地方的合同の勧奨、財政緊縮方針を示す。

一九二二（大正11）4信託法・信託業法公布。9市来蔵相、金解禁は尚早と声明。

一九二三（大正12）2大蔵省、地方長官に対し銀行支店濫設取締り方通達。4産業組合中央金庫法公布。9関東大震災。モラトリアム実施。震災手形割引損失補償令公布。10東京手形交換所・東京国債市場再開。12震災善後公債法公布施行。

一九二四（大正13）2米貨公債・英貨公債発行に関する勅令。3震災善後に関する経費支弁のための公債発行に関する勅令公布施行。7復興貯蓄債券法公布施行。

一九二五（大正14）4大蔵省預金部資金運用規則・同特別会計法施行。12銀地金輸出取締令を存置のまま銀輸出を実質解除。

一九二六（大正15・昭和1）3郵便年金法。郵便年金特別会計法公布。9大蔵省、金融制度調査会規則制定。

一九二七（昭和2）3片岡蔵相、衆議院で渡辺銀行の破綻発言。震災手形損失補償公債法・善後処理法公布。4鈴木商店破綻。枢密院、台湾銀行救済緊急勅令案否決。台湾銀行など休業銀行続出。三週間のモラトリアム実施。枢密院、金銭債務支払延期緊急勅令可決。支払猶予令施行地区を植民地に拡大。8政府、銀行合同促進を地方長官に通達。

一九二八（昭和3）1銀行法施行。10金解禁期待から為替相場急騰。

一九二九（昭和4）7井上準之助、蔵相に就任。11横浜正金銀行と英米金融団との間に金解禁準備の一億円クレジット契約成立。

一九三〇（昭和5）1金輸出解禁実施。3糸価安定融資補償法発動。10日本興業銀行、特別産業資金貸出の具体的方針発表。

一九三一（昭和6）9金輸出再禁止を見通して三井財閥などのドル買い激化。満州事変。12金輸出再禁止。株価暴騰、各市場立合中止。

一九三二（昭和7）3満州事変に関する経費支弁のため公債発行に関する法律公布施行。7糸価安定融資担保生糸買収法・糸価安定融資損失善後処理法公布施行。9不動産融資及損失補償法公布。金銭債務臨時調定法公布。12銀行法に基づく無資格銀行の整理期間満了。

一九三三（昭和8）3外国為替管理法公布。農村負債整理組合法公布。5外国為替管理委員会・外貨評価委員会の両官制公布施行。

一九三六（昭和11）3馬場蔵相、公債漸減主義の放棄、増税、低金利政策を新財政方針とする旨を述べる。5馬場蔵相、「一県一行主義」を提唱。商工組合中央金庫法公布。9商工債券令公布。

一九三七（昭和12）7日中戦争。8農村負債整理資金特別融通及損失補償法公布。9臨時資金調整法・同施行令公布。

一九四〇（昭和15）3改正所得税法など戦時改正各法公布。4輸出資金及び輸出品製造資金融通投失補償法公布。10会社経理統制令公布。

一九四一（昭和16）3国民更生金庫法公布。国民貯蓄組合法公布。5貿易統制令公布。8日本興業銀行など一一有力銀行、時局共同融資団結成。12日米開戦。戦時保険臨時措置法公布。

一九四二（昭和17）2南方開発金庫法・戦時金融金庫法公布。日本銀行法公布。5全国金融統制会成立。組合金融統制令成立。7手形保証事務取扱規定公布施行。

一九四四（昭和19）2戦時特殊損害保険法公布。4日本銀行、貸出利率調整制度実施。6大蔵省、戦時非常金融対策整備要領を発行。8日本銀行、中央儲備銀行に四億円借款供与。9日本銀行、中国聯合準備銀行に二億円供与。日本勧業銀行・農工銀行合併。12合同貯蓄規則公布。

一九四五（昭和20）2外資金庫法公布施行。3軍需金融等特別措置法施行。共同融資銀行設立。5資金統合銀行設立。日本貯蓄銀行新立。8戦争終結。大蔵省、金融機関資金融通方針を決定。戦後通貨対策委員会設置。9政府、金融統制団体に解散命令。GHQ、外地銀行・外国銀行・特別戦時機関の閉鎖を指令。11GHQ、一五財閥資産凍結・解体を指令。GHQ、戦時補償の凍結など財政改革を指令。

一九四六（昭和21）2金融緊急措置令。3物価統制令公布。8日本興業銀行、復興融資開始。経済安定本部・物価庁各設置。金融機関経理応急措置法公布施行。10復興金融金庫法公布。金融機関再建整備法公布施行。11財産税法公布。

一九四七（昭和22）1有価証券の処分の調整等に関する法律公布。2政府、産業資金供給措置要綱決定。3財

政法公布。4独占禁止法公布。7公正取引委員会発足。第一次経済実相報告書発表。11農業協同組合法・農業団体整理法各公布。新物価体系発表。

一九四八（昭和23）1財閥同族支配力排除法公布。4政府、経済復興計画委員会設置。4ドレーパー・ジョンストン報告書公表。5琉球銀行設立。米国より円レート政策に関するヤング使節団来日。6経済安定本部、中間経済安定計画第一次案発表。10再建整備法により各銀行、新資本金で再発足。

一九四九（昭和24）2GHQ、外国為替管理委員会設置を指令。3ドッジ公使、経済安定政策（ドッジ＝ライン）明示。4一ドル三六〇円の単一為替レートを設定。シャウプ税制使節団来日。6国民金融公庫設立。8シャウプ使節団、税制改革勧告。11池田蔵相「一県一行主義」廃止を表明。12外国為替特別会計法・外国為替および外国貿易管理法各公布。GHQ、重要物資統制の大幅撤廃を指令。

一九五〇（昭和25）1財閥商号・商標使用禁止令各公布。3日本勧業銀行法等廃止法公布。5外資法公布。住宅金融公庫法公布施行。6朝鮮戦争。外国為替管理令公布。12中小企業信用保険法・中小企業信用保険特別会計法各公布。日本輸出銀行法公布。

一九五一（昭和26）3日本開発銀行法公布施行。4農漁業協同組合再建整備法公布施行。6東京証券取引所、信用取引を実施。相互銀行法公布施行。信用金庫法公布施行。

一九五二（昭和27）1復興金融金庫解散。5国際通貨基金・国際復興開発銀行、日本の加盟を承認。6長期信用銀行法公布。貸付信託法公布施行。9東京銀行、ロンドンに支店開店。12日本興業銀行、長期信用銀行法に基づく銀行に転換。中小企業融資保証法公布施行。農林漁業金融公庫法分布施行。

一九五三（昭和28）8中小企業金融公庫法公布。信用保証協会法公布施行。労働金庫法公布。

一九五四（昭和29）4外国為替銀行法公布施行。8東京銀行、外国為替銀行法に基づく外国為替専門銀行として新発足。11全国農業協同組合中央会設立。12石橋通産相、オーバーローン解消策提唱。

一九五五（昭和30）5全国信用保証協会連合会設立。6ガットに正式加盟。7経済企画庁発足。8自作農維持創設資金融通法公布。12政府、経済自立五ヵ年計画を閣議決定。地方財政再建特別措置法公布施行。

一九五六（昭和31）3政府資金調達事務取扱規則公布。農業協同組合整備特別措置法公布。4東京・大阪証券取引所、債券売買市場再開。5農業改良資金助成法公布施行。中小企業振興資金助成法公布施行。7経済白書「日本経済の成長と近代化」。

一九五七（昭和32）3税制改正。4日本不動産銀行設立。公

営企業金融公庫法公布施行。5準備預金制度に関する法律公布施行。11中小企業団体の組織に関する法律公布。

一九五八（昭和33）4中小企業信用保険公庫法公布施行。企業担保法公布。7経済基盤強化資金法公布施行。11大蔵省、証券会社の経理健全化に関し警告。12産業特別会計の貸付の財源に充てるための外貨債の発行に関する法律公布施行。

一九五九（昭和34）1大蔵省、標準決済規則改正公布施行。4金融機関資金審議会令公布施行。保険審議会令公布施行。国税徴収法公布。5税制調査会令公布施行。8全国銀行協会連合会、蔵相・日銀総裁らと貸出抑制で意見一致。9大蔵省、ドル為替の自由化実施。12ミューラー米商務長官、蔵相・通産相と会談し貿易自由化・外資導入緩和を要望。

一九六〇（昭和35）1政府、貿易為替自由化の基本方針決定。3明治生命、わが国初の年金保険発売。道路公団、名神高速道路建設のため世界銀行と四〇〇〇万ドル借款調印。4漁業協同組合整備促進法公布。臨時地方特別交付金に関する法律公布施行。6外国為替管理令・外資認可基準特例各改正公布。非居住者自由円勘定に関する政令公布。9大蔵省、本邦通貨の携帯輸出入規制を緩和。12富士銀行・日本交通公社等、日本ダイナース・クラブ設立。住友金属工業・川崎製鉄、世銀と戦後初の民間外債発効契約調印。政府、国民所得倍増計画を閣議決定。海外経済協力基金法公布。

一九六一（昭和36）2東京証券取引所・日本証券金融㈱、株式の信用取引規制強化。3海外経済協力基金設立。4大蔵省、公社債投資信託の運用基準を緩和。6日本ADR（米国預託証券）第一号、ニューヨークで売出し。9政府、輸入保証金制度を強化。10東京・大阪・名古屋の証券取引所で株式市場2部を新設。12政府、輸入保証金制度を一部緩和。

一九六二（昭和37）1ガリオア・エロア返済協定および付属交換公文調印。IMF理事会、三億五〇〇〇万ドルの対日借款決定。3物品税法公布。企業年金信託制度実施に伴う関係諸法公布。9大蔵省、相互銀行および信用金庫の信用供与制限につき通達。12東京証券業協会、店頭取引を決定。

一九六三（昭和38）3外貨公債発行法公布。7ケネディ教書により株価暴落。中小企業基本法公布。10日銀、ニューヨーク連邦準備銀行と双務通貨協定調印。11大蔵省、貿易外取引管理令公布。

一九六四（昭和39）1日本共同証券㈱を設立。政府、物価安定対策決定。4日本、IMF八条国に移行。日本経済協力開発機構に正式加盟。9大蔵省、証券市場対策の基本方針を決定。11大蔵省、市中金融機関保有金融債の売戻条件付買入れを実施。

一九六五（昭和40）1全国銀行協会連合会、信用取引純化対等を決定。5山一証券の経営悪化表面化、主力銀行金利棚上げを中心とする同社の再建計画発表。11大蔵省、第一回国際発行等懇談会を開催。

一九六六（昭和41）1大蔵省、観光渡航制限を一人一回五〇〇ドルに緩和。赤字国債募集開始。6日本輸出入銀行、ワシントンの米州開発銀行と三六億円の円借款供与契約に調印。8アジア開発銀行の加盟に伴う措置に関する法律公布。

一九六七（昭和42）5日本経済調査協議会、円の国際的地位について措置を発表。6閣議で資本取引自由化の基本方針決定。10金融制度調査会、中小企業金融制度のあり方に関し答申。11東京証券取引所株価、ポンド切下げ等により開所以来の大暴落。

一九六八（昭和43）6中小企業金融制度の整備改善のための相互銀行法・信用金庫法等の一部改正、金融機関の合併および転換に関する法律各公布施行。7全国地方銀行協会、全国地方銀行店舗を結ぶデータ通信システム開始。12大蔵省、金融機関店舗行政につき通達。

一九六九（昭和44）2全国銀行協会連合会、銀行貸出金利の年利建て採用を決定。4国際通貨基金および国際復興開発銀行への加盟に伴う措置に関する法律の一部改正公布。7㈱山一および㈱大井、日本銀行特別融資の処理方針等を決定。

一九七〇（昭和45）1日本銀行、BISに正式加盟。3大蔵省、海外渡航の外貨持出し限度を一人一〇〇〇ドルに引上げ。4経済審議会、「高福祉」・「高負担」を盛った新経済社会発展計画答申。7金融制度調査会、一般民間金融機関のあり方等に関し答申。9全国銀行協会連合会、通常融資の推進・過当預金獲得競争の自粛・業務管理方法の再検討等を申し合せ。10政府、IMF増資払込みを実行。12大蔵省、相互銀行・信用金庫・信用協同組合に対し、一債務者に対する融資の最高限度の引上げを通達。

一九七一（昭和46）4預金保険法公布施行。8アメリカ、ドル防衛・景気刺激のための経済緊急対策を発表。大蔵省、外国為替相場の変動幅制限を暫定的に停止。12基準外国為替相場の切上げ。

一九七二（昭和47）5沖縄振興開発金融公庫法公布施行。沖縄、日本に復帰。6貸金業者の自主規制の助長に関する法律公布施行。大蔵省、投機的資金流入防止のための為替管理を強化。9大蔵省、外貨貸制度を実施。11大蔵省、海外渡航の外貨持出し限度額を撤廃。12大蔵省、株式市場鎮静化のための総合対策を証券会社に通告。

一九七三（昭和48）2欧州通貨危機のため東京外為市場閉鎖。

東京外国為替市場、相場変動幅制限を停止して再開。3政府、円の変動相場制度移行に伴う緊急中小企業対策を決定。8東京銀行、中国銀行との間に円・元決済の新協定を締結。12大蔵省、当面の経済情勢に対応するための金融機関の融資のあり方について各金融機関あてに通達。

一九七五（昭和50）2経済対策閣僚会議、不況対策一〇項目決定。4アジア開発銀行に対する円資金貸付の取決めに調印。12公債の発行の特例に関する法律公布施行。

一九七六（昭和51）5政府、「安定成長」志向の新経済五ヵ年計画を閣議決定。8全国銀行協会連合会、行過ぎた預金獲得行為の自粛徹底を申し合せ。10全国信用金庫データ通信システム発足。

一九七七（昭和52）4政府系中小企業金融機関、中小企業倒産対策緊急融資制度を実施。5社債発行限度暫定措置法公布施行。9大蔵省、政府系金融機関に対し、不況業種の赤字企業への貸出金利軽減措置につき通達。11政府、第三次全国総合開発計画を閣議決定。

一九七八（昭和53）8大蔵省、サラリーマン金融への指導・監督強化を表明。10コール取引に七日ものを導入。一ドル＝一七五円五〇銭の過去最高の高値。

一九七九（昭和54）2大蔵省、金融機関に対し土地取得関連融資の自粛を要請。4コール・レートの建値廃止。5都市銀行等、譲渡性預金（ＣＤ）の販売を開始。6大蔵省、国債市況対策として国債整理基金による国債の市中買入れをはじめて実施。11政府・日銀、円安対策で為替管理政策実施。

一九八〇（昭和55）3蔵相と日本銀行総裁、大幅円安となった円相場の安定策につき共同談話発表。4第一勧業銀行、五月にユーロ市場で世界初のＳＤＲ建てＣＤを発行すると発表。9経済対策閣僚会議、総合経済対策八項目を決定。グリーン・カード公布手続等に関する政・省令公布。

一九八一（昭和56）6銀行法公布。銀行・相互銀行・信用金庫等、新型の期日指定定期預金の取扱いを開始。11大蔵省、オンライン・システムを利用した金融機関の不詳事件の防止について通達。

一九八二（昭和57）2大蔵省、城南信用金庫など七金庫に外国為替業務の取扱いを認可。3大蔵省、海外ＣＤ、ＣＰの取扱いルールをまとめ関係金融団体に指示。海外の高金利を背景とする為替相場円安化に対処し、短期市場金利の高め誘導を開始。5国債の発行等に関する省令公布施行。9政府、財政非常事態を宣言。

一九八三（昭和58）2大蔵省、外国企業の割引債券の販売を解禁。4銀行等、公共債の窓口販売を開始。5貸金業の規制等に関する法律公布。6大蔵省、金融機関に対し、貸金業者向け融資の慎重な取扱いを要請。

一九八四（昭和59）4銀行・証券会社、海外CD、CPの国内販売業務を開始。5国債借換問題懇談会、「当面の国債借換問題について」と題する報告書をとりまとめる。6都市銀行等主要金融機関、国債等公共債のディーリング業務開始。11財団法人金融情報システムセンター発足。都市銀行、キャプテン・ホーム・バンキングを開始。

一九八五（昭和60）3市場金利連動型預金を相互銀行などで取り扱い開始。6銀行等による公共債フル・ディーリング開始。7政府、「金融・資本市場に係るアクション・プログラム骨子」を発表。9短資会社、二週間ものおよび三週間もの無担保コール取引を開始。10一〇億円以上の定期預金金利自由化。短資会社、インターバンク預金取引の仲介業務を開始。債券先物市場スタート。

一九八六（昭和61）2大蔵省、割引短期国債の公募入札をはじめて実施。大蔵省、金融機関に対し、「金融VAN事業」への進出を認可。4大蔵省、一連の金融自由化措置を実施。5大蔵省、日本が世界最大の債務国になった旨閣議報告。6東京銀行、邦銀初のユーロ円債一五〇億円の募集を開始。12東京オフショア市場発足。

一九八七（昭和62）4大蔵省、普通銀行・相互銀行の国内転換社債発行を解禁。5大蔵省、為替相場安定のため投機的な為替売買を自粛するよう各機関に要請。6日本初の株式先物取引が大阪証券取引所で開始。10大蔵省土地関連融資の厳正化について通達。11大蔵省、国内CPおよび非居住者ユーロ内CPの発行、解禁。

一九八八（昭和63）4「マル優」制度を原則廃止。4郵便局、国債と郵便貯金を組み合わせた新商品「国債定額貯金」を発売。6金融制度調査会、「相互銀行制度のあり方について」答申。8全国銀行協会連合会、インサイダー取引自主規制ルールを制定。12大蔵省、国内CP市場見直し策公表。大蔵省、自己資本比率規制国際統一基準の国内適用実施細目を決定。

一九八九（昭和64・平成1）2インサイダー取引を規制する政省令公布。4消費税導入。6銀行・郵便局で小口市場金利連動型預貯金発売。大蔵省、初の三ヵ月もの短期国債を発行。12前払式証票の規制等に関する法律公布。

一九九〇（平成2）2都市銀行と地方銀行の全国オンライン提携スタート。5東京証券取引所、債券先物オプション取引開始。都銀・地銀のオンライン提携を信託・第二地銀にも拡大実施。7都銀・地銀と信金・信組・農協・労金との間にCDオンライン提携を実施。地方銀行、バンク・カードの国際提携カードの取扱を開始。

一九九一（平成3）6金融制度調査会、「新しい金融制度について」の答申を大蔵大臣に提出。8日本証券業協会「倫理綱領」等業界改革案を決定。大蔵省、「金融システムの信頼回復のための措置」を公表。10全国銀行協会連合会、不動産融資適正化についての提言公表。

一九九二（平成4）6金融制度改革関連改正法成立。7証券取引等監視委員会発足。10大蔵省、「金融行政の当面の運営方針の実施状況について」発表。12大蔵省、「金融制度改革・概要について」を発表。

一九九三（平成5）6定期預貯金の金利、完全自由化。9公定歩合を引き下げて年一・七五％へ。史上初の一％台。

一九九四（平成6）1金融制度調査会基本問題検討委員会、欧米に調査団派遣。2大蔵省、国際金融取引の規制緩和策発表。6証券・金融・国際金融取引に関する規制緩和策発表。7ＭＭＦ・中期国債ファンドの商品性改善の一〇月実施を発表。10流動性預金金利が完全自由化され、金利自由化が完了する。12大蔵省、「投資信託の改革について」を発表する。

一九九五（平成7）1大蔵省近畿財務局及び日本銀行大阪支店、阪神・淡路大震災の被災者に対して金融上の措置に関して発表。3円相場が九〇円を突破。日銀は「金利低め誘導宣言」を公表。規制緩和推進五ヵ年計画、閣議決定。4政府は規制緩和推進計画の前倒し・内需振興策等を盛り込んだ緊急円高・経済対策を決定。5大蔵省、「金融機関の信託銀行子会社参入について」を発表。6大蔵省、金融制度調査会に金融機能活性化委員会の設置を発表。9公定歩合を〇・五％引き下げて年〇・五％に。超低金利時代を迎える。11大蔵省、金融機関の不良債権は三七兆三九〇〇億円と発表。12住専処理に六八五〇億円の財政資金投入を決定。

一九九六（平成8）6住専処理法案など金融関連六法案成立。7住宅金融債権管理機構が発足し、債権回収業務開始。9大蔵省、経営改善制度を導入。新金融安定化基金が設立総会を行う。11橋本首相、二〇〇一年までに金融制度を抜本的に改革する日本版金融ビッグバン構想を発表。12農協改革二法案成立。大蔵省改革で「金融検査・監督庁」を創設する。

一九九七（平成9）2金融制度調査会、日銀法改正小委員会の「日本銀行法の改正に関する答申」を承認。5電子マネー及び電子決済に関する懇談会、またノンバンクに関する懇談会が報告書を提出。6日銀法改正案、金融持株会社を認める独禁法改正案、金融監督庁設置法案が成立。8大蔵省、翌年設置予定の金融監督庁・金融行政部門の組織等を発表。9金融制度調査会に「電子マネー及び電子決済の環境整備に向けた懇談会」、「銀行グループのリスクの管理等に関する懇談会」を設置。12政府、貸し渋り防止対策として「金融システムの安定化のための緊急対策」を発表。

一九九八（平成10）2大蔵省、貸し渋り防止対策として、是正措置適用の一年延期を決定。3金融持株会社法成立。4新日銀法施行。6大蔵省に銀行局・証券局等の一部を統合した金融企画局が発足。7金融監督庁・大蔵省・日銀・預金保険機構からなる金融四者協議会の初会合。8大蔵省及び金融制度の改善を検討する金融審議会発足。9地銀に対する金融監督庁の検査開始。10金融機能再生緊急措置法、金融機能早期健全化緊急措置法、改正預金保険法が成立。12金融再生委員会設置。有価証券店頭デリバティブ、指数連動金利預金などが登場。

一九九九（平成11）1デビッドカード取扱開始。郵政と民間金融機関によるATM提携開始。8金融審議会、ペイオフ解禁や預金保険制度に関してヒアリング実施。9金融再生委員会、公的資金を受けた銀行の経営健全化計画の実施状況を監視する具体的基準を策定。

付録二、主要参考文献

＊本書執筆にあたって参照した主要な文献を編著者別（五十音順）に掲げた。

明石照男『日本金融史』全三巻、東洋経済新報社、一九五四～五八
朝倉孝吉『明治前期日本金融構造史』岩波書店、一九六一
朝倉孝吉編『両大戦間における金融構造—地方銀行を中心として』御茶の水書房、一九八〇
朝倉孝吉『新編日本金融史』日本経済評論社、一九八八
麻島昭一『日本信託業発展史』有斐閣、一九六九
麻島昭一『本邦生保資金運用史』東洋経済新報社、一九九一
阿部謙二『日本通貨経済史の研究』紀伊国屋書店、一九七二
アール・エフ・ラジオ日本編『21世紀の郵便局サービスを考える』透土社、一九九七
池尾和人『金融産業への警告—金融システム再構築のために』東洋経済新報社、一九九五
朝日新聞経済部編『朝日経済年史』（昭和三年版）同、一九二八
石井寛治『近代日本金融史序説』東大出版会、一九九九
石井孝『幕末開港期経済史研究』有隣堂、一九八七
石川通達『やさしい日本金融史』文雅堂銀行研究社、一九六五
石沢久五郎『本邦銀行発達史』同文館、一九二〇
石田定夫『金融市場』東洋経済新報社、一九七九
石浜知行『特殊金融機関史論』育生社、一九三七
伊藤穰一・中村隆夫『デジタル・キャッシュ』ダイヤモンド社、一九九六
伊牟田敏充編『戦時体制下の金融構造』日本評論社、一九九一
梅村又次・中村隆英編『松方財政と殖産興業政策』国際連合大学、一九八三
岡田和喜『貯蓄運動の史的展開』同文館、一九九六
大蔵省編『金融事項参考書』内閣印刷局、一九〇〇～四二
大蔵省編『明治財政史』全一五巻、明治財政史発行所、一九二五～二八
大蔵省編『明治大正財政史』全二〇巻、財政経済学会、一九三六～四〇
大蔵省編『昭和財政史』全一八巻、東洋経済新報社、一九五四～六五
大蔵省編『大蔵省百年史』全三巻、大蔵財務協会、一九六九
大蔵省編『日本財政経済史料』全一〇巻、芸林舎、一九七〇～七二
大蔵省編『昭和財政史』全二〇巻、東洋経済新報社、一九七六～八四
大蔵省銀行局『大蔵省銀行局金融年報』各年度版（金融財政事情研究会）
大蔵省国際金融局『大蔵省国際金融局年報』各年度版（金融財政事情研究会）

大蔵省金融制度調査会編『金融機関発達史』板垣書店、一九四九
大月　高監修『実録　戦後金融行政史』金融財政事情研究会、一九八八
岡田俊平『幕末維新の貨幣政策』森山書店、一九五五
岡田俊平『明治前期の正貨政策』東洋経済新報社、一九五八
岡田俊平『明治期通貨論争史研究』千倉書房、一九七五
岡田俊平編『明治初期の財政金融政策』清明会、一九六四
大山敷太郎『幕末財政金融史論』ミネルヴァ書房、一九六九
加藤俊彦『本邦銀行史論』東京大学出版会、一九五七
加藤俊彦『銀行合同史』全国地方銀行協会、一九六〇
加藤俊彦編『日本金融論の史的研究』東大出版会、一九八三
加藤俊彦・大内力編『国立銀行の研究』勁草書房、一九六三
金子秀明『郵貯・郵便局の未来』東洋経済新報社、一九九三
協和銀行編『本邦貯蓄銀行史』協和銀行、一九六九
協和銀行編『協和銀行史』協和銀行、一九六九
銀行通信社編『新金融辞典』銀行通信社、一九三七
銀行問題研究会編『金輸出禁止史』銀行問題研究会、一九二九
金融研究会編『我国に於ける銀行合同の大勢』金融研究会、一九三四
金融制度調査会「新しい金融制度について」他各報告書（大蔵省銀行局）
黒田晃生『金融政策の話』日本経済新聞社、一九八九
黒田晃生『日本の金融市場』東洋経済新報社、一九九一
黒田晃生『金融改革への指針』東洋経済新報社、一九九七
経済企画庁戦後経済史編纂室編『戦後経済史（財政金融）』同、一九五九
経済企画庁総合計画局編『金融の国際化・自由化』大蔵省印刷局、一九九〇
経済企画庁総合計画局編『金融自由化と金融システムの安定性』大蔵省印刷局、一九九三
古賀英正『日本金融資本論』東洋経済新報社、一九五七
国民生活センター編『金融ビッグバンと消費者』大蔵省印刷局、一九九八
後藤新一『日本の金融統計』東洋経済新報社、一九七〇
後藤新一『本邦銀行合同史』金融財政事情研究会、一九七三
後藤新一『普通銀行の理念と現実』東洋経済新報社、一九七七
後藤新一『日本金融制度発達史』教育社、一九八〇
後藤新一『昭和期銀行合同史』金融財政事情研究会、一九八一
後藤新一『日本短期金融市場発達史』日本経済評論社、一九八六
後藤新一『昭和金融史』時事通信社、一九九〇
後藤新一『郵貯民営論』有斐閣選書、一九九〇
後藤進一『銀行合同の実証的研究』日本経済評論社、一九九一
後藤新一『無尽・相銀合同の実証的研究』日本金融通信社、一九九四

後藤新一『銀行崩壊』東洋経済新報社、一九九五
坂入長太郎『日本金融制度史』世界書院、一九五二
坂入長太郎『日本財政史』バリエ社、一九八五
佐和良作『日本のビッグバン』ダイヤモンド社、一九九七
作道洋太郎『日本封建社会の貨幣金融構造』塙書房、一九七一
沢田章『明治財政の基礎的研究』宝文館、一九三四、柏書房、一九六六
三和銀行編『サンワのあゆみ』三和銀行、一九八三
重松政男『金融再生のしくみ』日本実業出版社、一九九九
渋谷隆一・鈴木亀二・石山昭次郎『日本の質屋』早稲田大学出版部、一九八二
島崎久弥『円の侵略史』日本経済評論社、一九八九
白井規矩雄『日本の金融機関』森山書店、一九三九
新保博『日本近代信用制度成立史論』有斐閣、一九六八
杉山和雄「金融制度の創設」(『日本経済史大系』第五巻所収)一九六五
杉山和雄・川上忠雄「近代的信用制度の発展」(『日本経済史大系』第六巻所収)一九六五
鈴木淑夫編『実践ゼミナール日本の金融と銀行(第二版)』東洋経済新報社、一九八九
住友銀行編『住友銀行八十年史』住友銀行、一九七九
世界政経研究室編『明治初期幣制確立顛末』世界文庫、一九六〇
関山直太郎『日本貨幣金融史研究』新経済社、一九四三
全国銀行協会連合会編『金融制度』東洋経済新報社、一九五六
全国銀行協会連合会編『銀行協会三十年史』同会、一九七九
第一銀行編『第一銀行史』全二巻、同、一九五七〜八
大和證券編『大和證券六〇年史』同、一九六三
台湾銀行編『台湾銀行二十年誌』川北幸寿、一九一九
台湾銀行編『台湾銀行四十年誌』名倉喜作、一九三九
高石末吉『通貨封鎖始末』時潮社、一九八〇
高垣寅次郎『銀行集中論』東京銀行集会所、一九一四
高垣寅次郎『明治前期日本金融制度史研究』清明会、一九七二
高橋亀吉『日本金融論』東洋経済出版部、一九三一
高橋亀吉『大正昭和財界変動史』㊤㊥㊦、東洋経済新報社、一九五四〜五五
高橋誠『明治財政史研究』青木書店、一九六四
滝沢直七『稿本日本金融史論』有斐閣、一九一二
竹沢正武『日本金融百年史』東洋経済新報社、一九六八
館龍一郎編『金融辞典』東洋経済新報社、一九九四
立脇和夫『在日外国銀行史』日本経済評論社、一九八七
玉置紀夫『日本金融史』有斐閣、一九九四
地方金融史研究会編『戦後地方銀行史』I II、東洋経済新報社、一九九四
通商産業省産業政策局産業資金課編『ビックバン構想―産業構造審議会中間報告書』通商産業調査会出版部、一九九七
土屋喬雄『昭和金融史』全国地方銀行協会、一九五五

土屋喬雄監修『地方銀行小史』全国地方銀行協会、一九六一
寺西重郎『日本の経済発展と金融』岩波書店、一九八二
寺部鉄治『銀行発達史』森野書房、一九五三
東海銀行編『東海銀行史』同、一九六一
東京株式取引所編『東京株式取引所五十年史』同所、一九二八
東京銀行編『横浜正金銀行全史』全七巻、同、一九八〇
東京商工会議所編・刊『我国銀行の合同問題』一九三〇
東洋経済新報社編『明治財政史綱』同、一九一一
東洋経済新報社編『贈訂改版明治金融史』同、一九一二
東洋経済新報社編『金融六十年史』同、一九二四
東洋経済新報社編『明治大正財政詳覧』同、一九二六
東洋経済新報社編『明治大正国勢総覧』同、一九二七
東洋経済新報社編『昭和国勢総覧』同、一九八〇
長岡実編著『新中小企業金融制度と合併転換法の詳解』金融財政事情研究会、一九六八
中津海知方『預金部秘史』東洋経済出版部、一九二八
中村尚美『大隈財政の研究』校倉書房、一九六八
日本開発銀行編『日本開発銀行一〇年史』同、一九六三
日本勧業銀行編『日本勧業銀行七十年史』同、一九六七
日本銀行編『日本金融史資料明治大正編』全二五巻、大蔵省印刷局、一九五六～六一
日本銀行編『日本金融史資料昭和編』全三五巻、大蔵省印刷局、一九六一～七四
日本銀行編『明治以降本邦主要経済統計』同行、一九六六
日本銀行編『図録日本の貨幣』全一一巻、東洋経済新報社、一九七二～七六
日本銀行編『日本金融史資料昭和続編』全二九巻、大蔵省印刷局、一九七八～
日本銀行調査局編『わが国の金融制度』同、一九八一
日本銀行編『日本銀行百年史』全七巻、同、一九八二～八六
日本銀行金融研究所編『〈増補・改訂〉日本金融年表』日本信用調査、一九九三
日本銀行調査局特別調査室『満州事変以後の財政金融史』一九四八
日本金融通信社編『二一世紀のチャレンジバンク―一県複数行時代・相銀は変わる』同、一九八九
日本興業銀行編『日本興業銀行七十五年史』全二巻、同、一九八二
日本長期信用銀行編『日本長期信用銀行十年史』同、一九六二
日本不動産銀行編『日本不動産銀行十年史』同、一九六七
日本輸出入銀行編『十年のあゆみ』同、一九六三
農林中央金庫調査部編『農林中央金庫史』全四巻、同、一九五六
野村順之助『日本金融資本発達史』共生閣、一九三一
野村証券編『野村証券株式会社五〇年史』同、一九七六
原司郎『明治前期金融史』東洋経済新報社、一九六五

土方晋『横浜正金銀行』教育社、一九八〇
富士銀行編『富士銀行百年史』全二巻、同、一九八二
松成義衛・三輪悌三・長幸男『日本における銀行の発達』青木書店、一九五九
松好貞夫『日本両替金融史論』文藝春秋社、一九三二
松好貞夫『明治維新後に於ける両替商金融』金融研究会、一九三七
松好貞夫『明治絶対主義の経済と金融』勁草書房、一九七一
三上隆三『円の誕生』東洋経済新報社、一九八九
三木谷・石垣編『金融政策と金融自由化』東洋経済新報社、一九九三年
三井銀行編『三井銀行八十年史』同行、一九五七
三井文庫編『三井事業史』全七巻、同、一九七一～八〇
三井高維『校註・両替年代記』岩波書店版、一九三二、柏書房版、一九七一
三菱銀行編『三菱銀行史』同、一九五四
三橋規宏・内田茂雄『昭和経済史（下）』日経文庫、一九九四
宮内勉・明石周夫『相互銀行』教育社、一九八二
宮本又次編『大阪の商業と金融』毎日放送、一九七三
宮本・高嶋『庶民の歩んだ金融史』福徳銀行、一九九一
明治財政史編纂会編『明治財政史』全一五巻、丸善、一九〇四～六
持株会社整理委員会編『日本の財閥とその解体』同、一九五一
矢尾板正雄『昭和金融政策史』皇国青年教育協会、一九四三
山一証券編『山一証券史』同、一九五八
山口和雄編『日本産業金融史研究・製糸金融編』東京大学出版会、一九六六
山口和雄編『日本産業金融史研究・紡績金融編』東京大学出版会、一九七〇
山口和雄編『日本産業金融史研究・織物金融編』東京大学出版会、一九七四
山崎広明『昭和金融恐慌』東洋経済新報社、二〇〇〇
山本有造『両から円へ』ミネルヴァ書房、一九九四
郵政省編『郵政百年史資料』第一五巻、吉川弘文館、一九六八
郵政省郵政研究所編『郵貯簡保の最前線』東洋経済新報社、一九九二
横浜正金銀行編『横浜正金銀行史』全九巻、同、一九二〇（復刻版一九七六）
吉野俊彦『円の歴史』至誠堂、一九五五
吉野俊彦『日本銀行史』全五巻、春秋社、一九七五～七九
渡辺佐平・北原道貫編『銀行』現代日本産業発達史研究会、一九六六
渡辺佐平・西村閑也「貨幣・信用制度」（『日本資本主義入門』㈡）日本評論社、一九五七
渡辺・黒田・高木『金融システムの国際比較分析』東洋経済新報社、一九九九

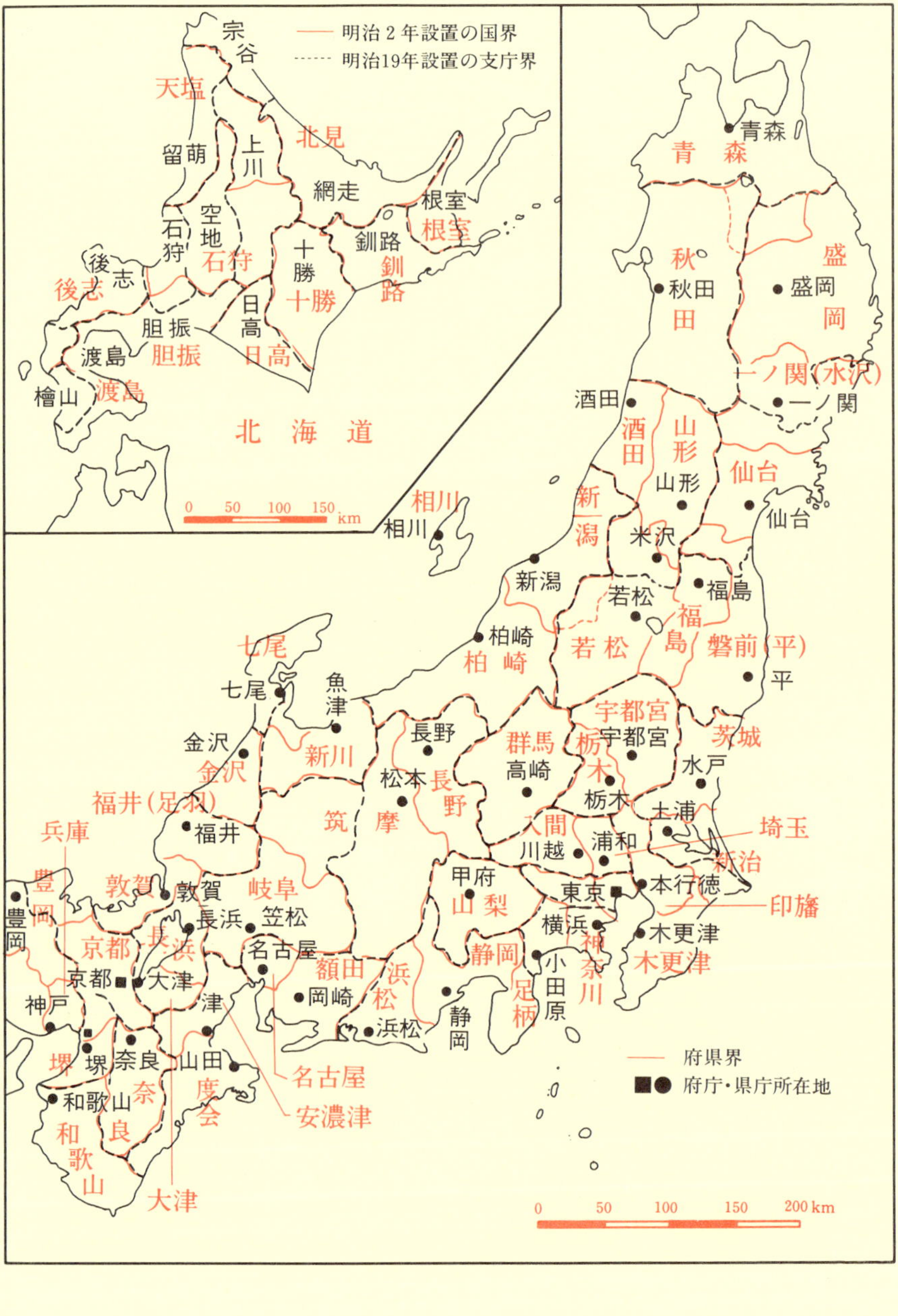
明治２年設置の国界
明治19年設置の支庁界
宗谷
天塩
北見
留萌
上川
網走
根室
根室
空地
石狩
石狩
十勝
釧路
釧路
後志
後志
十勝
日高
胆振
日高
渡島
胆振
檜山
渡島
北海道
0 50 100 150 km
青森
青森
秋田
盛岡
秋田
盛岡
秋田
一ノ関(水沢)
酒田
一ノ関
酒田
山形
仙台
新潟
山形
仙台
相川
相川
米沢
新潟
若松
福島
福島
柏崎
若松
磐前(平)
柏崎
七尾
平
七尾
魚津
宇都宮
長野
群馬
栃木
宇都宮
茨城
金沢
新川
高崎
水戸
松本
長野
金沢
福井(足羽)
栃木
筑摩
入間
土浦
埼玉
兵庫
福井
浦和
川越
新治
甲府
豊岡
敦賀
敦賀
岐阜
東京
本行徳
山梨
印旛
豊岡
長浜
笠松
長浜
横浜
京都
名古屋
木更津
静岡
神奈川
額田
浜松
京都
大津
木更津
小田原
岡崎
神戸
津
足柄
浜松
静岡
堺
奈良
山田
名古屋
府県界
堺
度会
府庁・県庁所在地
和歌山
奈良
安濃津
和歌山
大津
0 50 100 150 200 km

【編者紹介】
加藤　隆（かとう・りゅう）
1931年生まれ。
現在：明治大学名誉教授
主な編著：
『殖産興業と報徳運動』東洋経済新報社、1978年
『日米生糸貿易資料　第一巻』近藤出版社、1987年
『地方財閥の展開と銀行』日本評論社、1989年　ほか

秋谷紀男（あきや・のりお）
1957年生まれ。
現在：明治大学政治経済学部教授
主な編著・論文：
『日米生糸貿易資料　第一巻』近藤出版社、1987年
「埼玉県における銀行合同の展開」（『埼玉地方史』第18号、1985年）
「『三島億二郎日記』から見た長岡六十九国立銀行の設立過程」（『政経論叢』第69巻４～６号、2001年）
ほか

日本史小百科 －近代－　〈金　融〉

編　者　加藤　隆　秋谷紀男
2000年７月31日　初版発行
2008年３月15日　３版発行
発行者　松林孝至
印刷所　東京リスマチック株式会社
製本所　渡辺製本株式会社
発行所　株式会社東京堂出版　〒101-0051　東京都千代田区神田神保町１丁目17番地
電話　東京3233-3741　振替口座　00130-7-270

ISBN978-4-490-20351-6 C1321
Printed in Japan

【執筆者一覧】 ＊執筆順

加藤　隆（かとう・りゅう）
明治大学名誉教授

柳沢幸治（やなぎさわ・こうじ）
市立大月短期大学教授

江　旭本（JAUNG SHI BEEN）
市立大月短期大学非常勤講師

秋谷紀男（あきや・のりお）
明治大学政治経済学部教授

星野　泉（ほしの・いずみ）
明治大学政治経済学部教授

黒須　潤（くろす・じゅん）
三育学院短期大学教授

索　　引

さ

し

な

に

の

は

ひ

ふ

へ

付録三、国立銀行一覧

①明治９年８月の国立銀行条例改正による銀行名／開業年月日（＊は開業免状下付日を示す）／開業時資本金（単位＝千円）／→異動（年月）の順に掲げた。ただし東京第一、横浜第二、新潟第四、東京第五国立銀行については、まず明治５年11月の国立銀行条例による開業免状下付日、開業日、開業時資本金をあげ、次いで〔　〕で明治９年８月条例改正によるものをあげておいた。

②出典：朝倉孝吉『明治前期日本金融構造史』岩波書店、地方史研究協議会編『新版地方史研究必携』岩波書店ほかにより作成。

東京第一国立銀行／明6.7.20／2,500／〔明9.9.26／1500〕→第一銀行（明29.9）
横浜第二国立銀行／明7.8.15／250／〔明9.11.28／250〕→第二銀行（明29.11）
東京第三国立銀行／明9.12.5／200／→第三銀行（明29.11）
新潟第四国立銀行／明7.3.1／200／〔明9.12.19／300〕→新潟銀行（明29.11）
東京第五国立銀行／明6.12.10／500／〔明9.10.5／300〕→第五銀行（明29.12）
福島（→東京）第六国立銀行／明10.3.15／100／→肥後銀行（明30.2）
高知第七国立銀行／明10.3.15／100／→第七銀行（明29.11）
豊橋第八国立銀行／明10.3.20／100／→名古屋第百三十四国立銀行（明19.7.合併）
熊本第九国立銀行／明10.12.15／55／→第九銀行（明30.11）
山梨第十国立銀行／明10.4.15／150／→第十銀行（明30.1）
名古屋第十一国立銀行／明10.7.18／100／→第十一銀行（明30.3）
金沢（→富山）第十二国立銀行／明10.8.26／200／→十二銀行（明30.7）
大阪第十三国立銀行／明10.5.21／250／→満期解散（明30.5）
松本第十四国立銀行／明10.8.5／100／→第十四銀行（明30.5）
東京第十五国立銀行／明10.5.27／17,826.1／→十五銀行（明30.5）
岐阜第十六国立銀行／明10.10.1／50／→十六銀行（明29.11）
福岡第十七国立銀行／明10.11.1／105／→十七銀行（明30.9）
長崎第十八国立銀行／明10.12.20／160／→十八銀行（明30.7）
上田第十九国立銀行／明10.11.8／100／→第十九銀行（明30.3）
東京第二十国立銀行／明10.8.10／250／→二十銀行（明30.7）
横浜第二十一国立銀行／明10.12.1／100／→二十一銀行（明30.11）
岡山第二十二国立銀行／明10.11.15／50／→二十二銀行（明30.1）
大分第二十三国立銀行／明10.11.11／50／→二十三銀行（明30.5）
飯山第二十四国立銀行／明10.11.1／80／→鎖店（明15.8）
小浜第二十五国立銀行／明11.1.4／50／→二十五銀行（明30.12）
大阪第二十六国立銀行／明11.4.25／50／→鎖店（明16.11）
東京第二十七国立銀行／明10.12.28／210／→第二十七銀行（明30.12）
浜松第二十八国立銀行／明10.1.10／120／→静岡第三十五国立銀行（明22.1.合併）
川ノ石第二十九国立銀行／明11.3.15／120／→第二十九銀行（明30.3）
東京第三十国立銀行／明10.12.24／250／→三十銀行（明30.12）
若松（→津川）第三十一国立銀行／明11.6.1／100／→大阪第百四十八国立銀行（明21.5.合併）
大阪第三十二国立銀行／明11.2.1／130／→浪速銀行（明31.1）
東京第三十三国立銀行／明11.2.1／200／→鎖店（明25.5）

大阪第三十四国立銀行／明11.4.13／100／→三十四銀行（明30.9）
静岡第三十五国立銀行／明11.5.15／70／→三十五銀行（明30.7）
八王子第三十六国立銀行／明11.4.23／50／→第三十六銀行（明31.2）
高知第三十七国立銀行／明11.12.8／150／→高知銀行（明30.3）
姫路第三十八国立銀行／明11.11.20／230／→三十八銀行（明31.7）
前橋第三十九国立銀行／明11.11.9／350／→三十九銀行（明31.9）
館林第四十国立銀行／明11.11.5／150／→四十銀行（明31.7）
栃木第四十一国立銀行／明11.9.8／200／→四十一銀行（明31.7）
大阪第四十二国立銀行／明11.10.18／200／→第四十二銀行（明31.10）
和歌山第四十三国立銀行／明11.11.25／200／→四十三銀行（明30.3）
東京第四十四国立銀行／明11.8.1／700／→東京第三国立銀行（明15.9.合併）
東京第四十五国立銀行／明11.10.25／100／→満期解散（明31.10）
多治見（→名古屋）第四十六国立銀行／明12.2.14／50／→愛知実業銀行（明31.7）
八幡（→富山）第四十七国立銀行／明11.11.15／95／→四十七銀行（明31.1）
秋田第四十八国立銀行／明12.1.4／50／→第四十八銀行（明31.1）
京都第四十九国立銀行／明11.6.1／200／→四十九銀行（明30.8）
土浦第五十国立銀行／明11.9.9／100／→土浦五十銀行（明30.7）
岸和田第五十一国立銀行／明11.12.5／100／→五十一銀行（明31.1）
松山第五十二国立銀行／明11.9.25／70／→五十二銀行（明30.7）
津和野第五十三国立銀行／明12.2.1／80／→五十三銀行（明31.7）
沼津第五十四国立銀行／明11.10.11／70／→静岡第三十五国立銀行（明15.12.合併）
出石第五十五国立銀行／明11.11.1／50／→五十五銀行（明31.1）
明石第五十六国立銀行／明11.8.4／50／→五十六銀行（明31.6）
武生第五十七国立銀行／明11.10.28／50／→第五十七銀行（明30.7）
大阪第五十八国立銀行／明11.11.28／120／→五十八銀行（明30.1）
弘前第五十九国立銀行／明12.1.20／200／→第五十九銀行（明30.9）
東京第六十国立銀行／明11.9.2／250／→満期解散（明31.8）
久留米第六十一国立銀行／明11.11.20／100／→六十一銀行（明30.4）
水戸第六十二国立銀行／明11.10.25／100／→水戸六十二銀行（明31.10）
松代（→稲荷山）第六十三国立銀行／明11.12.1／100／→六十三銀行（明30.7）
大津第六十四国立銀行／明11.7.20／250／→大津銀行（明31.6）
鳥取（→兵庫）第六十五国立銀行／明12.1.4／70／→第六十五銀行（明31.1）
尾ノ道第六十六国立銀行／明12.4.20／180／→第六十六銀行（明30.7）
鶴岡第六十七国立銀行／明11.12.1／80／→六十七銀行（明31.9）
郡山第六十八国立銀行／明12.1.11／80／→六十八銀行（明30.12）
長岡第六十九国立銀行／明11.12.20／100／→六十九銀行（明31.1）
淀第七十国立銀行／明12.4.1／50／→第七十銀行（明30.4）
村上第七十一国立銀行／明11.11.15／70／→村上銀行（明31.10）
酒田（→佐賀）第七十二国立銀行／明11.11.25／80／→佐賀銀行（明31.9）
兵庫第七十三国立銀行／明11.12.22／50／→第七十三銀行（明30.8）
横浜第七十四国立銀行／明11.7.30／250／→横浜七十四銀行（明31.4）
金沢第七十五国立銀行／明12.1.25／50／→東京第四十五国立銀行（明19.7.合併）
高須第七十六国立銀行／明12.1.6／70／→七十六銀行（明31.1）
仙台第七十七国立銀行／明11.12.9／250／→七十七銀行（明31.3）
中津（→八王子）第七十八国立銀行／明11.11.20／80／→八王子第七十八銀行（明

31.10）
松江（→大阪）第七十九国立銀行／明11.11.23／100／→第七十九銀行（明31.1）
高知第八十国立銀行／明11.10.28／100／→第八十銀行（明29.11）
山形第八十一国立銀行／明11.12.13／60／→満期解散（明31.11）
鳥取（→東京）第八十二国立銀行／明11.11.24／200／→八十二銀行（明29.11）
上野第八十三国立銀行／明11.10.18／50／→八十三銀行（明30.8）
大聖寺（→東京）第八十四国立銀行／明12.1.4／90／→八十四銀行（明30.9）
川越第八十五国立銀行／明11.12.17／200／→第八十五銀行（明31.1）
高梁第八十六国立銀行／明12.5.1／80／→八十六銀行（明30.7）
大橋（→門司）第八十七国立銀行／明11.12.5／80／→八十七銀行（明30.7）
一ノ関第八十八国立銀行／明11.12.13／50／→第八十八銀行（明29.10）
徳島第八十九国立銀行／明12.5.20／200／→第八十九銀行（明30.1）
盛岡第九十国立銀行／明11.12.2／100／→第九十銀行（明30.8）
福井第九十一国立銀行／明11.12.9／50／→第九十一銀行（明30.7）
福井第九十二国立銀行／明11.12.2／120／→第九十二銀行（明30.7）
三春第九十三国立銀行／明11.11.22／50／→三春銀行（明30.7）
竜野第九十四国立銀行／明11.12.12／50／→九十四銀行（明31.1）
東京第九十五国立銀行／明11.10.17／200／→第九十五銀行（明30.5）
柳河第九十六国立銀行／明12.1.4／50／→柳河銀行（明30.4）
小城第九十七国立銀行／明12.3.25／50／→満期解散（明32.2）
千葉第九十八国立銀行／明11.12.7／120／→第九十八銀行（明30.9）
平戸第九十九国立銀行／明12.2.15／50／→九十九銀行（明31.1）
東京第百国立銀行／明11.9.4／200／→第百銀行（明31.8）
染川第百一国立銀行／明11.11.3／60／→第百一銀行（明31.9）
厳原（→長崎）第百二国立銀行／明12.1.28／50／→第百二銀行（明30.7）
岩長（→神戸）第百三国立銀行／明11.12.2／50／→満期解散（明31.10）
水戸第百四国立銀行／明11.10.22／100／→水戸第百四銀行（明30.10）
津第百五国立銀行／明12.3.11／80／→百五銀行（明30.7）
佐賀第百六国立銀行／明12.4.1／300／→佐賀百六銀行（明31.4）
福島第百七国立銀行／明11.10.15／100／→第百七銀行（明30.2）
須賀川第百八国立銀行／明11.10.7／50／→鎖店（明16.4）
佐伯第百九国立銀行／明12.1.13／50／→百九銀行（明31.11）
山口（→下ノ関）第百十国立銀行／明11.3.10／600／→百十銀行（明31.11）
京都第百十一国立銀行／明11.12.10／50／→鎖店（明31.3）
東京第百十二国立銀行／明11.10.8／100／→第百十二銀行（明31.9）
函館第百十三国立銀行／明12.1.6／150／→第百十三銀行（明30.7）
高松第百十四国立銀行／明11.11.6／50／→高松百十四銀行（明31.10）
亀山（→大津）第百十五国立銀行／明12.1.15／70／→湖南銀行（明30.7）
新発田第百十六国立銀行／明12.2.5／50／→新発田銀行（明31.2）
飯田第百十七国立銀行／明12.1.15／50／→百十七銀行（明30.7）
東京第百十八国立銀行／明11.12.9／100／→半田第百三十六国立銀行(明13.11.合併)
東京第百十九国立銀行／明12.1.11／300／→満期解散（明31.12）
古河第百二十国立銀行／明12.1.11／50／→第百二十銀行（明31.1）
大阪第百二十一国立銀行／明12.4.5／220／→第百二十一銀行（明30.9）
桑名第百二十二国立銀行／明12.5.6／150／→第百二十二銀行（明31.1）

富山第百二十三国立銀行／明12.2.1／80／→金沢第十二国立銀行（明17.1.合併）
見附第百二十四国立銀行／明11.11.10／50／→静岡第三十五国立銀行（明15.7.合併）
米沢第百二十五国立銀行／明12.2.11／80／→第百二十五銀行（明30.8）
大阪第百二十六国立銀行／明12.1.16／100／→鎖店（明15.11）
丸亀（→高知）第百二十七国立銀行／明12.2.1／150／→高知第三十七国立銀行（明29.9.合併）
八幡第百二十八国立銀行／明12.2.9／50／→百二十八銀行（明31.1）
大垣第百二十九国立銀行／明12.4.10／70／→満期解散（明31.12）
大阪第百三十国立銀行／明12.2.15／250／→百三十銀行（明31.7）
大庭第百三十一国立銀行／明12.6.10／50／→大阪第三十二国立銀行（明14.7.合併）
保土ヶ谷(→東京)第百三十二国立銀行／明12.5.21／70／→第百三十二銀行(明30.10)
彦根第百三十三国立銀行／明12.4.1／100／→百三十三銀行（明32.2）
名古屋第百三十四国立銀行／明12.1.8／150／→第百三十四銀行（明30.4）
宇土第百三十五国立銀行／明12.4.15／80／→九州商業銀行（明29.9）
半田（→大阪）第百三十六国立銀行／明12.6.28／70／→百三十六銀行（明31.7）
篠山第百三十七国立銀行／明12.6.15／50／→百三十七銀行（明30.7）
二俣第百三十八国立銀行／明12.3.1／50／→百三十八銀行（明31.1）
高田第百三十九国立銀行／＊明12.2.26／100／→百三十九銀行（明31.1）
山形第百四十国立銀行／＊明12.3.20／100／→鶴岡第六十七国立銀行（明14.1.合併）
西条第百四十一国立銀行／＊明12.4.12／50／→西条銀行（明30.1）
銚子第百四十二国立銀行／明12.5.3／50／→大阪第三十二国立銀行（明14.11.合併）
八街第百四十三国立銀行／明12.6.7／100／→東京第三十国立銀行（明13.4.合併）
飫肥第百四十四国立銀行／＊明12.5.1／50／→飫肥銀行（明32.1）
延岡第百四十五国立銀行／＊明12.4.17／50／→延岡銀行（明32.1）
広島第百四十六国立銀行／＊明12.4.21／80／→広島銀行（明30.1）
鹿児島第百四十七国立銀行／明12.10.6／400／→第百四十七銀行（明30.1）
大阪第百四十八国立銀行／明12.4.21／100／→平穏鎖店（明31.12）
函館第百四十九国立銀行／明13.2.10／130／→東京第百十九国立銀行（明18.5.合併）
八戸（→東京）第百五十国立銀行／＊明12.5.2／50／→百五十銀行（明31.9）
熊本第百五十一国立銀行／明12.10.25／65／→第百五十一銀行（明31.7）
沖縄第百五十二国立銀行／明13.3.15／100／→第百五十二銀行（明30.7）
京都第百五十三国立銀行／明12.12.5／80／→京都第百十一国立銀行（明19.1.合併）

付録四、昭和初年の地方銀行一覧（昭和二年末）

①配列は都道府県別に、設立年月日順とした。
②各銀行は、商号名（＝地銀名）／所在地／設立年月日／代表者／支店数／公称資本金（払込資本金）――単位＝千円の順に掲げた。
③出所：後藤新一『昭和期銀行合同史』（社・金融財政事情研究会、昭和56年）ほかにより作成。

◉北海道・樺太
(株)北海道銀行／小樽市色内町／明27.1.11／山口治作／30／5,000(2,750)
(株)北門銀行／札幌市大通／明29.3.26／池原鹿之助／8／500(383)
(株)百十三銀行／函館市末広町／明30.7.1／相馬哲平／8／4,000(3,850)
(株)寿都銀行／寿都郡寿都町／明31.11.2／佐藤栄五郎／3／100(100)
(株)泰北銀行／小樽市稲穂町／明33.4.15／藤山要吉／－／1,000(750)
(株)小樽銀行／小樽市色内町／明34.1.23／寺田省帰／1／500(125)
(株)天塩銀行／上川郡士別町／大4.4.3／後藤吉太郎／2／500(375)
(株)樺太銀行／大泊郡大泊町／大5.10.16／板谷宮吉／2／2,000(1,475)
(株)北海道殖産銀行／夕張郡角田村／大8.12.5／小林米三郎／3／1,000(350)
◉青森県
(株)木造銀行／西津軽郡木造町／明12.1.1／市田忠八／1／1,000(625)
(株)階上銀行／三戸郡八戸町／明15.9.11／楢館弥三郎／5／1,000(650)
(株)青森商業銀行／青森市浜町／明27.8.10／北谷幸八／－／1,500(915)
(株)立誠銀行／弘前市字土手町／明28.2.15／古川市三郎／－／500(320)
(株)弘前商業銀行／弘前市字百石町／明29.3.25／宮川久一郎／2／1,500(675)
(株)青森銀行／青森市大町／明29.6.4／樋口喜輔／－／1,000(640)
(株)弘前銀行／弘前市字一番町／明29.9.26／山形誠一／1／2,000(1,075)
(株)五所川原銀行／北津軽郡五所川原町／明30.5.4／平山為之助／－／750(500)
(株)第五十九銀行／弘前市字親方町／明30.5.18／高杉金作／22／10,300(5,653)
(株)金木銀行／北津軽郡金木町／明30.7.17／津島文治／－／250(250)
(株)八戸商業銀行／三戸郡八戸町／明30.8.10／鈴木吉十郎／5／700(700)
(株)津軽銀行／弘前市字百石町／明31.7.2／高谷英城／2／1,500(900)
(株)三戸銀行／三戸郡三戸町／明31.8.22／志賀治助／4／700(340)
(資)立五一銀行／上北郡野辺地町／明32.10.19／野村治三郎／－／100(100)
(株)尾上銀行／南津軽郡尾上村／明33.2.5／宇野勇作／2／1,000(750)
(株)板柳銀行／北津軽郡板柳町／明33.5.10／菊池仁了／2／1,000(675)
(株)下北銀行／下北郡田名部町／明39.12.17／佐賀清太郎／3／500(275)
(株)佐々木銀行／北津軽郡五所川原町／大7.8.10／佐々木嘉太郎／－／500(125)
(株)五戸銀行／三戸郡五戸町／大8.7.5／三浦善蔵／1／500(350)
(株)板柳安田銀行／北津軽郡板柳町／大8.10.18／安田才助／－／500(125)
(株)弘前宮川銀行／弘前市字土手町／大9.3.16／宮川久一郎／－／500(250)
(株)鳴海銀行／青森市新町／大9.8.3／鳴海周次郎／2／1,000(350)
(株)泉山銀行／三戸郡八戸町／大9.11.7／泉山吉兵衛／3／2,000(600)
◉秋田県
(株)平鹿銀行／平鹿郡角間川町／明13.3.11／最上広胖／3／1,000(625)

(名)五業銀行／平鹿郡横手町／明20.5.23／斎藤萬蔵／1／250(250)
(株)仙北銀行／仙北郡大曲町／明27.5.21／池田文太郎／5／1,000(419)
(株)羽後銀行／平鹿郡増田町／明28.3.28／小泉五兵衛／7／2,000(1,100)
(株)秋田銀行／秋田市大町／明29.4.4／辻兵吉／11／5,000(3,000)
(株)湯沢銀行／雄勝郡湯沢町／明30.2.18／小川長右衛門／1／1,500(510)
(株)雄勝銀行／雄勝郡湯沢町／明30.6.23／最上謙吉／－／600(450)
(株)第四十八銀行／秋田市茶町／明30.9.26／本間金之助／16／3,600(2,710)
(資)能代銀行／山本郡能代港町／明31.1.22／平川孫兵衛／－／150(150)
(資)池田銀行／仙北郡刈和野町／明33.1.30／池田亀治／－／100(100)
(株)植田銀行／平鹿郡植田村／大6.8.4／塩田団平／6／500(500)
(株)仁賀保銀行／由利郡金浦町／大8.9.12／北能喜市郎／1／500(200)
(株)大館銀行／北秋田郡大館町／大10.10.13／野口長六／1／700(245)

◉岩手県

(株)水沢銀行／胆沢郡水沢町／明28.5.23／辻山右平／2／500(300)
(株)盛岡銀行／盛岡市紺屋町／明29.4.10／金田一国士／39／7,000(4,003)
(株)第八十八銀行／西磐井郡一ノ関町／明29.7.28／人見鉄太郎／2／1,000(415)
(株)第九十銀行／盛岡市呉服町／明30.4.21／佐々木卯太郎／23／3,500(1,760)
(株)花巻銀行／稗貫郡花巻川口町／明31.2.14／瀬川弥右衛門／1／1,000(680)
(株)三陸銀行／胆沢郡水沢町／明32.12.26／小林佐平／10／2,000(1,100)
(株)気仙銀行／気仙郡高田町／明33.6.17／岩崎己之亮／3／1,000(775)
(株)岩手銀行／盛岡市東中野／明40.7.7／中村治兵衛／17／3,000(2,000)
(株)黒沢尻銀行／和賀郡黒沢尻町／大1.8.10／伊藤治郎助／－／500(500)
(株)宮古銀行／下閉伊郡宮古町／大2.8.22／熊谷平助／7／1,000(700)

◉宮城県

(株)七十七銀行／仙台市大町／明11.4.26／伊沢平左衛門／32／7,000(3,700)
(株)五城銀行／仙台市国分町／明26.3.9／伊沢平左衛門／14／4,500(1,675)
(株)白石商業銀行／刈田郡白石町／明29.10.30／渡辺貞一／－／1,000(500)
(資)松良銀行／仙台市東四番丁／明33.2.20／松良善熈／－／120(120)
(株)白石銀行／刈田郡白石町／明39.12.3／鈴木清之輔／－／500(340)
(株)村田銀行／柴田郡村田町／明41.2.24／大沼万兵衛／4／500(500)
(株)東北実業銀行／仙台市名掛町／明43.6.15／安住仁三郎／25／7,500(4,125)
(株)渡辺実業銀行／刈田郡白石町／大1.8.10／渡辺彦四郎／－／500(500)
(株)青葉銀行／宮城郡七北田町／大9.8.30／若生直治／1／500(250)

◉山形県

元商合資会社／米沢市元細工町／明12.8.26／丸山一清／－／200(200)
(株)本立銀行／飽海郡酒田町／明21.4.24／本間光弥／－／720(396)
(株)赤湯銀行／東置賜郡赤湯町／明27.9.11／石岡要蔵／－／200(184)
(株)両羽銀行／山形市七日町／明29.4.14／長谷川平内／13／5,160(3,860)
(株)山形商業銀行／山形市十日町／明29.7.7／長谷川吉四郎／1／1,500(1,000)
(株)沖郷銀行／東置賜郡沖郷村／明29.11.26／鈴木要助／－／100(100)
(株)楯岡銀行／北村山郡楯岡町／明29.12.14／渡辺猪三郎／4／1,000(600)
(株)羽前長崎銀行／東村山郡長崎町／明30.5.28／柏倉九左衛門／4／1,000(550)
(株)長井銀行／西置賜郡長井町／明30.10.27／横山孫助／1／500(500)
(株)天童銀行／東村山郡天童町／明31.2.17／仲野半四郎／4／650(450)
(株)鶴岡銀行／鶴岡市五日町／明31.2.27／木村九兵衛／1／1,000(475)

(株)六十七銀行／鶴岡市三日町／明31.5.13／菅　実／5／1,000(1,000)
(株)大石田銀行／北村山郡大石田町／明32.4.21／佐藤茂兵衛／1／500(238)
(株)上山銀行／南村山郡上山町／明33.2.25／会田太次郎／－／500(350)
(名)三浦銀行／山形市七日町／明33.3.4／三浦和平／1／500(500)
(株)尾花沢商業銀行／北村山郡尾花沢町／明33.3.26／佐藤茂兵衛／1／300(150)
(株)荒砥銀行／西置賜郡荒砥町／明33.4.15／奥山源太郎／1／350(350)
(株)東銀行／東置賜郡宮内町／明33.6.1／長谷川五三郎／1／1,000(1,000)
(株)山形銀行／山形市三日町／明33.6.25／豊田伝右衛門／－／100(100)
(株)左沢銀行／西村山郡左沢町／明33.6.25／今井五郎八／3／500(500)
(株)新庄銀行／最上郡新庄町／明34.4.30／高山恵太郎／3／500(500)
(株)今井商業銀行／西村山郡東五百川村／明43.12.15／今井五郎八／1／500(275)
(株)米沢興業銀行／米沢市大町／大2.5.25／香坂伊右衛門／－／600(275)
(株)米沢商業銀行／米沢市大町／大2.10.24／戸田虎雄／－／1,000(625)
(株)高野銀行／米沢市銅屋町／大4.7.17／高野源五郎／－／500(125)
(株)風間銀行／鶴岡市馬場町／大5.11.15／風間幸右衛門／－／500(250)
(株)東根銀行／北村山郡東根町／大8.4.5／鈴木善右衛門／－／500(125)
(株)出羽銀行／飽海郡酒田町／大8.12.26／池田藤弥／－／500(425)
(株)最上銀行／最上郡新庄町／大10.3.9／川崎吉治／－／500(250)

◉福島県

(株)第百壱銀行／伊達郡梁川町／明11.9.14／菅野五郎治／1／750(435)
棚倉協同(株)／東白河郡棚倉町／明12.1.1／吉田信徳／－／15(15)
(株)福島銀行／福島市福島／明13.5.19／吉野周太郎／3／1,000(510)
(株)共立銀行／耶麻郡猪苗代町／明26.5.18／塩谷七重郎／－／100(100)
(株)磐越銀行／石城郡平町／明26.10.6／中野甲蔵／－／850(246)
(株)川俣銀行／伊達郡川俣町／明27.12.24／武藤茂平／1／500(325)
(株)郡山銀行／郡山市字中町／明28.2.22／小松茂藤治／4／2,000(725)
(株)磐城銀行／石城郡平町／明29.2.17／白井一郎／3／750(750)
(株)磐東銀行／石城郡植田町／明29.3.26／江尻博孝／－／500(148)
(株)会津銀行／若松市大町／明29.4.13／谷半兵衛／2／1,500(1,050)
(株)第百七銀行／福島市福島／明29.5.2／吉野周太郎／18／5,500(2,875)
(株)郡山橋本銀行／郡山市字大町／明29.6.17／橋本万右衛門／5／1,000(1,000)
(株)福島商業銀行／福島市本町／明29.6.30／鈴木周三郎／13／1,075(1,075)
(株)田島銀行／南会津郡田島町／明29.9.15／渡辺又八／2／350(202)
(株)平銀行／石城郡平町／明29.10.8／山崎與三郎／3／1,500(750)
(株)三春銀行／田村郡三春町／明30.3.29／渡辺平助／－／1,000(385)
(株)猪苗代銀行／耶麻郡猪苗代町／明30.9.27／半沢庄平／－／50(50)
(株)相馬銀行／相馬郡中村町／明30.11.4／佐藤正人／3／500(200)
(株)白河瀬谷銀行／西白河郡白河町／明31.2.10／瀬谷伊三郎／－／1,000(325)
(株)安達実業銀行／安達郡二本松町／明31.5.12／本間忠／4／1,000(584)
(株)福相銀行／福島市福島／明31.6.30／西形吉次郎／－／500(500)
(株)新山銀行／雙葉郡新山町／明31.7.30／小松幹夫／－／504(204)
(株)須賀川銀行／岩瀬郡須賀川町／明32.1.19／柳沼甚四郎／4／750(438)
(株)白河実業銀行／西白河郡白河町／明32.3.10／斉藤多三郎／4／650(325)
(株)小浜実業銀行／安達郡小浜町／明32.10.6／根本清左衛門／1／500(200)
(株)信達銀行／伊達郡保原町／明33.4.8／日下金兵衛／2／1,000(450)

(株)小高商業銀行／相馬郡小高町／明33.6.15／藤直衛／－／50(30)
(株)白河商業銀行／西白河郡白河町／明33.6.17／服部宗次郎／2／1,000(363)
(名)原町銀行／相馬郡原町／明33.7.20／門馬直記／－／30(30)
(株)磐城実業銀行／石城郡平町／明34.3.30／馬目太平／1／300(248)
(株)二本松銀行／安達郡二本松町／明36.11.3／七島徳太郎／7／500(500)
(名)須釜銀行／西白河郡白河町／明39.11.16／須釜嘉平太／－／100(100)
(株)浪江銀行／雙葉郡浪江町／明41.2.3／佐藤慶助／－／200(130)
(株)山八銀行／福島市福島／大7.7.3／角田五郎／3／2,000(800)
(株)郡山商業銀行／郡山市字本町／大9.2.25／佐藤伝兵衛／3／1,000(250)
(株)四倉銀行／石城郡四倉町／大9.3.19／吉田保之助／－／550(213)
(株)岩瀬興業銀行／岩瀬郡須賀川町／大9.9.29／小橋小太郎／1／1,000(400)
(株)田村実業銀行／田村郡小野新町／大10.3.10／永山徳一／－／600(150)
(株)矢吹銀行／西白河郡矢吹町／大10.8.19／大木代吉／1／600(150)

◉茨城県

(株)日立銀行／多賀郡日立町／明19.2.8／大部鋭太郎／2／500(200)
(株)石岡銀行／新治郡石岡町／明22.4.19／関　操／2／1,500(488)
(株)取手銀行／北相馬郡取手町／明27.5.15／中村熊次郎／1／50(50)
(株)公益銀行／久慈郡中里村／明27.6.23／北野精一郎／－／100(100)
(資)猿田銀行／久慈郡太田町／明29.1.25／猿田仙右衛門／－／120(120)
(株)五十銀行／新治郡土浦町／明30.3.15／堤定次郎／38／10,610(5,981)
(株)久慈銀行／久慈郡太田町／明30.7.6／稲田善九郎／－／200(199)
(株)第百二十銀行／猿島郡古河町／明30.9.16／徳成虎雄／－／500(410)
(株)常磐銀行／水戸市上市／明31.6.28／江幡新／47／8,850(5,356)
(資)信用銀行／久慈郡太田町／明32.5.3／皆川善助／－／13(13)
(株)二森銀行／水戸市下市／明32.11.5／大森卯之太郎／－／50(38)
(資)青柳銀行／水戸市下市／明33.12.20／青柳縫男／－／50(50)
(個)土浦三津輪銀行／新治郡土浦町／明34.2.12／土屋正直／－／100(100)

◉栃木県

(株)小川銀行／那須郡那珂村／明13.9.6／高杉政六／3／500(395)
(株)下野銀行／宇都宮市大工町／明24.8.5／峰岸福三郎／9／5,500(3,368)
(株)栃木農商銀行／下都賀郡栃木町／明27.4.9／安田善五郎／2／1,000(625)
(株)片岡銀行／塩谷郡片岡村／明27.5.5／杉山新造／5／700(400)
(株)野州大田原銀行／那須郡大田原町／明27.8.3／大橋直次郎／4／2,080(1,423)
(株)足利銀行／足利市通三丁目／明28.8.31／荻野万太郎／19／7,320(5,070)
(株)烏山銀行／那須郡烏山町／明28.12.20／新井万吉／－／1,000(460)
(株)黒羽商業銀行／那須郡黒羽町／明29.11.20／増田新七／－／200(200)
(株)黒羽銀行／那須郡川西町／明30.10.1／猪股槙之助／－／1,000(460)
(株)馬頭銀行／那須郡馬頭町／明30.10.11／飯塚菊太郎／1／300(270)
(株)日光銀行／上都賀郡日光町／明30.12.3／神山治郎平／－／200(168)
(株)茂木銀行／芳賀郡茂木町／明30.12.3／稲見勘次郎／2／1,000(480)
(株)黒磯銀行／那須郡黒磯町／明31.6.15／高木慶三郎／2／300(150)
(株)西方興業銀行／上都賀郡西方村／明31.10.11／青木彰作／－／150(75)
(株)矢板銀行／塩谷郡矢板町／明31.11.7／矢板寛／9／1,500(750)
(株)赤津銀行／下都賀郡赤津村／明32.1.26／渡辺正徳／－／60(60)
(株)鹿沼産業銀行／上都賀郡鹿沼町／明32.10.17／大橋正松／－／500(278)

(株)那須商業銀行／那須郡大田原町／明32.12.1／増田新七／2／1,000(550)
(株)久下田銀行／芳賀郡久下田町／明33.2.7／荒井源左衛門／－／500(260)
(株)栃木共立銀行／下都賀郡栃木町／明33.6.23／横山定助／－／100(50)
(株)栃木倉庫銀行／下都賀郡栃木町／明33.11.17／本沢與四郎／3／500(260)
(株)茂木商業銀行／芳賀郡茂木町／明33.12.2／石井小一郎／－／100(100)
(株)加蘇銀行／上都賀郡鹿沼町／明33.12.5／金子晴三郎／4／1,500(1,115)
(株)益子銀行／芳賀郡益子町／明42.6.16／加藤盛三／1／500(300)
(株)下野興業銀行／宇都宮市千手町／大2.2.9／斎藤太兵衛／－／600(450)
(株)祖母井銀行／芳賀郡祖母井村／大7.9.23／岩村周平／2／500(300)
(株)星野産業銀行／那須郡大田原村／大8.3.4／星野半六／－／500(125)
(株)佐久山銀行／那須郡佐久山町／大8.9.7／加藤正信／1／500(200)
(株)下野産業銀行／塩谷郡矢板町／大10.2.8／阿久津徳重／5／1,500(525)
(株)下野中央銀行／宇都宮市杉原町／大14.2.1／見目清／32／14,195(8,950)
(株)栃木銀行／下都賀郡栃木町／大14.12.31／中島重平／16／3,000(2,200)

◉群馬県

(株)横野銀行／勢多郡横野村／明15.2.15／角田格七／－／100(100)
(株)大間々銀行／山田郡大間々町／明15.11.27／中島宇三郎／1／500(238)
(株)松井田銀行／碓氷郡松井田町／明16.1.10／大河原豊太郎／1／500(250)
(株)渋川銀行／群馬郡渋川町／明16.9.20／羽鳥資／－／600(330)
(株)富岡銀行／北甘楽郡富岡町／明26.2.13／櫛渕浪太郎／－／500(500)
(株)原市銀行／碓氷郡原市町／明26.6.29／小板橋倉太郎／－／250(100)
(株)下仁田銀行／北甘楽郡下仁田町／明29.6.4／佐藤量平／1／500(500)
(株)倉賀野銀行／群馬郡倉賀野町／明30.7.15／阿久沢太郎平／－／200(95)
(株)与志井銀行／多野郡吉井町／明30.12.9／黒沢廉治／－／300(113)
(株)甘楽銀行／北甘楽郡富岡町／明32.11.20／松井源喜／－／500(500)
(株)鬼石銀行／多野郡鬼石町／明32.12.1／横田兼太郎／1／300(170)
(株)碓氷産業銀行／碓氷郡安中町／明33.7.29／湯浅三郎／2／100(100)
(株)原町銀行／吾妻郡原町／明33.10.5／阿部謙三／－／50(50)
(株)渋川産業銀行／群馬郡渋川町／大1.11.28／石北熊五郎／－／250(250)
(株)一ノ宮銀行／北甘楽郡一宮町／大5.6.20／高橋一作／－／100(60)
(株)群馬銀行／前橋市本町／大7.9.19／江原芳平／5／2,000(1,500)
(株)上州銀行／高崎市田町／大8.6.20／小沢宗平／6／3,310(1,060)
(株)上毛実業銀行／前橋市竪町／大10.5.19／大島戸一／7／5,900(1,520)
(株)中之条銀行／吾妻郡中之条町／大10.10.26／田村喜八／3／1,490(559)
(株)伊勢崎銀行／佐波郡伊勢崎町／大11.12.2／星野源佐衛門／6／4,350(1,945)
(株)利根銀行／利根郡沼田町／大15.4.1／桑原三之助／4／1,270(445)
(株)沼田銀行／利根郡沼田町／昭2.3.1／星野銀治／5／2,750(688)

◉埼玉県

(株)入間銀行／入間郡入間川町／明15.8.10／神田光平／1／225(225)
(株)坂戸銀行／入間郡坂戸町／明17.4.1／吉川英／－／100(100)
(株)中武銀行／北足立郡平方村／明23.4.20／柴田蔵次／1／530(208)
(株)所沢銀行／入間郡所沢町／明26.2.13／小沢久助／2／3,000(1,575)
(株)秩父銀行／秩父郡秩父町／明27.7.19／大森喜右衛門／4／1,800(1,140)
(資)丸保銀行／児玉郡児玉町／明28.11.12／卜部護朗／－／30(30)
(株)忍商業銀行／北埼玉郡忍町／明29.4.28／松岡三五郎／9／1,485(938)

(株)西武銀行／秩父郡秩父町／明29.8.6／柿原万蔵／2／1,000(475)
(株)越生銀行／入間郡越生村／明30.1.15／山崎吉之助／－／500(291)
(株)加須銀行／北埼玉郡加須町／明30.2.19／野本三之助／2／500(386)
(株)入山銀行／大里郡寄居町／明30.3.2／入山時次郎／1／500(187)
(株)第八十五銀行／川越市大字川越／明30.9.8／綾部利右衛門／10／3,650(3,650)
(株)久喜銀行／南埼玉郡久喜町／明31.1.31／吉沢茂吉／1／200(162)
(株)武蔵銀行／入間郡飯能町／明31.4.15／佐野作次郎／1／600(450)
(株)菖蒲銀行／南埼玉郡菖蒲町／明31.7.12／川島倉蔵／－／150(100)
(株)氷川商業銀行／北足立郡大宮町／明31.11.29／岩井右衛門八／2／200(158)
(株)壬子銀行／入間郡越生町／明32.2.17／大野謙三／－／500(360)
(株)狭山銀行／入間郡三ヶ島村／明32.4.24／沢田和三郎／－／75(53)
(株)武蔵松山銀行／比企郡松山町／明32.11.25／小林太一郎／－／500(260)
(株)大門銀行／北足立郡大門村／明33.3.20／野本太郎吉／－／60(60)
(株)浦和商業銀行／北足立郡浦和町／明33.4.7／小谷野伝蔵／7／600(510)
(株)橋本銀行／入間郡南古谷村／明33.5.1／橋本三九郎／1／500(148)
(株)宝珠花銀行／北葛飾郡宝珠花村／明33.5.5／名倉光之助／－／100(80)
(株)熊谷商業銀行／大里郡熊谷町／明33.8.12／長谷川宗治／－／13(13)
(株)杉戸銀行／北葛飾郡杉戸町／明33.10.14／渡辺勘左衛門／1／100(100)
(株)深谷商業銀行／大里郡深谷町／明34.2.26／塚田啓太郎／4／600(300)
(株)飯能銀行／入間郡飯能町／明34.6.16／綾部利右衛門／1／2,000(875)
(株)川越渡辺銀行／川越市大字川越／大2.8.2／渡辺吉右衛門／－／1,000(700)
(株)鴻巣銀行／北足立郡鴻巣町／大5.8.1／中村銀作／7／1,000(575)
(株)武州銀行／北足立郡浦和町／大7.11.6／大川平三郎／21／8,290(8,290)
(株)的場銀行／入間郡霞ヶ関村／大9.12.27／富田仁平治／－／500(175)

◉千葉県

(株)東金銀行／山武郡東金町／明14.9.19／小渋大吉／2／500(320)
(株)佐貫銀行／君津郡佐貫町／明19.5.18／宮荘七／3／300(300)
(株)滝沢銀行／山武郡源村／明22.11.6／今井総明／－／200(150)
(株)中山協和銀行／東葛飾郡葛飾村／明28.11.28／石井権蔵／2／200(200)
(株)総武銀行／千葉市千葉／明29.1.21／川崎甲子男／20／1,200(521)
(株)松戸農商銀行／東葛飾郡松戸町／明29.5.13／二葉喜太郎／1／300(270)
(株)茂原商業銀行／長生郡茂原町／明29.7.30／江崎茂三郎／－／10(10)
(株)木更津銀行／君津郡木更津町／明29.10.30／鳥海才平／－／900(360)
(株)山武銀行／山武郡東金町／明29.11.4／中田一郎／－／50(30)
(株)九十九里商業銀行／山武郡蓮沼村／明30.5.15／富塚慶三／－／80(80)
(株)第九十八銀行／千葉市千葉／明30.5.31／安田善兵衛／16／1,300(508)
(株)小見川農商銀行／香取郡小見川町／明31.2.29／絵鳩伊之吉／－／700(575)
(株)三協銀行／香取郡佐原町／明31.5.3／川崎甲子男／1／300(300)
(株)匝瑳銀行／匝瑳郡八日市場町／明31.5.18／大枝十兵衛／－／80(80)
(株)銚子銀行／海上郡銚子町／明32.1.25／杉本駿／－／100(40)
(株)千葉割引銀行／千葉市千葉／明32.5.10／紅谷四郎平／－／480(210)
(株)片貝銀行／山武郡片貝町／明32.7.29／小川徳四郎／－／250(170)
(株)三富銀行／印旛郡八街町／明32.8.5／平山正朔／－／100(75)
(名)山口銀行／安房郡七浦村／明33.1.9／山口浅次郎／－／4(4)
(株)古川銀行／安房郡北条町／明33.4.20／座間大五郎／5／500(170)

(株)野田商誘銀行／東葛飾郡野田町／明33.5.6／茂木七郎右衛門／－／3,000(2,000)
(株)神崎銀行／香取郡神崎町／明33.8.12／寺田菊之助／－／100(40)
(株)上総銀行／君津郡木更津町／明33.8.20／鳥海才平／19／2,100(1,200)
(株)佐原興業銀行／香取郡佐原町／明33.10.21／多田庄兵衛／4／500(300)
(株)東葛銀行／東葛飾郡松戸町／明33.11.7／長田戒三／8／1,000(400)
(株)椎名銀行／千葉郡椎名村／明33.12.15／永瀧直四郎／－／150(90)
(株)安房合同銀行／安房郡北条町／大14.1.11／川崎甲子男／29／3,000(750)

◉東京都

(株)第一銀行／日本橋区兜町／明9.9.26／佐々木勇之助／59／57,500(57,500)
(株)十五銀行／京橋区木挽町七丁目／明10.5.21／西野元／36／100,000(49,750)
(株)第三十六銀行／八王子市横山町／明10.12.27／安田善四郎／8／3,000(1,500)
(株)八十四銀行／京橋区南新堀一丁目／明11.11.18／山田丈太郎／6／5,000(2,300)
(株)川崎第百銀行／日本橋区万町／明13.3.25／星埜章／66／33,989(23,072)
(資)田中銀行／日本橋区坂本町／明16.10.10／田中平八／－／1,000(1,000)
(株)岡本銀行／日本橋区堀江町一丁目／明22.12.31／岡本善二／－／2,000(500)
(株)芝銀行／芝区桜田伏見町／明23.3.1／菅谷元次郎／－／500(350)
(名)東都家寿多銀行／日本橋区品川町／明23.12.26／家寿多作治／－／60(60)
(株)東京割引銀行／麴町区八重洲町／明26.10.27／小野耕一／－／125(125)
(資)今村銀行／日本橋区南茅場町／明26.10.31／今村繁三／－／700(700)
(株)第三銀行／日本橋区兜町／明27.9.21／安田善兵衛／2／10,000(4,000)
(株)日比谷銀行／日本橋区長谷川町／明28.12.9／日比谷平吉／2／3,000(1,550)
(株)下谷銀行／本郷区根津宮永町／明28.12.25／高橋継夫／－／100(100)
(株)小池銀行／麴町区永楽町／明29.3.31／小池厚之助／－／3,000(3,000)
(株)町田銀行／南多摩郡町田町／明29.8.1／渋谷亀蔵／－／300(188)
(株)独立銀行／日本橋区蠣殻町／明29.8.26／長谷義貞／－／50(50)
(株)万世銀行／神田区同朋町／明29.11.11／小原謙三／－／300(300)
(株)皇国銀行／日本橋区南茅場町／明29.12.10／谷村頼尚／－／2,000(575)
(株)淀橋銀行／豊多摩郡淀橋町／明30.1.6／加藤五郎兵衛／1／100(69)
(株)八洲銀行／下谷区御徒町二丁目／明30.2.15／藤井孫十郎／－／150(150)
(株)東京貿易銀行／四谷区箪笥町／明30.6.10／伊藤鎌吉／－／400(149)
(株)東京商事銀行／四谷区箪笥町／明30.7.24／太田小四郎／－／500(500)
(株)東京徳田銀行／日本橋区兜町／明30.9.14／南波礼吉／－／1,000(1,000)
(株)東京四十八銀行／芝区芝公園／明30.9.24／本多浄巌／－／100(25)
(株)東京渡辺銀行／日本橋区本材木町／明30.9.29／渡辺治右衛門／9／5,000(2,000)
(株)三十銀行／京橋区本八丁堀五丁目／明30.12.15／中野礼四郎／1／700(700)
(株)東京商業銀行／麴町区有楽町／明31.2.14／若尾鴻太郎／－／1,000(530)
(株)武蔵野銀行／牛込区市ケ谷田町／明31.3.20／吉野周太郎／1／200(200)
(株)森銀行／日本橋区通二丁目／明31.8.25／森平吉／－／300(150)
(株)日本昼夜銀行／京橋区西紺屋町／明31.9.8／安田善四郎／21／10,000(6,250)
(株)東京信用銀行／神田区東竜閑町／明31.9.10／松本孫右衛門／5／1,500(1,325)
(株)国民銀行／神田区通新石町／明31.9.12／大沢彦右衛門／5／1,000(454)
(株)寺井銀行／日本橋区通塩町／明32.2.16／寺井源吾／－／500(280)
(資)浅田銀行／豊多摩郡中野町／明32.2.21／浅田甚右衛門／3／100(100)
(株)武田割引銀行／日本橋区呉服町／明32.3.6／武田明／1／500(383)
(株)金田銀行／神田区三崎町三丁目／明32.5.17／今村順次郎／－／99(99)

(株)第七銀行／浅草区若葉町／明32.5.17／森吉善平／－／300(300)
(株)田中商業銀行／日本橋区横山町三丁目／明32.7.28／田中栄蔵／－／500(200)
(株)富倉銀行／神田区材木町／明32.10.9／森岡平右衛門／－／1,500(750)
(株)早稲田商業銀行／牛込区馬場下町／明32.12.12／佐藤与三郎／3／330(105)
(株)春日銀行／小石川区柳町／明32.12.19／水野升／－／100(36)
(株)麻布銀行／麻布区新網町二丁目／明33.1.20／塩田為五郎／－／100(100)
(株)大成銀行／日本橋区亀島町二丁目／明33.3.4／斎藤伊一郎／1／1,000(354)
(株)京和銀行／神田区仲猿楽町／明33.3.5／平田章千代／28／5,000(2,410)
(株)狭山商業銀行／西多摩郡箱根ヶ崎村／明33.3.15／吉岡栄蔵／－／70(53)
(株)日本工商銀行／京橋区北紺屋町／明33.4.6／川合昇／－／20(20)
(株)鉄業銀行／日本橋区小伝馬上町／明33.4.16／桑原七兵衛／－／2,000(1,500)
(株)中央商業銀行／芝区芝口一丁目／明33.4.24／竹村欽次郎／1／1,000(957)
(株)東京中野銀行／豊多摩郡中野町／明33.4.25／中井永一／2／500(500)
(株)高田農商銀行／北豊島郡高田町／明33.5.13／吉岡栄蔵／－／1,000(363)
(名)矢沢銀行／日本橋区上槇町／明33.5.20／当野貞蔵／－／100(100)
(株)塚越昼夜銀行／日本橋区蠣殻町／明33.5.26／塚越正司／－／1,000(438)
(株)調布銀行／北多摩郡調布町／明33.6.3／井上平左衛門／－／100(100)
(株)駒沢銀行／本郷区弓町／明33.6.15／駒沢文一／－／500(170)
(株)府中銀行／北多摩郡府中町／明33.7.9／桑田佑栄／1／200(200)
(株)柳田ビルブローカー銀行／麴町区永楽町／明33.8.9／柳田栄／－／500(125)
(株)二十八銀行／日本橋区新材木町／明33.10.4／鳥居太一郎／－／200(200)
(株)羽田銀行／荏原郡羽田町／明33.11.6／浜中弥助／1／300(175)
(株)東信銀行／京橋区入船町／明33.12.3／土屋市兵衛／－／200(200)
(株)田無銀行／北多摩郡田無町／明33.12.28／秋元喜七／－／50(40)
(株)東京殖産銀行／北多摩郡東村山村／明34.1.12／吉田弥平治／－／100(80)
(株)辛酉銀行／日本橋区通二丁目／明34.1.17／石崎健之助／9／6,300(2,313)
(株)丸之内銀行／日本橋区坂本町／明34.7.25／山口貞昌／6／1,762(1,762)
(個)広部銀行／日本橋区本町四丁目／明36.7.4／広部清兵衛／4／100(100)
(資)稲山銀行／京橋区山下町／明37.12.2／稲山伝太郎／－／100(100)
(株)加満屋銀行／本郷区湯島天神町／明38.4.5／大塚金兵衛／－／200(200)
(株)豊国銀行／日本橋区小網町／明40.11.21／生田定之／15／10,000(10,000)
(株)三井銀行／日本橋区本革屋町／明42.10.11／池田成彬／22／100,000(60,000)
(株)西脇銀行／日本橋区新右衛門町／明43.3.29／西脇済三郎／－／5,000(3,000)
(株)椎橋銀行／南葛飾郡松江村／明43.5.30／藤ケ谷浜吉／1／100(50)
(名)深田銀行／日本橋区室町三丁目／明44.7.1／深田米次郎／1／700(700)
(株)妹尾商業銀行／豊多摩郡大久保町／明45.6.15／妹尾猪助／2／500(125)
(株)東京山中銀行／京橋区南伝馬町／大2.5.10／山中勇／－／1,000(500)
(株)泰昌銀行／京橋区南槇町／大2.12.18／横山愛輔／－／5,000(2,000)
(株)大信銀行／神田区連雀町／大5.5.20／三井得三／1／1,000(250)
(株)金原銀行／日本橋区北鞘町／大6.4.8／金原巳三郎／3／1,500(913)
(株)古河銀行／日本橋区瀬戸物町／大6.6.1／古河虎之助／14／10,000(6,250)
(株)東京山口銀行／京橋区南大工町／大6.6.20／山口誠太郎／－／1,000(1,000)
(株)村井銀行／日本橋区元四日市町／大6.11.22／村井貞之助／20／10,250(5,125)
(株)神田銀行／日本橋区坂本町／大7.3.28／神田鐳蔵／7／10,000(6,250)
(株)早川ビルブローカー銀行／日本橋区室町二丁目／大7.11.17／早川芳太郎／－／

2,500(1,250)
(株)三菱銀行／麹町区八重洲町二丁目／大8.8.15／串田万蔵／18／50,000(30,000)
(株)中井銀行／日本橋区金吹町／大9.3.18／中井新右門／12／5,000(5,000)
(株)中沢銀行／京橋区南新堀／大9.3.27／中沢義一／7／5,000(1,250)
(株)帝国朝日銀行／麻布区市兵衛町／大9.7.10／太田徳九郎／－／3,000(1,500)
(株)安田銀行／麹町区永楽町／大12.11.1／安田善次郎／147／150,000(92,750)
(株)森村銀行／日本橋区通一丁目／大13.6.28／森村開作／2／5,080(2,080)
(株)東明銀行／本郷区根津宮永町／大13.8.6／門田義紀／21／3,980(3,980)
(株)武陽銀行／西多摩郡青梅町／昭2.3.30／小沢太平／10／5,000(2,500)
(株)昭和銀行／日本橋区金吹町／昭2.11.9／田島道治／7／10,000(2,500)
◉神奈川県
(株)七十四銀行／横浜市中区弁天通／明11.7.19／斎藤虎五郎／－／5,000(5,000)
(株)江陽銀行／中郡平塚町／明15.4.28／田中庄七／3／500(350)
(株)相模実業銀行／愛甲郡厚木町／明23.10.25／小塩元保／－／100(100)
(株)相模銀行／中郡秦野町／明25.7.1／佐藤政吉／－／1,000(400)
(株)秦野銀行／中郡秦野町／明25.11.13／普川敬二郎／1／500(238)
(株)横浜商業銀行／横浜市中区弁天通／明28.11.8／佐藤政五郎／－／480(480)
(株)平塚銀行／中郡平塚町／明29.5.30／原田敬治／2／400(363)
(株)横浜貿易銀行／横浜市中区相生町／明29.6.1／金子常太郎／－／500(238)
(株)伊勢原銀行／中郡伊勢原町／明29.9.19／山口左一／－／1,000(325)
(株)川村銀行／足柄上郡川村／明29.10.1／瀬戸喜市郎／－／250(160)
(株)第二銀行／横浜市中区本町／明29.11.27／原富太郎／4／1,500(1,500)
(株)鎌倉銀行／鎌倉郡鎌倉町／明30.12.2／栗田伝兵衛／6／1,000(475)
(株)金田興業銀行／足柄上郡金田村／明31.9.16／善最倉蔵／3／200(200)
(名)横浜若尾銀行／横浜市中区本町／明32.3.22／若尾幾太郎／1／500(500)
(株)戸部銀行／横浜市中区戸部町／明32.6.1／山崎威／2／200(200)
(株)横浜銀行／横浜市中区相生町／明32.8.1／安田直／3／850(233)
(株)戸塚銀行／鎌倉郡戸塚町／明32.12.23／田辺徳五郎／6／300(250)
(株)元町銀行／横浜市中区元町／明33.3.21／中山沖右衛門／－／100(100)
(株)上信銀行／横浜市中区吉田町／明33.8.25／上郎清助／－／1,100(298)
(株)足柄農商銀行／足柄上郡福沢村／明33.10.22／市川繁治郎／1／350(290)
(株)大師銀行／川崎市大師河原／明33.11.3／桜井権太郎／1／300(264)
(資)石橋銀行／都筑郡新田町／明33.12.8／加藤林蔵／4／50(50)
(株)玉川銀行／橘樹郡中原町／明36.6.26／原文次郎／1／60(60)
(株)共信銀行／横須賀市小川町／明39.11.20／星川健之助／8／1,000(448)
(株)瀬谷銀行／鎌倉郡瀬谷村／明40.5.23／小島政五郎／6／500(500)
(株)東陽銀行／横浜市尾上町／明40.12.15／岡野欣之助／1／1,000(658)
(株)平沼銀行／横浜市中区伊勢佐木町／明42.6.17／平沼久三郎／2／1,000(750)
(株)関東銀行／高座郡藤沢町／明43.1.8／近田松五郎／8／1,500(1,350)
(株)渡辺銀行／横浜市中区元浜町／明45.4.1／渡辺福三郎／3／3,000(2,000)
(株)横浜興信銀行／横浜市中区弁天通／大9.12.10／原富太郎／11／1,000(250)
(株)左右田銀行／横浜市中区南仲通／大11.3.8／左右田棟一／15／5,000(2,500)
(株)関東興信銀行／高座郡藤沢町／大14.12.15／井坂孝／7／1,000(250)
(株)明和銀行／足柄下郡小田原町／昭2.7.6／川崎甲子男／9／3,000(750)
◉新潟県

(株)村上銀行／岩船郡村上町／明11.10.7／中山翁蔵／1／1,600(1,050)
(株)巻銀行／西蒲原郡巻町／明13.11.5／内木清三郎／－／500(500)
(株)五ケ銀行／西蒲原郡浦浜村／明13.12.16／大久保重作／－／30(30)
(株)堀之内銀行／北魚沼郡堀之内町／明14.3.28／森山汎愛／－／300(250)
(株)小千谷銀行／北魚沼郡小千谷町／明14.4.14／西脇済三郎／2／1,500(1,320)
(株)三条銀行／南蒲原郡三条町／明14.5.22／広川長八／1／1,640(913)
(株)広瀬銀行／北魚沼郡須原村／明15.3.13／目黒文平／－／100(100)
(株)柏崎銀行／刈羽郡柏崎町／明15.3.31／飯塚知信／4／3,050(1,820)
(株)早川銀行／西頸城郡下早川村／明15.5.19／五十嵐久太郎／－／100(100)
(株)越後銀行／西頸城郡糸魚川町／明16.1.23／岩崎徳五郎／3／500(365)
(株)栃尾銀行／古志郡栃尾町／明16.5.1／今成宗七郎／－／1,000(1,000)
(株)小出銀行／北魚沼郡小出町／明16.8.24／関矢孫一／1／500(438)
(株)和納銀行／西蒲原郡和納村／明17.6.4／金子升／－／100(45)
(株)倉俣銀行／中魚沼郡倉俣村／明17.7.15／大口義英／－／20(20)
(株)新井銀行／中頸城郡新井町／明17.7.26／町井敬作／1／650(425)
(株)柿崎銀行／中頸城郡柿崎村／明17.8.11／村山禹太郎／1／300(150)
(株)村松銀行／中蒲原郡村松町／明18.10.3／片桐道宇／－／500(268)
(株)白根銀行／中蒲原郡白根町／明26.12.28／野沢吉太郎／－／500(350)
(株)雷土銀行／南魚沼郡東村／明28.1.25／佐藤良吉／1／150(131)
(株)今町銀行／南蒲原郡今町／明29.5.18／新田定五郎／－／1,000(475)
(株)長岡銀行／長岡市本町／明29.10.7／山口誠太郎／18／12,000(7,790)
(株)第四銀行／新潟市東堀前通／明29.10.12／白勢春三／21／12,707(10,207)
(株)北越商業銀行／南蒲原郡三条町／明29.11.26／渡辺貞一／1／600(600)
(株)安塚銀行／東頸城郡安塚村／明29.12.28／塩崎一治／5／710(550)
(株)新潟銀行／新潟市上大川前通／明30.3.5／斎藤喜十郎／12／4,663(4,663)
(株)新潟農商銀行／新潟市本町通／明30.3.22／市川辰雄／－／70(70)
(株)松代銀行／東頸城郡松代村／明30.7.17／田辺正胤／2／500(425)
(株)大和川銀行／西頸城郡大和川村／明30.7.19／田原七蔵／－／250(250)
(株)加茂銀行／南蒲原郡加茂町／明30.9.8／浅見鶴吉／－／1,500(1,013)
(株)百三十九銀行／高田市呉服町／明30.9.22／丸山安太郎／7／2,685(1,740)
(株)六十九銀行／長岡市表町／明30.9.27／長部松三郎／10／10,950(7,470)
(株)北越倉庫銀行／中頸城郡直江津町／明31.2.15／岩崎広作／－／175(175)
(株)関原銀行／三島郡関原村／明31.9.27／遠藤六太郎／－／100(100)
(株)西吉田銀行／西蒲原郡吉田町／明31.12.3／今井忠作／－／300(150)
(株)椎谷銀行／刈羽郡高浜町／明32.2.28／池田信義／－／200(125)
(株)岩東銀行／西頸城郡上早川村／明32.4.19／五十嵐孫太郎／－／125(125)
(株)塩沢銀行／南魚沼郡塩沢町／明32.5.24／井口隆／1／500(500)
(株)十日町銀行／中魚沼郡十日町／明32.12.25／内山之成／3／1,800(1,200)
(株)曽根銀行／西蒲原郡曽根村／明33.8.6／田中勇吉／－／100(75)
(株)根知銀行／西頸城郡根知村／明33.10.13／斎藤斧衛／－／100(44)
(株)秋成銀行／中魚沼郡秋成村／大1.9.23／桑原秀幸／－／60(38)
(株)今井銀行／西蒲原郡吉田町／大5.7.10／今井フユ／－／500(125)
(株)神谷銀行／三島郡来迎寺村／大5.8.25／高橋友二郎／－／500(250)
(株)長岡商業銀行／長岡市表町／大6.8.20／小川清之輔／2／1,200(825)
(株)寺泊銀行／三島郡寺泊町／大14.12.28／久須美東馬／3／1,100(875)

(株)能生銀行／西頸城郡能生谷村／大15.11.4／高島順作／2／1,000(250)

◉富山県

(株)滑川銀行／中新川郡滑川町／明15.3.27／斎藤仁左衛門／3／1,000(1,000)
(株)泊銀行／下新川郡泊町／明17.2.14／米沢与三次／－／350(258)
(株)富山商業銀行／富山市荒町／明25.10.18／密田松太郎／10／1,000(650)
(株)三日市銀行／下新川郡三日市町／明26.4.4／中田六郎平／1／150(150)
(株)黒部銀行／下新川郡小摺戸町／明27.1.27／長谷川絜／5／250(250)
(株)中越銀行／東砺波郡出町／明27.12.12／根尾宗四郎／16／5,000(4,250)
(株)高岡商業銀行／高岡市源平町／明28.9.25／菅野伝右衛門／2／500(500)
(株)新湊銀行／射水郡新湊町／明28.10.22／渡辺八三郎／4／1,282(1,024)
(株)富山銀行／富山市一番町／明29.3.14／安田善四郎／9／2,640(2,376)
(株)黒東銀行／下新川郡泊町／明29.6.15／島端幸次郎／－／250(138)
(株)荻生銀行／下新川郡荻生村／明29.7.7／中島栄吉／1／300(300)
(株)伏木銀行／射水郡伏木町／明29.7.15／秋元伊平／4／1,500(1,050)
(株)魚津銀行／下新川郡魚津町／明29.7.23／高野由次郎／1／750(750)
(株)氷見銀行／氷見郡氷見町／明29.8.28／本川藤三郎／7／1,000(1,000)
(株)入善銀行／下新川郡入善町／明29.10.30／米沢与三次／1／1,000(475)
(株)四方銀行／婦負郡四方町／明30.3.3／増山作次郎／1／100(100)
(株)水橋銀行／中新川郡東水橋町／明30.4.28／石黒七次／3／1,030(655)
(株)十二銀行／富山市袋町／明30.4.28／中田清兵衛／24／20,000(12,500)
(株)第四十七銀行／富山市中町／明30.9.1／金井久兵衛／7／3,000(2,550)
(株)本郷実業銀行／婦負郡四方町／明30.12.1／榎初二／－／100(48)
(株)伏木殖産銀行／射水郡伏木町／明32.11.27／秋元伊平／－／100(48)
(株)岩瀬銀行／上新川郡東岩瀬町／明33.2.28／米田元吉郎／5／2,000(1,250)
(株)愛本銀行／下新川郡舟見町／明33.3.5／藤田與次／1／300(150)
(株)小杉銀行／射水郡小杉町／明33.3.25／片口安太郎／－／500(260)
(株)般若銀行／東砺波郡般若村／明33.5.18／開田助七郎／1／300(200)
(株)実業銀行／下新川郡小摺戸村／明33.10.18／福沢彦三郎／－／500(260)
(株)井波銀行／東砺波郡井波町／明34.3.15／中島源助／3／1,000(400)
(株)永守銀行／婦負郡四方町／明38.10.22／永守兵太郎／8／1,000(900)
(株)鷹栖銀行／西砺波郡鷹栖町／大2.5.15／島田寿吉郎／4／550(288)
(株)密田銀行／富山市西町／大2.5.16／密田勘四郎／4／300(185)
(株)越中銀行／富山市越前町／大2.5.25／大場彦三郎／4／2,250(1,500)
(株)神沢銀行／東砺波郡出町／大7.6.2／金田眉丈／5／1,500(825)
(株)高岡銀行／高岡市守山町／大9.6.2／木津太郎平／36／11,633(9,533)
(株)坂海銀行／西砺波郡石動町／大10.3.9／坂田秋生／－／1,000(250)
(株)両越銀行／下新川郡入善町／大13.12.9／竹内啓三／6／1,500(375)

◉石川県

(株)熊木銀行／鹿島郡中島村／明15.3.2／瀬森理助／1／500(260)
(株)田鶴浜銀行／鹿島郡田鶴浜村／明15.9.27／三室源四郎／2／1,000(400)
(株)徳田銀行／鹿島郡徳田村／明22.2.20／高喜久二／－／300(150)
(株)要用銀行／鹿島郡越路村／明22.5.20／延命延之助／－／300(150)
(株)能登部銀行／鹿島郡能登部村／明27.4.26／三浦孝造／2／300(165)
(株)中居銀行／鳳至郡中居村／明28.2.7／室木助七郎／－／150(100)
(株)七尾商工銀行／鹿島郡七尾町／明28.12.9／樋爪譲太郎／3／1,000(616)

(株)金石銀行／石川郡金石町／明29.7.7／野崎俵一／－／500(150)
(株)能登銀行／鹿島郡七尾町／明29.8.4／室木能邇郎／6／2,000(950)
(株)良川銀行／鹿島郡鳥屋村／明29.11.10／礒又三郎／4／1,000(575)
(株)鶴来銀行／石川郡鶴来町／明31.2.12／堀喜幸／－／500(175)
(株)鳳至銀行／鳳至郡穴水町／明31.4.27／布施丑造／14／1,000(400)
(株)能州銀行／鹿島郡田鶴浜村／明32.2.19／福田三郎／3／500(302)
(資)園山銀行／能美郡小松町／明32.3.23／園山武平／－／50(50)
(株)餘喜銀行／鹿島郡餘喜村／明33.1.24／浜田喜太郎／1／500(200)
(株)宇出津銀行／鳳至郡宇出津町／明33.5.4／益谷太助／5／500(425)
(個)松任吉田銀行／石川郡松任町／明33.6.1／吉田茂平／2／100(100)
(株)穴水銀行／鳳至郡穴水町／明33.7.25／吉村覚右衛門／7／500(275)
(株)共正銀行／鹿島郡七尾町／明33.7.31／池岡直則／1／500(238)
(株)大野銀行／石川郡大野町／明34.2.7／喜楽彦次郎／－／50(50)
(株)能登実業銀行／鳳至郡輪島町／明34.5.26／粟倉彦十郎／－／200(200)
(株)中島商業銀行／鹿島郡中島村／明35.11.22／山本善四郎／－／300(217)
(株)加州銀行／金沢市下堤町／大6.1.1／加藤晴比古／11／5,000(2,750)
(株)新家銀行／江沼郡山中町／大8.11.19／新家正次／－／500(125)
(株)加能合同銀行／金沢市下堤町／大8.12.25／米谷半平／30／10,550(2,638)
(株)小松銀行／能美郡小松町／大9.2.11／永井伊助／3／3,000(750)
(株)吉田銀行／金沢市森下町／大9.5.13／岩井嘉一／2／1,500(375)
(株)北陸企業銀行／金沢市野町／大10.12.15／高喜久二／8／3,000(1,200)
(株)能登産業銀行／鹿島郡七尾町／大10.12.24／布施丑造／6／2,000(1,113)
(株)北国銀行／石川郡鶴来町／大15.9.23／中川芳／6／1,380(345)

◉福井県

(株)第九十一銀行／福井市佐佳枝中町／明11.10.3／池田七郎兵衛／6／2,000(875)
(株)洪盛銀行／坂井郡丸岡町／明14.7.7／小原治平／－／50(30)
(株)悠久銀行／遠敷郡宮川村／明23.3.1／竹中繁之丞／－／100(83)
(株)嶺南銀行／三方郡南西郷村／明25.5.27／中村和三郎／3／1,000(269)
(株)敦賀銀行／敦賀郡敦賀町／明27.4.7／喜多村謙吉／3／2,000(1,100)
(株)勝山野村銀行／大野郡勝山町／明27.8.11／野村元五郎／1／200(200)
(株)熊川銀行／遠敷郡熊川村／明29.7.21／団野信庸／3／500(325)
(株)三宅銀行／遠敷郡三宅村／明29.8.25／玉井孫右衛門／1／100(75)
(株)三方銀行／三方郡八村／明29.12.23／宇野儀左衛門／2／1,000(580)
(株)第五十七銀行／南条郡武生町／明30.3.31／山本甚右衛門／3／1,000(825)
(株)二十五銀行／遠敷郡小浜町／明30.10.7／村松雋／6／1,800(1,125)
(株)若狭銀行／遠敷郡雲浜村／明31.10.4／池田秀太郎／1／500(310)
(株)福井銀行／福井市佐佳枝中町／明32.12.19／市橋保治郎／19／5,865(2,855)
(株)森田銀行／坂井郡三国町／明36.11.17／森田三郎右衛門／5／1,000(750)
(株)大和田銀行／敦賀郡敦賀町／大7.6.23／大和田荘七／8／5,000(2,000)
(株)本郷銀行／大飯郡本郷村／大9.4.15／赤坂清／1／500(125)

◉山梨県

(株)興商銀行／東山梨郡日川村／明11.2.11／雨宮五郎／1／500(500)
(株)補融銀行／甲府市春日町／明12.4.21／田中宗重／－／200(200)
(株)市川銀行／南巨摩郡鰍沢町／明13.3.22／市川文蔵／4／1,000(550)
(株)成業銀行／北巨摩郡中田村／明13.10.27／伊藤祐保／－／100(100)

(株)小林銀行／南巨摩郡増穂村／明13.11.11／小林八右衛門／3／500(200)
(株)漸進銀行／甲府市緑町／明14.10.20／平原伝八／－／160(160)
(株)積宝銀行／北巨摩郡秋田村／明15.2.18／堀内徳蔵／－／50(50)
(株)南部銀行／南巨摩郡睦合村／明16.1.25／塩津正一／－／70(70)
(株)積隆銀行／中巨摩郡西野村／明16.3.7／三枝徳太郎／1／50(50)
(株)諏訪銀行／東山梨郡諏訪村／明21.5.3／岡治光／－／500(300)
(株)吉田銀行／南都留郡瑞穂村／明23.1.31／渡辺孝四郎／2／500(500)
(株)栄銀行／西八代郡栄村／明24.6.12／広瀬増治郎／2／500(230)
(株)富河銀行／南巨摩郡富河村／明25.10.24／山本平十郎／－／100(63)
(株)万沢銀行／南巨摩郡万沢町／明26.2.14／望月孝行／－／150(90)
(個)富士井銀行／甲府市緑町／明26.7.8／石原光三／－／50(50)
(資)甲斐銀行／北巨摩郡甲村／明26.12.15／清水倫茂／1／20(20)
(資)盛産銀行／東山梨郡七里村／明26.12.21／矢沢覚／3／70(70)
(株)市川納税銀行／西八代郡市川大門町／明26.12.26／一瀬吉胤／－／200(200)
(株)有信銀行／甲府市柳町／明28.6.10／寺田忠三郎／7／2,000(2,000)
(株)第十銀行／甲府市常盤町／明29.3.22／細田武雄／11／10,400(6,500)
(株)小淵銀行／北巨摩郡小淵沢村／明29.9.3／小尾勘三郎／－／200(165)
(株)菅原銀行／北巨摩郡菅原村／明30.5.7／宮沢三雄／－／30(30)
(株)鳳嶺銀行／中巨摩郡在家塚村／明30.6.15／矢崎淑太郎／1／600(400)
(株)韮崎商業銀行／北巨摩郡韮崎町／明30.7.20／百瀬松太郎／2／50(50)
(株)熱見銀行／北巨摩郡熱見村／明30.12.14／植松延寛／－／15(15)
(株)七里銀行／東山梨郡七里村／明30.12.16／田辺薫治良／1／140(140)
(株)岩間銀行／西八代郡岩間村／明31.1.26／原田常七／－／70(70)
(個)中丸銀行／北巨摩郡清春村／明31.2.15／小尾勘三郎／－／20(20)
(株)鏡中条銀行／中巨摩郡鏡中条村／明31.2.16／三木慎爾／－／100(88)
(株)上野銀行／西八代郡上野村／明31.6.7／一瀬等／－／150(150)
(株)藤井銀行／北巨摩郡駒井村／明31.7.23／宮沢定一良／1／150(90)
(個)松浦銀行／甲府市柳町／明31.12.8／松浦儀兵衛／－／100(100)
(個)網野銀行／東八代郡錦村／明31.12.8／網野善右衛門／－／150(150)
(個)雨宮銀行／北巨摩郡穂足村／明31.12.27／雨宮浅太郎／－／30(30)
(個)若松銀行／中巨摩郡大井村／明32.1.19／北村作平／ ／10(10)
(個)野中銀行／中巨摩郡明穂村／明32.4.29／野中豊七／－／20(20)
(名)小宮山銀行／北巨摩郡熱見村／明32.8.3／小宮山勲／－／10(10)
(株)笹尾銀行／北巨摩郡篠尾村／明32.10.19／小林重三／－／50(50)
(株)切石銀行／南巨摩郡静川村／明33.3.27／深沢太朗／1／300(200)
(株)甲銀行／北巨摩郡甲村／明33.4.5／小尾浜吉／－／25(25)
(株)石和銀行／東八代郡石和町／明33.4.15／矢崎貢／－／500(500)
(株)山梨銀行／東山梨郡七里村／明33.5.15／河西豊太郎／1／500(238)
(株)辺見銀行／北巨摩郡日野春村／明33.7.30／三井亀六／－／50(50)
(株)甲陽銀行／南都留郡明見村／明33.9.30／土屋平治／2／800(545)
(株)十日市銀行／南都留郡東桂村／明34.1.9／杉本鶴吉／－／120(56)
(株)上野原銀行／北都留郡上野原町／明34.2.27／山口延勝／－／150(150)
(株)矢崎銀行／中巨摩郡三恵村／明39.2.25／矢崎新三良／－／50(50)
(株)若尾銀行／甲府市八日町／大6.7.17／若尾謹之助／4／5,000(5,000)
(個)石丸銀行／中巨摩郡田之岡村／大8.5.3／石丸真吾作／－／20(20)

(株)山梨田中銀行／東山梨郡勝沼町／大9.10.5／田中薫策／－／1,000(250)
(株)峡西銀行／中巨摩郡明穂村／大9.11.14／内藤宇三郎／－／500(125)
(株)盛業銀行／東八代郡石和町／大10.6.15／加賀美授一／－／500(300)
(株)峡東銀行／東山梨郡日川村／大10.12.3／志村勘兵衛／2／500(400)
(株)大森銀行／甲府市柳町／大13.8.17／大森慶次郎／1／1,000(500)
(株)秋山銀行／南巨摩郡増穂村／大14.11.15／秋山源兵衛／－／500(250)
(株)富士勧業銀行／南都留郡福地村／昭2.11.26／槙田司郎／2／800(327)

◉長野県

(株)六十三銀行／長野市西後町／明11.10.28／小林暢／35／11,200(7,225)
(株)百十七銀行／下伊那郡飯田町／明11.12.5／大平豁郎／14／4,000(2,775)
(株)保全銀行／小県郡殿城村／明12.10.12／久保田外治／－／100(100)
(株)川西銀行／小県郡中塩田村／明14.2.14／土屋文治郎／1／250(250)
(株)小諸銀行／北佐久郡小諸町／明14.4.5／柳沢禎三／8／4,000(2,500)
(株)佐久銀行／北佐久郡岩村田町／明14.5.1／塩川幸太／5／3,000(2,000)
(株)松本銀行／松本市南深志／明14.5.29／今井真平／－／500(291)
(株)依田銀行／小県郡丸子町／明15.4.10／工藤房次郎／－／1,500(1,500)
(株)東山銀行／南佐久郡穂積村／明15.5.23／中山武三郎／－／75(75)
(株)前山銀行／小県郡西塩田村／明15.9.15／宮沢丑太郎／－／150(107)
(株)越戸銀行／小県郡浦里村／明15.10.15／井沢丑太／1／200(200)
(株)常盤城銀行／上田市／明15.11.1／宮川彦太郎／－／200(106)
(株)秋和銀行／小県郡塩尻村／明16.1.15／小林孝右衛門／－／160(160)
(株)塩田銀行／小県郡泉田村／明16.12.28／母袋忠次郎／－／250(250)
(株)永続銀行／小県郡神川村／明17.7.11／土肥不二太／－／150(123)
(株)西内銀行／小県郡西内村／明20.11.20／永井弥之助／－／30(30)
御嶽堂興産(株)／小県郡依田村／明22.4.15／清水学之助／－／25(25)
(株)興信銀行／上田市／明26.10.2／伊藤伝兵衛／－／300(98)
(名)港屋銀行／諏訪郡平野村／明26.11.13／小口俊蔵／－／30(30)
(株)北安銀行／北安曇郡大町／明28.8.16／高橋正雄／1／500(275)
(株)信州銀行／松本市南深志／明28.12.21／藤森馨／7／1,200(1,200)
(株)安曇銀行／北安曇郡池田町／明29.3.9／内山昇／1／600(353)
(株)温銀行／南安曇郡温村／明29.8.31／中村美寿弥／－／100(50)
(株)第十九銀行／上田市／明29.11.27／飯島保作／10／15,000(8,625)
新海(株)／南佐久郡海瀬村／明30.1.6／富永健造／－／10(10)
(株)須坂商業銀行／上高井郡須坂町／明30.2.1／上原吉之助／3／250(250)
(株)西条銀行／埴科郡松代町／明30.3.10／松本兵雄／2／500(413)
(株)中野銀行／下高井郡中野町／明30.6.3／小田切弥兵衛／2／175(175)
(株)伊那銀行／下伊那郡飯田町／明30.6.19／田中太三郎／5／500(500)
(株)穂高銀行／南安曇郡穂高町／明30.9.20／望月国俊／1／200(125)
(株)綿内銀行／上高井郡綿内村／明30.12.27／松沢宗四郎／4／500(400)
(株)更埴銀行／更級郡東福寺村／明31.1.28／玉井権右衛門／11／690(615)
(株)青木銀行／小県郡青木村／明31.5.6／中村五郎／－／80(80)
(株)佐久殖産銀行／北佐久郡岩村田町／明31.5.11／塩川幸太／－／30(30)
(株)延徳銀行／下高井郡延徳村／明31.7.4／中山定之丞／－／50(25)
(株)小松原銀行／更級郡共和村／明31.12.9／白井右兵衛／2／100(88)
(株)三田村銀行／南安曇郡三田村／明32.2.8／三沢彦市／－／20(20)

(株)北信銀行／北安曇郡北城村／明32.7.28／横沢倖／2／300(150)
(株)大島銀行／下伊那郡大島村／明32.8.22／中島鉄二郎／－／500(320)
(資)滝沢銀行／北安曇郡七貴村／明32.11.2／滝沢稲雄／1／18(18)
(株)新村銀行／東筑摩郡新村／明32.12.1／新村為一郎／1／150(75)
(株)東塩田銀行／小県郡東塩田村／明32.12.12／村山富三郎／－／60(60)
(株)富士見銀行／諏訪郡富士見村／明32.12.15／細川玖琅／3／500(320)
(株)柳沢銀行／小県郡東塩田村／明32.12.25／甲田英勝／－／60(60)
(資)生坂銀行／東筑摩郡生坂村／明32.12.26／藤原伊勢吉／－／20(20)
(株)池田商業銀行／北安曇郡池田町／明33.1.22／平林仲次郎／－／200(131)
(株)鴻商銀行／下水内郡飯山町／明33.1.25／牧野長蔵／7／1,010(630)
(株)大町銀行／北安曇郡大町／明33.3.8／腰原広吉／－／300(200)
(株)大町商業銀行／北安曇郡大町／明33.3.10／福島幸重／－／60(60)
(株)平出銀行／上伊那郡朝日村／明33.3.16／新村常吉／－／100(100)
(株)高井商業銀行／上高井郡須坂町／明33.4.8／依田豊治郎／－／20(20)
(株)上伊那銀行／上伊那郡伊那町／明33.5.5／金井清志／7／3,000(1,900)
(株)中洲銀行／諏訪郡中洲村／明33.5.12／平林銕右衛門／－／70(70)
(資)中島銀行／小県郡塩尻村／明33.5.22／中島吉左衛門／－／40(40)
(株)木曽銀行／西筑摩郡福島町／明33.5.26／川合勘助／1／1,000(450)
(株)共通銀行／上水内郡七二会村／明33.7.12／山本貞治／－／75(23)
(株)栄銀行／南佐久郡栄村／明33.8.11／高見沢庄一郎／2／1,000(650)
(株)信産銀行／下伊那郡飯田町／明33.9.16／滝沢清顕／5／2,000(1,250)
(株)長野実業銀行／長野市新町／明36.12.23／小林久七／22／4,200(3,291)
(株)長久保銀行／小県郡長久保新町／大8.11.9／林　信／－／45(45)
(株)東北銀行／小県郡本原村／大8.11.10／三井庄次郎／1／500(300)
(株)中信銀行／上田市／大12.1.1／滝沢助右衛門／22／10,250(5,002)

◉岐阜県

(株)本田銀行／本巣郡本田村／明15.3.8／関谷俊治／4／200(176)
(株)蘇東銀行／土岐郡土岐町／明15.7.21／中島鋼平／2／1,000(625)
(株)赤坂銀行／不破郡赤坂町／明21.1.31／矢橋次郎／4／1,000(475)
(株)飛騨銀行／大野郡高山町／明21.7.6／土川宗左衛門／12／2,500(1,113)
(株)山県銀行／山県郡高富町／明21.9.12／白木義一／4／500(215)
(株)神戸興業銀行／安八郡神戸町／明28.1.14／宮川貞治郎／1／300(131)
(株)大垣共立銀行／大垣市郭町／明29.3.9／安田善兵衛／26／3,000(2,100)
(株)竹鼻銀行／羽島郡竹鼻町／明29.5.13／坂倉又吉／1／500(290)
(株)十六銀行／岐阜市中竹屋町／明29.8.10／大野英治／18／3,500(3,500)
(名)大橋銀行／大垣市本町／明30.3.17／大橋与一／18／200(200)
(株)美濃銀行／武儀郡美濃町／明30.3.24／赤堀馬太郎／9／1,500(960)
(株)実業銀行／土岐郡駄知町／明30.4.14／籠橋久作／－／300(260)
(株)百二十八銀行／郡上郡八幡町／明30.9.28／武藤互三／6／463(463)
(株)鏡島銀行／稲葉郡鏡島村／明30.12.27／上松泰造／－／200(200)
(株)七十六銀行／海津郡高須町／明30.12.27／曽根太三郎／14／1,500(669)
(株)関興業銀行／武儀郡関町／明30.12.27／平光円四郎／3／250(250)
(株)中津川銀行／恵那郡中津町／明31.4.2／市川元次郎／5／1,000(625)
(株)濃明銀行／恵那郡明知町／明31.6.1／橋本泰治／2／250(198)
(株)鵜沼銀行／稲葉郡鵜沼村／明31.8.5／村瀬九郎右衛門／3／500(170)

(株)付知銀行／恵那郡付知町／明33.2.25／曽我藤太郎／3／500(380)
(株)吉田倉庫銀行／武儀郡関町／明33.3.2／吉田常三郎／11／1,000(790)
(株)八百津銀行／加茂郡八百津町／明33.4.15／古田杖三郎／9／500(338)
(株)浅沼銀行／大垣市郭町／明33.4.28／浅沼定之助／13／1,000(265)
(株)岩村銀行／恵那郡岩村町／明33.6.8／長谷川九一郎／－／300(220)
(株)蘇原銀行／岐阜市神田町／明34.3.11／平光円四郎／14／2,000(875)
(株)飛驒産業銀行／大野郡高山町／大2.5.2／本田秋憲／11／2,000(920)
(株)広見銀行／可児郡広見町／大5.1.15／渡辺安之丞／6／500(240)
(株)野々村銀行／岐阜市米屋町／昭2.2.14／野々村佐一郎／3／1,000(250)
◉静岡県
(株)白須賀銀行／浜名郡白須賀町／明7.8.5／深田卓二／－／3(3)
(株)三十五銀行／静岡市呉服町／明11.5.4／中村円一郎／17／5,800(4,075)
(株)掛川銀行／小笠郡掛川町／明13.9.25／大庭審巳／－／1,000(588)
(株)中泉銀行／磐田郡中泉町／明13.10.25／鈴木宗吉／1／650(378)
(株)伊豆銀行／田方郡三島町／明14.1.20／大沼吉平／25／8,330(4,875)
(株)藤枝銀行／志太郡藤枝町／明14.4.21／成島正太郎／1／500(500)
(株)袋井銀行／磐田郡袋井町／明14.7.9／杉山義雄／4／550(263)
(株)伊久美銀行／志太郡伊久美村／明14.8.1／西野與吉／－／36(36)
(株)興業銀行／富士郡吉原町／明14.8.20／堀内半三郎／1／300(300)
(株)沼津銀行／沼津市城内／明14.10.31／大久保忠雄／8／2,336(1,602)
(株)清水銀行／清水市清水／明14.11.10／鈴木与平／1／500(400)
(株)会信銀行／小笠郡掛川町／明14.11.25／中山曹一郎／－／130(130)
(株)横山銀行／磐田郡竜川村／明15.1.30／鈴木彦作／－／500(375)
(株)宮口銀行／引佐郡麁玉村／明15.4.11／後藤桂太郎／－／330(330)
(株)森町銀行／周智郡森町／明15.12.26／鈴木茂／－／250(250)
(株)城下銀行／周智郡森町／明16.2.13／吉筋吉郎／1／500(350)
(株)大宮銀行／富士郡大宮町／明16.3.28／寺田彦太郎／－／500(320)
(株)吉原銀行／富士郡吉原町／明16.4.2／松永安彦／1／600(600)
(株)岡崎銀行／小笠郡笠原村／明16.5.22／芝田庫太郎／1／130(88)
(株)静岡銀行／静岡市呉服町／明16.8.4／野崎彦左衛門／2／2,000(1,325)
(株)飯田銀行／周智郡飯田村／明17.6.21／鈴木茂／－／100(100)
(株)住吉銀行／榛原郡吉田村／明17.7.2／久保田晴太郎／1／200(125)
(株)浦川銀行／磐田郡浦川村／明17.7.19／矢部和作／－／500(325)
(株)中野町銀行／浜名郡中野町村／明17.8.1／伊藤増吉／1／200(192)
永続(株)／田方郡田中村／明17.12.10／穂積六亮／－／10(10)
(株)永昌銀行／賀茂郡南上村／明18.8／永田正吾／－／250(153)
(株)阿多古銀行／磐田郡上阿多古村／明18.9.9／大富部磐／－／60(60)
(株)島田銀行／志太郡島田町／明19.12.24／酒井友次郎／－／1,000(825)
(株)市野銀行／浜名郡長上村／明20.8.6／斉藤新三郎／－／200(200)
(株)下田銀行／賀茂郡下田町／明21.4.5／黒田重兵衛／6／1,600(905)
(株)成大銀行／賀茂郡下田町／明21.4.16／寺川芳蔵／－／275(109)
(株)大坂銀行／小笠郡大坂村／明22.2.28／富田庄吉／－／100(100)
(株)積志銀行／浜名郡積志村／明22.9.18／山本謙治／2／250(153)
(株)土方銀行／小笠郡土方村／明23.4.14／角替九郎平／－／100(66)
(株)協育銀行／小笠郡横地村／明23.4.25／黒田定七郎／2／100(100)

(株)西駿銀行／志太郡島田町／明23.8.19／天野廉／3／1,000(790)
(株)池新田銀行／小笠郡池新田村／明24.3.18／桜井喜平／－／500(185)
(株)加茂銀行／小笠郡加茂村／明24.10.5／長坂勝太郎／1／160(120)
(株)相良銀行／榛原郡相良町／明25.10.21／名波義三郎／1／530(360)
(株)壬辰銀行／榛原郡萩間村／明25.10.21／中山鮭太郎／－／80(80)
(株)佐束銀行／小笠郡佐束村／明25.11.5／尾沢富平／－／50(50)
(株)駿遠銀行／磐田郡中泉町／明26.1.23／榊原与作／4／1,000(342)
(株)浜浦銀行／浜名郡雄踏町／明26.2.14／松倉茂／1／350(194)
(株)大富銀行／志太郡大富村／明26.2.21／櫛田長兵衛／2／100(100)
(株)西大淵銀行／小笠郡横須賀町／明26.3.31／鈴木一郎／1／50(32)
(名)山乃内銀行／磐田郡見付町／明26.4.12／山内清一郎／－／100(100)
(株)静岡商工銀行／静岡市中町／明26.5.10／狩野角太郎／2／600(391)
(株)千浜銀行／小笠郡千浜村／明26.6.30／岡田百一郎／1／100(100)
(株)坂部銀行／榛原郡坂部村／明26.11.28／塚本弥三郎／－／150(110)
(株)富士川銀行／庵原郡富士川町／明26.12.28／若槻直樹／－／500(305)
(株)榛原商業銀行／榛原郡川崎町／明27.5.22／良知松平／－／150(75)
(株)地頭方銀行／榛原郡地頭方村／明27.5.22／桜井喜平／3／450(275)
(株)川崎銀行／榛原郡川崎町／明27.6.25／柴本栄次郎／－／200(175)
(株)六合銀行／志太郡六合村／明27.12.17／河村久一／－／60(45)
(株)浜松銀行／浜松市田町／明28.4.15／前山久吉／6／3,000(3,000)
駿豆肥料(株)／沼津市城内／明28.6.13／千秋久次郎／－／200(88)
(株)稲瀬銀行／志太郡稲葉村／明28.9.14／成島正太郎／1／55(55)
(株)駿河銀行／沼津市本／明28.9.30／岡野喜太郎／48／6,400(4,187)
(株)由比銀行／庵原郡由比町／明28.12.28／原保太郎／－／550(288)
(株)丸十銀行／志太郡青島町／明29.4.9／鈴木新太郎／－／50(50)
(株)安倍銀行／静岡市上魚町／明29.9.7／橋本保平／2／1,000(1,000)
(株)浜名銀行／浜名郡曳馬村／明29.11.26／小粥市平／－／100(75)
(株)伊平銀行／引佐郡伊平村／明30.3.3／池田猪三次／－／125(125)
(株)中遠銀行／磐田郡中泉町／明30.3.29／神谷惣吉／2／500(310)
(株)天宮銀行／周智郡森町／明30.4.19／村松五郎馬／1／750(525)
(株)江尻銀行／清水市辻／明30.6.12／栗田勇作／2／500(325)
(株)熊村銀行／磐田郡熊村／明30.6.15／熊平春司／－／210(140)
(株)蒲原銀行／庵原郡蒲原町／明30.7.1／小林林平／－／120(120)
(株)青島実業銀行／志太郡青島町／明30.7.2／青島徳次郎／－／100(100)
(株)焼津水産銀行／志太郡焼津町／明30.7.9／甲賀英逸／2／600(315)
(株)掛川商業銀行／小笠郡掛川町／明30.8.3／松浦五兵衛／－／150(100)
(株)遠洋銀行／浜名郡篠原村／明30.8.9／堀内国作／－／100(100)
(株)二俣銀行／磐田郡二俣町／明30.9.13／杉浦彝作／9／1,200(1,200)
(株)鎮玉銀行／引佐郡鎮玉村／明31.2.10／柴田浜吉／1／160(120)
(株)都田銀行／引佐郡都田村／明31.2.28／山本才一／－／100(70)
(株)日坂銀行／小笠郡日坂村／明31.5.12／佐々木勝／－／30(30)
(株)志太銀行／志太郡島田町／明31.6.21／石間英太郎／1／600(450)
(株)南山信用銀行／小笠郡南山村／明31.10.11／桜井喜平／－／25(25)
(株)長田銀行／静岡市新通五丁目／明31.12.2／池田義太郎／－／150(120)
(株)静岡共済銀行／静岡市本通四丁目／明31.12.20／村瀬九郎右衛門／－／100(40)

(株)北遠銀行／磐田郡竜山村／明32.4.13／宮沢安太郎／3／900(763)
(株)内田銀行／小笠郡中内田村／明32.6.14／岡本新吉／1／200(200)
(株)御殿場銀行／駿東郡御殿場町／明32.7.3／勝亦国臣／2／350(350)
(株)五和銀行／榛原郡五和村／明32.8.10／北川米太郎／－／100(100)
(株)高洲銀行／志太郡高洲村／明32.9.4／池田喜代蔵／－／60(60)
(株)朝日銀行／浜名郡竜池村／明32.9.30／服部兼三郎／1／200(125)
(株)神山銀行／駿東郡富士岡村／明32.10.14／武藤勇次郎／－／500(300)
(株)高松商業銀行／安倍郡大里村／明32.11.5／原科弥太郎／－／80(80)
(株)岡部銀行／志太郡岡部町／明32.11.30／仁科梅太郎／－／200(160)
(株)静岡商業銀行／静岡市呉服町／明33.1.26／甲賀菊太郎／4／1,200(875)
(資)庚子銀行／庵原郡由比町／明33.2.1／市川荒次郎／1／100(100)
(株)新津銀行／浜名郡新津村／明33.3.26／根木仲次郎／1／100(100)
(株)遠江共同銀行／磐田郡見付町／明33.4.2／古田庄太郎／－／150(150)
(株)岩淵銀行／庵原郡富士川町／明33.5.6／望月隆太郎／1／500(296)
(株)気多銀行／周智郡気多村／明33.7.15／天野富三郎／－／200(150)
(株)上内田実業銀行／小笠郡上内田村／明33.8.30／栗田芳太郎／－／150(110)
(株)天富銀行／浜名郡富塚村／明33.9.23／青木銀蔵／1／60(60)
(株)良純社／小笠郡東山口村／明33.10.28／榛葉幸蔵／－／30(26)
(株)加島銀行／富士郡加島村／明33.11.10／松永安彦／－／600(308)
(株)中瀬銀行／浜名郡中瀬村／明34.2.4／河合善吉／－／150(75)
(株)三浜銀行／賀茂郡三浜村／明34.2.10／清水安太郎／－／150(110)
(株)二六信用銀行／浜名郡北浜村／明38.3.27／源馬房治郎／－／100(60)
(株)富士銀行／沼津市本／明40.3.31／山下久二／6／300(300)
(株)遠州銀行／浜松市伝馬町／大9.3.20／高林泰虎／32／10,000(6,350)
(株)金谷商栄銀行／榛原郡金谷町／大14.9.10／村松多十／2／1,000(500)

◉愛知県

(株)伊藤銀行／名古屋市西区茶屋町／明14.6.30／伊藤治郎左衛門／1／1,000(1,000)
(株)名古屋銀行／名古屋市中区栄町／明15.4.24／恒川小三郎／45／20,000(13,500)
(株)岡崎銀行／岡崎市伝馬町／明23.4.1／深田三太夫／16／3,210(1,988)
(株)丹葉銀行／丹羽郡布袋町／明25.9.9／真野九郎右衛門／6／2,000(875)
(株)清洲銀行／西春日井郡清洲町／明26.3.8／河邑泰朗／3／300(220)
(株)尾三銀行／名古屋市東区東新町／明26.6.27／森岡昌邦／11／7,790(2,173)
(株)尾三商業銀行／名古屋市中区小林町／明27.1.25／田中貞二／－／150(150)
(株)福田銀行／海部郡南陽村／明27.6.5／加藤仙太郎／－／120(120)
(株)愛知農商銀行／名古屋市南区熱田伝馬町／明27.7.27／竹内兼吉／18／7,000(4,000)
(株)衣浦銀行／知多郡亀崎町／明28.4.29／伊藤雅次郎／6／1,000(325)
(株)岩倉銀行／丹羽郡岩倉町／明29.2.28／三輪彰／1／500(260)
(株)愛知銀行／名古屋市西区玉屋町／明29.3.19／渡辺義郎／34／15,000(11,800)
(株)大野銀行／八名郡大野町／明29.4.25／大橋正太郎／7／1,150(1,075)
(株)日光川倉庫銀行／中島郡平和村／明29.5.25／渡辺清逸／5／125(125)
(株)三河銀行／豊橋市萱町／明29.7.21／中村正次郎／－／1,000(295)
(株)明治銀行／名古屋市中区栄町／明29.8.27／生駒重彦／46／14,050(11,880)
(株)額田銀行／岡崎市康生町／明29.10.3／早川久右衛門／13／2,000(1,250)
(株)御殿銀行／北設楽郡御殿村／明30.1.13／仲井弘／2／500(340)

(株)大高銀行／西加茂郡小原村／明30.3.15／柴田善松／－／100(100)
(株)村瀬銀行／名古屋市中区栄町／明31.6.14／村瀬九郎右衛門／28／5,000(1,740)
(株)碧海銀行／碧海郡安城町／明32.3.16／太田佐兵衛／6／2,000(875)
岡崎倉庫(株)／岡崎市明大寺町／明32.8.28／中根与七／－／200(200)
(株)犬山銀行／丹羽郡犬山町／明33.3.10／堀尾宗六／1／150(150)
(株)稲沢銀行／中島郡稲沢町／明33.4.22／山田佑一／4／1,000(363)
(株)幼銀行／丹羽郡岩倉町／明33.10.14／村瀬九郎右衛門／1／60(36)
(株)北設楽銀行／北設楽郡田口町／明33.12.24／熊谷晧平／2／1,000(401)
(株)中埜銀行／知多郡半田町／大6.4.1／中野半左衛門／4／2,000(1,000)
(株)千秋銀行／丹羽郡千秋村／大8.11.11／水谷源助／2／500(125)
(株)知多銀行／知多郡内海町／大11.10.16／内田佐七／6／1,000(250)

◉三重県

(株)一志銀行／一志郡久居町／明28.10.16／川喜田久太夫／2／630(630)
(株)松阪銀行／飯南郡松阪町／明28.11.4／西川増次郎／8／1,500(1,180)
(株)四日市銀行／四日市市蔵町／明28.11.15／熊沢一衛／26／6,570(6,570)
(株)百五銀行／津市丸ノ内／明30.3.27／川喜多久太夫／20／10,000(8,963)
(個)山内銀行／一志郡八幡村／明33.4.26／山内栄五郎／－／50(50)
(株)勢南銀行／宇治山田市八日市場町／大6.6.25／奥井周太郎／15／2,000(665)
(株)北紀銀行／北牟婁郡尾鷲町／大14.3.26／宮崎和右衛門／3／1,000(250)
(株)紀新銀行／南牟婁郡木本町／大15.7.18／鈴木長九郎／7／2,500(1,000)
(株)伊賀農商銀行／阿山郡上野町／昭2.10.29／蛭沢亦三郎／6／2,000(500)

◉滋賀県

(株)二十一銀行／阪田郡長浜町／明10.11.30／柴田源七／9／500(340)
(株)江北銀行／伊香郡木之本町／明11.11.1／富田八郎／3／500(392)
(株)八幡銀行／蒲生郡八幡町／明14.12.12／西川甚五郎／11／2,500(2,498)
(株)江頭農産銀行／野洲郡北里村／明16.9.8／井狩弥左衛門／7／1,000(625)
(株)江州銀行／大津市肥前町／明28.6.14／岩佐定一／－／500(253)
(株)寺庄銀行／甲賀郡寺庄村／明30.5.3／吉川伊平治／6／500(500)
(株)栗太銀行／栗太郡草津町／明30.8.23／中野善次郎／12／500(400)
(株)甲賀銀行／甲賀郡水口町／明30.12.1／西田繁造／6／1,000(513)
(株)百三十三銀行／犬上郡彦根町／明31.9.16／広野規矩太郎／19／3,000(2,000)
(株)淡海銀行／甲賀郡下田村／明32.2.7／矢野綧亮／11／1,000(750)
(株)蒲生銀行／蒲生郡金田村／明32.4.25／西川嘉右衛門／6／1,000(675)
(株)伊香銀行／伊香郡木之本町／明32.6.1／石居四郎平／1／500(245)
(株)柏原銀行／阪田郡柏原村／明34.6.6／山根敏三／－／100(100)

◉京都府

(株)船井銀行／船井郡園部町／明11.10.26／芦田藤市／－／100(65)
(株)亀岡銀行／南桑田郡亀岡町／明17.10.29／田中一馬／3／1,100(725)
(株)京都大内銀行／下京区壬生朱雀町／明26.2.9／石原耕太郎／3／250(200)
(株)宮津銀行／与謝郡宮津町／明26.6.22／白須重右衛門／6／1,000(344)
(株)京都通商銀行／紀伊郡伏見町／明27.6.5／中野種一郎／1／100(100)
(株)周山銀行／北桑田郡周山村／明27.7.5／柴田亀三郎／－／100(72)
(株)須知銀行／船井郡須知町／明27.12.27／岩崎革也／11／500(500)
(株)丹後商工銀行／中郡峰山町／明28.5.10／寺田惣右衛門／8／2,000(988)
(株)福知山銀行／天田郡福知山町／明28.11.22／高木半兵衛／5／300(300)

(株)本梅銀行／船井郡東本梅村／明29.8.31／中川千次郎／－／50(50)
(株)嵯峨銀行／葛野郡嵯峨町／明29.9.1／小林吉明／4／200(88)
(株)久美浜銀行／熊野郡久美浜町／明29.9.21／稲葉市郎右衛門／－／125(75)
(株)桑船銀行／南桑田郡亀岡町／明29.10.30／池田長康／－／500(133)
(株)西田銀行／船井郡園部町／明29.12.28／西田栄次郎／6／500(200)
(株)何鹿銀行／何鹿郡綾部町／明30.3.8／志賀覚兵衛／4／520(520)
(株)河守銀行／加佐郡河守町／明30.12.2／仲田徳太郎／1／150(105)
(株)高木銀行／天田郡福知山町／明30.12.28／高木重兵衛／3／1,000(400)
(株)山城八幡銀行／綴喜郡八幡町／明31.5.12／中村英之助／2／200(140)
(株)山国銀行／北桑田郡山国村／明33.4.6／初田初造／－／150(66)
(株)山城銀行／下京区四条通西洞院西入傘鉾町／明33.6.15／池田長康／3／500(320)
(名)平野銀行／加佐郡有路上村／明33.9.24／平野吉左衛門／3／30(30)
(株)丹後産業銀行／与謝郡宮津町／大9.4.20／大西修一郎／4／1,000(250)
(株)島本銀行／久世郡宇治町／大9.11.2／島本徳次郎／12／1,500(750)
(株)治久銀行／天田郡福知山町／大11.1.17／片岡久兵衛／1／1,000(250)
(株)乙訓銀行／乙訓郡向日町／大15.8.31／稲本源兵衛／2／1,100(440)
(株)園部銀行／船井郡園部町／昭2.1.15／高見喜之助／7／1,700(425)

◉大阪府

(株)国分銀行／南河内郡国分村／明9.11.9／谷重夫／7／1,000(250)
(株)上郷銀行／泉南郡上之郷村／明16.4.23／重里善治郎／－／300(113)
(資)岡田銀行／泉南郡西信達村／明18.4.28／湊佐治平／－／21(21)
(株)加島銀行／西区土佐堀通一丁目／明21.11.12／広岡恵三／43／30,200(18,875)
(株)茨木銀行／三島郡茨木町／明26.6.30／馬場三右衛門／2／300(250)
(株)近江銀行／東区備後町／明27.3.27／保井猶造／31／15,000(9,375)
(株)岸和田銀行／岸和田市堺町／明27.10.12／宇野亮一／1／200(200)
(株)高槻銀行／三島郡高槻町／明28.2.4／磯村弥右衛門／1／350(190)
(株)泉陽銀行／泉南郡佐野町／明29.3.19／番匠谷平吉／－／700(700)
(株)尾州銀行／東区南久太郎町／明29.6.6／岩田惣三郎／3／3,000(3,000)
(株)富田林銀行／南河内郡富田林町／明29.7.21／越井醇三／8／1,000(1,000)
(株)八尾銀行／中河内郡八尾町／明29.8.1／大東輻三郎／2／95(95)
(株)更池銀行／中河内郡布忍村／明29.8.25／田中清／5／1,000(400)
(株)貝塚銀行／泉南郡貝塚町／明29.12.14／広海惣太郎／－／1,000(875)
(株)能勢銀行／豊能郡東能勢村／明30.4.5／前野彦三郎／3／200(88)
(株)深日銀行／泉南郡深日村／明30.4.5／奥野直次郎／－／100(41)
(株)三十四銀行／東区高麗橋四丁目／明30.5.26／菊池恭三／37／52,200(39,700)
(株)尾崎銀行／泉南郡尾崎村／明30.6.26／成子善太郎／1／500(275)
(株)和泉銀行／岸和田市北町／明30.9.7／寺田甚与茂／4／1,000(1,000)
(株)五十一銀行／岸和田市本町／明30.9.27／寺田元吉／2／3,000(1,875)
(個)木村銀行／東成区猪飼野町／明31.10.28／木村権右衛門／－／50(50)
(資)長野銀行／南河内郡長野町／明32.8.5／西条与三郎／－／50(50)
(株)鳥取銀行／泉南郡西鳥取村／明33.8.15／古家主治郎／－／100(100)
(株)藤本ビルブローカー銀行／東区北浜五丁目／明40.3.25／谷村一太郎／12／3,000(3,000)
(株)寺田銀行／岸和田市堺町／明40.8.24／寺田利吉／1／2,000(875)
(株)河泉銀行／泉北郡東陶器村／明44.7.9／西野真夫／3／500(500)

(株)住友銀行／東区北浜五丁目／明45.2.23／八代則彦／58／70,000(50,000)
(株)池田実業銀行／豊能郡池田町／明45.6.1／清滝徳兵衛／10／760(760)
(株)山口銀行／東区瓦町二丁目／大6.1.20／山口吉郎兵衛／49／50,000(27,500)
(株)藤田銀行／東区今橋四丁目／大6.9.23／藤田平太郎／27／10,500(5,375)
(株)野村銀行／東区備後町／大7.5.15／野村元五郎／14／10,000(10,000)
(株)川上銀行／東区備後町／大8.5.26／中川四郎／－／2,000(1,930)
(株)鴻池銀行／東区今橋三丁目／大8.9.25／鴻池善右衛門／24／10,000(10,000)
(株)辻林銀行／泉北郡南池田村／大9.3.5／辻林包蔵／3／500(250)
(株)日本信託銀行／東区今橋二丁目／大9.3.10／川上常郎／1／17,500(17,500)

◉兵庫県

(株)中播銀行／中播郡福崎町／明15.1.29／山口次郎／10／2,000(1,720)
(株)岩坂銀行／加古郡加古新村／明15.7.21／岩坂義郎／1／500(200)
(株)松本永銀行／揖保郡余部村／明16.3.16／松本永五郎／2／100(80)
(株)篠山銀行／多紀郡篠山町／明16.5.2／斎藤幸之助／2／200(118)
(株)古市銀行／多紀郡古市村／明17.6.11／酒井佳三郎／－／75(75)
(株)柏原銀行／氷上郡柏原町／明17.8.19／小谷保太郎／3／500(325)
(株)播磨銀行／加古郡加古川町／明17.11.28／片岡袈裟治／4／600(588)
(株)多紀銀行／多紀郡城南村／明18.5.26／平井亀之助／－／30(30)
(株)恵美酒銀行／西宮市本町／明18.6.4／辰馬利一／－／500(200)
(株)大屋銀行／養父郡口大屋村／明20.7.6／鎌田三郎兵衛／－／300(120)
(株)豊岡銀行／城崎郡豊岡町／明20.9.29／佐川恒太郎／－／1,000(750)
(株)佐治銀行／氷上郡佐治町／明20.12.26／平岩維／3／125(125)
(株)福本銀行／神崎郡粟賀村／明21.6.21／渡辺治左衛門／4／1,000(580)
(株)成松銀行／氷上郡成松町／明21.6.30／荻野善五郎／2／500(285)
(株)竜野銀行／揖保郡竜野町／明22.1.8／浅井弥兵衛／7／1,100(963)
(株)殖産銀行／朝来郡山口村／明22.7.29／進藤敢／－／100(100)
(株)西谷銀行／養父郡西谷村／明22.10.22／鎌田三郎兵衛／－／50(50)
(株)日置銀行／多紀郡日置村／明23.4.25／大森喜作／－／63(63)
(株)関宮銀行／養父郡関宮村／明23.6.14／米田又一郎／－／50(50)
(株)南盛銀行／養父郡南谷村／明24.3.26／田村新兵衛／－／40(40)
(株)西宮銀行／西宮市久保町／明24.5.6／八馬兼介／3／5,000(2,000)
(株)協同竹田銀行／朝来郡竹田村／明24.12.25／原田治右衛門／－／60(60)
(株)家島銀行／飾磨郡家島村／明25.4.21／橘作馬／－／50(50)
(株)神戸商業銀行／神戸市元町通／明25.10.15／久喜豊彦／4／1,000(648)
(株)竹田銀行／氷上郡竹田村／明25.12.28／余田完二／2／150(105)
(株)木梨銀行／加東郡上福田村／明26.1.8／大熊市右衛門／－／150(150)
(株)尼崎共立銀行／尼崎市尼崎町／明26.3.25／藤田徳次郎／2／3,000(1,500)
(株)府中銀行／城崎郡国府村／明26.4.19／長沢実二郎／－／100(65)
(株)宍粟銀行／宍粟郡山崎町／明26.6.23／橋本橘治／4／1,000(1,000)
(名)大西銀行／印南郡上荘村／明26.11.7／大西甚一平／－／100(100)
(株)平福銀行／佐用郡平福村／明26.11.16／河本開二／4／500(219)
(株)有馬銀行／有馬郡有馬町／明26.11.27／当坂福三郎／4／50(50)
(株)生野銀行／朝来郡生野町／明27.2.5／浅田貞次郎／－／600(420)
(株)揖水銀行／宍粟郡神戸村／明27.2.6／上山長治郎／－／500(219)
(株)西播銀行／佐用郡佐用村／明27.2.15／船引徳太郎／－／125(117)

(株)道場銀行／有馬郡道場村／明27.4.4／山脇延吉／1／70(70)
金融(株)／多紀郡味間村／明27.5.29／内田伴三郎／－／50(43)
(株)八鹿銀行／養父郡八鹿町／明27.6.6／西村勘兵衛／－／300(300)
(株)網干銀行／揖保郡旭陽村／明27.10.20／山本真蔵／4／1,200(750)
(株)広谷銀行／養父郡広谷町／明27.12.20／鎌田三郎兵衛／－／70(70)
(株)中川銀行／朝来郡中川村／明27.12.27／藤尾又左衛門／－／80(80)
(株)野々倉銀行／有馬郡本庄村／明28.2.22／羽路幸右衛門／1／70(40)
(株)福住銀行／多紀郡福住村／明28.4.23／山田益太郎／1／70(70)
(株)養父銀行／養父郡養父市場村／明28.6.20／藤井博／1／100(68)
(株)灘商業銀行／武庫郡御影町／明28.11.8／嘉納次郎右衛門／7／3,000(2,100)
(株)新栄銀行／城崎郡豊岡町／明28.11.15／滝田清兵衛／－／200(200)
(株)上郡銀行／赤穂郡上郡町／明28.11.18／西脇秀三郎／4／1,000(700)
(株)博融銀行／姫路市博労町／明29.1.25／岡崎吉蔵／3／1,000(1,000)
(株)溝口銀行／神崎郡中寺村／明29.2.6／大野宗平／2／500(475)
(株)加古川銀行／加古郡加古川町／明29.2.24／伊藤長次郎／2／2,500(1,525)
(株)姫路商業銀行／姫路市福中町／明29.4.2／牛尾梅吉／－／1,000(875)
(株)多可銀行／多可郡中町／明29.5.8／藤井忠兵衛／5／1,000(725)
(株)西丹銀行／氷上郡幸世村／明29.5.11／橋本富六／－／50(50)
(株)渡瀬銀行／美嚢郡中吉川村／明29.5.19／北村一明／3／500(350)
(株)東条銀行／加東郡上東条村／明29.5.25／岸本冨太郎／1／500(275)
(株)氷上銀行／氷上郡佐治町／明29.6.1／生田新右衛門／4／200(200)
(株)久崎銀行／佐用郡久崎村／明29.6.30／水鳥英雄／－／75(60)
(株)黒井銀行／氷上郡黒井町／明29.6.30／三崎嘉質／1／160(160)
(株)高平銀行／有馬郡高平村／明29.7.6／土谷清太郎／1／500(466)
(株)伊丹銀行／川辺郡伊丹町／明29.7.10／武内利右衛門／－／500(200)
(株)港銀行／城崎郡港村／明29.7.28／後藤菅雄／2／100(100)
(株)村岡銀行／美方郡村岡町／明29.8.25／松田幹／2／500(260)
(株)繁盛銀行／宍粟郡繁盛村／明29.10.2／西岡竹蔵／3／230(230)
(株)湊西銀行／神戸市神明町／明29.10.12／末正久左衛門／4／500(320)
(株)相生銀行／赤穂郡相生町／明29.11.6／土井三之助／－／300(300)
(株)高砂銀行／加古郡高砂町／明29.11.9／松本亀太郎／8／1,290(988)
(株)城崎銀行／城崎郡城崎町／明29.11.28／井上吉右衛門／3／300(175)
(株)那波銀行／赤穂郡那波村／明29.12.14／岡田嘉一郎／2／500(430)
(株)岩見銀行／揖保郡御津村／明29.12.18／坪田久太郎／5／1,000(513)
(株)武庫銀行／西宮市久保町／明29.12.21／八馬兼介／2／500(148)
(株)志方銀行／印南郡志方村／明30.1.21／沼田十郎／－／500(300)
(株)大沢銀行／有馬郡大沢村／明30.2.8／山本万太郎／3／500(290)
(株)奥藤銀行／赤穂郡赤穂町／明30.2.19／奥藤研造／2／500(500)
(株)新宮銀行／揖保郡新宮村／明30.5.4／鎌尾政之助／2／1,000(600)
(株)三重商工銀行／加西郡北篠町／明30.5.10／柏木亀治／－／500(500)
(株)共立商工銀行／美方郡浜坂町／明30.7.10／森　誠／5／1,000(1,000)
(株)美含銀行／城崎郡香住町／明30.9.21／植田栄助／1／200(125)
(株)第六十五銀行／神戸市戸場町／明30.9.22／藤田毅／11／10,000(6,250)
(資)宝林銀行／城崎郡豊岡町／明30.10.25／中江種造／2／200(200)
(株)篠山商工銀行／多紀郡篠山町／明30.12.16／川端伊之助／5／540(423)

(株)播西銀行／宍粟郡西谷村／明31.2.12／藤田文太良／1／200(180)
(株)三十八銀行／姫路市中呉服町／明31.2.16／伊藤長次郎／19／17,000(10,600)
(株)五十六銀行／明石市西本町／明31.3.16／米沢吉次郎／8／2,000(1,580)
(株)村雲銀行／多紀郡村雲村／明31.4.1／坂部金之助／3／150(100)
(株)二見銀行／加古郡二見町／明31.5.4／尾上通三／2／500(380)
(株)葛野銀行／氷上郡成松町／明31.5.7／塚口三之助／4／500(300)
(株)淡河銀行／美嚢郡淡河村／明31.6.21／小西勇雄／3／500(500)
(株)明石実業銀行／明石市樽屋町／明31.9.7／安藤安太／3／300(274)
(株)明石銀行／明石市東本町／明31.10.19／丹田文之助／1／500(380)
(株)丹南銀行／多紀郡後川村／明32.5.2／奥西一太郎／1／100(37)
(株)奥吉川銀行／美嚢郡奥吉川村／明32.9.13／高山寿太郎／－／100(86)
(株)辻銀行／多紀郡日置村／明32.9.15／野々口政太郎／2／150(100)
(株)口吉川銀行／美嚢郡口吉川村／明32.10.25／土居貢／2／350(144)
(名)太田垣銀行／朝来郡山口村／明33.2.5／太田垣誠／－／10(10)
(株)細川銀行／美嚢郡細川村／明33.3.8／久米和夫／2／500(275)
(株)大志銀行／多可郡黒田庄村／明33.3.28／上月安重郎／4／750(750)
(株)名塩銀行／有馬郡塩瀬村／明33.3.30／八木米三郎／－／50(25)
(株)広銀行／飾磨郡広村／明33.4.7／瀬尾鉄治／4／500(500)
(株)国包銀行／印南郡上荘村／明33.5.17／高見栄治／－／300(300)
(株)三草銀行／加東郡上福田村／明33.6.17／上月文吉／1／100(84)
(株)大塩銀行／印南郡大塩町／明33.7.8／梶原健次郎／3／500(350)
(株)百三十七銀行／多紀郡篠山町／明33.9.17／樋口達兵衛／5／1,000(1,000)
(株)朝来銀行／朝来郡粱瀬町／明34.5.12／田治米吉郎右衛門／3／660(660)
(株)岸本銀行／神戸市元町通／大2.10.10／今井梅治郎／6／50(50)
(株)宝正銀行／城崎郡豊岡町／大2.11.3／佐川恒太郎／－／500(200)
(株)田村銀行／朝来郡生野町／大5.1.25／白滝重右衛門／－／500(300)
(株)神戸岡崎銀行／神戸市浪花町／大6.5.8／岡崎忠雄／6／20,000(12,500)
(株)西脇商業銀行／多可郡西脇町／大9.1.10／藤井滋吉／－／1,000(500)
(株)浜坂銀行／美方郡浜坂町／大10.3.8／藤田治右衛門／1／500(300)
(株)但馬銀行／城崎郡日高町／大13.2.20／河本重利／5／2,385(650)
(株)加西合同銀行／加西郡北条町／大15.4.1／佐伯音次郎／7／1,620(1,620)
(株)東播合同銀行／加東郡社町／大15.6.30／石井兵造／10／1,775(1,775)
(株)佐用合同銀行／佐用郡佐用村／大15.7.1／小笹耕作／1／1,000(300)
(株)淡路銀行／津名郡洲本町／大15.10.31／増田俊太郎／31／10,000(3,894)
(株)赤穂合同銀行／赤穂郡赤穂町／昭2.1.23／江崎彦次郎／1／1,080(270)

◉奈良県

(株)八木銀行／高市郡八木町／明27.1.17／好川忠一／10／2,000(1,500)
(株)吉野銀行／吉野郡下市町／明28.7.20／阪本仙次／21／5,000(5,000)
(株)十津川銀行／吉野郡十津川村／明29.10.7／大込正脩／3／330(215)
(株)御所銀行／南葛城郡御所町／明30.1.9／西尾小五郎／6／1,000(1,000)
(株)六十八銀行／生駒郡郡山町／明30.12.16／島田平右衛門／38／6,000(6,000)

◉和歌山県

(株)串本銀行／西牟婁郡串本町／明18.4.30／矢倉甚吉／2／500(380)
(株)潮岬銀行／西牟婁郡潮岬村／明22.6.24／鈴木喜平治／－／48(48)
(株)熊野共同銀行／西牟婁郡串本町／明26.11.24／神田清右衛門／－／300(146)

(株)和歌山倉庫銀行／和歌山市十二番丁／明27.1.9／今小路季磨／1／500(410)
(株)紀陽銀行／和歌山市本町／明28.4.20／加藤杲／6／2,000(1,400)
(株)伊那合同銀行／那賀郡粉河町／明29.3.17／尾崎直市／11／2,000(1,500)
(株)四十三銀行／和歌山市十一番丁／明29.11.27／宮本吉右衛門／15／10,000(8,000)
(株)野上興業銀行／那賀郡東野上町／明30.3.5／吉村秀生／5／500(230)
(株)周参見銀行／西牟婁郡周参見町／明31.2.12／森佐太吉／－／70(70)
(株)日置銀行／西牟婁郡日置町／明32.2.20／三本亀一／－／150(120)
(株)日高銀行／日高郡御坊町／明32.3.15／津村英三郎／6／1,500(855)
(株)丸栖銀行／那賀郡丸栖村／明32.12.23／道本為吉／1／50(50)
(株)田辺銀行／西牟婁郡田辺町／明33.11.25／近藤新十郎／3／600(540)
(株)和歌山銀行／和歌山市匠町／大2.5.29／広田善八／4／1,000(700)
(株)南海銀行／東牟婁郡新宮町／大14.1.4／松江武二郎／22／5,150(2,089)
(株)大同銀行／東牟婁郡新宮町／大14.7.18／浦木清十郎／16／3,000(1,350)

◉島根県

(株)松江銀行／松江市白潟本町／明22.8.31／糸原武太郎／42／9,500(4,609)
(株)安来銀行／能義郡安来町／明29.8.4／原本六四郎／8／500(338)
(株)江津銀行／那賀郡江津町／明32.6.26／藤田武雄／1／200(170)
(株)矢上銀行／邑智郡矢上村／明33.3.14／久保田豊吉／3／1,000(490)
(株)石州銀行／那賀郡浜田町／大9.2.18／湯浅源五郎／4／2,000(575)
(株)雲陽実業銀行／松江市殿町／大15.6.20／高橋隆一／36／3,700(2,221)

◉鳥取県

倉吉融通(株)／東伯郡倉吉町／明20.5.9／桑田一夫／－／25(25)
(株)米子銀行／米子市東倉吉町／明27.1.17／坂口平兵衛／17／2,500(1,750)
(株)奨恵銀行／東伯郡倉吉町／明27.1.25／涌島長右衛門／11／1,500(750)
(株)中国興業銀行／米子市法勝寺町／明30.2.15／名島嘉吉郎／5／500(295)
(資)若桜銀行／八頭郡若桜町／明30.2.19／木島可恵／－／75(75)
(株)八頭銀行／八頭郡用瀬町／明30.6.25／石谷源十郎／6／500(350)
浦富融通(資)／岩美郡浦富町／明32.12.8／永美順行／－／15(15)
(株)協立銀行／鳥取市薮片原町／大3.11.23／吉村徳平／10／2,000(875)
(株)大正鳥取銀行／鳥取市二階町／大3.12.4／奥田柳蔵／12／3,000(1,500)
(株)山陰銀行／米子市道笑町／大11.9.20／門脇繁次郎／2／7,500(1,875)

◉岡山県

(株)古町銀行／英田郡大原町／明16.1.27／有元郷治郎／1／200(138)
(株)中備銀行／都窪郡早島町／明29.2.7／寺山研太郎／4／1,000(329)
(株)西江原銀行／後月郡西江原町／明29.12.25／妹尾吟一郎／7／1,000(400)
(株)美作勝山銀行／真庭郡勝山町／明30.9.24／辻武十郎／－／300(150)
(株)後月銀行／後月郡芳井町／明33.5.20／外山芳文／2／200(122)
(名)勝英銀行／英田郡林野町／明34.3.1／豊福泰造／－／100(100)
(株)鶴山銀行／苫田郡津山町／明34.9.14／谷口房五郎／1／61(31)
(株)倉敷大橋銀行／都窪郡倉敷町／大7.1.14／大橋平右衛門／3／500(250)
(株)第一合同銀行／岡山市下之町／大8.9.12／大原孫三郎／41／14,820(6,555)
(株)日生銀行／和気郡日生町／大11.4.22／金谷大介／－／1,100(275)
(株)山陽銀行／苫田郡津山町／大13.5.22／土居通博／37／10,800(2,991)

◉広島県

(株)呉商工銀行／呉市本通／明22.5.3／鴻池万蔵／6／200(137)
(株)三次実業銀行／雙三郡十日市町／明27.3.21／山下守人／13／1,000(325)
(株)広島産業銀行／広島市中島新町／明28.1.10／紙清之助／5／4,000(1,750)
(株)尾道銀行／尾道市久保町／明28.10.16／島居幸雄／5／500(388)
(株)可部銀行／安佐郡可部町／明29.5.22／戸田宗三郎／2／1,000(671)
(株)山岡銀行／甲奴郡矢野村／明30.12.22／山岡儀平／－／500(148)
(株)蘆品銀行／蘆品郡新市町／明31.4.20／梶田昌太郎／1／500(340)
(株)世羅銀行／世羅郡甲山町／明31.5.5／毛利隆／2／300(233)
(株)東城銀行／比婆郡東城町／明31.12.28／村上誠龍／4／500(214)
(株)阿賀銀行／賀茂郡阿賀町／明32.4.14／大多昌三／1／50(50)
(株)治産銀行／賀茂郡早田原村／明32.6.13／原田有恒／－／30(15)
(株)備後銀行／蘆品郡府中町／明32.9.5／延藤吉兵衛／4／1,000(600)
(株)呉銀行／呉市本通／明32.11.1／佐々木千秀／7／3,000(750)
(株)芸備銀行／広島市紙屋町／大9.6.30／塩川三四郎／55／16,000(4,000)
(株)三次銀行／雙三郡三次町／大11.2.3／中村修一／4／1,000(250)

◉山口県

(株)長周銀行／都濃郡下松町／明21.5.3／井上隆一／12／1,300(1,300)
(株)華浦銀行／佐波郡防府町／明24.4.13／坂本貞熊／14／1,300(576)
(株)萩銀行／阿武郡萩町／明30.2.3／藤田平太郎／3／100(100)
(株)船城銀行／厚狭郡船木町／明30.5.7／蔵重久兵衛／6／500(240)
(株)宇部銀行／宇部市中宇部／明31.1.27／紀藤織文／12／2,000(931)
(株)周東産業銀行／玖珂郡岩国町／明31.7.27／神田吉松／－／75(75)
(株)百十銀行／下関市西南部町／明31.8.30／斎藤謙／31／7,000(3,381)
(株)周防銀行／玖珂郡柳井町／明32.6.9／永井芳三／－／1,250(625)
(株)防長銀行／阿武郡萩町／明32.9.30／藤田平太郎／5／50(50)
(株)鹿野銀行／都濃郡鹿野村／明33.7.30／重永益雄／2／200(73)
(株)大島銀行／大島郡安下庄町／明33.9.30／近藤慶一／2／1,500(825)
(個)萩野銀行／厚狭郡吉田村／大10.3.10／萩野友助／1／100(100)

◉徳島県

(株)徳島銀行／徳島市船場町／明15.3.14／志摩源次郎／7／1,300(700)
(株)阿波商業銀行／徳島市船場町／明29.6.1／美馬儀一郎／9／2,100(1,275)
(株)二木銀行／徳島市西横町／大9.5.4／二木順次郎／1／1,000(250)

◉香川県

(株)多度津銀行／仲多度津郡多度津町／明24.8.1／今井浩三／4／500(275)
(株)小豆島銀行／小豆郡土庄町／明29.10.3／池本金八／1／60(60)
(株)松山銀行／綾歌郡松山村／大9.10.7／三野良晴／－／500(250)
(株)高松百十四銀行／高松市丸亀町／大13.1.29／中村新太郎／18／12,620(3,155)
(株)香川銀行／綾歌郡坂出町／大15.12.16／木村栄吉／4／3,088(772)
(株)同盟銀行／綾歌郡坂出町／昭2.10.1／洲崎準一／2／2,000(500)

◉愛媛県

(株)第二十九銀行／西宇和郡川之石町／明11.1.9／佐々木長治／10／1,000(1,000)
(株)五十二銀行／松山市三番町／明11.9.14／石原操／15／7,125(5,458)
(株)西条銀行／新居郡西条町／明12.3.14／岡本栄吉／6／2,500(1,720)
(株)吉田商業銀行／北宇和郡吉田町／明13.4.30／山下重久／－／250(220)
(株)伊豫銀行／松山市三番町／明13.6.17／新野伊三郎／4／1,000(600)

(株)宇和島銀行／宇和島市堅新町／明13.6.18／堀部彦次郎／4／1,000(863)
(株)卯之町銀行／東宇和郡宇和町／明14.7.31／本多真喜雄／4／1,100(1,000)
(株)今治商業銀行／今治市風早町／明25.5.1／八木亀三郎／11／1,250(1,250)
(株)伊豫三島銀行／宇摩郡三島町／明25.6.30／篠永保定／2／1,000(625)
(株)久万銀行／上浮穴郡久万町／明26.1.20／二宮伊十郎／－／500(406)
(株)漸成銀行／西宇和郡喜須来村／明27.5.29／清家光太郎／－／100(80)
(株)内子銀行／喜多郡内子町／明29.4.24／芳我数衛／3／1,200(1,200)
(株)八幡浜商業銀行／西宇和郡八幡浜町／明29.6.24／萩森作平／1／1,200(960)
(株)新谷銀行／喜多郡新谷村／明29.8.14／河内宇十郎／3／500(500)
(株)三津浜銀行／温泉郡三津浜町／明29.10.7／近藤貞次郎／－／1,000(650)
(株)穂積銀行／東宇和郡山田村／明30.4.5／三好種保／2／600(565)
(株)伊豫高山銀行／東宇和郡高山村／明30.6.17／浜田勘次郎／－／150(150)
(株)五反田銀行／西宇和郡神山村／明30.7.2／井上豊松／－／100(100)
(株)西南銀行／西宇和郡伊方村／明30.12.9／佐々木長治／4／500(500)
(株)多田銀行／東宇和郡多田村／明30.12.10／古谷賢洋／－／60(60)
(株)伊延銀行／東宇和郡多田村／明32.2.28／土居亀隆／1／100(69)
(株)伊豫長浜銀行／喜多郡長浜町／明32.3.16／末永四郎平／2／500(500)
(株)愛媛銀行／松山市湊町／明32.4.12／村上半太郎／20／5,000(3,600)
(名)大野銀行／松山市湊町／明32.5.12／大野警吾／－／300(300)
(株)今出銀行／松山市湊町／明32.6.10／新野米太郎／6／1,500(900)
(株)実業銀行／西宇和郡川之石町／明33.3.14／宇都宮貞一／2／1,000(325)
(株)宇和商業銀行／東宇和郡宇和町／明33.10.4／林喜佐治／5／1,200(1,050)
(株)三机銀行／西宇和郡三机村／明40.11.10／兵藤昇／1／100(60)
(名)仲田銀行／松山市本町／明40.11.20／仲田伝之鮎／7／200(200)
(株)御荘銀行／南宇和郡御荘町／明45.2.3／山泉作太郎／3／500(500)
(株)伊豫野村銀行／東宇和郡野村町／大7.2.28／赤松薫二郎／1／500(500)
(株)大洲銀行／喜多郡大洲町／大15.12.1／村上荘三／16／6,000(4,200)

◉高知県

(株)四国銀行／高知市浦戸町／明29.11.28／安田善兵衛／40／12,000(6,750)
(株)高陽銀行／高知市堺町／明30.6.28／大脇順路／6／1,000(295)
(株)幡多銀行／幡多郡中村町／明32.8.11／山泉利重／4／250(74)
(株)海南銀行／高知市紺屋町／大15.9.4／横田至寿／－／530(530)

◉福岡県

(株)柳河銀行／山門郡柳河町／明11.11.28／十時允／6／820(520)
(株)築上銀行／築上郡八屋町／明14.1.11／神崎勲／－／280(210)
(株)福洲銀行／八女郡福島町／明14.10.20／江口正雄／3／500(185)
(株)金島銀行／三井郡金島村／明15.9.22／福田芳太郎／2／350(208)
(株)吉井銀行／浮羽郡吉井町／明15.12.7／田代鎮之介／－／200(200)
(株)千束銀行／築上郡千束村／明16.7.7／菊池九十九／－／120(108)
(株)伍盟銀行／三井郡小郡村／明19.3／平田瑞穂／－／200(71)
(株)三池銀行／大牟田市旭町／明19.10.10／永江真郷／7／1,200(631)
(株)永福銀行／八女郡福島町／明19.12.28／高橋益造／－／50(50)
(株)田主丸銀行／浮羽郡田主丸町／明21.5.5／森田純三／2／1,000(580)
(株)草野銀行／三井郡草野町／明22.9.2／中野門三郎／2／450(450)
(株)水田銀行／八女郡水田村／明24.4.1／城崎新太郎／1／250(250)

(株)長栄銀行／八女郡川崎村／明25.7.14／野中子三郎／－／50(50)
(株)門司銀行／門司市門司／明26.6.7／越智丈吉／－／500(285)
(株)八屋銀行／築上郡八屋町／明27.3.19／神崎勲／－／500(451)
(株)黒木銀行／八女郡黒木町／明27.7.4／川島清一／－／500(148)
(株)大石銀行／浮羽郡大石村／明28.5.27／弥吉利八／1／200(200)
(株)益栄銀行／朝倉郡松末村／明28.6.10／藤本藤三郎／1／200(200)
(株)嘉穂銀行／嘉穂郡飯塚町／明29.3.8／麻生太吉／5／2,000(830)
(株)甘木銀行／朝倉郡甘木町／明29.4.10／具島又二郎／1／650(415)
(株)久留米銀行／久留米市苧扱川町／明29.7.23／大平賢作／－／300(138)
(株)鞍手銀行／鞍手郡直方町／明29.8.18／塩田顕次郎／8／1,500(1,000)
(株)御笠銀行／筑紫郡二日市町／明29.10.3／八尋栄太郎／3／500(200)
(株)田主丸実業銀行／浮羽郡田主丸町／明29.11.16／中島集／－／1,000(378)
(株)角田銀行／筑上郡角田村／明30.2.15／浅尾三保吉／－／100(95)
(株)船越銀行／浮羽郡船越村／明30.2.15／三浦麟之助／－／300(113)
(株)宇島銀行／筑上郡宇島町／明30.3.26／神崎勲／－／200(140)
(株)広川銀行／八女郡上広川村／明30.7.20／中島寿三郎／1／100(100)
(株)北野銀行／三井郡北野町／明30.9.1／石橋嚢／1／300(300)
(株)椎田銀行／築上郡椎田町／明30.10.9／辻畑重俊／－／300(300)
(株)山基銀行／三井郡山本村／明31.4.15／中村伊太郎／－／70(70)
(株)東羽銀行／浮羽郡椿子村／明31.6.22／山崎又敬／－／200(200)
(株)星野銀行／八女郡星野村／明31.9.19／西田七郎／－／104(104)
(株)早良銀行／早良郡入部村／明32.5.27／柴田勝三郎／－／300(158)
(株)御原銀行／三井郡御原村／明32.6.12／西原政太／1／150(100)
(名)倉員銀行／八女郡北川内村／明32.9.13／倉員延吉／－／12(12)
(株)筑後銀行／浮羽郡水分村／明32.9.18／山本益三郎／1／500(155)
(株)田川銀行／田川郡後藤寺町／明32.12.4／加治三益／3／1,000(960)
(株)筑肥銀行／三井郡善導寺村／明32.12.20／鐘江三郎／2／300(188)
(名)長峯銀行／八女郡長峯村／明33.1.5／中島武市／1／57(57)
(株)添田銀行／田川郡添田町／明33.2.15／綾部正蔵／－／100(100)
(株)山川銀行／三井郡山川村／明33.3.28／富安猪三郎／－／200(95)
(株)宮野銀行／嘉穂郡宮野村／明33.5.1／実岡半之助／2／100(100)
(株)筑紫銀行／筑紫郡二日市町／明33.9.12／山内範造／6／500(215)
(株)壱岐銀行／早良郡姪浜町／明33.10.10／土斐崎三右衛門／2／1,000(625)
(株)古島銀行／八女郡水田村／明33.12.15／吉田文太郎／1／250(250)
(株)生吉銀行／浮羽郡吉井町／明34.3.4／弥吉久吾／－／1,000(478)
(株)十七銀行／福岡市博多橋口町／明40.6.16／安田善兵衛／25／10,200(4,688)
(株)浮羽銀行／浮羽郡田主丸町／明44.2.25／森田時祐／－／500(170)
(株)野田銀行／八女郡上妻村／大2.2.15／野田実／1／500(125)
(株)吉井産業銀行／浮羽郡吉井町／大2.10.17／本松常蔵／－／500(300)
(資)宇美銀行／八女郡辺春村／大7.1.15／宇美常吉／1／500(125)
(株)武石銀行／筑紫郡二日市町／大8.5.20／武石政右衛門／1／500(200)
(株)黒崎商業銀行／八幡市大字藤田／大8.5.29／花田次吉／－／500(250)
(株)筑前銀行／糟屋郡箱根村／大9.3.30／戸川虎雄／1／500(125)
(株)大溝銀行／三潴郡大溝村／大9.9.29／中村常太郎／－／500(125)
(株)三奈木銀行／朝倉郡三奈木村／大10.5.5／大隈清孝／－／500(200)

(株)弥寿銀行／朝倉郡三輪村／大11.7.12／多田勇雄／2／1,200(550)
(株)興産銀行／浮羽郡江南村／大12.4.30／佐藤清蔵／－／750(188)
(株)明十銀行／三井郡味坂村／大14.6.1／佐々木正蔵／－／500(325)
(株)上座銀行／朝倉郡宮野村／大14.11.22／森部隆輔／3／500(278)
(株)博多銀行／福岡市中土居町／大15.1.30／川崎肇／9／2,150(1,035)

◉佐賀県

(株)古賀銀行／佐賀市蓮池町／明11.9.20／富永静雄／8／1,900(1,150)
(株)佐賀百六銀行／佐賀市呉服町／明12.2.24／鍋島直縄／6／1,100(1,100)
(株)塩田銀行／藤津郡塩田町／明12.6.6／瀬頭平八／1／500(395)
(株)伊万里銀行／西松浦郡伊万里町／明15.3.9／藤田与兵衛／2／1,000(625)
(株)唐津銀行／東松浦郡唐津町／明18.10.23／大島小太郎／17／4,800(2,173)
(株)武雄銀行／杵島郡武雄町／明19.1.15／松尾将一／1／500(220)
(株)洪益銀行／西松浦郡有田町／明21.4.17／蒲地駒作／－／500(238)
(株)有田銀行／西松浦郡有田町／明21.7.1／深川栄左衛門／1／500(418)
(株)杵島銀行／杵島郡福治村／明23.5.12／草場又蔵／2／500(259)
(株)協立銀行／西松浦郡有田村／明25.1.22／前田儀右衛門／1／500(275)
(株)呼子銀行／東松浦郡呼子村／明25.10.13／山下善市／4／500(275)
地所(株)／佐賀市道祖元町／明26.4.17／深川喜次郎／－／1,000(834)
(株)鹿島銀行／藤津郡鹿島町／明28.11.27／梅崎繁馬／3／1,000(600)
(個)谷口銀行／東松浦郡呼子村／明29.4.18／谷口嘉一郎／－／20(20)
(株)農商銀行／杵島郡小田村／明30.4.19／関川儀八／6／1,000(487)
(株)西海商業銀行／東松浦郡唐津町／明31.4.9／山村直太／6／2,500(1,169)
(株)小城銀行／小城郡牛津町／明31.9.15／鍋島直庸／1／500(350)
(株)有明銀行／杵島郡北有明村／明32.1.18／川崎富之助／－／200(81)
(株)相知銀行／東松浦郡相知村／明32.9.5／井手喜代治／4／500(241)
(個)大串銀行／杵島郡北方村／明33.10.26／大串又左衛門／－／100(100)
(株)八坂銀行／三養基郡鳥栖町／明33.12.5／八坂甚八／1／150(38)
(名)兄弟銀行／杵島郡武雄町／明40.12.2／石井良一／－／50(50)
(株)神埼実業銀行／神埼郡神埼町／明44.7.30／小野好郎／3／500(443)
(株)伊万里実業銀行／西松浦郡伊万里町／大5.4.30／岸川惣八／2／500(200)
(株)浜銀行／藤津郡浜町／大5.9.19／倉崎喜作／1／500(148)
(株)西肥銀行／佐賀市松原町／大5.9.19／森山定太郎／2／500(125)
(株)多久銀行／小城郡北多久村／大7.12.26／石井次郎／2／500(175)
(株)嬉野銀行／藤津郡西嬉野村／大9.4.16／大渡熊次／1／500(200)

◉長崎県

(株)十八銀行／長崎市築町／明10.12.2／松田精一／27／15,000(8,625)
(株)玖島銀行／東彼杵郡大村町／明14.12.22／富永元次郎／1／500(345)
(株)諫早銀行／北高来郡諫早町／明17.5.31／牟田伊平／5／1,500(750)
(株)喜真銀行／西彼杵郡喜々津村／明24.1.22／関山嘉平／－／150(135)
(株)佐世保銀行／佐世保市浜田町／明24.2.28／須藤直方／10／4,200(2,687)
(株)矢上教育銀行／西彼杵郡矢上村／明24.8.13／林田勇夫／－／100(100)
(株)諫商業銀行／北高来郡諫早町／明25.9.13／鶴川文一／1／1,100(500)
(株)九十九銀行／北松浦郡平戸町／明30.7.24／山県猛彦／2／430(430)
(株)平戸商業銀行／北松浦郡平戸町／明32.3.22／山下庄三郎／1／500(335)
(株)同朋銀行／東彼杵郡西大村／明33.1.15／長井陽太郎／1／250(250)

(株)佐世保商業銀行／佐世保市島瀬町／明33.7.4／川副綱隆／4／2,000(1,240)
(株)長与銀行／東彼杵郡大村町／明35.7.12／長与円治／－／300(86)
(株)長崎高木銀行／長崎市東浜町／大1.9.23／高木義貴／－／1,000(250)
(株)有家銀行／南高来郡有家町／大2.2.23／長池又三郎／3／500(400)
(株)升金銀行／南高来郡島原町／大8.2.8／松尾栄／－／500(125)
(株)志佐銀行／北松浦郡志佐町／大8.8.21／田中忠吉／－／500(250)
(株)対馬銀行／下県郡厳原町／大9.6.7／倉成綱作／1／500(150)
(株)肥州銀行／南高来郡島原町／大14.7.29／西金蔵／15／800(800)
(株)大村銀行／東彼杵郡大村町／大15.8.9／今里友次郎／9／2,500(1,975)

◉熊本県

(株)南郷銀行／阿蘇郡高森町／明10.11.9／長野真一／－／50(50)
(株)葦北銀行／葦北郡佐敷町／明14.7.21／篠原惟正／2／500(320)
(株)中西銀行／天草郡本渡町／明20.11.17／中西亀八郎／8／700(250)
(株)天草銀行／天草郡本渡町／明25.2.12／松本久太郎／4／1,500(999)
(株)小国銀行／阿蘇郡北小国村／明26.5.2／北里義一／2／500(350)
(株)馬見原銀行／阿蘇郡馬見原町／明31.3.22／工藤平蔵／－／100(69)
(株)益城銀行／上益城郡御船町／明32.6.13／河端正修／4／700(575)
(株)八代共立銀行／八代郡八代町／明32.8.19／弓削和三／－／700(325)
(株)水俣銀行／葦北郡水俣町／明33.1.23／園田愿／3／500(386)
(株)井芹銀行／八代郡宮原町／明33.3.24／井芹康也／－／200(200)
(名)毛利銀行／玉名郡高瀬町／明40.2.6／毛利昌平／－／100(100)
(株)苓洲銀行／天草郡本渡町／大11.3.21／宮崎穀造／6／1,500(375)
(株)肥後共同銀行／熊本市紺屋町／大14.7.25／林田昌蔵／6／270(270)

◉大分県

(株)朝陽銀行／速見郡日出町／明8.8.1／成清信愛／1／500(275)
(株)直入銀行／直入郡竹田町／明22.5.14／工藤一蔵／－／500(263)
(株)中津銀行／下毛郡中津町／明22.6.15／三宅政治郎／1／600(536)
(株)日田銀行／日田郡日田町／明22.11.22／井上武／1／1,200(880)
(株)中津商業銀行／下毛郡中津町／明25.4.29／井上録郎／－／500(500)
(株)大分合同銀行／大分市／明25.12.27／首藤正寿／27／10,625(10,625)
(株)玖珠銀行／玖珠郡森町／明26.12.27／衛藤幸六／－／300(300)
(株)万田銀行／玖珠郡玖珠町／明27.2.5／武石義夫／－／225(225)
(株)豊前銀行／下毛郡中津町／明27.6.4／半田鉄一郎／2／1,000(1,000)
(株)共立高田銀行／西国東郡高田町／明27.11.2／是永宗吉／－／300(174)
(株)国東銀行／東国東郡国東町／明28.12.27／有永昱郎／4／150(127)
(株)日田実業銀行／日田郡日田町／明30.6.1／古賀甚四郎／1／1,000(875)
(株)百九銀行／南海部郡佐伯町／明30.9.27／林宇三郎／－／132(132)
(株)佐伯銀行／南海部郡佐伯町／明30.11.22／山上猛虎／2／150(90)
(株)山香銀行／速見郡中山香村／明31.2.10／小野喜一郎／－／100(100)
(株)浜脇銀行／別府市／明31.3.4／高橋欽哉／1／300(200)
(株)国東産業銀行／東国東郡国東町／明32.1.6／有永昱郎／1／40(16)
(株)津久見銀行／北海部郡津久見町／明32.2.10／樋口弥之助／－／300(128)
(株)佐賀関銀行／北海部郡佐賀関町／明32.6.14／末松藤三郎／2／500(219)
(株)御越銀行／速見郡亀川町／明32.10.23／永田敬蔵／1／300(204)
(株)山中共立銀行／宇佐郡安心院村／明33.10.14／重松亀太郎／－／120(120)

(株)共同野村銀行／西国東郡高田町／明45.1.15／野村礼治郎／－／500(400)
(株)平尾銀行／大分郡日岡村／大1.12.1／平尾謙平／－／500(200)
(株)両豊銀行／大分市／大4.4.25／帆足後作／3／1,000(750)
(株)大田中銀行／大野郡東大野村／大8.12.11／安藤喜一郎／－／500(125)
(株)高田実業銀行／大分郡高田村／大9.1.15／首藤宝吉／1／500(125)
(株)下毛銀行／下毛郡中津町／大9.6.30／久恒貞雄／1／1,000(400)
(株)大分商業銀行／大分市／大9.10.24／久恒貞雄／2／1,000(837)
(株)玖珠実業銀行／玖珠郡東飯田村／大9.12.5／麻生観八／－／500(250)
(株)森和銀行／玖珠郡森町／昭2.10.24／帆足三八／－／574(574)

◉宮崎県

(株)大正銀行／東諸県郡本庄町／明30.1.15／弓削則方／11／400(400)
(株)日向銀行／児湯郡高鍋町／明30.8.10／内田又次郎／6／1,000(580)
(株)延岡銀行／東臼杵郡延岡町／明31.9.19／三宅忠己／2／1,000(625)
(株)橘銀行／宮崎市橘通三丁目／明32.4.19／小野原弘／－／150(150)
(株)佐土原銀行／宮崎郡佐土原町／明32.12.10／日高徳太郎／6／1,000(675)
(株)日州銀行／宮崎市橘通一丁目／明40.8.1／大崎敬方／9／1,500(1,500)
(株)日佐銀行／宮崎郡佐土原町／大7.11.10／江藤定吉／2／500(250)
(株)都城銀行／都城市上町／大8.8.25／西河治平／2／1,000(600)
(株)宮崎銀行／宮崎市橘通三丁目／大10.3.4／遠山克太郎／6／3,000(750)
(株)妻銀行／児湯郡妻町／大11.10.30／黒木福次／－／500(250)

◉鹿児島県

(名)黒松銀行／鹿児島市金生町／明29.6.25／黒松精一郎／－／50(50)
(株)海江田銀行／日置郡西市来村／明29.7.23／海江田準一郎／－／200(98)
(株)第百四十七銀行／鹿児島市金生町／明29.9.8／湯地定敏／11／15,000(7,500)
(株)第七十三銀行／鹿児島市潮見町／明30.8.1／野上堅蔵／－／140(140)
(株)鹿児島商弘銀行／鹿児島市六日町／明30.8.10／海江田金次郎／1／2,000(950)
(株)西薩殖産銀行／薩摩郡宮之城町／明30.9.30／児島茂介／1／530(155)
(株)南薩銀行／川辺郡加世田町／明31.12.2／鮫島剛／6／2,000(875)
(株)鹿児島銀行／鹿児島市六日町／大3.5.16／鏡原隼人／11／5,000(2,375)
(株)鹿児島勤倹銀行／鹿児島市大黒町／大3.7.2／山下正彦／4／1,000(750)
(株)鹿児島商業銀行／鹿児島市泉町／大9.9.27／小川好知／1／800(800)
(株)三州平和銀行／鹿児島郡中郡宇村／大11.11.11／平田藤彦／2／1,000(250)
(株)薩摩銀行／鹿児島市泉町／大14.4.13／敷根吉造／－／2,000(500)